图1-3 张择端 《清明上河图》

图1-6 王维 《雪溪图》

图1-12 徐渭 《黑葡萄图》

图1-14 董希文 《开国大典》

图1-20　《反弹琵琶图》

图1-28　张旭书法

图1-30　王羲之《兰亭序》

图2-5 达·芬奇 《最后的晚餐》

图2-7 德拉克洛瓦 《自由引导人民》

图2-9　莫奈　《日出印象》

图2-10　梵高　《乌鸦群飞的麦田》

图2-11　毕加索　《亚威农少女》

高职高专『十三五』规划教材

人文素养综合教程

宗成倩 ◉ 主编

韩向民 ◉ 主审

化学工业出版社
·北京·

《人文素养综合教程》一书结合职业教育各项改革创新的精神及其方向性要求，立足实际，以学生的知识层次为出发点，汇集和综合思想文化、文学、音乐、美学、哲学、科技、礼仪、企业文化、心理学等多门人文知识和科技知识，使学生了解和掌握中外优秀的文化知识，传承文化内涵，了解科技发展历史和科技发展规律，增强爱国主义意识和社会责任感。

本书可作为职业学校对学生进行人文素质教育的教材，通过学习可使学生在整体上对人文社会科学有进一步的了解，以提升其人文精神，增强其人文素质，升华其人生境界。

图书在版编目（CIP）数据

人文素养综合教程/宗成倩主编．—北京：化学工业出版社，2015.10（2024.8重印）
ISBN 978-7-122-25194-7

Ⅰ.①人… Ⅱ.①宗… Ⅲ.①人文素质教育-职业教育-教材 Ⅳ.①G40-012

中国版本图书馆CIP数据核字（2015）第222529号

责任编辑：蔡洪伟　陈有华　　　　　　　　　　　　装帧设计：刘丽华
责任校对：吴　静

出版发行：化学工业出版社（北京市东城区青年湖南街13号　邮政编码100011）
印　　装：北京科印技术咨询服务有限公司数码印刷分部
787mm×1092mm　1/16　印张19¼　彩插2　字数507千字　2024年8月北京第1版第12次印刷

购书咨询：010-64518888　　　　　　　　　售后服务：010-64518899
网　　址：http://www.cip.com.cn
凡购买本书，如有缺损质量问题，本社销售中心负责调换。

定　　价：48.00元　　　　　　　　　　　　　　　　　　版权所有　违者必究

前言

国家关于《现代职业教育体系建设规划（2014—2020年）》和山东省《关于加快推进技工院校改革发展的实施意见》等一系列职业教育文件及精神，指明了职业教育改革发展的方向和目标，中国特色现代职业教育发展的道路初步形成，服务经济社会发展和人的全面发展的能力大幅提升，职业教育迎来了重要的发展机遇期。技工院校要坚持"人文素养"与"职业技能"并重，切实加强职业素养和人文素养教育，积极探索高素养技能型人才培养的新途径、新方法，努力推进职业教育的改革。

技工院校专业技能教育是学生实现自我人生价值、参与社会竞争的基石，但没有人文素养的积淀，技工院校的学生必将成为缺少"灵魂"的机器人。为此，只有大力加强人文素养教育，构筑人文素养教学内容，突出人文素养教育的职业性和实践性，把人文素养教育融入人才培养全过程，才能让技工院校的学生充分把握"真、善、美、能"有机统一的关系，才能培育能够支撑中国制造业一片天空的新型技能人才。

《人文素养综合教程》是在国家、教育部、人力资源和社会保障部关于职业教育发展相关文件精神指导下，结合技工院校教学实际，编写的创新型综合化人文素养教育教材。本书在编写过程中，坚持育人为本，以提高学生人文素养为宗旨，打破传统学科体系，把多学科知识融为一体，并将知识传授和能力培养紧密结合，把优秀文化内涵融入人文素养培养全过程，增强学校人文素养教育的针对性、适应性、实践性和实效性。

本书结合职业教育各项改革创新的精神及其方向性要求，立足实际，以学生的知识层次为出发点，汇集和综合了思想文化、文学、音美、哲学、科技、礼仪、企业文化、心理学等多门知识，使学生了解和掌握中外优秀的文化知识，传承文化内涵，了解科技发展历史和科技发展规律，增强爱国主义意识和社会责任感。掌握正确的世界观、人生观和方法论；掌握社交礼仪和人际交往技巧；了解科技发展的成就；有健康的心理和高雅的文学艺术情趣；准确进行职业认识和职业定位，并把知识转化为人文精神，从而提高学生的学习、语言、思维、审美、沟通、就业等能力。树立正确的人生观、价值观、成才观、审美观，通过文化育人，以文载德，以文化人，为学生的全面发展奠定坚实的基础。

全书共 9 篇 27 章，由宗成倩策划、主编，韩向民教授主审。其中文学篇第一章由宗成倩编写，第二、三章由王玉卿编写，第四章由卢凤馨编写；美术篇由徐雯菲、边媛编写；音乐篇由庞珊珊编写；思想篇由米新编写；科技篇由吕庚、董璐编写；哲学篇由王姿懿、李乾编写；礼仪篇由刘倩编写；企业篇由刘加盈、钟本印编写；心理篇由刘巍编写。刘光强、刘兆慧分别参与了文学篇、思想篇图片的搜集与整理工作。

由于编者水平有限，缺点与不足在所难免，不当之处，敬请批评指正。

编者
2015 年 8 月

目录

文学篇

第一章　古代文学　/ 1
- 第一节　先秦诗歌　/ 1
  - 一、《诗经》　/ 1
  - 二、《楚辞》　/ 2
- 第二节　诸子散文　/ 3
  - 一、孔子——《论语》　/ 3
  - 二、荀况——《荀子》　/ 4
- 第三节　汉传乐府　/ 5
  - 一、司马迁——《史记》　/ 6
  - 二、乐府民歌——《陌上桑》　/ 6
- 第四节　魏晋南北朝文学　/ 8
  - 一、曹操——《龟虽寿》　/ 8
  - 二、陶渊明——《归园田居》　/ 9
- 第五节　盛唐气象　/ 11
  - 一、王维——《山居秋暝》　/ 11
  - 二、浪漫主义诗人李白——《望庐山瀑布》　/ 12
  - 三、现实主义诗人杜甫——《茅屋为秋风所破歌》　/ 13
- 第六节　大宋词韵　/ 15
  - 一、豪放派词人苏轼——《水调歌头·明月几时有》　/ 15
  - 二、婉约派词人李清照——《一剪梅·红藕香残玉簟秋》　/ 17
- 第七节　元剧散曲　/ 18
  - 一、关汉卿——《窦娥冤》　/ 19
  - 二、马致远——《天净沙·秋思》　/ 19
- 第八节　明清小说　/ 20
  - 一、罗贯中——《三国演义》　/ 21
  - 二、施耐庵——《水浒传》　/ 22
  - 三、吴承恩——《西游记》　/ 22
  - 四、曹雪芹——《红楼梦》　/ 23

第二章　现代文学　/ 25
- 第一节　现代小说　/ 25
  - 一、鲁迅——《呐喊》、《彷徨》　/ 25
  - 二、老舍——《骆驼祥子》　/ 26
- 第二节　现代诗歌　/ 28
  - 一、闻一多——《七子之歌》　/ 28
  - 二、徐志摩——《再别康桥》　/ 29
- 第三节　经典散文　/ 30
  - 一、朱自清——《荷塘月色》　/ 30
  - 二、冰心——《寄小读者》　/ 31
- 第四节　现代话剧　/ 32
  - 一、曹禺——《雷雨》　/ 33
  - 二、郭沫若——《虎符》　/ 34

第三章　当代文学　/ 36
- 第一节　当代小说　/ 36
  - 一、莫言——《红高粱家族》　/ 36
  - 二、铁凝——《哦，香雪》　/ 37
- 第二节　抒情散文　/ 38
  - 一、杨朔——《荔枝蜜》　/ 39
  - 二、李健吾——《雨中登泰山》　/ 39

第三节　朦胧诗派　　　　　　／41
　　　　一、舒婷——《致橡树》　／41
　　　　二、北岛——《回答》　　／42
　　第四节　网络文学　　　　　　／43
　　　　一、周小平——《请不要
　　　　　　辜负这个时代》　　　／43
　　　　二、江南——《此间的少年》
　　　　　　　　　　　　　　　　／44

第四章　西方文学　　　　　　　／46
　　第一节　古希腊文学　　　　　／46
　　　　一、《荷马史诗》　　　　／46
　　　　二、《伊索寓言》　　　　／47
　　第二节　中世纪文学　　　　　／48
　　　　一、《罗兰之歌》　　　　／48
　　　　二、《神曲》　　　　　　／49
　　第三节　文艺复兴文学　　　　／50
　　　　一、莎士比亚——
　　　　　　《哈姆雷特》　　　　／51
　　　　二、塞万提斯——
　　　　　　《唐·吉诃德》　　　／52
　　第四节　古典主义文学　　　　／52
　　　　一、高乃依——《熙德》　／53
　　　　二、莫里哀——《伪君子》／53
　　第五节　浪漫主义文学　　　　／54
　　　　一、雪莱——《西风颂》　／55
　　　　二、雨果——《巴黎圣母院》／55
　　第六节　现实主义文学　　　　／56
　　　　一、巴尔扎克——
　　　　　　《人间喜剧》　　　　／57
　　　　二、夏洛蒂·勃朗特——
　　　　　　《简·爱》　　　　　／58

美术篇

第一章　中国美术　　　　　　　／60
　　第一节　绘画艺术　　　　　　／60
　　　　一、中国画　　　　　　　／60
　　　　二、油画　　　　　　　　／69
　　　　三、版画　　　　　　　　／71
　　　　四、壁画　　　　　　　　／72
　　第二节　雕塑艺术　　　　　　／73
　　第三节　书法艺术　　　　　　／75
　　　　一、篆书　　　　　　　　／75
　　　　二、隶书　　　　　　　　／76
　　　　三、草书　　　　　　　　／76
　　　　四、楷书　　　　　　　　／77
　　　　五、行书　　　　　　　　／77
　　第四节　建筑艺术　　　　　　／78
　　　　一、宫殿建筑　　　　　　／78
　　　　二、宗教建筑　　　　　　／79
　　　　三、园林建筑　　　　　　／80
　　　　四、纪念性建筑　　　　　／81
　　第五节　民间艺术　　　　　　／82
　　　　一、年画　　　　　　　　／82
　　　　二、剪纸　　　　　　　　／82
　　　　三、刺绣　　　　　　　　／83
　　　　四、风筝　　　　　　　　／83

第二章　西方美术欣赏　　　　　／84
　　第一节　古希腊、罗马美术
　　　　　　与文艺复兴美术　　　／84
　　　　一、欧洲文明的起源——
　　　　　　古希腊阶段　　　　　／84
　　　　二、古罗马美术　　　　　／85
　　　　三、文艺复兴美术　　　　／85
　　第二节　浪漫主义、现实主义
　　　　　　与印象主义美术　　　／87
　　　　一、浪漫主义美术　　　　／87
　　　　二、现实主义美术　　　　／87
　　　　三、印象主义美术　　　　／88
　　第三节　后印象主义与
　　　　　　西方现代派美术　　　／89
　　　　一、后印象主义　　　　　／89
　　　　二、西方现代派美术　　　／90

音乐篇

第一章　中国音乐　/ 92
　第一节　多彩的民歌　/ 92
　　一、中原地区民歌　/ 92
　　二、西北地区民歌　/ 93
　　三、少数民族民歌　/ 93
　第二节　丰富的民乐　/ 94
　　一、吹管乐器　/ 94
　　二、拉弦乐器　/ 95
　　三、弹拨乐器　/ 96
　　四、打击乐器　/ 97
　第三节　戏曲、曲艺　/ 98
　　一、戏曲　/ 98
　　二、曲艺　/ 99
　第四节　歌剧、舞剧　/ 100
　　一、歌剧　/ 100
　　二、舞剧　/ 101
　第五节　通俗音乐、影视音乐　/ 102
　　一、通俗音乐　/ 102
　　二、影视音乐　/ 102
第二章　西方音乐　/ 104
　第一节　巴洛克音乐　/ 104
　第二节　古典主义音乐　/ 105
　第三节　浪漫主义音乐　/ 106
　第四节　现代主义音乐　/ 108

思想篇

第一章　古代中国思想智慧　/ 110
　第一节　春秋、战国时期的百家争鸣　/ 110
　　一、孔孟与儒家　/ 110
　　二、老庄与道家　/ 111
　　三、墨家、法家与兵家　/ 112
　第二节　两汉时期的儒学　/ 113
　　一、西汉初年黄老之学　/ 114
　　二、董仲舒的新儒学　/ 114
　第三节　宋明时期的理学发展　/ 115
　　一、程朱理学　/ 115
　　二、陆王心学　/ 116
　第四节　明清时期的思想批评　/ 117
　　一、思想家李贽　/ 117
　　二、明末清初三大思想家　/ 117
第二章　现代中国思想发展　/ 119
　第一节　学习西方的开始　/ 119
　　一、睁眼看世界　/ 119
　　二、洋务运动　/ 120
　　三、维新思潮　/ 120
　第二节　思想解放的新文化运动　/ 122
　　一、提倡民主与科学　/ 122
　　二、批判旧礼教道德　/ 123
　　三、开展文学革命　/ 123
　第三节　孙中山的民主革命　/ 124
　　一、三民主义　/ 124
　　二、新三民主义　/ 125
　第四节　马克思主义在中国　/ 125
　　一、马克思主义传入中国　/ 126
　　二、毛泽东思想的形成与发展　/ 126
　　三、中国特色的社会主义道路　/ 127
　　四、社会主义理论的新发展　/ 128
第三章　世界思想精粹　/ 131
　第一节　希腊哲学的起源　/ 131
　　一、哲学的产生　/ 131
　　二、苏格拉底　/ 131
　　三、亚里士多德　/ 132
　第二节　文艺复兴的辉煌　/ 133
　　一、薄伽丘　/ 133
　　二、艺坛三杰　/ 133
　　三、莎士比亚　/ 134
　第三节　启蒙运动的兴起　/ 134
　　一、孟德斯鸠　/ 135

二、伏尔泰　　　　　　　　/ 135
　　三、卢梭　　　　　　　　　/ 136
　第四节　马克思主义的产生　　/ 137

　　一、德国古典哲学　　　　　/ 137
　　二、空想社会主义　　　　　/ 137
　　三、马克思主义　　　　　　/ 138

科技篇

第一章　古代科技　　　　　　/ 140
　第一节　石器时代的科技萌芽　/ 140
　　一、人类最早的技术——
　　　　打制石器　　　　　　　/ 140
　　二、火的发明和使用　　　　/ 141
　　三、原始农业的出现　　　　/ 141
　　四、陶器的发明　　　　　　/ 141
　　五、冶金技术初现　　　　　/ 142
　　六、弓箭的发明　　　　　　/ 142
　第二节　古希腊罗马时期
　　　　　的科技　　　　　　　/ 142
　　一、阿基米德　　　　　　　/ 142
　　二、希波克拉底　　　　　　/ 143
　第三节　引领世界的中国
　　　　　古代科技　　　　　　/ 143
　　一、四大发明　　　　　　　/ 143
　　二、中医学　　　　　　　　/ 144
　　三、中国古建筑学　　　　　/ 145
　　四、数学　　　　　　　　　/ 146
　　五、农学　　　　　　　　　/ 147
　　六、天文学　　　　　　　　/ 147
　　七、传统科技　　　　　　　/ 148

第二章　近代科技　　　　　　/ 151
　第一节　第一次技术革命　　　/ 151
　　一、蒸汽机　　　　　　　　/ 151
　　二、珍妮纺织机　　　　　　/ 152
　　三、火车的诞生　　　　　　/ 152
　第二节　第二次技术革命　　　/ 153
　　一、发电机　　　　　　　　/ 153
　　二、电灯　　　　　　　　　/ 153
　　三、电车　　　　　　　　　/ 154
　　四、电话　　　　　　　　　/ 154
　　五、汽车和飞机的问世　　　/ 155
　第三节　近代其他学科领域
　　　　　的主要成就　　　　　/ 155

　　一、哥白尼与太阳中心说　　/ 155
　　二、牛顿与经典力学　　　　/ 156
　　三、达尔文的《物种起源》
　　　　　　　　　　　　　　　/ 156
　　四、爱因斯坦与相对论　　　/ 156

第三章　现代高新技术　　　　/ 158
　第一节　信息技术　　　　　　/ 158
　　一、计算机的发明和广泛使用
　　　　　　　　　　　　　　　/ 158
　　二、互联网的出现　　　　　/ 158
　　三、通信技术的革新　　　　/ 159
　　四、人工智能进入人类生活
　　　　　　　　　　　　　　　/ 159
　第二节　生物工程和医药　　　/ 160
　　一、克隆技术　　　　　　　/ 160
　　二、基因技术　　　　　　　/ 160
　第三节　海洋技术和空间技术　/ 160
　　一、深海探测技术　　　　　/ 160
　　二、海洋遥感技术　　　　　/ 161
　　三、运载火箭技术　　　　　/ 161
　　四、航天器　　　　　　　　/ 161
　　五、载人航天　　　　　　　/ 162
　第四节　新中国的科技事业
　　　　　和重大成就　　　　　/ 163
　　一、哥德巴赫猜想研究　　　/ 163
　　二、长江三峡水利工程　　　/ 163
　　三、大庆油田的开发　　　　/ 163
　　四、"两弹一星"的伟业　　　/ 163
　　五、快速发展的航天科技　　/ 164
　　六、"银河"巨型计算机系统
　　　　　　　　　　　　　　　/ 165
　　七、北京正负电子对撞机　　/ 165
　　八、超级杂交水稻　　　　　/ 166
　　九、青藏铁路建成通车　　　/ 166
　　十、人工牛胰岛素的合成　　/ 166

第五节　高技能人才推动
　　　　科技进步　　　　　/ 166
　一、中国"深海钳工"第一
　　　人管延安　　　　　/ 167
　二、殷瓦焊将张冬伟　　/ 167
　三、"创新尖兵"罗东元　/ 167
　四、"工人发明家"代旭升 / 167
　五、高铁首席研磨师宁允展
　　　　　　　　　　　　/ 168
　六、"錾刻大师"孟剑锋　/ 168
　七、"航天数控英才"苗俭 / 168

哲学篇

第一章　认识哲学　　　　/ 170
　第一节　什么是哲学　　　/ 170
　　一、哲学与我们的生活　/ 170
　　二、世界观、人生观与方法论 / 171
　第二节　哲学的基本问题和
　　　　　基本派别　　　　/ 173
　　一、哲学的基本问题　　/ 173
　　二、唯物主义与唯心主义 / 174
第二章　用哲学的方法思考问题 / 177
　第一节　用联系的观点看问题 / 177
　　一、联系的普遍性和客观性 / 177
　　二、联系的多样性与条件性 / 178
　　三、用联系的观点思考问题 / 180
　第二节　用发展的观点看问题 / 181
　　一、世界是永恒发展的　/ 181
　　二、发展的实质　　　　/ 182
　　三、做好量变准备，促进
　　　　事物质变　　　　　/ 183
　第三节　用对立统一的
　　　　　观点看问题　　　/ 184
　　一、矛盾及其属性　　　/ 184
　　二、用对立统一的观点
　　　　看问题　　　　　　/ 186
　第四节　树立创新意识　　/ 189
　　一、辩证否定观与创新意识 / 189
　　二、辩证法的革命批判精神
　　　　与创新意识　　　　/ 191
　　三、创新是民族进步的灵魂 / 191
第三章　用哲学的思想选择价值 / 193
　第一节　人生价值概述　　/ 193
　　一、人的本质　　　　　/ 193
　　二、人的价值　　　　　/ 193
　　三、价值观的形成　　　/ 194
　　四、价值观的功能　　　/ 195
　第二节　人生价值的选择
　　　　　与实现　　　　　/ 196
　　一、价值观的冲突与选择 / 196
　　二、培育和践行社会主
　　　　义核心价值观　　　/ 198
　　三、在奉献和奋斗中实现
　　　　人生价值　　　　　/ 199

礼仪篇

第一章　中华礼仪、源远流长 / 202
　第一节　礼仪　　　　　　/ 202
　　一、了解礼仪　　　　　/ 202
　　二、礼仪的起源与发展　/ 203
　第二节　人生礼仪　　　　/ 203
　　一、诞生礼仪　　　　　/ 204
　　二、成年礼仪　　　　　/ 204
　　三、婚姻礼仪　　　　　/ 205
　　四、丧葬礼仪　　　　　/ 205
　第三节　节庆假日礼仪　　/ 206
　　一、传统节日　　　　　/ 206
　　二、现代节日　　　　　/ 208
　　三、外国节日　　　　　/ 208
第二章　和谐校园、礼遇友善 / 210
　第一节　课堂礼仪　　　　/ 210
　　一、上课起立，行鞠躬礼 / 210

二、认真听课，做好笔记 / 210
　　三、举手提问，站立回答
　　　　问题 / 210
　　四、不迟到、早退，不随意
　　　　出入教室 / 210
　第二节　典礼礼仪 / 211
　　一、校内活动礼仪 / 211
　　二、校外活动礼仪 / 212
　第三节　校园生活礼仪 / 212
　　一、宿舍礼仪 / 212
　　二、校园交往礼仪 / 213
第三章　求职面试、展现自我 / 216
　第一节　求职面试礼仪 / 216
　　一、求职仪表礼仪 / 216
　　二、求职称呼礼仪 / 217
　　三、举止应答礼仪 / 218
　　四、面试后必备礼仪 / 219
　第二节　实习实践礼仪 / 220
　　一、严于律己，遵纲守纪 / 220
　　二、文明礼貌，助人为乐 / 220
　　三、虚心学习，取长补短 / 221
　第三节　工厂实习礼仪 / 221
　　一、搞好师徒关系 / 222
　　二、严守工厂制度 / 222
　　三、注重学有所获 / 222
　第四节　餐饮服务专业
　　　　　实习礼仪 / 222
　　一、用语礼仪 / 222
　　二、举止礼仪 / 223

企业篇

第一章　走近企业文化 / 224
　第一节　企业文化的内涵
　　　　　与结构 / 224
　　一、企业文化的内涵 / 224
　　二、企业文化的结构 / 225
　第二节　企业文化的类型
　　　　　和功能 / 225
　　一、企业文化的分类 / 225
　　二、企业文化的功能 / 226
　第三节　中国特色企业文化 / 228
　　一、中国企业文化的特点 / 228
　　二、华为企业文化 / 229
第二章　解析企业文化 / 232
　第一节　企业物质文化 / 232
　　一、企业容貌与企业环境 / 232
　　二、企业产品文化 / 233
　　三、企业服装服饰文化 / 234
　第二节　企业行为文化 / 235
　　一、企业家行为对企业
　　　　行为文化的影响 / 235
　　二、企业模范人物 / 236
　　三、企业员工群体行为 / 237
　第三节　企业制度文化 / 239
　　一、企业领导体制 / 239
　　二、企业组织结构 / 240
　　三、企业管理制度 / 242
　第四节　企业精神文化 / 244
　　一、企业价值观 / 244
　　二、企业伦理道德 / 246
　　三、企业家精神 / 247
　　四、企业员工风貌 / 249
第三章　融入企业文化 / 250
　第一节　企业是个人职业
　　　　　发展的舞台 / 250
　　一、个人发展与企业发展
　　　　的有机统一 / 250
　　二、适应和融入企业文化 / 252
　第二节　成为蓝领专家的
　　　　　必由之路 / 254
　　一、学习是提升自己的
　　　　根本途径 / 254
　　二、创新是成为蓝领专家的必由
　　　　之路 / 256

心理篇

第一章 做一个心理健康的人 /258
  第一节 心理健康 /258
    一、心理健康的含义 /258
    二、心理健康的标准 /259
    三、心理健康的作用 /260
  第二节 心理健康培养 /261
    一、影响心理健康的因素 /261
    二、心理失调的表现 /264
    三、心理健康的培养 /265

第二章 认识自己的情绪 /266
  第一节 情绪概述 /266
    一、情绪 /266
    二、情绪的基本形式 /267
  第二节 情绪的状态 /268
    一、心境 /268
    二、激情 /268
    三、应激 /269
    四、热情 /269
  第三节 克服不良情绪 /269
    一、不良情绪的种类 /269
    二、常见的不良情绪表现 /270
    三、学会自我调节情绪 /272

第三章 培养健全的人格 /276
  第一节 人格概述 /276
    一、人格的概念 /276
    二、人格与性格 /276
    三、人格的构成要素 /276
    四、人格障碍 /278
  第二节 培养健全人格 /280
    一、健全人格的标准 /280
    二、健全人格的培养 /281

第四章 走出青春期的困惑 /285
  第一节 性与性别 /285
    一、性别的含义 /285
    二、性的含义 /286
  第二节 青春期性心理发展特点 /287
    一、青春期 /287
    二、青春期性心理的发展阶段 /288
    三、青春期性心理的表现 /288
    四、青春期常见问题——早恋 /289
  第三节 加强青春期性教育 /290
    一、友谊与爱情 /290
    二、性罪错 /291
    三、黄色信息 /292
    四、网络恋爱 /292
    五、性病、艾滋病 /292

参考文献 /294

文学篇

第一章 古代文学

第一节 先秦诗歌

先秦诗歌包括《诗经》、《楚辞》,以及春秋战国时期的一些民歌和部分原始社会歌谣。民歌及上古歌谣集中收录于《古诗源》中。先秦诗歌是我国诗歌的源头,其中《诗经》是我国现实主义诗歌的源头,而《楚辞》是我国浪漫主义诗歌的源头。先秦诗歌以其丰富的内容、完备的韵律、精巧的构思,开创了中国诗歌的新纪元。先秦诗歌大都短小精悍,言简意赅,极富诗意。这与西方和少数民族冗长不堪的史诗大相径庭,具有鲜明特色。也正因如此,中国诗精巧而蕴意无穷,诗歌的内涵只有在中国形式的诗歌里才得到了充分的展露。

一、《诗经》

《诗经》是公元前六世纪以前的诗歌总集,是我国第一部诗歌总集。里面共收集了从西周到春秋时的诗歌305篇,其中一部分是司乐太师所保存的祭歌和乐歌,另一较多较重要的部分是经过采集和整理的民歌。这些诗编为"风"、"雅"、"颂"三部分。《风》有十五国风,是出自各地的民歌,这一部分文学成就最高,有对爱情、劳动等美好事物的吟唱,也有怀故土、思征人及反压迫、反欺凌的怨叹与愤怒。《雅》分《大雅》、《小雅》,多为贵族祭祀之诗歌,祈丰年、颂祖德。《小雅》中也有部分民歌。《颂》则为宗庙祭祀之诗歌。《雅》、《颂》中的诗歌,对于我们考察早期历史、宗教与社会有很大价值。《诗经》思想内容博大精深,艺术成就卓越非凡,是中国诗歌乃至中国文学一个光辉的起点,开创了我国抒情诗的先河。作为一部经典著作,对我国历史文化的产生和发展有着极其广泛而深远的影响,是中华民族宝贵的精神文化财富。

【作品赏析】

《蒹葭》(节选)

蒹葭苍苍,白露为霜。所谓伊人,在水一方。

溯洄从之，道阻且长。溯游从之，宛在水中央。

这首诗以水、芦苇、霜、露等意象营造了一种朦胧、清新又神秘的意境。诗中水的意象正代表了女性，体现出女性的美，这种美感因距离变得朦胧。主人公和伊人的身份、面目、空间位置都是模糊的，给人以雾里看花、若隐若现、朦胧缥缈之感。蒹葭、白露、伊人、秋水，越发显得难以捉摸，构成了一幅朦胧淡雅的水彩画。诗每章的头两句都是以秋景起兴，引出正文。它既点明了季节与时间，又渲染了蒹苍露白的凄清气氛，烘托了人物怅惘的心情，达到了寓情于景、情景交融的艺术境地。我们可以把《蒹葭》的诗意理解为一种象征，把"在水一方"看作是人生的愿景，"伊人"可以是贤才、友人、情人，可以是功业、理想、前途；"河水"可以是高山、深堑，可以是法律、制度，也可以是人生中可能遇到的其他任何障碍，只要有追求，就有表现的天地，实现的可能。

三、《楚辞》

《楚辞》是我国第一部浪漫主义诗歌总集，是战国时期以屈原为代表，在楚国民歌基础上开创的一种新诗体。《楚辞》主要是屈原的作品，其代表作是《离骚》，后人因此又称"楚辞"为"骚体"。西汉末年，刘向搜集屈原、宋玉等人的作品，辑录成集。《楚辞》对后世文学影响深远，不仅开启了后来的赋体，而且影响历代散文创作，是我国积极浪漫主义诗歌创作的源头。楚辞的创作手法是浪漫主义的，它感情奔放，想象奇特，且具有浓郁的楚国地方特色和神话色彩。与《诗经》古朴的四言体诗相比，楚辞的句式较活泼，在节奏和韵律上独具特色，更适合表现丰富复杂的思想感情。

图1-1 屈原

屈原（公元前340～前278年）（图1-1），战国时期楚国人，名平，字原，是楚武王熊通之子屈瑕的后代，出生于楚国丹阳（今河南西峡或湖北秭归），是我国第一位伟大的爱国诗人，是我国浪漫主义诗歌的奠基人，他开创了中国诗歌由集体歌唱过渡到个人独唱的新纪元。

《离骚》是《楚辞》的代表作，共373句、2490字，是中国最早的长篇抒情诗。表现了诗人坚持"美政"理想，抨击黑暗现实，不与邪恶势力同流合污的斗争精神和至死不渝的爱国热情。全诗分前后两部分：前一部分是诗人对以往历史的回溯；后一部分描写诗人对未来道路的探索，"路漫漫其修远兮，吾将上下而求索"。它虽是一首抒情诗，却反映了丰富的社会现实；它虽是一首浪漫主义作品，却具有深刻的现实性。

《离骚》是屈原用他的理想、遭遇、痛苦、热情，以至于整个生命所熔铸而成的宏伟篇章，其中闪耀着诗人鲜明的个性光辉，这在中国文学史上，还是第一次出现。《离骚》的创作，既植根于现实，又富于幻想色彩。诗中大量运用古代神话和传说，通过极其丰富的想象和联想，并采取铺张描叙的写法，把现实人物、历史人物、神话人物交织在一起，把地上和天国、人间和幻境交织在一起，构成了瑰丽奇特、绚烂多彩的幻想世界，从而产生了强烈的艺术魅力。诗中又大量运用"香草美人"的比兴手法，把抽象的意识品性、复杂的现实关系生动形象地表现出来。《离骚》在艺术上取得的高度成就，与它丰富深刻的思想内容完美地结合在一起，使它成为中国文学史上光照千古的绝唱，并对后世产生了深远的影响。鲁迅赞之为"逸响伟辞，卓绝一世"（《汉文学史纲要》）。

【小资料】

屈原与端午节

农历五月初五，是我国传统的端午节，又称端阳、重五、端五节。早在周朝，就有"五月五日，蓄兰而沐"的习俗。但今天端午节的众多活动都与纪念我国伟大的文学家屈原有关。

战国时代，楚秦争夺霸权，诗人屈原很受楚王器重，然而屈原的主张遭到上官大夫靳尚为首的守旧派的反对，不断在楚怀王的面前诋毁屈原，楚怀王渐渐疏远了屈原，有着远大抱负的屈原倍感痛心，他怀着难以抑制的忧郁悲愤，写出了《离骚》、《天问》等不朽诗篇。公元前229年，秦国攻占了楚国八座城池，接着又派使臣请楚怀王去秦国议和。屈原看破了秦王的阴谋，冒死进宫陈述利害，楚怀王不但不听，反而将屈原逐出郢都。楚怀王如期赴会，一到秦国就被囚禁起来，楚怀王悔恨交加，忧郁成疾，三年后客死于秦国。楚顷襄王即位不久，秦王又派兵攻打楚国，顷襄王仓皇撤离京城，秦兵攻占郢城。屈原在流放途中，接连听到楚怀王客死和郢城攻破的噩耗后，万念俱灰，仰天长叹一声，投入了滚滚激流的汨罗江。

江上的渔夫和岸上的百姓，听说屈原大夫投江自尽，都纷纷来到江上，奋力打捞屈原的尸体，（此风俗日后演变成赛龙舟）人们纷纷拿出家中的粽子、鸡蛋投入江中，让鱼吃了就不会去咬屈大夫尸身。还有郎中把雄黄酒倒入江中，以便药昏蛟龙水兽，使屈原大夫尸体免遭伤害。过了不多久，水面上浮起了一条昏晕的蛟龙，龙须上还沾着一片屈大夫的衣襟，人们就把这恶龙拉上岸，抽了筋，然后把龙筋缠在孩子们的手、脖子上，又用雄黄酒抹七窍，有的还在小孩子额头上写上一个"王"字，使那些毒蛇害虫都不敢来伤害他们。从此，每年五月初五——屈原投江殉难日，楚国人民都到江上划龙舟，投粽子，喝雄黄酒，以此来纪念诗人，端午节的风俗就这样流传下来。

第二节 诸子散文

诸子散文指的是春秋至战国时期诸子百家阐述各自对自然对人生对社会观点和主张的哲理性著作。代表作品有儒家的《论语》、《孟子》、《荀子》，墨家的《墨子》，道家的《老子》、《庄子》，法家的《韩非子》以及纵横家的《战国策》等。诸子散文中以《庄子》的文学性最高，而《荀子》、《韩非子》在体式和技巧上则达到了成熟。

先秦诸子散文具有鲜明的特点。思想上坚持独立思考，各抒己见，放言无惮，文风上各具个性和风格。《论语》简括平易，《墨子》质朴明快，《孟子》气势恢弘，《庄子》汪洋恣肆，《荀子》比喻繁复，《韩非子》论辩透辟。在文体发展上，先秦诸子散文首先确立了论说文的体制，从语录体的有观点无论证，到论点明确、论据充分、结构完整的专题论说文，展示了我国论说文发展的大致风貌。诸子说理散文以其思想的深邃，在中国文化史上具有崇高的地位，成为中国传统文化的重要源泉，对中国文学产生了深远的影响，成为中国古代文学的基石之一。

一、孔子——《论语》

孔子（公元前551～前479年），名丘，字仲尼，春秋时期鲁国陬邑（今山东曲阜市）人，儒家鼻祖，伟大的政治家、思想家、教育家，也是我国第一个开办私学教育的人。在教育方面，他提出"有教无类"；政治方面，主张仁政。孔子曾周游列国，宣传自己的政治主张,却都不被当政者采用。回鲁国后,从事著述和讲学,相传有弟子3000人。他编订了《诗》、《书》,修撰了《春秋》。他被后世尊为圣人、至圣、万世师表,被联合国教科文组织评选为"世界十大文化名人"之首。孔子和儒家思想对中国和朝鲜半岛、日本、越南等地区有深远的影响。

《论语》是记载中国古代著名思想家孔子及其弟子言行的语录体著作,今存20篇,498章,共计约12700字,是我国古代儒家经典著作之一,是我国最早的一部哲理散文,首创语录体,标志着春秋与战国之交散文的新的发展。《论语》集中体现了孔子的政治主张、道德观念、伦理思想和教育原则等。《论语》以记言为主,"论"是论纂,"语"是话语,"论语"即为论纂语言。《论语》(图1-2)一书的记述者有孔子的弟子,有孔子的再传弟子,也有孔门以外的人,但以孔门弟子为主。《论语》的文学价值主要表现在它对孔子及其门人弟子等性格形象的塑造上,虽然只有寥寥数语甚至只有语言对话,却让人物形象跃然纸上。《论语》语言精练,字里行间妙语天然,精思之处令人叹服。

图1-2 论语

【作品赏析】

子曰:"学而时习之,不亦说乎?有朋自远方来,不亦乐乎?人不知而不愠(yùn),不亦君子乎?"《学而》提出学习方法和个人修养,启发人们热爱学习,加强自律。"学而时习之",乃初学之文,为一境;"有朋自远方来",则成学后事,为二境;求学深造日进所得成为君子为最后一境。以人为本的社会,教育关注的是人的和谐发展,《论语》把"知、能、德"作为构建人的和谐发展的三个要素放在开篇,由此可见千古至圣大师教育思想的精髓。"知、能、德"三者具备,才能达到孔子教育思想中树人的标准,才能符合孔子的人才观,这也是现代社会人才的标准。"学而不思则罔,思而不学则殆"。(《为政》)为孔子所提倡的一种读书法。告诫我们只有把学习和思考结合起来,才能学到切实有用的真知。"三人行,必有我师焉。择其善者而从之,其不善者而改之。"(《述而》)学习方法和个人修养,强调无论何时何地,都要虚心向别人学习,同时要有端正的学习态度。随时注意学习他人的长处,随时将他人缺点引以为戒,自然就会多看他人的长处,与人为善,待人宽而责己严。这不仅是修养、提高自己的最好途径,也是促进人际关系和谐的重要条件。

二、荀况——《荀子》

荀况(公元前313~前238年),名况,字卿,又称孙卿,时人尊称"荀卿"。战国末期赵国人,著名思想家、文学家、政治家,儒家代表人物之一,先秦儒家最后一位大师,也是先秦思想的集大成者。其思想和社会实践对战国末期社会政治和思想学术的发展,对中国古文化的传承,产生过重大的影响。

《荀子》是战国末年著名唯物主义思想家荀况的著作,是荀况在总结当时学术界的百家争鸣和自己的学术思想,反映唯物主义自然观、认识论思想以及荀况的伦理、政治和经济思想。今存32篇,除少数篇章外,大部分是他自己所写。他的文章擅长说理,组织严密,分析透辟,善于取譬,常用排比句增强议论的气势,语言精练,有很强的说服力和感染力。

《荀子》书中各篇大都通篇议论,有论点、论据,结构完整,说理透辟,标志着论说散文的成熟。荀子学识广博，论证中多引儒家经典文句，行文又汲取战国纵横家之长处，故行文句式整齐，辞采丰富，注重修辞的运用，语言颇具韵律美和形象美。

【作品赏析】

《劝学》（图1-3）是《荀子》一书的首篇，文章围绕"学不可以已"这个中心论点，从学习的意义、作用、态度等方面，有条理、有层次地加以阐述。本文运用了大量生活中常见的比喻把抽象的道理说得明白、具体、生动，深入浅出，使读者容易接受。比喻的形式是多种多样的，有时用同类事物设喻，从相同的角度反复说明问题，强调作者的观点；有时将两种相反的情况组织在一起，形成鲜明的对照，让读者从中明白道理。设喻方式有时先反后正，有时先正后反，内容各有侧重，句式也多变化，读来毫无板滞之感。有的比喻，单说比喻而把道理隐含其中，让读者思考；有的先设比喻，再引出道理；有的再用另外的比喻进一步论证。在说理文中，巧妙地运用大量比喻进行论述，这是《劝学》十分突出的特点。荀子这种用比喻说理的写法，在其他先秦诸子散文中也是罕见的，作者又在排偶中夹进散句，句式整齐，琅琅上口，使文气流畅而不呆滞。文章的语言具体形象、精练有味，而且，随着用比的连续和手法的变换，形成整齐而又富于变化的句式，产生铿锵起伏的节奏，表现出荀子谆谆劝学的激情，这不仅是一篇出色的古代教育论文，而且也是一篇经典文学作品。

图1-3 劝学

【小资料】

孔子尊师

公元前521年春，孔子得知他的学生宫敬叔奉鲁国国君之命，要前往周朝京都洛阳去朝拜天子，觉得这是个向老子请教"礼制"学识的好机会，于是征得鲁昭公的同意后，与宫敬叔同行。到达京都的第二天，孔子便徒步去拜望老子。正在书写《道德经》的老子听说誉满天下的孔丘前来求教，赶忙放下手中刀笔，整顿衣冠出迎。孔子见大门里出来一位年逾古稀、精神矍铄的老人，料想便是老子，急趋向前，恭恭敬敬地向老子行了弟子礼。进入大厅后，孔子再拜后才坐下来。老子问孔子为何事而来，孔子离座回答："我学识浅薄，对古代的'礼制'一无所知，特地向老师请教。"老子见孔子这样诚恳，便详细地抒发了自己的见解。回到鲁国后，孔子的学生们请求他讲解老子的学识。孔子说："老子博古通今，通礼乐之源，明道德之归，确实是我的好老师。"同时还打比方赞扬老子，他说："鸟儿，我知道它能飞；鱼儿，我知道它能游；野兽，我知道它能跑。善跑的野兽我可以结网来逮住它，会游的鱼儿我可以用丝条缚在鱼钩来钓到它，高飞的鸟儿我可以用良箭把它射下来。至于龙，我却不能够知道它是如何乘风云而上天的。老子，其犹龙邪！"

第三节 汉传乐府

在中国历史上的汉朝经济异常繁荣，国力也比较强盛，汉代文学继承了《诗经》、《楚辞》和先秦散文的传统，鲜明地反映了大一统的封建帝国的历史特点和时代要求，而且汉代文学还有个突出贡献就是开拓了辞赋、史传、乐府诗等新的文学领域。汉代之初的文学成就主要表现在政论文和辞赋的发展上，这个时期的政论文说理畅达，感情充沛，内蕴深厚，对唐宋以后散文创作有明显的影响。在汉代文学方面，叙事散文在文体上也有了突破性的发展，其中司马迁的鸿篇巨著《史记》就是以人物为中心来反映历史的，开创了了纪传体史书的新样式，同时也开辟了传记文学的先河。随后的作品《汉书》继承了《史记》的体例，并且比《史记》更加完善。另外，作品《吴越春秋》进一步强化了史传作品的文学性。汉代文学还有个突出的特点和贡献就是出现了民间创作和文人创作共同繁荣的局面。其中，最为突出的是五言歌谣，这种新的诗歌样式对文人有很大的影响，最终出现了文人的五言诗，同时民间五言诗在文人五言诗的影响下也又日益走向成熟。

一、司马迁——《史记》

司马迁，西汉著名史学家、文学家、思想家。字子长，生于汉景帝中元五年（公元前145年），一说生于汉武帝建元六年（公元前135年），卒年不可考。司马迁10岁开始学习古文书传。约在汉武帝元光、元朔年间，向今文家董仲舒学《公羊春秋》，又向古文家孔安国学《古文尚书》。20岁时，从京师长安南下漫游，足迹遍及江淮流域和中原地区，所到之处考察风俗，采集传说。元封三年（公元前108年），继承父亲司马谈之职，任太史令，掌管天文历法及皇家图籍，因而得读史馆所藏图书，此后，开始撰写《史记》。后因替投降匈奴的李陵辩护，获罪下狱，受腐刑。司马迁不堕"凌云之志"，以血作墨，心灵为纸，完成了堪称"史家之绝唱，无韵之离骚"的历史巨作。

《史记》是中国的第一部纪传体通史。全书共一百三十篇（卷），有十二本纪、三十世家、七十列传、十表、八书，共约五十二万六千五百字，记载了从上古传说中的黄帝时代（约公元前3000年）到汉武帝元狩元年（公元前122年）共三千多年的历史。它包罗万象，融会贯通，脉络清晰，"王迹所兴，原始察终，见盛观衰，论考之行"（《太史公自序》），所谓"究天人之际，通古今之变，成一家之言"，详实地记录了上古时期举凡政治、经济、军事、文化等各个方面的发展状况，是中国古代历史的伟大总结。对后世的影响极为巨大，被称为"实录、信史"，被鲁迅先生誉为"史家之绝唱，无韵之离骚"，列为前"四史"之首，与《资治通鉴》并称为"史学双璧"。因此司马迁被后世尊称为"史迁"、"史圣"，与司马光并称"史界两司马"，与司马相如合称"文章西汉两司马"。

《史记》既是历史的"实录"，同时也具有相当高的文学价值。司马迁在《史记》中创造的"互见法"，极具有史学和文学的意义。在不同的传记中从不同的角度叙述同一件事，这样就既突出了每个人在这事件中的作用，又不致给人以重复之感。通过人物和事件的互见法，既有了史学的可信性，又有了文学的可读性。在人物形象的塑造方面，司马迁竭力做到将历史、人物和主题统一起来，这样既写活了历史，人物也栩栩如生；他还非常善于把人物置于尖锐的矛盾冲突中，通过人物的言行来完成人物性格的刻画，数量众多、类型丰富、个性鲜明，把中国文学塑造人物形象的艺术，提高到一个划时代的新高度。它以大量的个人传记组合成一部宏伟的历史，这些人物来自社会的各种阶层，经历了不同的人生命运。从帝王到平民，有成功者有失败者，有刚烈的英雄，有无耻的小人，共同组成了一条丰富多彩的人物画廊，因此《史记》洋溢着浪漫的情调，充满传奇色彩。《史记》的语言艺术，代表"古文"的最高成就。司马迁在吸取前人经验的基础上，抛弃了铺张排比，形成淳朴简洁、疏宕从容、变化多端、通俗流畅的散文风格。根据不同的场面，出于不同的心情，语调有时短截急促，有时舒缓从容，有时沉重，有时轻快，有时幽默，有时庄肃，具有很强的感染力。

二、乐府民歌——《陌上桑》

"乐府"一词，在古代具有多种含义。最初是指主管音乐的官府。汉代把乐府配乐演唱的诗称为"歌诗",这种"歌诗"在魏晋以后也称为"乐府"。汉代文学的主流是文人创作,文人创作的主流是辞赋。乐府民歌作为民间的创作,是非主流的存在,这种非主流的民间创作,以其强大的生命力逐渐影响了文人的创作,最终促使诗歌蓬勃兴起,取代了辞赋对文坛的统治。所以,它在中国文学史上,有着极其重要的地位。现存的汉乐府民歌数量不算多,但是,在汉代文学史上,它显示出特异的光彩。

【作品赏析】

《陌上桑》与《孔雀东南飞》是汉乐府民歌中最优秀的作品,也是叙事诗的代表作。它是一首立意严肃、笔调诙谐的著名乐府叙事诗,叙述了采桑美貌女子罗敷严词拒绝使君的故事,歌颂了女主人公的机智、幽默和反抗精神。诗人成功地塑造了一个貌美品端、机智活泼、亲切可爱的女性形象。《陌上桑》在写作手法方面,最受人们称赞的是侧面映衬和烘托。第一小节写罗敷之美,不直接形容具体对象容貌的常套,而是采用间接的、静动结合的描写来暗示人物形象的美丽。更奇妙的是,诗人通过描摹路旁观者的种种神态动作,使罗敷的美貌得到了强烈而又极为鲜明、生动的烘托,这样来塑造人物形象,比借助比喻等手段正面进行摹写显得更加富有情趣,而且由于加入了旁观者的反应,使作品的艺术容量也得到了增加。后面的"罗敷夸夫"、"奚落太守",体现了诗歌的幽默风趣,寓严肃的主题于诙谐的风格之中。这样,诗歌的道德主题不是在抽象的道德说教中而是在富有形象、充满喜剧色彩的文学描写中完成了,它与《孔雀东南飞》体现的悲慨和亢烈相比,代表着汉乐府又一种重要的艺术精神。《陌上桑》以叙事为主,融以描写和抒情。语言清新活泼,字里行间蕴含着一种乐观、幽默、俏皮的情韵,它以浪漫性的描写开始,以诙谐性的喜剧结束,千百年来传诵不绝。在中国文学史上具有很大的影响,后世大诗人如曹植、陆机、杜甫、白居易等都为之醉心倾倒,写过对此诗的模拟之作。

【小资料】

司马相如与卓文君的爱情故事

司马相如是西汉时期著名的汉赋作家,他和卓文君的爱情故事,尤其令人津津乐道。西汉初年,蜀郡临邛富商卓王孙之女卓文君,十七而寡。才貌双全的卓文君带着婆家"终身守节"的嘱命回到娘家,时常抚琴抒发内心的愤懑、忧伤。司马相如应好友临邛县令王吉之邀,赴临邛客居。王吉的妹妹王锦与卓文君学习琴艺时,将司马相如的《子虚赋》给文君看,卓文君读后赞叹不已,听说相如官场失意,又为之感慨,遂写下了《读子虚赋》。相如与王吉对饮,忽然王锦走来,展开《读子虚赋》,司马相如看后连连称赞。时逢临邛赛春盛会,王吉陪司马相如观赏当地的风景,在江边码头,看到文君正在制止管家卖掉盐工木果。相如路见不平,义正词严地斥责管家。在王吉的干预下,木果免遭厄运,被留在相如身边听差。文君、相如彼此爱慕之情更增,司马相如心潮起伏,写出了《凤求凰》以示对文君的爱慕之情。文君看到王锦送来的《凤求凰》激动不已,坚定了追求幸福的决心。司马相如托王吉向卓府求亲,遭到趋炎附势的卓王孙拒绝,他要把女儿嫁给临邛富商程郑之子。文君坚决不从。漆黑之夜,文君逃出卓府,与司马相如一起回到成都,结了婚。这就是有名的「文君夜奔」的故事。正当司马相如和卓文君沉浸在甜蜜的新婚日子里,卓王孙却暴跳如雷,发誓不给文君钱财。文君和相如穷得没法过日子。他们只得回到临邛,在街上开了一家酒店,文君坐柜台打酒,相如穿上围裙,端酒送菜,洗碗刷碟子。日子虽然清苦,但两人相敬如宾,这个故事就是「文君当垆」。

不过,据说司马相如在长安被封为中郎将时,觉得身份不凡,曾经兴起休妻的念头。派人送给卓文君一封信,信上写着"一二三四五六七八九十百千万"十三个大字,并要卓文君立刻回信。卓文君看了信,知道丈夫有意为难自己,十分伤心。想着自己如此深爱对方,对方竟然忘了昔日月夜琴挑的美丽往事,就提笔写道:一别之后　二地悬念　只说是三四月　又谁知五六年　七弦琴无心弹　八行书无可传　九连环从中折断　十里长亭望眼欲穿　百思想千系念　万般无奈把郎怨　万言千语说不尽　百无聊赖十依栏　重九登高看孤雁　八月中秋月不圆　七月半烧香秉烛问苍天　六月伏天人人摇扇我心寒　五月石榴如火偏遇阵阵冷雨浇花端　四月枇杷未黄我欲对镜心意乱　急匆匆三月桃花随水转　飘零零二月风筝线儿断　郎呀郎巴不得下一世你为女来我做男。司马相如收信心惊叹不已,夫人的才思敏捷和对自己的一往情深,都使他心弦受到很大的震撼,于是很快地打消了休妻的念头。

第四节　魏晋南北朝文学

　　魏晋南北朝文学在整个中国文学史上有重要地位,是一个承上启下、走向繁荣的过渡时期。这一时期,在文学思想、文学的题材、体裁以及整体风貌上,都呈现出许多新的变化,而这些变化又是同这一时期的时代特点、哲学思想、文艺思潮密切相关的。魏晋以后,诗学摆脱了经学的束缚,整个文学思潮的方向也是脱离儒家所强调的政治教化的需要,寻找文学自身独立存在的意义,标志着一个新的文学时代的到来。综观这段文学,是以五七言古近体诗的兴盛为标志的。五古在魏晋南北朝进入高潮,七古和五七言近体在唐代前期臻于鼎盛。题材方面,出现了咏怀诗、咏史诗、游仙诗、玄言诗、宫体诗,以及陶渊明创造的田园诗、谢灵运开创的山水诗等;诗体方面,五古更加丰富多彩,七古也有明显进步,还出现了作为律诗开端的"永明体",中国古代诗歌的几种基本形式如五律、五绝、七律、七绝等,在这一时期都有了雏形;辞藻方面,追求华美的风气愈来愈甚,藻饰、骈偶、声律、用典,成为普遍使用的手段。文学理论和文学批评方面,出现了许多文学理论和文学批评的著作,如曹丕的《典论·论文》、刘勰的《文心雕龙》、钟嵘的《诗品》等,带来魏晋南北朝文学批评的空前繁荣。

一、曹操——《龟虽寿》

　　曹操(155~220年),字孟德,小名阿瞒,沛国谯县(今安徽亳州)人,汉族。东汉末年杰出的政治家、军事家、文学家、书法家,三国中曹魏政权的缔造者。以汉天子的名义征讨四方,对内消灭"二袁"(袁绍、袁术)、吕布、刘表等割据势力,对外降服南匈奴、乌桓、鲜卑等,统一了中国北方,并实行一系列政策恢复经济生产和社会秩序,奠定了曹魏立国的基础。曹操在世时,担任东汉丞相,后为魏王,去世后谥号为武王。其子曹丕称帝后,追尊为武皇帝,庙号太祖。

　　曹操一生跃马扬鞭,南征北战,鞍马为文,横槊赋诗,他的诗继承了《诗经》和汉乐府的优良的现实主义传统,以乐府古题写时事、抒怀抱,体现了一个政治家的思想情怀。曹操的诗歌,今存20多篇,全部是乐府诗体,内容大体上可分三类:一类是关涉时事的,如《薤露行》、《蒿里行》等;一类是以表述理想为主的,如《对酒》、《短歌行》等;一类是游仙诗,格调慷慨悲凉、沉郁雄健、豪迈纵横,震烁古今,语言古朴刚健,善用比兴,史称"建安风骨"。千百年来,曹操的诗就是以这种"梗概多气"风骨及其内在的积极进取精神,激荡着天下英雄的心灵,开启并繁荣了建安文学,使其在中国文学史上闪烁着夺目光彩。

【作品赏析】

龟虽寿

神龟虽寿，犹有竟时。腾蛇乘雾，终为土灰。
老骥伏枥，志在千里。烈士暮年，壮心不已。
盈缩之期，不但在天。养怡之福，可得永年。幸甚至哉，歌以咏志。

《龟虽寿》是一首极富哲理意味的咏怀诗，诗中表现了曹操乐观自信、顽强进取的精神，对后人有很大的激励作用。诗的最后按乐章尾声的格式写上"幸甚至哉，歌以咏志。"表明赋诗明志之意。

全诗主要有三层。第一层，全部是以物为喻，以形见意，又意在言外，喻意富含。"神龟虽寿，犹有竟时"以概括语出之；"腾蛇乘雾，终为土灰"以形象语描之。两句互文，说神龟、腾蛇、长寿、高能都有终结之时。第二层，先写马喻，再言人事，先用"志在千里"的具体写法，后用"壮心不已"的概括语言，虚实相映，物人相发，形象生动，类比贴切。"犹有竟时"、"终为土灰"一意，"志在千里"、"壮心不已"同义，使行文富于变化。第三层，回应第一层，又更进一步，总结上文，且归于理性。第一层颇有降抑之意，第二层大有昂扬之态，第三层又具深沉之思。这样，全诗跌宕起伏，又肌理缜密，闪耀出哲理的智慧之光，喷发出奋进之情，奏响着乐观声调。这首诗赢得了后人的赞美，并从中吸取了精神力量，就在于有形、有理、有情，且使三者统一，达到水乳交融的地步。单纯说理，会使诗枯燥；抽象言情，也会使诗贫乏；一味示形，同样使诗单薄。此诗理中有情，寓情于形，因而增强了感染力。全诗以形象的比喻、明快的语言表达了一种人定胜天的非宿命论的思想，体现了诗人达观积极的人生态度，昂扬进取的精神。它告诉人们，事在人为，命运是可以改变的。它激励人们，不要哀叹时光的流逝，丢弃那种人到暮年无所作为的悲观消极思想，要像那匹老马一样，老当益壮，奋斗不息。

二、陶渊明——《归园田居》

陶渊明（365～427年）(图1-4)，字元亮，又名潜，号五柳先生，私谥"靖节"，世称靖节先生。浔阳柴桑人，东晋末期南朝宋初期诗人、文学家、辞赋家、散文家，也是中国第一位田园诗人，被称为"古今隐逸诗人之宗"，著有《陶渊明集》。曾做过几年小官，后辞官回家，从此隐居。田园生活是陶渊明诗的主要题材，相关作品有《饮酒》、《归园田居》、《桃花源记》、《五柳先生传》、《归去来兮辞》等。

陶渊明是中古时代的大思想家。他的文学思想是魏晋南北朝文学思想的重要组成部分，他对自然的理解也表现了其文学思想的独特性。同时，他不言教化、不事雕凿，注重情感的自由抒发，注重诗文的自然天成。陶渊明对社会人事的虚伪黑暗有极清醒的认识，因而他的隐逸不是消极的逃避现实，而是具有深刻的批判社会现实的积极意义。"不为五斗米折腰"被传为佳谈。"寄酒为迹"抒发自己不愿和腐朽的统治集团同流合污的心愿，表现出诗人恬淡旷远的襟怀、孤傲高洁的品格。

陶渊明是田园诗的开创者，他的田园诗以淳朴自然的语言、高远脱俗的意境，为中国诗坛开辟了新天地，并直接影响到唐代田园诗派。陶渊明的田园诗语言平淡如农家

图1-4 陶渊明

口语，精工本色，朴素率真，笔调疏淡，风韵深厚，他把深厚的感情和丰富的思想通过朴素平易的语言表达出来，富有情致和趣味。梁实秋曰："绚烂之极归于平淡，但是那平不是平庸的平，那淡不是淡而无味的淡，那平淡乃是不露斧凿之痕的一种艺术韵味。"他善于以白描及写意手法勾勒景物、点染环境，意境高远又富含理趣，景物往往被人格化，如青松、芳菊、归鸟、孤云，都是日常生活中常见的景物，也是诗人高洁性格的象征。

《归园田居》五首诗分别从辞官场、聚亲朋、乐农事、访故旧、欢夜饮几个侧面描绘了诗人丰富充实的隐居生活，诗中虽有感情的动荡、转折，但那种欢愉、达观的明朗色彩是辉映全篇的。读者不仅能从诗中看到乡村的田园、房舍、榆柳、桃李，闻到狗吠和鸡啼，而且能看到一位洒脱诗人面对这宁静的田园景物，在吟唱"久在樊笼里，复得返自然"的心声。

【作品赏析】

《归园田居》（其三）

种豆南山下，草盛豆苗稀。晨兴理荒秽，带月荷锄归。
道狭草木长，夕露沾我衣。衣沾不足惜，但使愿无违。

短短四句话描绘出了一幅平静、恬淡却不失美丽动人的农家生活图，诗中描写的"豆苗，南山，小路，杂草，夕露"都是平常的事物，却勾勒出了一幅恬淡优美，清新可人的图画。这首诗简短精小，自然平淡，构思精妙，"种豆南山下"，"夕露沾我衣"，朴素如随口而出，不见丝毫修饰，这自然平淡的诗句融入全诗醇美的意境之中，则使口语上升为诗句，使口语的平淡和诗意的醇美和谐地统一起来，形成陶诗平淡醇美的艺术特色。全诗在平淡与幽美、实景与虚景的相互补衬下相映生辉，柔和完美。

这首诗歌中没有华美繁复的辞藻，没有特殊的修辞，诗人就运用一些简单的事物、景象，运用独特的写作手法以及合理的结构安排将这些平凡的事物进行升华，不仅使诗歌显得朴素清雅，恬淡幽美，显现出一种天然之美，更在这种美好的意境中，整首诗歌的主旨也得到了更加深刻的体现，表现了作者淡雅的心境，对恬淡自由，无忧无虑，自由自在田园生活的无限向往与喜爱，同时也有力地体现了作者洁身自好，安贫乐道，淡泊名利，不愿与世俗同流合污的高尚品格。全诗在平淡与幽美、实景与虚景的相互补衬下相映生辉，柔和完美。

【小资料】

魏晋南北文学家集锦

1. 三曹

汉魏间曹操、曹丕、曹植三父子的并称。他们以显赫的政治地位与杰出的文学才能著称于世。他们在诗歌中抒写自己的政治抱负和乱离的社会场景，悲歌慷慨，是汉魏风骨的代表诗人，在五言诗歌发展史上处于承先启后的重要地位。曹植被誉为"建安之杰"。

2. 建安七子

东汉建安年间孔融、陈琳、王粲、徐干、阮瑀、应玚、刘桢等七位文学家的并称。他们均以诗文显赫当世，是曹魏文学集团核心成员，与"三曹"同为建安时代的重要作家，其中以王粲、刘桢成就最高。

3. 建安风骨

建安是汉献帝的年号，建安风骨是对建安文学风格的形象概括。当时有不少作品反映了乱离的社会现实，表达了统一天下的愿望和对理想生活的追求。其诗歌情调慷慨悲凉，语言刚健爽朗。后人把建安诗歌的成就称为"建安风骨"。

4. 竹林七贤

魏晋时期嵇康、阮籍、山涛、向秀、刘伶、王戎、阮咸7位名士的合称，成名年代较"建安七子"晚一些。他们在生活上不拘礼法，清静无为，聚众在竹林喝酒、纵歌。"弃经典而尚老庄，蔑礼法而崇放达"，其作品揭露和讽刺司马朝廷的虚伪。他们的不合作态度为司马朝廷所不容，嵇康被杀害，王戎、山涛则投靠司马朝廷，竹林七贤最后分崩离析，各散西东。

5. 竟陵八友

齐武帝永明二年（484），竟陵王萧子良开西邸，其府中聚集了大量的文士，其中萧衍、沈约、谢朓、王融、萧琛、范云、任昉、陆倕八人为其翘楚，史称"竟陵八友"。他们在萧子良的引领下，赋诗唱和，提出"声律论"学说，倡导永明体诗，对齐梁文学及此后的文学产生了重要的影响。

第五节 盛唐气象

盛唐指唐玄宗在位的开元、天宝年间。这时国家统一，经济繁荣，政治开明，文化发达，对外交流频繁，社会充满自信，不仅是唐朝的高峰，也是中国封建社会的鼎盛期。唐朝是中国诗歌史上的黄金时代，盛唐诗是唐诗史上的高峰，以雄壮浑厚为特征的盛唐诗气象，具有很高的美学价值。

盛唐涌现出以李白、杜甫、王维为代表的一大批诗人，他们共同开辟了一个气势恢弘的诗歌的黄金时代。盛唐时期经济繁荣，国力强盛，唐诗发展至顶峰时期，题材广阔，流派众多，出现"边塞诗派"与"田园诗派"等。伟大的浪漫主义诗人李白和伟大的现实主义诗人杜甫，即是这一时期最杰出的代表。他们的诗雄视千古，为一代之冠，在他们的笔下，无论五律七律，五绝七绝、古风歌行皆达到很高的艺术成就，正如韩愈所说"李杜文章在，光焰万丈长。"如李白的《梦游天姥吟留别》、《将进酒》，杜甫的《三吏》、《三别》等；另有王维、孟浩然代表的田园诗派和高适、岑参代表的边塞诗派。

所谓"盛唐气象"，指盛唐时期诗歌的总体风貌特征。诗歌的时代风格、时代精神：博大、雄浑、深远、超逸；充沛的活力、创造的愉悦、崭新的体验；以及通过意象的运用、意境的呈现，性情和声色的结合，而形成的新的美感——这一切合起来就成为盛唐诗歌与其他时期的诗歌相区别的特色。集中地体现盛唐气象的诗人，李白的魅力无人可以匹敌，他常自比为大鹏，任意地遨游于天地之间，以一种震慑的力量征服了盛唐诗坛；以杜甫为代表的盛唐后期诗，仍然富有雄浑的特征，为表现盛唐气象的佳作；王维、孟浩然等人的山水田园诗篇，风格恬淡闲逸，虽也自然浑成，但并不雄壮，这类诗篇在盛唐诗中毕竟只占少数。

山水田园诗派以孟浩然、王维为代表，他们的诗歌描绘自然山水和田园风光，表现返璞归真、怡情养性的情趣，抒写隐逸生活的闲情逸志。风格清新自然，意境淡远闲适，写景状物工致传神，提高了诗歌表现自然景物的艺术技巧，是唐诗艺苑中的一枝奇葩。

一、王维——《山居秋暝》

王维（701～761年），字摩诘，唐朝河东蒲州（今山西运城）人，祖籍山西祁县，盛唐著名山水田园派诗人、画家，外号"诗佛"，今存诗400余首，代表诗作有《相思》、《山居秋暝》等。

王维具有多方面的文学艺术才能，精通绘画、书法、音乐。在唐代诗歌史上奠定其地位和最能标志其诗歌艺术成就的是山水田园诗。王维的山水田园诗是诗情与画意的高度统一。苏轼曾评论说："味摩诘之诗，诗中有画；观摩诘之画，画中有诗。"（《东坡志林》）他善于发现和捕捉自然景物的形象特征和状态，以画家的绘画技巧去构图和选择色彩，并将诗人对自然的独特的情感体验、审美感受和精神境界融入到景物之中，创造出宁静淡泊而又优雅秀美的艺术境界。王维的山水田园诗，既有陶渊明诗歌的浑然天成的艺术境界，也有谢灵运诗歌的细致精工的刻写。

【作品赏析】

山居秋暝

空山新雨后，天气晚来秋。
明月松间照，清泉石上流。
竹喧归浣女，莲动下渔舟。
随意春芳歇，王孙自可留？

这是一首五言律诗，是王维山水田园诗中具有代表性的作品。它描绘了山村秋天雨后傍晚清新恬美的山林景色，表现了诗人对自然的热爱和乐于归隐山林的生活意趣。诗的首联点明地点、季节、时间、天气，概括地勾勒出整个画面的背景，并且点明了"山居秋暝"这一诗题。颔联写景，诗人以画家的眼力去捕捉秋景意象：月、松、泉、石，从动、静、声、色不同的角度给以描绘。颈联由景及人，诗人抓住了两个富有生活气息的场景，从听觉到视觉描绘了纯朴的山村生活。尾联由写景转入抒情，由外物的描写转入内在心志的书写，表达了归隐山林的情志，揭示了全诗的主旨。

此诗最突出的艺术特点是诗情画意，情景交融。这首诗突出地体现了王维诗歌"诗中有画"的特点，作者以画家的匠心勾勒画面，既有背景的布置，又有精彩的写景镜头，而且景中有人，恬美的秋日晚景中点缀着富有生活气息的人物活动场景，使画面顿时鲜活起来。而更重要的是诗人把隐逸的情怀、淡泊悠闲的心境和高远雅洁的志趣，与自然恬淡的外在形象描写完全巧妙地熔铸为一炉，给形象注入生命的活力。其次，诗人写景状物，体察入微，以动静结合，声色并用的手法予以细致地表现。如"空山"、"新雨"、"竹喧"、"莲动"都体现了细致的感受；颔联静中有动，颈联纯写动态，"明月"、"清泉"着重色彩，"竹喧"、"莲动"着重声态，色彩与声态的描绘，增强了诗歌的形象性与生动性。此外，诗歌构思精巧，语言凝练，风格清新，意境优美。

二、浪漫主义诗人李白——《望庐山瀑布》

李白（701～762年）(图1-5)，字太白，号青莲居士，是唐代伟大的浪漫主义诗人，被后人誉为"诗仙"。后世将李白与杜甫并称为"李杜"。

李白诗以抒情为主，诗之风格豪放俊逸，洒脱大气，气势磅礴，语言流转自然，音律和谐多变，构成其特有的瑰丽绚烂的色彩。李白是继屈原之后中国最杰出的诗人，是盛唐时期诗歌的代表人物。他的大量诗篇，既反映了那个时代的繁荣气象，也揭露和批判了统治集团的腐败，表现出蔑视权贵，反抗传统束缚，追求自由和理想的积极精神。存诗近千首，有《李太白集》。

李白诗风浪漫，包罗万象，无论在内容或形式上，唐诗都得到创造性发展。李白的诗作富有个性，有强烈的主观抒情色彩，内容讴歌祖国山河与美丽的自然风光，反抗和不媚权贵的叛逆精神，被誉为"诗仙"。其诗作想象力丰富，结构奇特，极度夸张，比喻生动，并运用大量神话传说。风格雄奇奔放，俊逸清新，富有浪漫主义精神，达到了内容与艺术的完美统一，具有"笔落惊

图1-5 李白

风雨,诗成泣鬼神"的艺术魅力。李白傲视独立的人格、易于触动而又易爆发的强烈情感,形成了李白的诗气势豪迈而奔放,宛若天际的狂飙和喷溢的火山,随情思流动而变化万端,具有典型的浪漫主义精神,对后代产生了极为深远的影响。

【作品赏析】

望庐山瀑布

日照香炉生紫烟,遥看瀑布挂前川。
飞流直下三千尺,疑是银河落九天。

"日照香炉生紫烟",这句诗是写香炉峰的奇丽景色,为瀑布勾勒一幅壮美隽逸的背景图画。这里的"香炉"、"紫烟"无疑是景物名称的偶然巧合,但是经过诗人似乎漫不经心的一笔巧借、点化,就增添了动感。这里的勾勒环境,其实并不单纯为了描绘美景,而是借此来寄情托意,将自己的性格、理想寓于追求香烟缥缈的仙境的志趣之中。

"遥看瀑布挂前川",把遥望中开先瀑布的形象展现在读者的面前,这里的一个"挂"字,化动为静,凸现了远望中瀑布的静态感及灿若珠帘、洁如白练的壮美感。在雄阔的背景中勾出珠帘垂空、直泻涧底的一泓瀑布,增添了诗歌景中有声、以静动的气韵。

"飞流直下三千尺"一句,诗人紧扣瀑布的喷涌,通过"飞流"、"直下"两个极有气势的动词和"三千尺"这个富于夸张的数量词,把瀑流之湍急、冲力之猛烈、声势之宏大,展现于读者眼前。"疑是银河落九天"一句,诗人巧借银河自天而降的比喻,渲染瀑布飞动的气势。此处的"疑"字分外传神,它既真切地传达了诗人仰观飞瀑时一刹那间的心灵感受,又符合开先瀑布高接云天的实际。诗人积极、浪漫地调动想象、夸张、比喻等艺术手法来突现庐山开先瀑布的变幻多姿和雄奇壮观,把瀑布描绘成了独具个性的艺术形象。

全诗融情于景。庐山瀑布"飞流直下"的气势,洋溢着诗人昂扬激进的思想,蕴含着他对祖国锦绣山河的深切感情。诗人丰富独特的想象,使全诗的字里行间飘荡着浪漫主义的色彩,又调动衬托、夸张、比拟等修辞手段,更使全诗神采飞扬,浑然天成。

三、现实主义诗人杜甫——《茅屋为秋风所破歌》

杜甫(712~770年)(图1-6),汉族,河南巩县(今巩义市)人。字子美,号少陵野老,又称杜拾遗、杜工部、杜少陵、杜草堂,唐朝伟大的现实主义诗人。其著作以社会写实著称,作品集《杜工部集》为我们留下了1500多首诗歌(其一生作诗3000多首)。这些诗歌像一面镜子,广泛深刻地反映了"安史之乱"前后唐代社会由盛而衰的真实历史面貌。他的诗歌自唐以来,即被公认为"诗史",诗人被尊为"诗圣"。

杜甫生活在唐朝由盛转衰的历史时期,其诗多涉笔社会动荡、政治黑暗、人民疾苦,他的诗反映当时社会矛盾和人民疾苦,他的诗记录了唐代由盛转衰的历史巨变,表达了崇高的儒家仁爱精神和强烈的忧患意识,因而被誉为"诗史"。其中很多是传颂千古的名篇,比如"三吏"和"三别"。杜甫作品众体兼顾,五七言古体、律诗绝句,无所不工,技巧纯熟,格律严谨,语言精练,形象生动。主要风格是沉郁顿挫,丰富多彩,清新细腻,平易质朴,为历代典范之作,达到极高的成就。杜甫的现实主义创作,形成了以白居易为代表的现实主义诗派,在晚唐诗坛上独领风骚。

图1-6 杜甫

【作品赏析】

茅屋为秋风所破歌

八月秋高风怒号,卷我屋上三重茅。茅飞渡江洒江郊,高者挂罥长林梢,下者飘转沉塘坳。南村群童欺我老无力,忍能对面为盗贼。公然抱茅入竹去,唇焦口燥呼不得,归来倚杖自叹息。俄顷风定云墨色,秋天漠漠向昏黑。布衾多年冷似铁,娇儿恶卧踏里裂。床头屋漏无干处,雨脚如麻未断绝。自经丧乱少睡眠,长夜沾湿何由彻!安得广厦千万间,大庇天下寒士俱欢颜!风雨不动安如山。呜呼!何时眼前突兀见此屋,吾庐独破受冻死亦足!

此诗写的是自己的数间茅屋,表现的却是忧国忧民的情感。

这首诗可分为四节。第一节五句,句句押韵,"号"、"茅"、"郊"、"梢"、"坳"五个开口呼的平声韵脚传来阵阵风声。"八月秋高风怒号,卷我屋上三重茅。"起势迅猛,"风怒号"三字,音响宏大,读之如闻秋风咆哮。一个"怒"字,把秋风拟人化,从而使下一句不仅富有动作性,而且富有浓烈的感情色彩。"卷"、"飞"、"渡"、"洒"、"挂罥"、"飘转",一个接一个的动态不仅组成一幅幅鲜明的图画,而且紧紧地牵动诗人的视线,拨动诗人的心弦。诗人的高明之处在于他并没有抽象地抒情达意,而是寓情意于客观描写之中。

第二节五句。这是前一节的发展,也是对前一节的补充。诗人如此不幸的遭遇只有自己叹息,未引起别人的同情和帮助,则世风的凉薄就意在言外了,因而他"叹息"的内容,也就十分深广。当他自己风吹屋破、无处安身,得不到别人的同情和帮助的时候,分明联想到类似处境的无数穷人。

第三节八句,写屋破又遭连夜雨的苦况。"俄顷风定云墨色,秋天漠漠向昏黑"两句,用饱蘸浓墨的大笔渲染出暗淡愁惨的氛围,从而烘托出诗人暗淡愁惨的心境。"布衾多年冷似铁,娇儿恶卧踏里裂"两句,不仅写布被又旧又破,而是为下文写屋破漏雨蓄势。"自经丧乱少睡眠,长夜沾湿何由彻"两句,一纵一收。一纵,从眼前的处境扩展到"安史之乱"以来的种种痛苦经历,从风雨飘摇中的茅屋扩展到战乱频仍、残破不堪的国家;一收,又回到"长夜沾湿"的现实。由个人的艰苦处境联想到其他人的类似处境,水到渠成,自然而然地过渡到全诗的结尾。

"安得广厦千万间,大庇天下寒士俱欢颜,风雨不动安如山",前后用七字句,中间用九字句,句句蝉联而下,表现广阔境界和愉快情感,从而构成了铿锵有力的节奏和奔腾前进的气势,恰切地表现了诗人从"床头屋漏无干处"、"长夜沾湿何由彻"的痛苦生活体验中迸发出来的奔放的激情和火热的希望。这种奔放的激情和火热的希望,咏歌之不足,故嗟叹之,"呜呼!何时眼前突兀见此屋,吾庐独破受冻死亦足!"诗人的博大胸襟和崇高理想,至此表现得淋漓尽致。

这首诗描绘秋夜屋漏、风雨交加的情景,真实地记录了草堂生活的一个片段。末段忽生异境,以切身的体验,推己及人,进一步把自己的困苦丢在一边,设想大庇天下寒士的万间广厦。这种非现实的幻想建立在诗人许身社稷、饥溺为怀的思想基础上,而博大胸怀之表现,则使作品放射出积极的浪漫主义光辉。全诗语言极其质朴而意象峥嵘,略无经营而波澜叠出,盖以流自肺腑,故能扣人心弦。这首诗表达了诗人推己及人、关心人民疾苦、忧国忧民的博大胸怀、崇高理想和无私的奉献精神。

【小资料】

唐代诗人拾穗

"初唐四杰",是指唐朝初年的文学家王勃、杨炯、卢照邻、骆宾王的合称。他们的诗歌，从宫廷走向人生，题材较为广泛，风格也较清俊。卢、骆的七言歌行趋向辞赋化，气势稍壮；王、杨的五言律绝开始规范化，音调铿锵。骈文也在词采瞻富中寓有灵活生动之气。陆时雍《诗镜总论》说，"王勃高华，杨炯雄厚，照邻清藻，宾王坦易，子安其最杰乎？调入初唐，时带六朝锦色。"四杰正是初唐文坛上新旧过渡时期的人物。

小李杜："小李杜"指唐代诗人李商隐和杜牧。与"大李杜"比较，如果说李白、杜甫共同创造了盛唐诗歌的一个几乎无可企及的巅峰，那么李商隐和杜牧则在晚唐业已没落的诗风中添上瑰丽的一页。

唐代诗人别称：诗仙——李白；诗圣——杜甫；诗豪——刘禹锡；诗魔——白居易；诗鬼——李贺；诗佛——王维；诗囚——孟郊；诗奴——贾岛；诗骨——陈子昂；诗狂——贺知章；诗杰——王勃；诗家天子＼七绝圣手——王昌龄。

第六节　大宋词韵

宋词是一种新体诗歌，是流行于宋代的一种歌曲形式。句子有长与短，便于歌唱。因是合乐的歌词，故又称曲子词、乐府、乐章、长短句、诗余、琴趣等。始于唐，定型于五代，盛于宋。宋词它在文体上的特点是长短句相间，现在所见到的宋词有各种各样的"词牌"，每一支词，都有不同的格式。全曲的句数、各句的字数、每字的平仄，都各有定格。这种定格，是由曲调的结构所决定的。

宋词是继唐诗之后的又一种文学体裁，基本分为婉约派和豪放派两大类，另外还有一种为花间派。婉约派的特点，主要是内容侧重儿女风情，结构深细缜密，重视音律谐婉，语言圆润，清新瑰丽，具有一种柔婉之美。由于长期以来词多趋于婉转柔美，人们便形成了以婉约为正宗的观念。婉约词风长期支配词坛，直到南宋姜夔、吴文英等大批词家。代表人物：柳永、晏殊、周邦彦、李清照、姜夔。豪放派的特点，主要是创作视野较为广阔，气象恢弘雄放，喜用诗文的手法、句法和字法写词，语词宏博，用事较多，不拘守音律。南渡以后，由于时代巨变，悲壮慷慨的高亢之调，应运发展，蔚然成风，辛弃疾更成为创作豪放词的一代巨擘和领袖。豪放词派不但屹然别立一宗，震烁宋代词坛，而且广泛地沾溉词林后学，从宋、金直到清代，历来都有标举豪放旗帜，大力学习苏、辛的词人。豪放派代表人物包括苏轼、辛弃疾、张元干、张孝祥等。宋词是中国古代文学皇冠上光辉夺目的一颗巨钻，在古代文学的阆苑里，她是一座芬芳绚丽的园圃。她以姹紫嫣红、千姿百态的风神，与唐诗争奇，与元曲斗艳，历来与唐诗并称双绝，都代表一代文学之盛。

一、豪放派词人苏轼——《水调歌头·明月几时有》

苏轼（1037～1101年），字子瞻，号"东坡居士"，世称"苏东坡"，眉州眉山（今四川省眉山，北宋时为眉山城）人，祖籍河北栾城。北宋著名散文家、书画家、文学家、词人、政治家、诗人，是豪放派词人的主要代表；同时，苏轼也是著名的美食家，佛教禅道追求者。继欧阳修之后北宋文坛公认的文坛领袖。他和父亲苏洵，弟苏辙合称为唐宋八大家中的"三苏"，与欧阳修合称"欧苏"，与辛弃疾合称"苏辛"，与黄庭坚并称"苏黄"，与陆游并称"苏陆"。弟子有苏门四学士，苏门六君子之称，与韩愈，柳宗元，黄庭坚并称为千古文章四大家，其字体更被列入苏黄米蔡四种字体中。后代文人称其为"坡仙"、"诗神"、"词圣"等。

【作品赏析】

水调歌头·明月几时有

明月几时有，把酒问青天。不知天上宫阙，今夕是何年？我欲乘风归去，又恐琼楼玉宇，高处不胜寒。起舞弄清影，何似在人间！转朱阁，低绮户，照无眠。不应有恨，何事长向别时圆？人有悲欢离合，月有阴晴圆缺，此事古难全。但愿人长久，千里共婵娟。

《水调歌头·明月几时有》（图1-7）以月起兴，与弟苏辙七年未见之情为基础，围绕中秋明月展开想象和思考，把人世间的悲欢离合之情纳入对宇宙人生的哲理性追寻之中，反映了作者复杂而又矛盾的思想感情，又表现出作者热爱生活、积极向上的乐观精神。词作上片反映执著人生，下片表现善处人生。落笔潇洒，舒卷自如，情与景融，境与思偕，思想深刻而境界高逸，充满哲理，是苏轼词的典范之作。词人运用形象描绘手法，勾勒出一种皓月当空、亲人千里、孤高旷远的境界氛围，反衬自己遗世独立的心绪和往昔的神话传说融合一处，在月的阴晴圆缺当中，渗进浓厚的哲学意味，可以说是一首将自然和社会高度契合的感喟作品。

图1-7　《水调歌头·明月几时有》

上片表现词人由超尘出世到热爱人生的思想活动，侧重写天上。开篇"明月几时有"，通过向青天发问，把读者的思绪引向广漠太空的神仙世界。"不知天上宫阙，今夕是何年"以下数句，笔势夭矫迴折，跌宕多彩。它说明作者在"出世"与"入世"，亦即"退"与"进"、"仕"与"隐"之间抉择、徘徊的困惑心态。以上写诗人把酒问月，是对明月产生的疑问、进行的探索，气势不凡，突兀挺拔。"我欲乘风归去，又恐琼楼玉宇，高处不胜寒"几句，写词人对月宫仙境产生的向往和疑虑，寄寓着作者出世、入世的双重矛盾心理。"起舞弄清影，何似在人间"，写词人的入世思想战胜了出世思想，表现了词人执着人生、热爱人间的感情。

下片融写实为写意，化景物为情思，表现词人对人世间悲欢离合的解释，侧重写人间。"转朱阁，低绮户，照无眠"三句，实写月光照人间的景象，由月引出人，暗示出作者的心事苍茫。"不应有恨，何事长向别时圆"两句，承"照无眠"而下，笔致淋漓顿挫，表面上是恼月照人，增人"月圆人不圆"的怅恨，骨子里是本抱怀人心事，借见月而表达作者对亲人的怀念之情。"人有悲欢离合，月有阴晴圆缺，此事古难全"三句，写词人对人世悲欢离合的解释，表明作者由于受庄子和佛家思想的影响，形成了一种洒脱、旷达的襟怀，齐宠辱，忘得失，超然物外，把作为社会现象的人间悲怨、不平，同月之阴晴圆缺这些自然现象相提并论，视为一体，求得安慰。结尾"但愿人长久，千里共婵娟"，转出更高的思想境界，向世间所有离别的亲人，发出深挚的慰问和祝愿，给全词增加了积极奋发的意蕴。

此篇是苏词代表作之一。从艺术成就上看，它构思奇特，蹊径独辟，极富浪漫主义色彩，是历来公认的中秋词中的绝唱。从表现方面来说，词的前半纵写，后半横叙，上片高屋建瓴，下片峰回路转。前半是对历代神话的推陈出新，也是对魏晋六朝仙诗的递嬗发展；后半纯用白描，人月双及。它名为演绎物理，实则阐释人事，笔致错综回环，摇曳多姿。从布局方面来说，上片凌空而起，入处似虚；下片波澜层叠，返虚转实，最后虚实交错，纡徐作结。全词设景清丽雄阔，以咏月为中心表达了游仙"归去"与直舞"人间"、离欲与入世的矛盾和困惑，以及旷达自适，人生长久的乐观态度和美好愿望，极富哲理与人情，立意高远，构思新颖，意境清新如画。最后以旷达情怀收束，情韵兼胜，境界壮美，具有很高的审美价值。此词全篇皆是佳句，典型地体现出苏词清雄旷达的风格。

二、婉约派词人李清照——《一剪梅·红藕香残玉簟秋》

图1-8 李清照

李清照（1084～1155年）(图1-8)，号易安居士，汉族，山东省济南章丘人，宋代（南北宋之交）最著名的女词人，婉约词派代表，有"千古第一才女"之称。早期生活优越，与夫赵明诚共同致力于书画金石的搜集整理。金兵入据中原，流落南方，境遇孤苦。所作词，前期多写其悠闲生活，后期多悲叹身世，情调感伤，形式上善用白描手法，自辟途径，语言清丽。论词强调协律，崇尚典雅，提出词"别是一家"之说，反对以作诗文之法作词。能诗，留存不多，部分篇章感时咏史，情辞慷慨，与其词风不同。有《易安居士文集》、《易安词》，已散佚。后人有《漱玉词》辑本。今有《李清照集校注》。

李清照是中国古代罕见的才女，她擅长书、画，通晓金石，而尤精诗词。她的词作独步一时，流传千古，被誉为"词家一大宗"。她的词分前期和后期，前期多写其悠闲生活，多描写爱情生活、自然景物，韵调优美，如《一剪梅·红藕香残玉簟秋》等；后期多慨叹身世，怀乡忆旧，情调悲伤，如《声声慢·寻寻觅觅》。

她的词作在艺术上达到了炉火纯青的境界，在词坛中独树一帜，形成了自己独特的艺术风格——"易安体"。在她的词作中，真挚的感情和完美的形式水乳交融，浑然一体。她将"语尽而意不尽，意尽而情不尽"的婉约风格发展到了顶峰，以致赢得了婉约派词人"宗主"的地位，成为婉约派代表人物之一。同时，她词作中的笔力横放、铺叙浑成的豪放风格，又使她在宋代词坛上独树一帜，从而对辛弃疾、陆游以及后世词人有较大影响，她杰出的艺术成就赢得了后世文人的高度赞扬。后人认为她的词"不徒俯视巾帼，直欲压倒须眉"，她被称为"宋代最伟大的一位女词人，也是中国文学史上最伟大的一位女词人"。

【作品赏析】

一剪梅·红藕香残玉簟秋

红藕香残玉簟秋，轻解罗裳，独上兰舟。云中谁寄锦书来？雁字回时，月满西楼。花自飘零水自流，一种相思，两处闲愁。此情无计可消除，才下眉头，却上心头。

这是李清照的一首抒写离情别绪的词，重在写别后的相思之情。上片虽没有一个离情别绪的字眼，却句句包蕴，极为含蓄；下片则是直抒相思与别愁。词以浅近明白的语言，表达深思挚爱之情，缠绵感人。全词轻柔自然，歇拍三句尤为行家称赏。

词的起句"红藕香残玉簟秋"，领起全篇。"红藕香残"写户外之景，"玉簟秋"写室内之物，对清秋季节起了点染作用。全句设色清丽，意象蕴藉，不仅刻画出四周景色，而且烘托出词人情怀。这一兼写户内外景物而景物中又暗寓情意的起句，一开头就显示了这首词的环境气氛和它的感情色彩。

下片五句按顺序写词人从昼到夜一天内所作之事、所触之景、所生之情。词人独上兰舟，本想排遣离愁；而怅望云天，偏起怀远之思。这一句，钩连上下，它既与上句紧相衔接，写的是舟中所望、所思；而下两句"雁字回时，月满西楼"，则又由此生发。

词的过片"花自飘零水自流"一句，承上启下，词意不断。它既是即景，又兼比兴，所展示的花落水流之景，遥遥与上阕"红藕香残"、"独上兰舟"两句相拍合的；而所象喻的人生、年华、爱情、离别，则给人以"无可奈何花落去"之感，以及"水流无限似侬愁"之恨。词的下阕就从这一句自然过渡到后面的五句，转为纯抒情怀、直吐胸臆的独白。

"一种相思，两处闲愁"二句，在写自己的相思之苦、闲愁之深的同时，由己身推想到对方，深知这种相思与闲愁不是单方面的，而是双方面的，以见两心之相印，也是两情的分合与深化。这两句词一经熔铸、裁剪为两个句式整齐、词意鲜明的四字句，就取得脱胎换骨、点铁成金的效果。这首诗的结拍三句，是历来为人所称道的名句，"眉头"与"心头"相对应，"才下"与"却上"成起伏，语句结构工整，表现手法巧妙，艺术上具有更大的吸引力。当然，句离不开篇，这两个四字句只是整首词的一个有机组成部分，并非一枝独秀，它有赖于全篇的烘托，特别与前面"一种相思，两处闲愁"前后衬映，而相得益彰；同时，篇也离不开句，语意超逸，令人醒目。

【小资料】

爱国诗人陆游

陆游（1125～1210年），字务观，号放翁，越州山阴（浙江绍兴）人，出身于一个有文化传统的官僚地主家庭。幼年时期，正值金人南侵，他随着家人逃难，"儿时万死避胡兵"，尝尽了颠沛流离的痛苦。惨痛的经历和环境的熏陶，从小就培养了他忧国忧民的思想。大约二十五岁左右，又师从曾几学诗，在曾几的指教和积极影响下，更确定了他的诗歌的爱国主义基调，并进一步冲破了江西派的樊笼。陆游二十九岁赴临安应进士试，取为第一，因名居秦桧之前，竟遭黜落。四十五岁时投奔于积极抗金的王炎旗下，真正过上了军营生活。在军旅生活中，他竭尽全力为收复祖国北方的失地而努力。他多次亲赴前线去视察，由于他亲身感受到广大人民渴望收复失地的强烈愿望，所以他在这几年写下了不少爱国诗篇，后来，因南宋皇帝屈辱投降，陆游的愿望又一次破灭了。公元1210年，陆游已经是85岁的老人了，但他仍然念念不忘北伐，念念不忘收复北方的大好河山。有一天，他的身体已十分虚弱了，躺在床上动也不能动，眼神失去了光彩，嘴里不停地喘着粗气。可是，当他看到了乡亲们和他的儿子来到他眼前时，他忽然又振作起来，瞪大了眼睛，吃力地抬起头，要儿子把纸和笔拿来，他用力支撑着，写下了《示儿》这首诗：死去元知万事空，但悲不见九州同，王师北定中原日，家祭无忘告乃翁。写完之后，他慢慢闭上眼睛，与世长辞了。陆游虽然逝世了，但他的爱国诗篇却永远为广大人民所传诵，直到今天还激励着千万人的斗志。

第七节 元剧散曲

元代杂剧是在前代戏曲艺术宋杂剧和金院本的基础上发展起来的一种戏剧样式，包含有"唱"、"念"、"做"，剧本描写人物主要通过歌唱和念白，唱词都在不同程度上呈现出诗剧的色彩。它的最初出现大致是在金末元初，其间它经历了从不完备到完备的发展过程。杂剧体制的完备、成熟并开始兴盛起来是在蒙古王朝称元以后。到了成宗元贞、大德年间，杂剧的创作和演出进入鼎盛时期，著名作家有关汉卿、王实甫、白朴和马致远等。

元杂剧繁荣的过程中，出现了众多的作家和作品。在元代的各类文学作品中，杂剧作品反映当时的社会生活最为广泛，取得的成就最高。元代杂剧所反映的社会生活比以前的文学更为广泛而深入，尤其突出的是一些社会地位低下的普通人民普遍地被写入作品，乃至成为主要的正面人物形象，扩充和提高了宋代话本在这方面开拓的新领域。元杂剧的很多作品抨击封建统治阶级的官僚、豪绅以及他们的帮凶、爪牙对普通人民的迫害和剥削，同时歌颂普通人民对封建统治集团所进行的各种形式的反抗，其中杰出的作品如关汉卿的《窦娥冤》，更是表达了十分强烈的反抗精神。

散曲，元代称为"乐府"或"今乐府"，是一种同音乐结合的长短句歌词，是配合当时北方流行的音乐曲调撰写的合乐歌词，是一种起源于民间新声的音乐文学。产生于金元之际的民歌俚谣，经过长期酝酿，到宋金时期又吸收了一些民间流行的曲词和少数民族的乐曲，于是逐步形成了一种新的诗歌形式，它包括小令、套数两种主要形式。元散曲的代表作家有关汉卿、白朴、郑光祖、马致远。

一、关汉卿——《窦娥冤》

　　关汉卿（约1220～1300年），号已斋（一作一斋）、已斋叟，汉族。金末元初著名杂剧作家，是中国古代戏曲创作的代表人物。编有杂剧67部，现存18部，散曲现存小令40多首、套数10多首，个别作品是否出自关汉卿手笔，学术界尚有分歧。其中《窦娥冤》、《救风尘》、《望江亭》、《单刀会》等是他的代表作。其最著名的作品为《窦娥冤》——中国十大悲剧之一，后也被列于世界大悲剧之中。与马致远、郑光祖、白朴并称为"元曲四大家"，关汉卿位于"元曲四大家"之首。

【作品赏析】

　　《窦娥冤》是关汉卿的代表作，也是我国古代悲剧的代表作。它的故事渊源于《列女传》中的《东海孝妇》。写窦娥被无赖诬陷，又被官府错判斩刑的冤屈故事，全剧共四折一楔子。

　　《窦娥冤》紧紧扣住当时的社会现实，真实而深刻地反映了元蒙统治下中国社会极端黑暗、极端残酷、极端混乱的悲剧时代，表现了中国人民坚强不屈的斗争精神和争取独立生存的强烈要求。它成功地塑造了"窦娥"这个悲剧主人公形象，使其成为元代被压迫、被剥削、被损害的妇女的代表。《窦娥冤》是一本取材于当时社会现实生活的著名悲剧，从窦娥一生的遭遇中，充分反映了当时社会的黑暗，人民的不幸，尤其是妇女的不幸。在她短短的一生中，遭到失母丧夫的打击、高利贷的毒害、泼皮流氓的欺压、贪官污吏的毒刑和判决。这种种不幸和灾难，一下吞噬了她的青春和生命，从而交织成了"惊天动地"悲惨无比的大悲剧。

　　窦娥这个至死不屈服的反抗形象，具有既十分柔顺善良、自我牺牲，又十分倔强坚定、生死不渝其志的性格。从她的身上，可以看出我国古代劳动人民性格的优良传统。

　　关汉卿以浪漫主义的巨笔，大胆地发下三大坚定的誓愿，表现了窦娥、广大人民、剧作者自己战斗的信心，胜利的信心。窦娥是善良的，同时又是战斗的、反抗的，她的善良用在自己的亲人、受迫害者；她的反抗用在作恶的坏人、压迫者。关汉卿塑造的这个伟大形象，给予了当时和后代以巨大的鼓舞和启示。

　　作品在艺术上，体现出现实主义与浪漫主义风格的融合。作品用丰富的想象和大胆的夸张，设计超现实的情节，显示出正义的强大力量，寄托了作者鲜明的爱憎，反映了广大人民伸张正义、惩治邪恶的愿望。《窦娥冤》的语言通俗自然，朴实生动，极富性格，评论家以"本色"二字概括其特色，曲词不事雕琢，感情真切，精练优美，浅显而深邃。

二、马致远——《天净沙·秋思》

　　马致远（约1250～1324年），字千里，号东篱，（一说字致远，晚号"东篱"）。汉族，大都（今北京）人，与关汉卿、郑光祖、白朴并称"元曲四大家"，是我国元代时著名大戏剧家、散曲家。他是一位"姓名香贯满梨园"的著名作家，又是"元贞书会"的重要人物，与关汉卿、白朴、郑光祖同称"元曲四大家"，被尊称为"曲状元"，在元代的文学史上具有极高的声誉。青年时期热衷功途，中年中进士，晚年不满时政，隐居田园。杂剧见于著录的有十五种，现存七种；散曲集有《东篱乐府》，存小令百余首，套数二十三套。

【作品赏析】

天净沙·秋思

枯藤老树昏鸦，小桥流水人家，古道西风瘦马。夕阳西下，断肠人在天涯。

图1-9 《天净沙·秋思》

《天净沙·秋思》（图1-9）是马致远著名的小曲，这首小令仅五句28字，语言极为凝练却容量巨大，寥寥数笔就勾画出一幅悲绪四溢的"游子思归图"，淋漓尽致地传达出漂泊羁旅的游子心，被称为"秋思之祖"。这支曲以断肠人触景生情组成，从标题上看出作者抒情的动机。头两句"枯藤老树昏鸦，小桥流水人家"，就给人造成一种冷落暗淡的气氛，又显示出一种清新幽静的境界，这里的"枯藤""老树"给人以凄凉的感觉，"昏"，点出时间已是傍晚；"小桥流水人家"则令人感到幽雅闲致。12个字勾画出一幅深秋僻静的村野图景。"古道西风瘦马"，诗人描绘了一幅秋风萧瑟苍凉凄苦的意境，为僻静的村野图又增加一层荒凉感。"夕阳西下"使这幅昏暗的画面有了几丝惨淡的光线，更加深了悲凉的气氛。诗人把十种平淡无奇的客观景物，巧妙地连缀起来，通过"枯"、"老"、"昏"、"古"、"西"、"瘦"六个字，将诗人的无限愁思自然地寓于图景中，化景为情，情从景出。最后一句，"断肠人在天涯"是点睛之笔，这时在深秋村野图的画面上，出现了一位漂泊天涯的游子，在残阳夕照的荒凉古道上，牵着一匹瘦马，迎着凄苦的秋风，信步漫游，愁肠绞断，却不知自己的归宿在何方。词句勾勒出充满忧伤的旅人远离家乡，孤身漂泊的身影，透露了诗人怀才不遇的悲凉情怀，恰当地表现了主题。这首小令是采取寓情于景的手法来渲染气氛，显示主题，完美地表现了漂泊天涯的旅人的愁思。

【小资料】

兴盛的元代东平文化孕育《水浒传》

元代时充分发挥了大运河的漕运功能，开始兴盛的东平文化随运河向南北辐射。由于《水浒》的故事发生在宋朝，所以自南宋一直到元中叶在东平大地至黄河流域再到运河两岸，流传了很多民间艺人创作的关于水浒英雄人物的故事。这些故事成了人们茶余饭后街谈巷议的趣闻轶事，有些剧作家依此整理创作出20余种水浒戏，这些剧目流传到民间后，又经民间艺人加工繁衍出很多素材，后被高文秀式的剧作家再整理创作。生长在东平的罗贯中对发生在东平境内，农民起义军反抗元统治者的水浒英雄耳熟能详，产生了极浓厚的兴趣，开始收集、整理水浒英雄人物故事。罗贯中师从施耐庵，师徒二人借助于讲史的叙事方法，将那些英雄故事贯串起来，对梁山泊聚义的素材进行了提炼和加工，完成了《水浒传》的再创作。施耐庵是《水浒传》的作者，对成书的贡献是不容置疑的，罗贯中是《水浒传》的第二作者是不争的事实，享有无可争议的知识产权，在古代作者的排列顺序主要是按年龄，实际是罗贯中做了大量的工作。

第八节 明清小说

明清是中国小说史上的繁荣时期。从明代开始，小说打破了正统诗文的垄断地位，充分显示出它的社会作用和文学价值，在文学史上取得了与唐诗、宋词、元曲相提并论的地位。明代小说出现了空前繁荣的局面，元末明初的《三国演义》、《水浒传》和成书于明嘉靖年间的《西游记》，标志着中国古典长篇小说由宋元时代初具规模的讲史和说经话本，发展到了成熟的阶段。这三部作品都是在长期民间传说和民间艺人创作的基础上，由文人作家加工完成，是集体智慧创作的结晶。它们继承了话本的思想艺术传统而又有新的突破，各自引领了长篇小说的一个创作领域。

　　清代是中国小说史上继明代之后又一个小说创作和传播的高峰时代。《聊斋志异》代表了清代文言小说的最高成绩。到了乾隆时期，小说依旧维持着繁荣的局面。吴敬梓的《儒林外史》和曹雪芹的《红楼梦》，几乎是这一时期同时出现两座高峰。《儒林外史》是讽刺小说中的佳作，它集中地描写和反映了科举制度下的知识分子的种种心态和活动。《红楼梦》从思想内容的深度与广度看，它不愧为封建社会生活的百科全书，《红楼梦》是中国现实主义文学的经典之作。

　　由于资产产阶级改良派和民主革命派的大力倡导，晚清的小说创作得到了空前的发展，涌现出了一大批有影响的小说，形成了晚清小说创作繁荣的局面。而晚清"四大谴责小说"即李宝嘉（李伯元）的《官场现形记》、吴沃尧（吴趼人）的《二十年目睹之怪现状》、刘鹗的《老残游记》及曾朴的《孽海花》的出现，进一步扩大了小说题材的范围，遍及社会生活的各个方面，给清代的小说增添了异样光彩，使中国小说创作进入又一个繁荣时期。从明清小说所表现的广阔的社会生活场景、丰硕的艺术创作成果和丰富的社会政治理想而言，明清小说无疑铸就了中国古典文学的最后的辉煌。

一、罗贯中——《三国演义》

　　罗贯中（约 1330～1400 年），名本，字贯中，号湖海散人，元末明初小说家。主要作品有小说《三国志通俗演义》、《隋唐志传》、《残唐五代史演传》。其中《三国志通俗演义》（又称《三国演义》）是罗贯中的力作。被称为中国章回小说的鼻祖。罗贯中的章回小说在中国的小说史上所取得的巨大成就，为明代中后期的白话短篇小说出现鼎盛的局面，发展得更为精致，奠定了厚实的基础。

　　罗贯中的代表作《三国演义》是中国古典四大名著之一，是中国第一部长篇章回体历史演义小说。描写了从东汉末年到西晋初年之间近 100 年的历史风云。全书反映了三国时代的政治军事斗争，反映了三国时代各类社会矛盾的转化，并概括了这一时代的历史巨变，塑造了一批叱咤风云的英雄人物。

　　《三国演义》以蜀汉为中心，以三国的矛盾斗争为主线，把错综复杂的事件和众多的人物组织得完整严密，脉络分明，各回独立成篇，全书构成一个完整的艺术整体。它的艺术成就主要体现在军事战争描写和人物塑造上。《三国演义》中的上百场战争都写得各具特色，无一重复，并能写出每次战争的特点。对于决定"三国"兴亡的几次关键性的大战役，作者总是着力描写，并以人物为中心，写出战争的各个方面，如双方的战略战术、力量对比、地位转化等，写得丰富多彩，千变万化，各具特色，充分体现了战争的复杂性和多样性，"赤壁之战"尤其写得精彩。《三国演义》成功地塑造了众多的人物形象，全书写了四百多个人物，主要人物都是性格鲜明、形象生动的艺术典型。作者描写人物，善于抓住基本特征，把人物放在惊心动魄的军事、政治斗争中，放在尖锐复杂的矛盾冲突中来塑造，并用对比、衬托的方法，使人物个性鲜明生动。它是广大人民认识三国时代乃至整个封建社会的军事、政治斗争和整个社会面貌的教科书，为后世农民革命的战略策略提供了借鉴，为民族戏曲提供了大量题材，为后世文学提供了一种反映复杂历史生活的体裁。《三国演义》的出现带来我国历史小说创作的热潮，标志着中国古代小说从"话本"阶段向长篇章回体过渡的完成，揭开了中国小说发展历史崭新的一页。

二、施耐庵——《水浒传》

施耐庵（1296～1371年）原名彦端，号子安，别号耐庵，元末明初的文学家。施耐庵搜集并整理关于梁山泊宋江等英雄人物的故事，最终创作"四大名著"之一的《水浒传》。

《水浒传》是我国文学史上第一部以描写农民起义为题材的优秀长篇小说。它形象地描绘了农民起义从发生、发展直至失败的全过程，深刻揭露了封建社会的黑暗和腐朽，深刻揭示了起义的社会根源"官逼民反"，满腔热情地歌颂了起义英雄的反抗斗争和他们的社会理想。

《水浒传》的艺术成就最突出地表现在英雄人物的塑造上。全书巨大的历史主题，主要是通过对起义英雄的歌颂和对他们斗争的描绘中具体表现出来的。作者至少刻画了二十几个个性鲜明的典型形象，这些形象有血有肉，栩栩如生，跃然纸上。《水浒传》善于把人物置身于真实环境中，紧扣人物的身份、经历、遭遇，成功地塑造了李逵、鲁智深、林冲、武松等众多鲜明的英雄形象。小说在英雄人物的塑造上，总是把人物置在生死存亡的关头，以其行动和语言显示其性格特点。在塑造人物时，作者既着眼于现实，又把自己的爱憎感情熔铸在人物身上，如吴用的机智过人、李逵的赤胆忠心，以及对武松打虎、鲁智深倒拔垂杨柳等夸张的描写，继承并发展了现实主义和浪漫主义相结合的优秀传统。《水浒传》的情节生动曲折，腾挪跌宕，引人入胜。每一组的情节既有相对独立性又环环勾连，构成了人物的性格发展史。

《水浒传》是中国历史上第一部用白话文写成的长篇小说，开创了白话章回体小说的先河。施耐庵以较高的文化修养，流利纯熟的白话，刻画人物的性格，描述曲折的情节，使《水浒传》白话文体在小说创作方面的优势得到了完全的确立，对后世的中国乃至东亚小说，产生了重大的影响。

三、吴承恩——《西游记》

吴承恩（1500～1582年），字汝忠，号淮海浪士，又号射阳山人。中国明代杰出的小说家，著有中国古典四大名著之一——《西游记》（图1-10）。吴承恩一生创作丰富，作品多散失，后人将其诗文辑成《射阳先生存稿》存世。

《西游记》主要描写了唐朝太宗贞观年间唐僧师徒四人前往西天取得真经的故事。作品借助神话人物抒发了作者对现实的不满和改变现实的愿望，折射出作者渴望建立"君贤神明"的王道治国的政治理想。

图1-10 《西游记》

《西游记》是我国文学史上一部最杰出的充满奇思异想的神魔小说。它以独特的浪漫主义创作手法，描绘了一个色彩缤纷、神奇瑰丽的幻想世界。《西游记》的艺术想象奇特、丰富、大胆，孙悟空活动的世界近于童话的幻境，十分有趣。小说浪漫的幻想，源自于现实生活，在奇幻的描写中折射出世态人情。《西游记》的人物、情节以及神魔所用的法宝武器，都极尽幻化之能事，都在奇幻中透出生活气息，折射出世态人情，让读者能够理解，乐于接受。

小说的浪漫主义特色反映在人物形象的刻画上采用了人、神、兽三位一体的表现方法，各类神魔身上，既有人的思想性格，又有超自然的神性，并且赋予了动物的特性。如孙悟空的机智乐观和敢于斗争的性格，与神的变幻莫则、猴子的急躁敏捷和谐地融为一体，把神话中的人物写得姿态不同、面目各异。

在中国古典小说中，《西游记》可以说是趣味性和娱乐性最强的一部作品。虽然取经路上历经千难万险，妖精魔怪层出不穷，孙悟空的胜利来之不易，但读者的阅读感受总是轻松的、愉悦的。孙悟空豪爽、乐观的喜剧性格，滑稽谐趣却憨厚朴实的猪八戒形象以及他们幽默诙谐、妙趣横生的对话都极大地增强了小说的可读性。《西游记》将善意的嘲笑、辛辣的讽刺和严肃的批判巧妙地结合，开辟了神魔长篇章回小说的新门类，直接影响了后世讽刺小说的发展。《西游记》不仅是中国文学中的一部杰作，而且也是世界文学宝库中的瑰宝。

四、曹雪芹——《红楼梦》

曹雪芹（约1715～约1763年），名沾，字梦阮，号雪芹，又号芹溪、芹圃，清代著名小说家，著有长篇小说《红楼梦》。他的悲剧体验、诗化情感、探索精神和创新意识，全部融入到了这部呕心沥血的旷世奇书中。

曹雪芹最大的贡献是创作了文学巨著《红楼梦》。《红楼梦》写于曹雪芹凄凉困苦的晚年，原名《石头记》。今传《红楼梦》120回本，其中前80回的绝大部分出于曹雪芹的手笔，后40回则为高鹗所续。《红楼梦》是一部举世公认的中国古典小说巅峰之作，中国封建社会的百科全书，传统文化的集大成者，位列中国古典四大名著之首。小说以贾、王、史、薛四大家族的兴衰为背景，以贾宝玉、林黛玉、薛宝钗的爱情婚姻故事为主线，揭示了封建社会末期渐趋崩溃的社会真实内幕，反映了初步的民主主义精神。

《红楼梦》运用现实主义创作手法，自然、逼真地叙述和描写了丰富的现实社会生活，塑造了众多的人物形象。作者善于在日常生活的矛盾中根据人物身份地位刻画人物，又善于以艺术氛围烘托人物内心情绪，如多情而又富有叛逆精神的贾宝玉，孤芳自赏、多愁善感的林黛玉，贤淑善良又巧于迎合的薛宝钗，泼辣狠毒的王熙凤，逆来顺受的尤二姐，刚烈不屈的尤三姐等无一不是栩栩如生。他笔下的人物各自具有自己独特的个性特征，成为一个个不朽的艺术典型，在中国文学史和世界文学史上永远放射着奇光异彩。

《红楼梦》的情节结构，在传统小说的基础上，又有了新的重大的突破。它改变了以往如《水浒传》、《西游记》等一类长篇小说情节和人物单线发展的特点，创造了一个宏大完整而又自然的艺术结构，使众多的人物活动于同一空间和时间，并且使情节的推移也具有整体性，表现出作者卓越的艺术才思。语言简洁纯净，准确传神，达到了炉火纯青的境界，代表了中国古典小说语言艺术的高峰。

《红楼梦》杰出的现实主义创作成就，把世情小说的创作推向最高峰，为后代的艺术创作提供了丰富的经验，是中国文学发展史上一座划时代的巨大的里程碑。《红楼梦》博大精深，是一部艺术化了的中国封建社会后期社会生活的百科全书，在其后出现的"红学"绵延二百多年，至今仍方兴未艾，这是文学研究史上的一个奇迹，足以说明《红楼梦》的无穷魅力和不朽价值。

【小资料】

明清文学拾穗

1. 三言二拍

"三言二拍"是指明代五本著名传奇短篇小说集及拟话本集的合称。总计四百多万字，收录故事近200篇。"三言"是明代冯梦龙所编纂的《喻世明言》、《警世通言》、《醒世恒言》；"二拍"则是凌濛初所编《初刻拍案惊奇》和《二刻拍案惊奇》。由于"三言"和"二拍"编著年代相近，内容形式类似，故后人常将其合并，称为"三言二拍"。

2. 桐城派

桐城派是我国清代文坛上最大的散文流派，亦称"桐城古文派"。桐城派以其文统的源远流长、文论的博大精深、著述的丰厚清正而闻名，在中国古代文学史上占有显赫地位。方苞为桐城派创始人，主要作家有方苞、刘大櫆、姚鼐等。桐城派讲求"义法"，强调文道统一。

思 考 题

1. 简述《诗经》在形式和内容上的特点。
2. 论述《论语》的文学价值及思想内容。
3. 论述《史记》的内容及塑造人物形象的主要方法。
4. 简述曹操诗歌的创作成就。
5. 通过作品，比较李白、杜甫浪漫主义与现实主义不同的诗风。
6. 简述《红楼梦》的思想内容、艺术特色及影响。

第二章　现代文学

第一节　现代小说

现代文学是指从"五四"到新中国成立之前发展起来的文学。现代文学以崭新的思想内容、语言形式、艺术思维和表现方法反映了人民追求思想解放和社会解放的奋斗历程，丰富和提高了人民精神生活与审美情趣，开辟了中国文学史上光辉灿烂的新时代。

从1918年5月鲁迅在《新青年》上发表第一篇现代白话短篇小说《狂人日记》到1949年新中国成立，中国现代小说只有30年的历史，但它的发展却不同寻常。虽然明清时期小说已成为最有成就的艺术门类，但在正统封建文学观念的压制下，小说一直不能登大雅之堂，这种状况到"五四"时期得到了彻底改变。"五四"新文学运动使中国小说发展获得了前所未有的艺术地位。

"五四"小说是中国现代小说的开端。在"五四"思想文化启蒙的大潮之下，出现了一批可以载入史册的作家，如冰心、郁达夫、叶绍钧等。"五四"时期毕竟处于现代小说的开创期，除鲁迅之外，大多数小说家还较幼稚，但他们以拓荒者精神对现代小说所进行的多方面的探索，却是不容忽视的。20世纪30年代是中国现代小说创作大面积丰收的时期，短篇小说走向成熟，长篇小说迅猛发展。一些比较成熟的作家大都有自己独特的表现内容，形成了属于自己的"艺术世界"，如茅盾的"都市生活世界"、巴金的"热情的青年世界"、老舍的"北京小市民世界"、沈从文的"湘西世界"等，出现了一批具有鲜明的民族风格与个人风格，同时又具有现代艺术气息的杰出作品，如鲁迅的《故事新编》、茅盾的《子夜》、老舍的《骆驼祥子》、巴金的《家》、沈从文的《边城》等，这些小说都可列入世界优秀小说之列。现代小说成熟的主要标志是中长篇小说的繁荣，茅盾的《腐蚀》、老舍的《四世同堂》、巴金的《寒夜》、萧红的《呼兰河传》、沈从文的《长河》、丁玲的《太阳照在桑干河上》、张爱玲的《金锁记》、钱钟书的《围城》、赵树理的《李有才板话》等，就是这一阶段出现的优秀小说作品。

作为现代小说的开山祖，鲁迅的小说创作一开始就达到了很高的艺术水准。他的《呐喊》和《彷徨》始终是他人难以逾越的高峰，可以说"中国现代小说在鲁迅手中开创，又在他的手中成熟"。

一、鲁迅——《呐喊》、《彷徨》

鲁迅（1881～1936年）（图2-1）原名周树人，字豫才，浙江绍兴人，中国现代文学的奠基人。毛泽东曾评价他："鲁迅是中国文化革命的主将，他不但是伟大的文学家，而且是伟大的思想家和伟大的革命家"。鲁迅的文学创作包括杂文、小说、散文等。他对五四运动以后的中国文化产生了深刻的影响，蜚声世界文坛。

鲁迅的小说是中国现代白话小说的奠基之作和经典之作，以无穷的魅力，风行了大半个世纪。鲁迅的小说作品先后集成三个集子出版：《呐喊》、《彷徨》和《故事新编》，

图2-1　鲁迅

其中《呐喊》、《彷徨》开创了中国现代文学的现实主义创作传统。

《呐喊》是鲁迅1918～1922年间所写的短篇小说集，这部小说集收入了《狂人日记》、《药》、《明天》、《阿Q正传》等十四篇小说。其中《狂人日记》是鲁迅的第一篇白话小说，也是现代文学史上的第一篇白话小说。《呐喊》中的作品真实地描绘了从辛亥革命到五四时期的社会生活，对中国旧有制度及陈腐的传统观念进行了深刻的剖析和彻底的否定，表现出对民族生存浓重的忧患意识和对社会变革的强烈渴望。

《彷徨》小说集共收入鲁迅小说十一篇，写于"五四"运动后新文化阵营分化的时期。整部小说贯穿着对生活在封建势力重压下的农民及知识分子"哀其不幸，怒其不争"的关怀，表现了鲁迅在这一时期在革命征途上探索的心情。

《呐喊》和《彷徨》最显著的特色是敢于直面惨淡人生的现实主义精神。鲁迅根据现实生活的逻辑，客观地处理小说的主题，因而他所写的小说，都具有高度的真实性和现实意义，能够真实地反映生活的原貌。《狂人日记》中鲁迅以"吃人"两字概括了封建社会的罪恶本质，在《孔乙己》、《祝福》、《阿Q正传》、《离婚》等篇目中，鲁迅则重点揭露了封建思想对人精神上的奴役和虐杀。不难看出小说揭示的这些内容都是现实生活在小说中真实客观的再现。

《呐喊》和《彷徨》展示了现代小说艺术上的高度成熟。《呐喊》和《彷徨》艺术上的主要成就，在于塑造了众多具有鲜明性格特征的人物形象，如阿Q、闰土、祥林嫂、孔乙己等，他们都称得上是真正的艺术典型。鲁迅曾经说过，自己创造人物，"没有专用过一个人，往往嘴在浙江，脸在北京，衣服在山西，是一个拼凑起来的角色。"如阿Q形象，就是熔铸了许多人的事儿和思想特点创作而成的典型环境中的典型人物，在他身上体现了不同阶层、不同性格的人物特征。

鲁迅的小说并不多，《呐喊》和《彷徨》以全新的现代小说概念，彻底的反传统精神，清醒的现实主义态度，对国民灵魂深刻的剖析，以及对小说形式的探索和实践，奠定了中国现代小说的坚实基础。

二、老舍——《骆驼祥子》

老舍（1899～1966年）原名舒庆春，字舍予，现代著名小说家、剧作家，杰出的语言大师，被誉为"人民艺术家"。老舍这一笔名最初在小说《老张的哲学》中使用。老舍一生共写了约800余万字的作品，代表作品有：长篇小说《骆驼祥子》、《四世同堂》、《离婚》；剧本《龙须沟》、《茶馆》；中篇小说《月牙儿》、《我这一辈子》；短篇小说集《赶集》等。

老舍以长篇小说和剧作著称于世。长篇小说《老张的哲学》是他的第一部作品，1926年7月起在《小说月报》杂志连载，立刻震动文坛。老舍的作品大都取材于市民生活，为中国现代文学开拓了重要的题材领域。优秀长篇小说《骆驼祥子》、《四世同堂》便是描写北京市民生活的代表作。他的小说构思精致，取材较为宽广，具有独特的幽默风格和浓郁的民族色彩，老舍也因此成为以描写市民社会著称的作家。

老舍的创作既受英国狄更斯、康拉德等人的影响，又与流行于民间的艺术有着密切的联系，这使他的作品具有大众化、通俗性、民族色彩浓厚等特点，从形式到内容都能够做到雅俗共赏。因此他的作品较早地突破了新文学只在学生和知识青年中间流传的狭小圈子，广泛地为读者所喜爱。老舍作品真实生动地描绘了现代中国的社会风貌和民情心理，具有鲜明的中国特色。老舍作品取材于北京胡同里小人物的日常生活，再加上"京味儿"十足语言的娴熟运用，让老舍先生成为中国现代文学史上一位具有世界影响力的重要作家。他的文学创作具有很高的价值，他的文学作品体现了中国现代文学的民族化和大众化。老舍先生的创作范围非常广泛，有大量享誉中外的话剧剧本，有为数可观的散文和通俗文学作品，但最能集中体现作家思想深度和艺术风格的是他的小说。

老舍先生是人民热爱的文学艺术大师，他的作品已经成为我国文学发展史上不可或缺的艺术珍品，创作于1936年的《骆驼祥子》在其创作中占有重要地位。

《骆驼祥子》（图2-2）讲述的是旧中国北平城里一个人力车夫祥子的悲剧故事。祥子来自乡间，日益凋敝衰败的农村使他无法生存下去，他来到城市，渴望以自己的诚实劳动，创立新的生活。他试过各种工作，最后选中拉洋车。这一职业选择表明祥子尽管离开了土地，但其思维方式仍然是农民的。经过三年奋斗，他买上了车，但不到半年，竟然被人抢去。尽管他对自己的追求有过怀疑，几度动摇，但仍然振作起来，再度奋斗，而搏斗的结局，是以祥子的失败告终的，他终于未能实现拥有自己一辆车的梦。这部小说的现实主义深刻性在于，它不仅描写了严酷的生活环境对祥子的物质剥夺，而且还刻画了祥子在生活理想被毁坏后的精神堕落。"他没了心，他的心被人家摘去了。"一个勤劳善良的农村青年，就这样被变为一个行尸走肉般的无业游民。

图2-2 《骆驼祥子》

祥子的悲剧是他所置身的社会生活环境的产物。小说通过祥子周围人物及人际关系的描写，真实地展现了那个黑暗社会的生活现实，展现了军阀、特务、车厂主们的丑恶面目。《骆驼祥子》是描写城市贫民悲剧命运的代表作，是老舍创作中的一座高峰。

《骆驼祥子》作为老舍现实主义的力作，所表现出的艺术风格让人津津乐道。小说在运用心理描写塑造人物形象方面达到了出神入化、炉火纯青的程度。作者结合民族的心理情绪和欣赏习惯，对人物心理刻画细腻深入，塑造了祥子和虎妞等一系列活灵活现的人物形象。

一部伟大作品的震撼力，多表现在它与众不同的语言风格上，《骆驼祥子》的语言"京味儿"十足。作者运用经过加工和提炼的北京口语方言，鲜明突出的"京味儿"，对北京的风俗民情、地理风貌、自然景物进行描写，让祥子及其周围各种人物置于一个老舍所熟悉的北平下层社会中，传神地刻画出北平下层人物的言谈举止，使作品具有浓郁的地域文化色彩和市井气息。

老舍的作品与茅盾、巴金的长篇小说创作共同构成现代长篇小说艺术的三大高峰。老舍的创作远离20世纪初的"新文艺腔"，他的作品的"北京味儿"，以及以北京话为基础而形成的文体风格，在现代作家中独具一格。老舍是"京味小说"的源头。老舍创作的成功，标志着我国现代小说在民族化与个性化的追求中所取得的巨大突破。

【小资料】

老舍的幽默

抗战期间，北新书局出版的《青年界》赵景深编辑给老舍写了一封约稿信，老舍打开一看，只见一张信纸只写了一个大大的"赵"字，且"赵"字又被一个大圆圈圈住。老舍一看就明白了："赵某被围，要我快发救兵。"老舍在寄稿的同时，幽默地寄去了一封诗一般的答催稿信，"元帅发来紧急令：内无粮草外无兵！小将提枪上了马，《青年界》上走一程。呔！马来！参见元帅，带来多少兵马？两千来个字！这还是老弱残兵！后帐休息！得令！正是：旌旗明明，杀气满山头！"这首答催稿信将作者的"苦相"以及自谦精神跃然纸上。

第二节　现代诗歌

现代诗歌是指"五四运动"至中华人民共和国成立以前的诗歌。中国现代诗歌的主体新诗，是指五四运动前后产生的、有别于古典诗歌的、以白话作为基本语言手段的诗歌。1917年2月《新青年》刊出胡适的白话诗词8首，是中国新诗运动中出现的第一批白话新诗。第一本用白话写的诗集是胡适的《尝试集》。在新诗诞生之初，刘半农、刘大白、康白情、俞平伯是创作主力，刘半农的《相隔一层纸》，是新诗中出现的最早的同情底层人民生活并揭示人道主义主题的作品，而最早为新诗地位的确定作出重大贡献的是郭沫若的《女神》(1921)。郭沫若的《女神》带着狂飙突进的"五四"时代精神，带着不同于其他白话诗的鲜明艺术性，为新诗奠定了浪漫主义的基础。《女神》成功地创造、运用了自由体形式，将新诗推向新的水平。在新诗创作中自成一家的冰心值得一提，受泰戈尔《飞鸟集》的影响，冰心创作出版了《繁星》、《春水》两部诗集，她的这些诗被称作"繁星体"。

随着自由体新诗的兴盛，新诗体式因不加节制而趋于散漫，于是诗人转而又追求诗歌吟诵的格律化，"新月派"的出现顺应了这种潮流。新月派的代表人物有徐志摩、闻一多等。徐志摩的诗语言鲜明，色彩清丽，具有流动的质感，让人觉得世上一切都鲜明、灵动。闻一多是新格律诗的倡导者，并为诗歌创作追求音乐美、绘画美、建筑美进行了艰苦的创作实践。闻一多著有两部诗集《红烛》和《死水》。在他的作品中，爱国主义情感贯穿始终，《死水》一诗是他贯彻自己艺术主张的力作。

抗战后诗坛上最重要的诗派是"七月派"。七月派的重要诗人是胡风、艾青、田间等，在他们的创作中，政治抒情诗占有很大比重，内容多充满爱国主义激情，呼唤人们的抗敌斗志。20世纪40年代后半期，被后来称为民歌体的新诗在解放区农村成熟了。民歌体新诗的突出成就表现在李季与阮章竞的叙事诗中。中国现代新诗在经历了30余年的发展后，形成了具有中国特色的新诗发展道路。

一、闻一多——《七子之歌》

闻一多（1899～1946年），本名闻家骅，字友三，生于湖北省黄冈市浠水县，中国现代伟大的爱国主义者，坚定的民主战士，中国民主同盟早期领导人，新月派代表诗人，出版诗集《死水》等。

闻一多是我国现代诗歌领域新诗格律化的旗手，他的诗洋溢着爱国激情和民族精神，充满了乐观情绪和青春活力，具有强烈的时代特征。闻一多的诗摆脱了旧体诗的束缚，善于吸取我国古典诗歌的格调、韵律和西方诗的音节。在创建格律体方面，闻一多提出了"三美"主张：诗的实力不独包括着音乐的美，绘画的美，并且还有建筑的美。闻一多的诗歌在鲜明的艺术个性和古典浪漫主义创作方法的规范下，形成了炽热浓烈、沉郁顿挫的艺术风格。

【作品赏析】

1925年7月，著名爱国诗人闻一多将被帝国主义列强割占、租借的澳门、香港、台湾、威海卫、广州湾、九龙、旅大喻为七个与母亲离散的孤子，写了一组诗《七子之歌》来抒发七块土地对祖国母亲的眷念之情。因为澳门离开祖国的时间太久了，所以澳门被列为《七子之歌》之首（见图2-3）。

《七子之歌——澳门》（闻一多）全诗共分四层。第一层开头两句，叙述游子向母亲倾诉被掳走的苦难经历。儿子澳门与母亲祖国血肉相连，骨肉相亲，儿子被侵略者从"襁褓"中掳走，一去就是几百年，这是何等的辛酸与苦痛！

第二层三、四两句，抒发澳门赤子心向祖国的炽热情怀。诗中说"但是他们掳走的是我的肉体，你依然保管着我内心的灵魂"，表达了澳门忠贞不渝，向往祖国母亲怀抱的赤胆忠心。

第三层是五、六两句，这一层抒发了澳门赤子强烈期盼回到母亲怀抱的愿望。诗中说，"三百年梦寐不忘的生母啊！请叫儿的乳名，叫我一声'澳门'！"三百年的风雨历程，自己可能变得苍老了，然而还要请母亲叫一声自己的乳名。诗人在这里用拟人的笔触，表达了满怀深情的呼唤。

第四层也是最后一句，抒发七子热切而坚定的信念。这一句把全诗推向高潮，用了反复、回环、拟人多种表现手法，强化诗的意蕴，强烈抒发期盼回归祖国母亲怀抱的情感。

图 2-3 澳门大三巴牌坊

全诗通过对澳门被侵略者掳去后，澳门同胞期盼回到祖国怀抱愿望的倾诉来唤醒民众，勿忘国耻，收复失地，振兴中华，洋溢着浓浓的爱国之情。

二、徐志摩——《再别康桥》

徐志摩（1897~1931年）现代诗人、散文家，浙江海宁人。著有诗集《志摩的诗》、《翡冷翠的一夜》、《猛虎集》；散文集《落叶》、《秋》等。徐志摩是现代新诗史上最引人注目的诗人之一，是新月诗派的代表人物。

徐志摩的诗歌表达了对爱情、自由、美的追求。他的诗歌柔美、清丽、音韵和谐，比喻新奇，想象丰富，意境优美，尤其擅长细腻的心理捕捉、缠绵的情感刻画。因此它的诗深得青年人的喜爱，影响至今不衰。

徐志摩的诗歌创作取得了极高的艺术成就，犹如一朵奇葩绽放在中国现代白话新诗之园。徐志摩的诗从总体上来说洋溢着浪漫主义的色彩，蕴涵了独特的艺术个性。

【作品赏析】

《再别康桥》（徐志摩）最初发表于《新月》月刊，后收入诗集《猛虎集》，是诗人重游康桥之后，在归国途中写下的一首绝版之作。《再别康桥》是一首优美的抒情诗，宛如一曲优雅动听的轻音乐。诗中那唯美的意境、流动的画面无不给人以美的享受。

诗歌的起句"轻轻地我走了，正如我轻轻地来"以一个离别的姿态，点染出诗歌整体的离情别绪。在诗人的心中，康桥已经被理想化、诗化了，诗人对那里的一草一木，无不包含着深情厚谊。诗人对康桥是那么痴迷，以至于当他看到软泥上的青荇，油油地在水底招摇时，顿生羡慕之情。他竟甘心做一条水草，渴望如那水草一般永远生活在康河柔波的爱抚中。

诗人在康河流连忘返，夜色降临还不忍离去，他撑一支长篙，向青草更深处漫溯。这是最宜放歌的时候，但诗人已无心放歌，一切都在不言中。这样自然而然地引出了最后一节的那种"悄悄地"心情。诗人带着几分眷恋，几分惆怅，在沉默中悄然离去。

"诗中有画，画中有诗"这是中国传统诗歌的理想境界，《再别康桥》七节诗，几乎每一节都包含一个可以画得出的画面。诗人使用了色彩较为绚丽的词语，给人带来视觉上美的享受。

这首诗像一首肖邦的小夜曲。四行一节，每行两到三个节拍，节奏非常鲜明。每节二四行押韵，逐节换韵，读来抑扬顿挫，朗朗上口。此外，"轻轻"、"悄悄"等叠字的反复运用，增强了诗歌轻盈的节奏。诗的尾节与首节句式相似，遥相呼应，给人一种梦幻般的感觉。

【小资料】

徐志摩与泰戈尔的忘年交

1924年泰戈尔应邀到中国游历讲学，由诗人徐志摩担任翻译。泰戈尔用英语发表演讲。要把泰戈尔的讲话精确地译成中文是相当困难的，徐志摩翻译起来却游刃有余。

对诗歌艺术同样的热爱，对心灵自由同样执着的追求，敞开了泰戈尔和徐志摩的心扉，使他们成为无话不谈的忘年交。泰戈尔为他的中国知音起了一个印度名字——苏萨玛。在孟加拉语中，"苏萨玛"意谓雅士。对风流倜傥的徐志摩来说，这是个贴切的名字。

泰戈尔访华结束，徐志摩又陪他访问日本，一直把他送到香港，才依依惜别。泰戈尔回到印度，将他在中国的演讲汇编成《在中国的讲话》。在书的扉页上泰戈尔写道：献给我的朋友苏萨玛，由于他的周到照料，我得以结识伟大的中国人民。这之后频繁的书信来往，不断加深着泰戈尔和徐志摩的友情。徐志摩和老人相约，1931年他要专程到印度去为泰戈尔的七十大寿祝贺。可惜泰戈尔寿辰时，徐志摩早已云游蓝天之外，而未能兑现诺言。

第三节　经典散文

现代散文发轫于"五四"新文化运动前期。在"五四"以来的现代散文创作中，最早发端和得到发展的是议论性散文。鲁迅的《野草》是我国第一本现代散文诗集，《朝花夕拾》是他所写的一部回忆性散文集。这些作品充满了深沉而炽热的感情，不仅思想深刻，在艺术上也很有魅力。作为鞭挞反动派以及旧制度、旧思想的武器，议论性散文是鲁迅文学遗产中极为重要的组成部分。由鲁迅开创的这种议论性散文，后来通常被称为"杂文"。"杂文"这种文体在现代散文史和现代文学史上都占有极为重要的地位。

抒情性散文在"五四"时期常被称为"美文"，冰心是较早撰写抒情性散文的作者，她的《笑》、《往事》与《寄小读者》，奠定了她在散文创作中的地位。她所创造的文学语言与艺术风格，具有鲜明的个性特色，被人誉为"冰心体"。冰心的文笔委婉隽秀，清新淡雅，在读者中产生了广泛的影响。

周作人是"五四"时期倡导抒情性散文的重要作者，他的《美文》一文对于抒情性散文的创作起了推波助澜的作用。朱自清的散文在思想和艺术上进行了严肃认真的探索，写出过不少出色的小品散文，为中国现代散文的发展和繁荣作出了贡献。瞿秋白的《饿乡纪程》和《赤都心史》是中国出现得较早的报告文学作品。20世纪30年代出现了大量报告文学作品是叙事性散文进一步繁荣的标志。夏衍的《包身工》将新闻的真实性和文学性结合在一起，成为报告文学的示范性作品。茅盾的《白杨礼赞》和《风景谈》，激荡着时代风云，蕴含着哲理意味。解放区的散文，尽管在艺术上不甚成熟，但却以旺盛的生命力迅速发展，为新中国的散文发展奠定了坚实基础。

一、朱自清——《荷塘月色》

朱自清（1898~1948年）原名自华，号秋实，后改名自清，字佩弦。原籍浙江绍兴，出生于江苏省东海县。现代杰出的散文家、诗人、学者、民主战士。

朱自清散文用真挚的感情，写来自现实的见闻和感受，表达发自肺腑的见解。朱自清先生的散文名篇里抒写的大都是身边的凡人琐事，在这些事情中传达着他对生活的思索和感悟，正是因为这样，朱自清的散文才具有了感人的力量。

朱自清的散文语言清丽凝练，没有华丽的辞藻，却在平淡中传递着真挚的感情。《背影》、《春》、《桨声灯影里的秦淮河》、《匆匆》等都成为大家耳熟能详的名篇，打动了无数读者的心，也让朱自清的散文因树立了"白话美文的模范"而在现代文学史上占有一席之地。作为一位散文大家，朱自清以他独特的美文艺术风格，为中国现代散文增添了瑰丽的色彩，为建立中国现代散文全新的审美特征，创造了具有中国民族特色的散文体制和风格。

【作品赏析】

《荷塘月色》（朱自清）写于1927年7月，是一篇写景抒情的散文。作品通过对月下荷塘的描写，抒发了作者在政治形势剧变之后，在严酷现实的重压下的苦闷、彷徨的心境，表现了作者对黑暗现实的不满面情绪以及对未来美好自由生活的朦胧追求。

《荷塘月色》起句简洁，"心里颇不宁静"是全文的情感线索，它给荷塘、月色染上了不同一般的色彩，也给以后的抒情写景创造了特定的条件。于是徜徉于荷塘，沉醉于月色，一幅美不胜收的荷塘月色画便呈现在读者面前。《荷塘月色》的艺术成就是多方面的，首先文章追求的是一种诗情画意之美。作者调动一切艺术手法，着意创造一个诗意盎然、情景交融的境界。作者层次有序地时而以荷塘为主景、月色为背景，动静结合，运用鲜明的比喻、通感手法，描绘了月光下荷塘的无边风光。作者时而又以月色为主景，荷塘为背景，别出心裁地虚实为用，浓淡相宜地勾勒了整个荷塘的月夜风采。作者努力挖掘蕴含在大自然中的诗意，共同点染荷塘月色绰约的风情。这样的以景衬情、情景交融的写法，不仅使作品富有诗情画意，也使作品具有情趣美。

精于构思、巧于布局，是《荷塘月色》又一显著特色。行文中以荷塘、月色为中心，又适当点染周围背景。布局上层次清晰分明，详略得当，疏密相间，自然舒展。

朱自清散文的语言典雅清丽、新颖自然。《荷塘月色》保持了这一特色。朱自清很注重语言的锤炼，《荷塘月色》中动词与叠字叠词的运用，不仅准确而传神地渲染和强化了诗情画意，而且节奏明朗，韵律协调，富有音乐美。

二、冰心——《寄小读者》

冰心（1900～1999年）（图2-4），现当代著名作家、儿童文学作家、诗人。原名谢婉莹，笔名冰心，原籍福建长乐。代表作品主要有小说集《超人》，诗集《春水》、《繁星》，散文集《寄小读者》、《再寄小读者》等。

"爱的哲学"是冰心的思想体系中最重要、最突出的特征，爱母亲、爱儿童、爱自然，是冰心早期作品的三个基本主题，她的散文宣扬爱的哲学、探索人生的哲理，饱含着温柔，微带着忧愁，空灵而缠绵，纤细而澄彻，在当时拥有大批的青年读者。

她的散文语言清丽、典雅、富有韵味，既有白话文通俗流畅的特点，又有古典文言精练、雅致的长处，形成了冰心散文清新优雅、隽美明丽的艺术风格，开创了中国散文的一代新风。

冰心从1919年五四运动开始，投入新文学活动，在这长达八十年的文学生涯中，创作了大量散文、诗歌和小说等作品，取得了卓越的成就，在文学的艺术殿堂上占据着引人注目的地位。

《寄小读者》是冰心女士在1923～1926年间写给小读者的通讯，共二十九篇，其中有二十一篇是她赴美留学期间写成的，主要记述了海外的风光和生活感受，同时也抒发了她对祖国、对故乡的热爱和思念之情。《寄

图2-4　冰心

小读者》可以说是中国现代较早的儿童文学作品，冰心也因此成为中国儿童文学的奠基人。之后冰心又陆续发表了通讯集《再寄小读者》和《三寄小读者》。三部通讯集虽然发表的时间不同，但主题都是母爱、自然、童真。《寄小读者》中冰心运用通信的模式，采取和小朋友谈天的亲切口气，以爱融化冰封的灵魂，以爱传递耀眼的光芒，做到了优美文笔与澄净心灵的完美结合。

【作品赏析】

《寄小读者——通讯七》（冰心）在抒发离别祖国母亲，远离亲人的感伤情怀的同时，也对童真、母爱和自然给予了热情的赞颂和讴歌，是一篇由"爱"心产生的散文。《寄小读者——通讯七》描写的是作者从上海乘船启程出国途中，对海上三日生活的记录。作品蕴含的是作者的离愁、别恨和怀念亲人的沉重感情。

《寄小读者——通讯七》极好地体现出了冰心散文的风格特点，"爱的哲学"得到淋漓尽致地表达。作者从纷繁复杂的事物中，截取了大自然的风光作为描写的对象，以"我"在海上三日的感情发展为线索，抒发了作者对大自然的热爱和对祖国、亲人的依恋。如画的美景中蕴含有丰富的情感内涵。这种融情入景，情景相生的艺术特点，使作品具有抒情诗的韵味和风景画的情致。

冰心的散文笔调轻盈灵活，语言典雅清丽，通俗晓畅。在本篇通讯之中，这种文字之美得到充分的体现。写海上有金光粼波的空灵妙景，有银星闪烁的海空夜色，有月光、星光、灯光交相辉映的璀璨世界，景色如梦如幻，色彩斑斓，极有层次感。冰心的文字既有古典文学的神韵，又有欧美文学的细腻，她在合理地吸收某些文言词汇和文言句式的同时，又注重文字的锤炼、节奏的推敲，形成一种兼具白话文之流畅和文言文之凝重的文学语言。

冰心的散文极具个性化特点，郁达夫对她的性格和散文风格作出了这样的评价："我以为读了冰心女士的作品，就能够了解中国一切历史上的才女的心情；意在言外，文必己出，哀而不伤……"。

【小资料】

梁实秋吃的艺术——《雅舍谈吃》

梁实秋这一辈子，除了令人仰视的文学成就外，其对饮食之道的研究，也少有人能与之匹敌。说到吃的艺术，梁实秋先生的《雅舍谈吃》，是不能绕过的。看过《雅舍谈吃》的人绝对能从字里行间嗅到馋人的香味来，不能不佩服梁先生观察得精细。看他写食物，语言平实，没有花架子，却有着文人的渊博与风雅，如《汤包》一文中写道：两个不相识的人据一张桌子吃包子，其中一位一口咬下去，包子里的一股汤汁直飚过去，把对面客人喷了个满脸花。肇事的这一位并未觉察，低头猛吃。对面那一位很沉得住气，不动声色。堂倌在一旁看不下去，赶快拧了一个热手巾把送了过去，客徐曰："不忙，他还有两个包子没吃完哩。"这有趣的描写，读后不免让人开怀一笑。梁实秋自从1949年离开大陆在台湾生活近四十年，思念故乡之情一直萦绕着他。细品《雅舍谈吃》诸多脍炙人口的谈吃文章，也可从中咀嚼出梁先生浓郁的乡思和乡情。

第四节　现代话剧

话剧是19世纪末20世纪初移植到中国的外来戏剧样式，在欧美各国称为戏剧。它是以说话和动作为主要表演手段的戏剧，为与传统舞台剧、戏曲相区别，所以称之为"话剧"。

中国话剧初期称新剧，后又称文明戏。1906年，受日本"新派"剧启示，留日学生曾孝谷、李叔同等组织了中国第一个话剧团体春柳社。春柳社在东京演出《茶花女》第三幕被公认为是中国现代话剧的发端，《黑奴吁天录》是中国话剧的第一个创作剧本，标志着中国话剧的诞生。

1919年"五四"新文化运动的重要人物胡适、陈独秀等人对新剧启发民众觉悟的力量给予特别的关注，推崇并介绍易卜生的社会问题剧，1919年胡适发表的独幕剧《终身大事》是这一主张的代表作。同时陈大悲、欧阳予倩等人先后成立民众剧社、辛酉剧社、南国社等戏剧团体，创作了《名优之死》（田汉）、《三个叛逆的女性》（郭沫若）等一批优秀剧目，为中国话剧建立了重要的文学基础。欧阳予倩、洪深、田汉被公认为中国话剧的奠基人。1928年洪深创意将英文Drama译为"话剧"，中国话剧从此定名。

1931年1月中国左翼戏剧家联盟成立，从此中国话剧进入以左翼戏剧运动为主的发展阶段，涌现出夏衍、陈白尘、宋之等一批新剧作家以及金山、赵丹、舒绣文等舞台艺术家。1934～1937年青年剧作家曹禺的著名剧作《雷雨》、《日出》、《原野》问世，这三部话剧以其深邃的内涵、纯熟的技巧，被认为是中国话剧的经典之作。曹禺的三部曲，确定了他在中国话剧发展上的奠基地位。

20世纪30年代，是中国现代历史饱经忧患的年代，民族和阶级矛盾激化，中国话剧转向对现实主义的侧重，一扫以往的浪漫、感伤的基调，主动地承担起唤起民众、拯救国家的重任。在整个抗日战争时期，话剧成为中国诸多艺术种类中，最活跃，最具有现实性、战斗性和民众性的艺术。这一时期剧作家们创作了众多著名的历史剧，代表作品有郭沫若的《屈原》、《棠棣之花》等。1942年毛泽东《在延安文艺座谈会上的讲话》发表，影响了中国话剧的发展。延安时期戏剧成就的重要标志，是鲁迅艺术学院集体创作、由贺敬之、丁毅执笔的优秀多幕剧《白毛女》的出现。《白毛女》是一部新歌剧，是话剧的表现形式与民谣巧妙结合的产物。

一、曹禺——《雷雨》

曹禺（1910～1996年）中国现代杰出的戏剧家，原名万家宝，汉族，祖籍湖北潜江，出生在天津一个没落的封建官僚家庭里，从小爱好文学和戏剧，是中国现代话剧史上成就最高的剧作家。著作有《雷雨》、《日出》、《原野》、《北京人》等，曹禺的话剧标志着中国现代话剧艺术的成熟，被人称为"中国的莎士比亚"。

【作品赏析】

曹禺前后用了五年时间完成了《雷雨》的创作，虽然它是曹禺的第一部话剧，但却成为现代文学史上的经典作品，被认为是"中国话剧现实主义的基石"。曹禺的四幕剧《雷雨》以高度的艺术成就和现实主义的艺术力量震动了当时的戏剧界，标志着中国话剧艺术开始走向成熟，在戏剧艺术上达到完美境界。

《雷雨》的冲突设置在起承转合中达到极致。《雷雨》的戏剧冲突具有夏日雷雨的特征。两个家庭中的八个人物在短短一天之内发生的故事，却牵扯了过去的恩恩怨怨。狭小的舞台上不仅突现了伦常的矛盾，阶级的矛盾，还有个体对于环境、时代强烈不和谐的矛盾，在种种剧烈的冲突中完成了人物的塑造，显示了作品严谨而精湛的戏剧结构技巧。悲剧早已潜伏在每一句台词、每一个伏笔中，只是到最后时分才终于爆发出来，化作一场倾盆雷雨，震撼了每个人的灵魂。

《雷雨》这部作品之所以成为经典，不仅是因为其故事情节扣人心弦，还在于曹禺为中国现代文学贡献了一批各具特色的人物。男主角周萍，是周家的大少爷，周朴园与侍萍的第一个儿子。他是一个矛盾的人,他在周家感到压抑,又不敢违背父亲;他渴望四凤的单纯与活力,又不敢面对繁漪。他胆小懦弱,面对残忍的现实,他选择了彻底的逃避——结束自己的生命。《雷雨》最有特色、个性最鲜明的人物是繁漪,她是"五四运动"以来追求妇女解放,争取独立、自由的新女性代表。她敢爱敢恨,在重压下,常常感到无助、自卑甚至自虐,这是繁漪无法摆脱的弱点。《雷雨》中的其他人物也都性格鲜明,丰满而突出。

《雷雨》具有一种诗意之美。这种诗意美来自剧作的语言,来自文辞的优美。《雷雨》以高度个性化的语言进行写作,从它的台词里,能判断出角色的年龄、性别、地位、性格、心理。《雷雨》的语言还带有浓烈的抒情韵味,某些台词本身就是没有分行的抒情诗。《雷雨》以自己富有动感而精美的语言,充分展示了话剧这门"说话的艺术"的魅力。

《雷雨》是曹禺的第一部戏剧作品,它以其鲜明的时代特色、独特的戏剧结构、丰满的人物形象、个性化的语言,展示出作者对时代的敏锐感受、对社会的精微剖析,从而成为中国现代话剧史上的一座重要的里程碑。

二、郭沫若——《虎符》

郭沫若(1892~1978年)(图2-5),出生于四川省乐山市观峨乡沙湾镇,原名郭开贞,笔名沫若等,中国著名诗人、剧作家、考古学家、书法家,蜚声海内外。他是中国新诗的奠基人,是继鲁迅之后进步文化界公认的领袖。郭沫若著作全集分为《文学编》、《历史编》、《考古编》共38卷。

图2-5 郭沫若

郭沫若是我国杰出的文学家、学者、社会活动家,在中国20世纪的文化建设和学术建设领域,有着他人无法取代的地位。他在文学方面的贡献,更具有划时代的意义。要研究中国20世纪文学史,要研究中国20世纪学术史,郭沫若是一个绕不过去的重要人物。

郭沫若堪称中国现代历史话剧的先驱,"五四"时期先后创作了《卓文君》、《王昭君》、《聂嫈》三部历史剧,后结集为《三个叛逆的女性》出版。郭沫若早期的这些历史剧,已经形成了鲜明的风格和创作特色。《屈原》是郭沫若抗战时期六部历史剧当中成就最高、影响最大的代表作。在这个时期的剧作中,作者展示的这一幕幕历史悲剧,大大鼓舞了人们坚持全民族团结抗日的斗争意志,推动了伟大的民族解放战争。

郭沫若在这一时期创作的历史剧,在艺术上也取得了巨大的成就,他在把握历史本质的基础上,根据艺术规律、剧情发展和创作意图,结合自己的理想和愿望,"失事求似"地大胆进行构思,使全剧的结构,人物的刻画,情节的演变,浑然自成一个完整的天地。作者结合情节的需要和气氛的创造,插入相当数量的抒情诗和歌词,感情激越,色彩斑斓,使全剧充满着浓郁的诗意。

【作品赏析】

郭沫若的五幕话剧《虎符》取材于《史记·魏公子列传》,写于1942年。该剧描写的是战国"四君子"之一的魏国信陵君窃符救赵的故事。

郭沫若是一个忠诚的爱国者,爱国主义是促使他文学创作的内在动力。郭沫若自幼受儒学熏陶,有着"天行健,君子以自强不息"和"达则兼济天下"的人生态度与事业追求,《虎符》便体现了这一思想。作品歌颂了信陵君深明大义、反抗侵略、救助邻国的爱国精神,赞扬了如姬保家卫国、赴汤蹈火的崇高品质。作品表现的爱国情怀激励了无数有识之士为民族的独立和国家的统一去拼搏、去奋斗。

郭沫若笔下的女性形象，在显示出柔美一面的同时，又透露出刚烈的气质，《虎符》中的女性角色如姬就具有这一性格特征。如姬是一个具有"五四"精神的形象，她深明大义、胸怀博大，不苟且偷生，表现出了舍生取义的决断。郭沫若笔下的女性形象，与作者的女性观及所受的文化影响有着密切关系。

郭沫若把信陵君描绘成一个具有远大理想的政治家，在今天看来有些过于美化。但剧中借信陵君之口所阐述的道理，却表达出国难当头之时，中国人民要求消灭内战、一致对外的共同心理。这一主题的揭示在当时发挥了历史剧"借古喻今"的重大作用。

【小资料】

郭沫若轶事
妙解怪字

有几位日本学者来中国登泰山，沿途的风景令他们流连忘返，赞叹不已。穿红门，过万仙楼，北行一段，自然风光绝佳，盘路西侧的石壁上镌刻有"虫二"两字，引起日本学者的很大兴趣，他们向陪同的中国学者询问，这两个古怪的字意思是什么？这一问题还真把在场的人都难住了。

游山归来，日本学者仍追问"虫二"的读法和意思。于是，我国学者们便翻书查卷，多方请教专家教授，可就是得不到满意结果。后有人带着临写的这两个字找到中国科学院，请教郭沫若。郭看了这两个字，沉思片刻，提笔在"虫二"两个字外边各加两笔，"虫二"变成了"风月"。郭沫若笑道："这两个字应读作'风月无边'，不过是古代名士的文字游戏罢了。"

思 考 题

1. 简要回答《呐喊》、《彷徨》的思想内涵及特色。
2. 谈谈对《骆驼祥子》中祥子形象的评价。
3. 简述闻一多诗歌的特点。
4. 《再别康桥》中诗人通过哪些景物描写表现优美而深邃的意境的？
5. 列出《荷塘月色》中运用比喻、拟人、通感等修辞手法的句子，并说明它们对写景所起的作用。
6. 结合《雷雨》主题，谈谈以"雷雨"为题的作用。

第三章 当代文学

第一节 当代小说

小说作为一种具有广泛社会影响的文学体裁,在我国有着悠久的历史。自1949年新中国成立伊始的中国当代小说在继承历史传统基础上迅速成长发展,已经走过了跨世纪的历程。

建国初期的小说主要着力于艺术地再现革命斗争历史和社会主义建设的现实生活。从作品题材和反映生活的深度、广度来看,成就最大的是描写革命战争和农村生活的作品。反映解放战争的长篇小说,有杜鹏程的《保卫延安》、吴强的《红日》、曲波的《林海雪原》以及罗广斌、杨益言的《红岩》;反映农民斗争成长的小说,有被誉为中国农民革命运动史诗的梁斌的《红旗谱》;反映农村社会主义建设的小说,以合作化为题材者居多,有赵树理的《三里湾》、周立波的《山乡巨变》和柳青的《创业史》等。

建国初期的小说,基本上已经形成了一支专业的创作队伍,并且塑造了一大批具有鲜明时代特点的人物形象,有些作家开始形成自己独特的创作风格。

文革十年,文学进入冬眠期,绝大多数作家遭到批斗,划为"右派",关进牛棚。在这个可怕的文学荒芜期,中国文化正遭受着空前绝后的破坏和毁灭。

新时期小说创作潮流不断更迭和演进。1977年刘心武发表短篇小说《班主任》,被认为是新时期文学的开山之作,成为"伤痕小说"的发轫之作。"伤痕小说"的代表作还有张洁《从森林里来的孩子》、王蒙《最宝贵的》、冯骥才《高个子女人和她的矮丈夫》等。这些作品对文革历史及其带给人民肉体与精神上的创伤进行了深刻的揭示,如泣如诉,感人至深。随着"实践是检验真理的唯一标准"全民性大讨论的展开,在创作上涌现出"反思小说"的浪潮。反思小说的代表作有茹志鹃的《剪辑错了的故事》、古华的《芙蓉镇》、谌容的《人到中年》、张贤亮的《绿化树》等。

十一届三中全会之后,部分作家转向关注现实,创作出了以《乔厂长上任记》为代表的一批"改革小说",代表作有张洁的《沉重的翅膀》、路遥的《平凡的世界》等。从20世纪80年代中期起,小说在形式方面注意吸收、应用现代主义的元素,出现了刘索拉的《你别无选择》、莫言的《红高粱》等新潮小说。

新时期小说,新人辈出,各种流派潮起浪涌,各领风骚二三年。

1999年之后的小说,佳作很多,如《三重门》、《省委书记》等长篇小说就出现在这一时期。随着网络普及,网络文学的出现颠覆了传统的书写和传播模式,使小说的发展更加多元,以起点(网站名)为代表的武侠玄幻小说作者群和以晋江(网站名)为代表的言情小说作者群的整体出现,标志着网络小说已经成为主流文学之外的又一创作主体。

一、莫言——《红高粱家族》

莫言(1955~),原名管谟业,出生于山东省高密市,中国当代著名作家。2011年凭长篇小说《蛙》获第八届茅盾文学奖,2012年莫言以其"用魔幻现实主义将民间故事、历史和现代融为一体"的创作方式而获得诺贝尔文学奖,成为首位获得该奖的中国籍作家。莫言的主要作品有《檀香刑》、《丰乳肥臀》、《透明的红萝卜》等。

【作品赏析】

《红高粱家族》（图 3-1）是莫言的代表作，创作于 1986 年，《红高粱家族》由《红高粱》、《高粱酒》、《狗道》、《高粱殡》、《奇死》五部组成。《红高粱家族》用荡气回肠的血性语言震撼了当时的中国文坛，向我们讲述了一个家族的血性抗战历史，也传达出了作者对于人的生命意识越来越脆弱的"种的退化"的担忧。

图 3-1 《红高粱家族》

《红高粱家族》是一群小人物的奋斗史，是一群有血性的人们的成长史，是一群生灵们为保卫家园而前赴后继壮怀激昂的抗战史。《红高粱家族》中表现了复杂的人性，"我爷爷"、"我奶奶"、"我父亲"、"我母亲"都以一种十分立体的姿态出现在人们的视野里。文中的小人物性格饱满，如任副官、土匪头子花脖子、罗汉大爷等仿佛都一个个地昂首挺胸地立在我们面前，甚至最普通的下层劳动人民如老耿头、成麻子等也都有着精彩的故事。

在《红高粱家族》里，莫言的细节描写风格得到了更加充分的表现，达到了炉火纯青的地步。那纵横驰骋、挥洒自如的叙述，跌宕多姿、富于变化的结构，流畅稳熟、饱含地方风味的语言，都是《红高粱家族》格外引人注目的艺术特色。

《红高粱家族》是莫言向中国当代文学奉献的一部影响巨大的作品，被译成近二十种文字在全世界发行。《红高粱家族》中洋溢着莫言独有的丰富饱满的想象力、令人叹服的感觉描写，并以汪洋恣肆之笔全力张扬着中华民族的旺盛生命力，堪称当代文学中划时代的史诗精品。

二、铁凝——《哦，香雪》

铁凝 1957 年生，当代著名作家，河北赵县人，主要著作有《玫瑰门》等。《哦，香雪》、《六月的话题》分获 1983 年、1984 年全国优秀短篇小说奖，《没有纽扣的红衬衫》获第三届全国优秀中篇小说奖，散文集《女人的白夜》获中国首届鲁迅文学奖，艺术随笔集《遥远的完美》获中国第二届冰心散文奖。铁凝的作品还被译成英、法、德、日、俄、丹麦、西班牙等文字。

铁凝的创作在当今文坛，无异于山涧清泉，给浮躁的心灵带来一丝清凉的慰藉。她的文字，没有华丽的修饰，唯有质朴。她喜欢把自己所要表达的思想纳入平凡人生的描述之中，让读者在不知不觉中融入到她所构建的文学世界中，并随着小说中的人物同喜、同悲、同愤怒。

铁凝饱含着对生活的热情与善意，用一双慧眼发现生活中的一道道风景，并将其诉诸笔端，而这些风景，呈现在她的散文中多是美好的、纯朴的，也是温暖和亲切感人的。铁凝的散文蕴含着蓬勃之美，体现了一种"美善惊人"的力量，而同时又时不时地能带给读者猝不及防的精彩与撞击。铁凝作品的语言风格，只看局部字词句并没有什么特点，非常平白、朴素，特点不怎么明显，但当你通读全篇文章之后，却可以强烈地感受到一股清新诗意扑面而来，充斥着你的心田。

【作品赏析】

《哦，香雪》以一个偏远的小山村作为背景展开故事情节的。小小的台儿沟是一个闭塞、孤独、贫穷的角落，那儿的人们过着几乎封闭式的生活。他们隐藏在大山的皱褶里，无从知晓山外的世界。火车开进了深山，在台儿沟停留一分钟的火车打破了山村往昔的寂静，拨动了山村人平静的心房，带来了山外陌生新鲜的气息。正是这短暂的一分钟，为山村人、特别是青年人提供了观察、了解山外天地的可贵时机。

铁凝的作品擅长捕捉人物的细微心理活动，并以精妙的语言传达作家敏锐而细腻的艺术感觉，《哦，香雪》即是这方面的代表作。《哦，香雪》细致入微地描写了香雪等一群乡村少女的心理活动，表达了姑娘们对山外文明的向往，以及摆脱山村封闭落后贫穷的迫切心情，同时表现了山里姑娘的自爱自尊和她们纯美的心灵。作家着意刻划香雪求知的渴望，便为这位山村少女增添了一层清纯脱俗、积极向上的光彩。

小说构思精巧，短短的篇幅包容了丰富的内涵。作品没有着笔于轰轰烈烈的大场面，更无曲折离奇的故事情节，它只是捕捉住瞬间，撷取几个小小的生活场景，将艺术描写聚焦在人物身上，细致入微地描绘她们的心理变化与情感波澜。

小说笔调清新婉丽，文字鲜活灵动，风格淡雅别致，意境回味悠长，具有诗情画意之美。

【小资料】

习近平主席与路遥知青岁月——窑洞夜谈

诗人谷溪回忆，习主席与路遥俩人在延川同住一个窑洞应该是在1970年至1973年之间。作为北京知青，习近平当年来到延川县插队落户，路遥则是当地的回乡知青。路遥很喜欢结交见多识广的北京知青，他俩那时成了朋友。习近平来县城开会或办事，晚了回不了梁家河，他就会找路遥长谈。习近平和路遥进行彻夜长谈的窑洞是"三间房"，这是专门供来客住的客房。习总书记当年也爱文学、爱读书，他和路遥等谈文学、谈民生、谈理想、谈国家……话题非常广泛，充满家国情怀。谷溪感叹路遥虽然只度过42年的短暂人生，但他有大情怀，他和习近平有着说不完的共同语言。

第二节　抒情散文

当代散文是指1949年10月中华人民共和国成立以后的散文。建国初期，在各种体式的散文中，报告文学、通讯得到了空前的发展。其中反映抗美援朝战争的作品，在数量上和质量上都居首位，魏巍的《谁是最可爱的人》成为影响最大的作品。这一时期的报告文学、通讯几乎都是歌颂性的，揭示社会矛盾和干预生活的作品极为鲜见。其他类型散文，如杨朔的《香山红叶》等当属上乘佳作，为抒情散文增添了不少生气。

至20世纪50年代中期，散文创作开始趋向繁荣，进入创作活跃的时期。杨朔、秦牧、刘白羽为代表的一批散文作家的创作实践打破了沉闷空气，积极推动散文走向繁荣。散文题材更为广泛，思想较为深刻，艺术较为精湛，出现了风格日渐成熟的作家和艺术趋于圆熟的作品，如杨朔的《荔枝蜜》、刘白羽的《长江三日》、秦牧的《土地》等，这些优美的散文在读者中广为传诵，脍炙人口。这一时期的抒情散文，在题材和风格的多样化方面，呈现出了建国后前所未有的盛况。

到了"文化大革命"期间散文园地日趋萧索，几乎一片空白。粉碎"四人帮"后，散文创作出现了新的局面，报告文学以崭新的姿态，开拓了新的题材领域。徐迟的《哥德巴赫猜想》率先涉足科学领域，写出了献身祖国科学事业的知识分子形象。在这些作品的带动下，描写知识分子的报告文学纷至沓来，已不限于表现科学领域的风光和科学家的献身精神，而是着眼于历史的反思和现实矛盾的揭示。

20世纪80年代，散文以自己独有的节律与色彩，推进着发展的历程。中青年作家成为80年代散文创作的主力，宗璞、韩少华等中年散文作家，在承继与超越中，实现着散文审美的调整。贾平凹、赵丽宏等一批20世纪50年代后出生的青年作家，创作活跃。女作家的散文创作在80年代显示出强劲的集团优势，张洁、斯妤、梅洁等以其不凡的创作实力绘就女性散文亮丽的风景。

进入20世纪90年代以来，散文的创作成绩非凡，文学进入了一个多元化的审美时代。以余秋雨为代表的文化散文，引起广泛反响。新世纪散文在创作内容上，开始对心灵与命运的叩问。对历史文化的人性发掘，对乡土与底层的关注，对亲情的深层表现，体现着新世纪散文作家的精神走向，也使散文创作拥有了众多读者。网络的迅猛发展尤其是博客的流行更带给散文以巨大影响，它打破了写作的门槛，给每一个跃跃欲试尝试散文创作的人提供了平台，可以说，有互联网的地方就有散文写作。至此散文真正成了无拘无束的自由之花，在中国大地的每一个角落尽情绽放。

一、杨朔——《荔枝蜜》

杨朔（1913～1968年）山东蓬莱人，原名杨毓瑨，字莹叔，当代著名作家、散文家。代表作品有《荔枝蜜》、《香山红叶》、《泰山极顶》等。杨朔是当今文坛一位精辟阐述散文诗化理论，并认真实践且卓有成效地形成自己独特风格的散文作家。

杨朔创造性地继承了中国传统散文的长处，在托物寄情、物我交融之中达到诗的境界。他善于从现实生活中选取题材，作品具有鲜明的时代特色和强烈的战斗性。

他的散文构思新颖，立意深刻。初看常有云遮雾罩的迷惑，但峰回路转之后，曲径通幽，豁然展现一片崭新天地。杨朔散文的结尾多寓意，耐人寻味。

杨朔散文语言具有苦心锤炼后的魅力，语言精美，含蓄新巧，音韵和谐，如诗一般精确、凝练，具有清新俊朗、婉转蕴藉的风格。

【作品赏析】

《荔枝蜜》在艺术上最显著的特点是具有浓郁的诗的意境，这种意境是通过作者饱满的、探索生活底蕴的内在情思表现出来的。文章读来犹如登山，从平地拾级而上，愈高天地愈广，愈高所见所闻愈奇，登临极顶，放眼望去，心胸开阔，不禁陶醉于诗情画意之中。读者在享受《荔枝蜜》艺术美的同时，也受到深刻的思想教育。

散文取材虽广，却不杂乱，《荔枝蜜》在这方面是很值得称道的。《荔枝蜜》选取的材料包括小时候被蜜蜂蜇过的经历，参观"养蜂大厦"，看农民在水田里辛勤地劳动等。这些材料看似零散、毫不相干，但经过作者的再三剪裁，精心构思，却都与蜜蜂相关、与劳动相联，并紧扣"歌颂劳动人民用劳动创造幸福"这一主题。文章前边大篇幅地歌颂蜜蜂，正是为歌颂劳动人民作铺垫，用这样的写法揭示主题显得自然、有力。

散文不像小说那样有完整的人物形象，有曲折的故事情节。散文的感人，主要是靠优美的意境。杨朔的散文总是非常讲究诗的意境的，《荔枝蜜》就是一例。

二、李健吾——《雨中登泰山》

李健吾（1906～1982年），常用笔名刘西渭，中国作家、戏剧家、文艺评论家、翻译家、法国文学研究专家。李健吾的剧作近50部，主要作品有《这不过是春天》、《以身作则》等。李健吾是中国最早从事外国文学研究的学者之一，翻译了莫里哀的27部喜剧、高尔基戏剧集7册、《屠格涅夫戏剧集》4册等大量外国作品。

李健吾的剧本创作布局严谨、情节紧凑、语言流畅、人物性格鲜明，被称为具有浪漫主义色彩的剧作家。李健吾的喜剧以刻画生动的喜剧性格见长，格调清新，风趣幽默，尖锐泼辣，而不失真实，舒展自如而不矫揉造作，颇多上乘之作。

在中国现代文学史上，李健吾是一位集作家、文学评论家、戏剧家和翻译家于一身的文学大师，也是一位为东西方架设文化交流桥梁的和平使者。

【作品赏析】

在所有的名山中，"五岳"为最，而"五岳"之长是泰山。古往今来，记述登临泰山的文字不少，但写雨中泰山的不多。李健吾的《雨中登泰山》（图3-2）以独到的笔触，描述了雨中泰山的独特风姿，记录了雨中登山的独特情趣，绘就了水墨山水般的雨中泰山别具魅力的境界。

图3-2 雨中登泰山

《雨中登泰山》的开始部分，作者为我们展现了一幅泰山烟雨图。泰山的一切都好像笼罩在细薄的柔纱里，让人感到一种说不出的神秘色彩。作者在这里采取的是含蓄蕴藉的诗的手法，创造了一个宏伟雄浑的意境。当作者走上登山的正路时，雨下得正大，作者抓住高山深谷水声变化的特点进行了详细的描写。作者没有写山，但在对水声的描写中，我们完全可以想象得出山势该是多么地陡峭回环，层出不穷，因而也就增加了泰山的神韵，这种写法正体现了实中写虚的美学原则。作者在对泰山景色的描绘中，语言朴素，不做作，不雕饰，韵味深厚。

《雨中登泰山》是"双线结构"：一处是以登临顺序为线索，这是明线；另一处是以登临时的盎然意兴为线索，这是暗线。两条线索相互交凝，无懈可击。作者是满怀豪情逸兴登泰山的，但是天公不作美，下起雨来，大为扫兴，于是开始失望起来。待到天色好转了一些，便"兴致勃勃"地出发了。作者细致、具体地抒写了登临前的感情变化，以抑垫扬，强调出"意兴盎然"这条思想感情的主线。在对泰山的第一个图景虎山水库的描绘中，注入了强烈的感情色彩——兴致勃勃，情景交融，创造了明快而雄浑的意境，由于怀着盎然的意兴观赏水库，水库越发壮观。在这一部分，两条线索凝汇在一起。雨再大也冲淡不了登临兴致。最后落笔在"山没有水，如同人没有眼睛，似乎少了灵性"，扣紧"雨"字，收束全文。点出"文眼"——意兴盎然。

文章的结构布局如织锦，只有经纬匀称，才能显现出美丽的图案和色彩。这篇散文由于两条线索的交凝和统一，不仅叙写有轨迹可寻，而且意境层层开拓，主题步步深化。

【小资料】

品味泰山——泰山奇观

旭日东升：泰山日出是壮观而动人心弦的，是泰山的重要标志，随着旭日发出的第一缕曙光撕破黎明前的黑暗，从而使东方天幕由漆黑而逐渐转为鱼肚白、红色，直至耀眼的金黄，喷射出万道霞光，最后，一轮火球跃出云端，腾空而起，整个过程像一个技艺高超的魔术师，在瞬息间变幻出千万种多姿多彩的画面，令人叹为观止。

云海玉盘：夏天，雨后初晴，大量水蒸气蒸发上升，加之夏季从海上吹来的暖温空气被高压气流控制在海拔1500米左右的高度时，如果无风，在岱顶就会看见白云平铺万里，犹如一个巨大的玉盘悬浮在天地之间。远处的群山全被云雾吞没，只有几座山头露出云端，近处游人踏云驾雾，仿佛来到了天外。微风吹来，云海浮波，诸峰时隐时现，像不可捉摸的仙岛，风大了，玉盘便化为巨龙，上下飞腾，倒海翻江。

第三节　朦胧诗派

朦胧诗派是20世纪70年代末至80年代初伴随着文学全面复苏而涌现的诗歌流派，是中国现代主义诗歌的一个潮头。朦胧诗内容多表现青年人从狂热、迷惘走向觉醒、沉思的精神状态和心路历程，具有强烈的怀疑意识和叛逆精神。受西方现代主义诗歌影响，朦胧诗借鉴了一些西方现代派的表现手法，表达诗人的感受、情绪与思考。朦胧诗派的诗歌，与当时诗坛盛行的现实主义或浪漫主义风格呈现出截然不同的面貌，开拓了现代意象诗的新天地。朦胧诗派代表人物有舒婷、顾城、北岛、江河等青年诗人。

朦胧诗的历史功绩及艺术成就是不容忽视的，即使现在读起来，不少朦胧诗人的诗作仍具有无穷艺术魅力，比如北岛的"在没有英雄的年代里／我只想做一个人"（《宣告》），顾城的"黑夜给了我黑色的眼睛／我却用它寻找光明"（《一代人》）等，这些朦胧诗在当年传诵一时，在思想解放、人性开放的启蒙思潮和时代背景下领风气之先，好评如潮。

一、舒婷——《致橡树》

舒婷，原名龚佩瑜，福建泉州人，中国当代女诗人，朦胧诗派的代表人物。1971年开始诗歌创作，1979年发表处女作《祖国啊，我亲爱的祖国》一诗，引起注目。代表作品有诗集《双桅船》、《会唱歌的鸢尾花》，散文集《心烟》等。舒婷崛起于20世纪70年代末的中国诗坛，她和北岛、顾城、梁小斌等以迥异于前人的诗风，在中国诗坛上掀起了一股"朦胧诗"大潮。

【作品赏析】

《致橡树》（图3-3）是朦胧诗的代表作之一。舒婷的诗，构思新颖，富有浓郁的抒情色彩；语言精美，具有鲜明的个人风格。《致橡树》是一首优美、深沉的抒情诗。它所表达的爱，不仅是纯真的、炽热的，而且是高尚的、伟大的。它像一支古老而又清新的乐曲，拨动着人们的心弦。诗人别具一格地选择了"木棉"与"橡树"两个中心意象，将细腻委婉而又深沉刚劲的感情蕴含在新颖生动的意象之中。因此，这首诗一定程度上不是单纯倾诉自己的热烈爱情，而是要表达一种爱情的理想和信念，颇有古人托物言志的意味。

橡树是高大威仪的，有魅力的，有深度的，并且有着丰富的内涵。诗人不愿要附庸的爱情，要的是两人比肩站立、风雨同舟的爱情。诗人要做一株在橡树身旁与橡树并排站立的木棉，两棵树的根和叶要紧紧相连，有风吹过，摆动一下枝叶，相互致意，便心意相通。诗人要的就是这样的伟大爱情，有共鸣的思想和灵魂，扎根于同一块根基上，同甘共苦、冷暖相依。

《致橡树》以新奇瑰丽的意象、恰当贴切地比喻表达了诗人心中理想的爱情观。诗中的比喻和奇特

图3-3　致橡树

的意象组合都代表了当时的诗歌新形式，具有开创性意义。

二、北岛——《回答》

北岛原名赵振开，笔名有"艾珊"、"石默"等，中国当代诗人，为朦胧诗代表人物之一。民间诗歌刊物《今天》的创办者。1979年在《诗刊》发表《回答》，这是他第一次公开发表的作品，从此成为当时最受年轻人喜爱的青年诗人之一。北岛出版有诗集《北岛诗选》、《在天涯》、《北岛顾城诗选》等。北岛的作品已被译成二十多种文字出版，曾多次获诺贝尔文学奖提名，是当今影响最大的中国诗人之一。

北岛的诗歌创作开始于"十年动乱"后期。荒诞的现实，造成了诗人独特的"冷抒情"的方式——出奇的冷静和深刻的思辨性。他在冷静的观察中，发现人的价值的丧失、人性的扭曲和异化。他想"通过作品建立一个自己的世界，这是一个真诚而独特的世界，正直的世界，正义和人性的世界"。清醒的思辨与隐喻、象征的结合是北岛诗显著的艺术特征。具有高度概括力的悖论式警句，构成了北岛诗独有的振聋发聩的艺术力量。

【作品赏析】

北岛的《回答》标志着朦胧诗时代的开始。《回答》揭露了黑白混淆、是非颠倒的现实，对矛盾重重、险恶丛生的社会发出了愤怒的质疑，并庄严地向世界发出了"我不相信"的宣言。

作品开篇以悖论式警句斥责了是非颠倒的荒谬时代。在诗人所描绘的世界里，卑鄙者以卑鄙的手段可以在世上畅行，高尚者的高尚品行却使其走向墓地。既然人情极度冷漠的时代已经过去，为什么人与人之间还要互相攻击而不能融洽相处呢？诗人心情激动、大声疾呼，表达出了心中对虚伪现实的怀疑和否定，对一切习以为常的规则的质疑和抗议，从而表现了新时代诗人的觉悟和对自身肩负的责任毫不犹豫的担当精神。如果一个民族的历史，真的能重新开始，就让所有的苦难只存留在"我"的心中；如果一个民族的再生，需要一代人的伤痛作为代价，这一切就由我来承担吧。诗人将强烈的感情进行了升华，从而使诗作具有了哲理的意蕴和历史的深度，表现了诗人对于未来的美好向往。"五千年的象形文字"从历史与未来中捕捉到希望和转机，显示了具有五千年历史的民族的强大的再生力。

《回答》象征、隐喻手法的运用极为出色。在他的笔下，政治的黑暗犹如漆黑的夜，生活的束缚好比四处张开的网，希望的境界成了被堤岸阻隔的黎明，而觉醒者恰如被河水包围的孤独的岛屿。象征作为一种艺术手法，在北岛的诗里被普遍运用，表明了诗人丰富的超强的想象力。

《回答》反映了整整一代青年觉醒的心声，是与已逝去的一个历史时代彻底告别的"宣言书"。北岛通过超越时空的蒙太奇剪接，成功地将一个理想的艺术世界呈现在读者面前。

【小资料】

朦胧诗名称由来

1980年《诗刊》第8期发表的署名章明的文章《令人气闷的朦胧》，该文以诗人杜运燮的一首诗《秋》为切入点。《秋》全诗如下：

连鸽哨也发出成熟的音调
过去了，那阵雨喧闹的夏季
不再想那严峻的闷热的考验
危险游戏中的细节回忆

章明认为这首诗用语让人感到稀奇、别扭，致人思想紊乱。他评价此类诗晦涩、怪僻，并将此类诗体命名为"朦胧体"，朦胧诗因此得名。

第四节　网络文学

中国当代文学发展中重要的变化，就是网络文学的出现。网络文学经过十几年的发展，已经不单单是一种文化现象，它已成为了一种社会形态。

1998年3～5月，中国台湾的博士生蔡智恒在BBS上连载小说《第一次的亲密接触》，"网络文学"这个词汇第一次大范围出现在公众视野。"第一次亲密接触"被普遍认为是网络文学的奠基之作。安妮宝贝以《告别薇安》成名于江湖，成为1999年国内风头最强健的网络文学作者。2000年新浪网连载今何在的《悟空传》，这部效仿《西游记》的小说因契合"80后"的心态而俘获了一代人，被视作中国网络小说的里程碑。江南以金庸武侠人物为原型，创作《此间的少年》，红遍网络。值得注意的是，当时的网络文学并非小说的单向繁荣，而是小说、散文、诗歌等多种文体的共同发展。这个时期的网络文学作品与传统文学作品有明显的差别，网络文学总体上相对比较粗糙，没有形成稳定的风格。

2003年10月，起点中文网首推VIP计划。这是网络文学发展史上的一座划时代的界碑，网络文学的通俗化倾向开始形成。这一阶段的网络小说迅速向类型化发展，并且细分出丰富多彩的题材种类。2005年《诛仙》掀起了玄幻文学的热潮；《鬼吹灯》和《盗墓笔记》的风靡，让2006年成为"盗墓年"；2007年，则是《木槿花西月锦绣》等"穿越小说"的天下。《鬼吹灯》是网络文学发展中期出现的一部佳作，它引领了玄幻、探险小说，一举取代网络文坛的言情潮流，而迎来了网络文学最具想象力的时代。这一阶段的网络小说虽然发展十分迅速，但绝大多数网络小说是以快餐文学为定义，大都情节冗长，情节不符合常理逻辑，结构枝枝蔓蔓，文学性不足，内容有时相互矛盾，思想深度肤浅，某些网络文学作品甚至表现出来低俗、庸俗、粗俗的内容。功利成为网络写作第一目的，难以被文坛认同，纯文学时代已经一去不复返。

尽管网络文学队伍庞大、影响面广，但网络文学却一直处于边缘、难登文学大雅之堂的尴尬境地。2008年9月9日，起点中文网启动的全国30省作协主席小说竞赛，让传统作家第一次以如此强大的阵容落地网络平台，从而开启了传统文学与网络文学的融合时代，对网络文学发展具有里程碑的意义。之后鲁迅文学奖首次吸纳网络文学作品参评，茅盾文学奖也向网络文学敞开大门。随着网络作家的逐渐成熟，中国作协已吸收三十余位网络作家为会员，省市级作协中吸纳网络作者更多。至此传统文学已经全面进入网络文学行列。

网络文学的发展历程中，一批批网络作家风起云涌，一部部网络作品层出不穷，网络文学从野蛮生长中渐渐成熟。在文学、市场价值的平衡中，越来越多的网络文学作家沉下心来，静下气来，通过写作回归文学创作应有的规律。传统作家与网络作家的牵手使得网络文学领域呈现出一片崭新景象。

一、周小平 ——《请不要辜负这个时代》

周小平，新锐作家、新生代网络作家，《环球财经》特约评论员，国际时事知名评论员。著有《请不要辜负这个时代》、《美国崩溃论》等著名时政评论文章。创立网络中和会智库，最早的互联网时评人之一，2006年、2007年连续两年位列中国十大博客之一。

【作品赏析】

经历了长时间的舆论交锋、观点碰撞之后，一篇名为《请不要辜负这个时代》的博客文章，针对广泛的社会话题坦诚地表达了一个"80后"青年的思考结果。这篇博文和作者随后发表的一系列文章在社会上引起不小的震动，甚至产生了巨大争议。周小平作品里面的内容也许会在相当长的时间内会再度引发各种争论，因为在这个多元的时代，周小平的这篇文章和这本书的核心逻辑，确实有着诸多犀利观点。

周小平的文章能引发更多人的思考与共鸣。我们不再是那个对现代化完全懵懂的小学生，我们最大的悲哀是迷茫地走在路上，却看不清前方的希望。我们最坏的习惯是苟安于当下的生活，却不知道明天的方向。有时候迷路不是因为没有方向，而是选择的方向太多。作为一个中国人，我们理应热爱自己的祖国，尊重事实，认准方向，坚定信念。中国会继续发展，在未来还会有诸多挑战。我们不会辜负这个时代，越来越多的人正以积极的乐观态度来看待和克服新的问题、新的困扰，从今天走向更美好的未来。

二、江南——《此间的少年》

江南，原名杨治，安徽合肥人，小说家、幻想文学家。江南就读北京大学，留学于美国名校圣路易斯华盛顿大学，以回忆北大生活的小说《此间的少年》踏入文坛。代表作品有《一千零一夜之死神》、《九州·缥缈录》系列、《光明皇帝》系列等。2013年凭着幻想小说《龙族》登上了作家富豪榜第一名。

【作品赏析】

《此间的少年》（图3-4）是江南以金庸小说人物为基础完成的小说。《此间的少年》中的人名来自金庸先生的十五部武侠小说。但是无论《此间的少年》这个故事中的人物叫什么名字，他们已经都不再是人们耳熟能详的江湖英雄和侠女，他们更贴近于出现在我们身边的同学朋友。《此间的少年》讲述的是大学校园生活的故事，它以宋代嘉祐年为时代背景，以北京大学做模版的"汴京大学"为故事发生的地点，小说里的人物是我们同样熟悉的乔峰、郭靖、令狐冲等大侠。在大学校园里，这些人物和我们的学校生活没有什么不同。脑海中保存着金庸小说场景的印象，再徜徉于《此间的少年》的全新的故事中，这无疑是一种时空的穿越，而这双重的时空背景和回忆最后归结为一点，那便是我们或者年轻的朋友正在经历的轻狂无畏的青少年时光。《此间的少年》可以说是一本引人入梦的书，一本掩卷后轻叹一声却又心满意足的书。

图3-4 《此间的少年》

《此间的少年》致力于塑造人物性格，如郭靖的憨厚忠诚、黄蓉的我行我素和欧阳克的长于作秀。小说中人物个性都具有生活的真实感，令人感到亲切，成为吸引读者的重要因素。《此间的少年》描写的生活场景和人物心理完全是属于青年人的，譬如对成年社会的抗拒，对权威人士的揶揄等。

《此间的少年》在古代的躯壳下写了当代学生的生活。校园里少男少女们生气勃勃，充满阳光，读来令人欣喜。小说描写人物的心理常能呈现微妙的情感，分寸把握很好。网络时代是一个狂欢的时代，《此间的少年》诞生于这样一个时代，作者江南是幸运的，读者也是幸运的。

【小资料】

网络文学十年盘点

2008年10月29日～2009年6月25日，在中国作家协会的指导下，中文在线旗下的17K网站与《长篇小说选刊》联手承办的网络文学十年点评活动。这是自1998年网络文学诞生以来，网络文学界一次盛大的嘉年华。参与或被提名评选的网络作品（主要是小说）多达1700多本。网络原创主力与主流文学媒体集中碰撞，成为中国文学界2008～2009年度最大的文学盛事。

2009年6月25日，经过7个月的海选和推举、网络投票，由文学界推举出10部最佳作品，由网络读者推举出10部人气最高作品。

十佳优秀作品：《此间的少年》、《成都，今夜请将我遗忘》、《新宋》、《窃明》、《韦帅望的江湖》、《尘缘》、《家园》、《紫川》、《无家》、《脸谱》。

十佳人气作品：《尘缘》、《紫川》、《韦帅望的江湖》、《亵渎》、《都市妖奇谈》、《回到明朝当王爷》、《家园》、《巫颂》、《悟空传》、《高手寂寞》。

思 考 题

1. 《红高粱家族》由几部小说组成？列出小说名称。
2. 欣赏电影《哦，香雪》，谈谈你对香雪这一人物理解。
3. 结合《荔枝蜜》，分析杨朔散文特点。
4. 反复诵读《致橡树》，试分析橡树、木棉的象征意义。
5. 课外阅读《告别薇安》、《盗墓笔记》等网络小说，谈谈对网络小说看法。

第四章　西方文学

第一节　古希腊文学

古希腊文学是整个西方文学的源头，也是欧洲文学的第一个高峰。古希腊文学反映了欧洲从氏族社会向奴隶制社会过渡时期的现实生活，特别体现了古代世界的人们对战争与和平、人与自然之间的关系的思考。在描写人对现世价值的追寻、人与命运的矛盾和抗争中展示了人性的活泼与美丽，表现了人类童年时期的自由、乐观与浪漫。生命意识、人本意识和自由观念是古希腊文学的基本精神，以后也成了西方文学与文化的基本内核。古希腊时代显赫的英雄行为和社会历史的重大变迁都在文学作品中得以深刻的体现。这些文学作品不仅为整个西方文学的发展奠定了基调，也为人们研究古希腊世界的历史与社会提供了丰富的文献资料。

古希腊悲剧起源于祭祀酒神狄俄倪索斯的庆典活动。在古希腊世界漫长的演进过程中，这种原始的祭祀活动逐渐发展成一种有合唱歌队伴奏，有演员表演并依靠幕布、背景、面具等塑造环境的艺术样式，这就是西方戏剧的雏形。古希腊悲剧中的主人公往往具有坚强不屈的性格和英雄气概，却总是在与命运抗争的过程中遭遇失败。这一时期成就最高的悲剧作家是埃斯库罗斯、索福克勒斯和欧里庇得斯。

古希腊喜剧起源于祭祀酒神的狂欢歌舞和民间滑稽戏，大半是政治讽刺剧和社会讽刺剧，产生于言论比较自由的民主政治繁荣时期。这一时期的喜剧具有较强的批判性，尤其擅长讽刺当权人物。著名的喜剧诗人是克拉提诺斯、欧波利斯和阿里斯托芬，只有阿里斯托芬有作品传世。

古希腊神话是原始氏族社会的精神产物，是古希腊人集体创造的，也是西方世界最早的文学形式，大约产生于公元前8世纪以前。它在希腊原始初民长期口口相传的基础上形成基本规模，后在荷马、赫西俄德等人的作品中得到充分反映。希腊神话是一个广阔浩繁的系统，支脉派系庞杂，传说故事众多，但它具有明显的家族色彩，包孕着一条血缘的纽带，存在一个基本脉络，大体可分为神的故事和英雄传说两大部分。

神话中的神祇像人一样，有情欲，有善恶，有计谋，互有血缘关系，都是人格化了的形象。英雄传说中的英雄都是神和人所生的后代，是半神半人的，具有过人的才能和非凡的毅力。英雄传说以不同的家族为中心形成许多系统，主要包括赫拉克利特的传说等。希腊神话是在漫长的历史时期内逐渐形成的，神的性格和职责以及故事情节都有发展变化。可以说古希腊神话是整个西方文学的源头，后世几乎所有的作家都曾从古老的神话中汲取养分。

一、《荷马史诗》

《荷马史诗》（图4-1）是相传由古希腊盲诗人荷马创作的两部长篇史诗《伊利亚特》和《奥德赛》的统称。荷马史诗在西方古典文学史中占有

图 4-1　荷马史诗

无可取代的地位，被认为是最伟大的古代史诗。《荷马史诗》不仅具有文学艺术上的重要价值，它在历史、地理、考古学和民俗学方面也提供给后世很多值得研究的东西。

《荷马史诗》是西方文学史上最早的正式的书面文学作品。史诗包括两部，分别是《伊利亚特》和《奥德赛》。相传作者是大致生活于公元前10世纪至公元前8世纪之间的盲人诗人荷马，不过更流行的观点是《荷马史诗》是包括荷马在内的许多人集体创作并反复修改过的。

《伊利亚特》共24卷、15693行，取材于希腊神话中"不和的金苹果"的传说。史诗以特洛伊战争中希腊联军统率阿伽门农夺走勇将阿喀琉斯宠爱的女俘，阿喀琉斯因愤怒而不再参战这一情节为楔子，描写阿喀琉斯的愤怒以及此后51天之内发生的事情。《奥德赛》的故事发生在紧接着特洛伊战争之后的10年中。特洛伊战争中为希腊联军献木马记的奥德修斯因冒犯海神波塞冬而在海上遇难，滞留异乡，他以无比的英雄气概克服种种困难，终于回家和妻儿团聚的故事。

《荷马史诗》的主题是歌颂希腊民族的光荣史迹，赞美勇敢、正义、无私、勤劳等善良品质，讴歌克服一切困难的乐观精神，肯定人与生活的价值。同时，《荷马史诗》也具有浓厚的宿命论色彩，人与人之间的斗争常常是神与神之间斗争的缩影，但作品对战争本身很少作正义与否的价值判断，超越了狭隘的民族主义。

在语言上，《荷马史诗》达到了很高的程度，修辞技巧相当成熟，叙事结构也非常合理。荷马善用比喻来描写人物及刻画宏阔的社会、历史场面。尽管其中不乏冗长多余的华丽辞藻，但这是所有古代文学的特点。

二、《伊索寓言》

《伊索寓言》是源自古希腊的一系列寓言，相传由伊索创作，再由后人收集成书，他一生创作了许多寓言故事，但传世的只有公元前4世纪的一些古代作家整理编纂的120余则。不过根据考证，其中有很多故事可能来源于亚洲或非洲，并非伊索所作；也有人认为并无伊索其人，只是古人假托其名将一些民间故事结集成书。《伊索寓言》是古希腊人生活和斗争的概况、提炼和总结，是古希腊人留给后人的一笔精神遗产，对欧洲的寓言文学影响很大，拉封丹著名的《寓言诗》即以《伊索寓言》为主要素材。

《伊索寓言》大多是动物故事，以动物为喻，出色地运用拟人化的艺术手法，通过生动的小故事，或揭示早期人类生活状态，或隐喻抽象的道理，或暗示人类的种种秉性和品行，多维地凸显了古希腊民族本真的性格。形式短小精悍，比喻恰当，形象生动，通常在结尾以一句话画龙点睛地揭示蕴含的道理，它们篇幅小而寓意深刻，语言不多却值得回味，艺术上成就很高，对后代影响很大，是古希腊民间流传的讽刺喻人的故事。著名的故事包括"狮子和老鼠"、"狐狸和葡萄"等，经后人加工成为流传的《伊索寓言故事集》。

《伊索寓言》以极为讽刺、幽默的叙述故事的形式告诉人们许多充满韵味的人生处世哲理，迸发出机智的火花，蕴含着深刻的寓意。它不仅是向少年儿童灌输善恶美丑观念的启蒙教材，而且是一本生活的教科书，对后世产生了很大的影响。在欧洲文学史上，它为寓言创作奠定了基础。世界各国的文学作品甚至政治著作中，也常常引用《伊索寓言》，或作为说理论证时的比喻，或作为抨击与讽刺的武器。此书中的精华部分，至今仍有积极的现实意义。在欧洲寓言发展史上，古希腊寓言占有重要的地位。它开创了欧洲寓言发展的先河，并且影响到其后欧洲寓言发展的全过程。

《伊索寓言》根据各种传世抄本编集而成，包括寓言300多则，其中有些寓言脍炙人口。寓言通过描写动物之间的关系来表现当时的社会关系，主要是压迫者和被压迫者之间的不平等关系。文字凝练，故事生动，想象丰富，饱含哲理，融思想性和艺术性于一体。其中《农夫和蛇》、《狐狸和葡萄》、《龟兔赛跑》等已成为全世界家喻户晓的故事。

【小资料】

奥运圣火

奥运圣火（图4-2）首次出现是在1928年阿姆斯特丹奥运会。当时是顾拜旦提出了这一想法，但仅限于在体育场附近的一个喷泉盛水盘上点燃圣火。

图 4-2 奥运圣火

古代奥林匹克运动会点燃圣火的仪式，起源于古希腊人类自上天盗取火种的神话，在奥林匹亚宙斯神前，按宗教的仪式在祭坛上点燃火种，然后持火炬跑遍各城邦，传达奥运会即将开始的讯息，各城邦必须休战，忘掉仇恨与战争，积极准备参加奥运会的竞技比赛，因此火炬象征着和平、光明、团结与友谊等意义。

1920年，安特卫普奥运会为了纪念第一次世界大战结束，点燃了象征和平的火焰；1928年，阿姆斯特丹奥运会期间在一座高塔上燃烧着火焰，而且火种由奥林匹克以聚光镜取得。1934年，国际奥委会确认燃点圣火仪式并于1936年7月20日在奥林匹亚举行了取火仪式（1936年柏林奥运会）。

2008年3月24日北京奥运会在希腊采集圣火，2008年8月8日晚在北京国家体育场点燃圣火，北京奥运会开幕。

第二节 中世纪文学

欧洲中世纪文学指的是欧洲历史上中世纪初期（公元5～11世纪）和中期（公元12～15世纪）的文学，末期（公元15～17世纪中叶，确切讲应从14世纪开始）则属于文艺复兴时期。中世纪文学的发展依社会变迁的轨迹可以分为三个阶段：从罗马帝国衰亡至公元1000年为早期，是封建社会的形成时期，也是基督教的先哲们确立教会文学规范的年代；1000～1300年为兴盛期，市民文学开始崛起，英雄史诗大量出现；1300～15世纪是衰落期，以意大利文艺复兴的出现为终结。其思想文化上的主要特征是天主教会的势力强大，基督教神学影响到包括文学、艺术、音乐在内的一切艺术形式。主要包括宗教文学、英雄史诗、骑士文学和城市文学。中世纪文学是欧洲多种民族文学的结合，主要体现欧洲文学和希伯来文学的结合，基督教文化和世俗文化的结合，具有鲜明的宗教烙印。

在19世纪以前，人们普遍认为中世纪文学是辉煌的古希腊古罗马文学和发端于意大利的文艺复兴文学之间的低谷。这期间经济停滞、倒退，政治反动，蒙昧主义猖獗，文学成为神学的附庸。但19世纪早期的浪漫派作家们在中世纪哥特文化中看到了理想主义、英雄主义、对精神的崇尚和对女性的赞颂，中世纪文学得以重新发掘，并被认为是西方文学史上最重要的流派之一。

一、《罗兰之歌》

《罗兰之歌》是英雄史诗中最重要的作品。史诗问世于12世纪的法国，却直到19世纪才被发现。史诗以盎格鲁-诺曼底方言写成，以十字军东征为背景，是一个典型的表现爱国忠君主题的故事。《罗兰之歌》在中世纪地位极高，已经成了西欧封建社会中理想英雄形象的象征。

【作品赏析】

《罗兰之歌》是法国英雄史诗，中世纪武功歌的代表作品。全诗共分为291节，长4002行，以当时民间语言罗曼语写成。《罗兰之歌》是英雄史诗中帝王系的主要作品，写查理大帝远征西班牙、民族英雄罗兰因奸细的出卖而最终英勇战亡、查理大帝彻底消灭敌人和奸细的故事。爱国主义是这部史诗的基本主题，罗兰把保卫"可爱的法兰西"当作自己的天职，爱国思想和忠君思想在罗兰的形象上得到集中体现。《罗兰之歌》是后期英雄史诗中最杰出作品，风格浑厚质朴，有人称赞它有荷马宽阔流动的优美、但丁豪放有力的笔致。

《罗兰之歌》的描写简要确切，鲜明突出，勾画人物性格一般只用三言两语，重叠法和对比法是其突出的艺术特色。《罗兰之歌》是中古时期法国人民的优秀作品。

二、《神曲》

但丁（1265～1321）是意大利著名诗人，文艺复兴的杰出代表人物。属于佛罗伦萨的古老贵族，1300年，担任佛罗伦萨的行政官。代表作《神曲》，分为《地狱》、《炼狱》、《天堂》。

【作品赏析】

《神曲》（图4-3）的意大利文原意是《神圣的喜剧》。原来取名为《喜剧》，薄伽丘在撰写《但丁传》时，加上"神圣的"一词。起名《喜剧》是因为作品从悲哀的地狱开始，到光明的天堂结束。它是欧洲古典四大名著之一。

全诗为三部分：《地狱》、《炼狱》和《天堂》。

《神曲》中，诗人把地狱、炼狱、天国三个境界细分为若干层，体现出作者根据哲学、神学观点所要阐明的道德意义。三个境界的性质不同：地狱是痛苦和绝望的境界，色调是阴暗或浓淡不匀的；炼狱是宁静和希望的境界，色调是柔和爽目的；天国是幸福和喜悦的境界，色调是光辉耀眼的。在《地狱》里，但丁借自然景象来描绘人物受苦的场面，在《炼狱》里才直接描写了自然景色，《天堂》描写的是非物质的、纯精神的世界。这些境界的描述都非常真实，使人如身历其境。对自然的描写也往往富有高度的画意，足见但丁对自然之美极为敏感。体现了新时代诗人的特征。

图4-3 神曲

《神曲》以梦幻文学的形式描写了但丁的灵魂在理性和爱的指引下幻游三界达到至善境界的经历，具有浓厚的宗教幻想色彩，同时也反映了当时尖锐复杂的党派之争以及教皇和统治者对人民的残酷剥削和压迫。梦幻与现实的交融，反映了作者对基督教文化和世俗文化的积极态度，体现了新文化的发展趋势。这部作品把诗人的内心生活经验、宗教热情、爱国思想，把历史的和现实的、古典的和基督教的因素融为一个和谐的整体。但丁是欧洲文学史上继往开来的诗人，马克思和恩格斯对他评价很高，还在著作中引用《神曲》中的诗句和人物形象。《神曲》已经被译成多种文字，成为世界人民共同的精神财富。

【小资料】

外国文学名著导读

《鲁滨逊漂流记》是英国现实主义小说的开山之作、航海探险小说的先驱，是世界文学宝库中的一部不朽经典。小说从出版至今，已有几百种版本，几乎译成了世界上所有的文字，是除了《圣经》之外出版最多的一本书。

《战争与和平》是托尔斯泰1863～1869年间创作的一部现实主义的、英雄史诗式的宏伟巨著，以其恢弘的构思和卓越的艺术描写震惊世界文坛。

《海底两万里》是儒勒·凡尔纳著名的"科幻三部曲"的第二部。它以语言生动、幽默，情节妙趣横生而著称，100多年来，一直受到青少年读者的喜爱。

《汤姆·索亚历险记》是马克·吐温最受读者欢迎和喜爱的一部小说，它既是一部伟大的儿童文学作品，也是一首美国"黄金时代"的田园牧歌。

《福尔摩斯探案集》是阿瑟·柯南道尔侦探小说的集大成之作，也是世界文坛上脍炙人口的探案名作。其主人公福尔摩斯成为大侦探的代称、众人崇拜的英雄。

《昆虫记》是法国昆虫学家法布尔依据毕生从事昆虫研究的经历和成果撰写的一部关于昆虫的作品。此作品既是一部昆虫学的科普书籍，也是一部描写昆虫的文学巨著。

《爱的教育》是意大利作家亚米契斯所著的一部伟大的文学和教育经典，它讲述了师生之爱、同学之爱、家庭之爱，被公认是一部人生成长中的"必读书"。

《名人传》是法国著名作家罗曼·罗兰最杰出的传记作品集，包括《贝多芬传》、《米开朗基罗传》和《托尔斯泰传》。为人类谱写了一阕气势恢弘、震撼人心的"英雄交响曲"。

《钢铁是怎样炼成的》是一部"超越国界的伟大文学作品"，被视为青少年的生活教科书。作家塑造了保尔·柯察金执著于信念而坚韧不拔的崇高人格，其形象超越时空，超越国界，震撼着数代人的心灵。

第三节 文艺复兴文学

文艺复兴是十四～十六世纪在欧洲许多国家先后发生的文化和思想上的革命运动。这个时期，古希腊、罗马文化重新受到重视，因而有"文艺复兴"之名。文艺复兴时期的欧洲文学在创作方法的发展上达到一个重要阶段，取得了新的成就。在反封建、反教会的斗争中，作家的创作更为自觉了。他们热爱生活，要求了解现实，反映现实，抛弃了中古的象征的梦幻文学的手法，注重写实。当时的杰出作家都具有时代感和历史感，他们的反封建意识使他们的作品带有强烈的讽刺性质，某些人甚至对资本主义关系作过敏锐的观察，并予以批判，间接地反映了劳动人民的愿望。人文主义作家描述了广阔的社会生活，创造了一系列不朽的艺术形象，丰富了欧洲文学的现实主义传统。他们对人类发展具有信心，优秀的作品不仅健康、乐观，并且富有浪漫主义的热情和幻想，笔下的人物也往往体现了他们的理想。

文艺复兴时期的文学以人文主义文学为主流。它以深刻的思想内容、高度的艺术概括、自由的结构、包罗万象的人物、生动有力的语言，反映了这一时期的历史真实，表达了新兴阶级的理想和广大人民的愿望，推动了欧洲文学的发展，为近代欧洲资产阶级文学奠定了基础，对人类文化作出了贡献。

意大利文艺复兴前期出现了"文学三杰"。但丁一生写了许多学术著作和诗歌，其中著名的是《新生》和《神曲》。彼特拉克是人文主义的鼻祖，被誉为"人文主义之父"。他第一个发出复兴古典文化的号召，提出以"人学"反对"神学"。彼特拉克主要创作了许多优美的诗篇，代表作是抒情十四行诗诗集《歌集》。薄伽丘是意大利民族文学的奠基者，短篇小说集《十日谈》是他的代表作。

法国文艺复兴运动形成以"七星诗社"为代表的贵族派和以拉伯雷为代表的民主派。"七星诗社"以龙沙和杜贝莱为代表，在语言和诗歌理论方面作出了突出的贡献。他们最早提出统一民族语言的主张，促进了法国民族语言和民族文学的发展，然而，他们排斥民间诗歌，只为少数贵族服务。拉伯雷是继薄伽丘之后杰出的人文主义作家，是法国文艺复兴民主派的代表。他创作的《巨人传》是一部现实与幻想交织的现实主义作品，在欧洲文学史和教育史上占有重要地位。

英国代表人物有托马斯·莫尔和莎士比亚。托马斯·莫尔是著名的人文主义思想家，也是空想社会主义的奠基人。1516年他用拉丁文写成的《乌托邦》是空想社会主义的第一部作品。莎士比亚是天才的戏剧家和诗人，他同荷马、但丁、歌德被誉为欧洲划时代的四大作家。他的作品结构完整，情节生动，语言丰富精练，人物个性突出。如《哈姆雷特》、《李尔王》等集中地代表欧洲文艺复兴文学的最高成就，对欧洲现实主义文学的发展有深远的影响。

西班牙最杰出的代表人物是塞万提斯和维加。塞万提斯是现实主义作家、戏剧家和诗人。他创作了大量的诗歌、戏剧和小说，其中以长篇讽刺小说《唐·吉诃德》最为著名，对欧洲文学的发展产生了重大影响。维加是戏剧家、小说家和诗人，西班牙民族戏剧的奠基人，被誉为"西班牙戏剧之父"。他是世界上罕见的多产作家，一生共创作了2000多个剧本，留传至今的有600多个，有宗教剧、历史剧、神话剧、袍剑剧、牧歌剧等多种形式，深刻反映了西班牙的社会现实，深受广大群众的喜爱，最杰出的代表作是《羊泉村》。

一、莎士比亚——《哈姆雷特》

莎士比亚（1564~1616年），欧洲文艺复兴时期英国最重要的作家，杰出的戏剧家和诗人。他创作了大量脍炙人口的文学作品，在欧洲文学史上占有特殊的地位，被喻为"人类文学奥林匹斯山上的宙斯"，与古希腊三大悲剧家埃斯库罗斯、索福克勒斯及欧里庇得斯，合称为戏剧史上四大悲剧家。代表作品《罗密欧与朱丽叶》、《哈姆雷特》、《李尔王》等。

【作品赏析】

《哈姆雷特》是由莎士比亚创作于1599~1602年间的一部世界著名悲剧作品。深刻的悲剧意义、复杂的人物性格以及丰富完美的悲剧艺术手法，代表着整个西方文艺复兴时期文学的最高成就。与《麦克白》、《李尔王》和《奥赛罗》一起组成莎士比亚"四大悲剧"。

《哈姆雷特》是十六世纪末至十七世纪初的英国社会现实的缩影。剧中哈姆雷特与克劳迪斯的斗争，象征着新兴资产阶级人文主义者与反动的封建王权代表的斗争。通过这一斗争，反映了人文主义理想同英国黑暗的封建现实之间的矛盾，揭露了英国封建贵族地主阶级与新兴资产阶级之间为了争夺权力而进行的殊死较量，批判了王权与封建邪恶势力的罪恶行径。

《哈姆雷特》之所以成为莎士比亚四大悲剧之首，不仅仅在于作品最后的悲惨结局，同时还在于作品带给人们沉重的反思，对哈姆雷特命运的反思，对当时文艺复兴时期社会背景的反思。而主人公哈姆雷特最后的结局，则是整个时代发展的必然趋势，其个人牺牲也是作品发展的最终结局。在某种程度上，悲剧不是不幸，而是某种意义上的美，在这种悲剧中，索菲亚、哈姆雷特既是不幸的，却又是庆幸的，哈姆雷特勇于挑战自我的精神是作品的最大亮点。

二、塞万提斯——《唐·吉诃德》

塞万提斯（1547～1616年），是文艺复兴时期西班牙小说家、剧作家、诗人。他被誉为是西班牙文学世界里最伟大的作家，是文艺复兴时期西班牙和欧洲最杰出的作品。《唐·吉诃德》是文学史上的第一部现代小说，同时也是世界文学的瑰宝之一。

【作品赏析】

《唐·吉诃德》是文艺复兴时期的现实主义杰作，主要描写和讽刺了当时西班牙社会上十分流行的骑士文化，并揭示出教会的专横、社会的黑暗和人民的困苦。唐·吉诃德的名字已经变成一个具有特定意义的名词，成了脱离实际、热衷幻想、主观主义、迂腐顽固，落后于历史进程的同义语。

塞万提斯通过《唐·吉诃德》的创作奠定了世界现代小说的基础。在创作方法上，塞万提斯善于运用典型化的语言、行动刻画主角的性格，反复运用夸张的手法强调人物的个性，大胆地把一些对立的艺术表现形式交替使用，既有发人深思的悲剧因素，也有滑稽夸张的喜剧成分。在塑造唐·吉诃德的形象时，用喜剧性的手法写一个带有悲剧性的人物。它把人物放在一个个不同的情景之中，用讽刺的笔调和夸张的手法，描写人物的荒唐行动，造成喜剧性的效果；又着重描写人物主观动机与它的客观后果的矛盾，在喜剧性的情节中揭示其悲剧性的内涵；运用对比的手法，使桑丘与唐·吉诃德无论在外形上，还是在内涵上，都形成鲜明的对比，不仅有利于塑造人物，而且增添了小说的情趣，突出了作品的哲理意味。

【小资料】

骑士文学

骑士文学是欧洲骑士制度的产物，也是中世纪欧洲特有的一种文学现象。欧洲的封建制度等级森严，小的封建主受封于大封建主而成为"封臣"，而封建主阶级最下层的一个等级就被称为"骑士"。在中世纪早期，骑士的地位是非常低微的。但是这种情况在11世纪开始历时200年之久的8次十字军东征中大大改观，骑士阶层一跃称为欧洲一股强大的社会力量。中世纪的骑士制度恪守"忠君、护教、行侠"的信条，骑士们在学习武艺的同时也要学习礼仪、诗歌、音乐等。骑士要把荣誉看得高过一切，要在为封建主和"心仪的贵妇人"的冒险和效劳中获得功名。这些特征精确的体现在骑士文学中。《唐·吉诃德》就是骑士文学的代表作。

中世纪骑士文学对后世的影响非常深远。在19世纪浪漫主义文学盛行时期，很多诗人作家都从中汲取养分。尽管骑士文学中包含了种种宗教和封建礼法的因素，但曲折离奇的故事情节、神话般的浪漫情愫仍使得这些文学作品本身对后世的西方文学产生了深远的影响。

第四节 古典主义文学

古典主义是一种文学思潮，或称一种创作方法，其特点是师法古希腊、古罗马作家的文艺理论和创作实践，推崇古代文学作品所具有的和谐、匀称、明晰、严谨的美学特征。早在意大利文艺复兴时期，人文主义者在理论和实践上就已体现出古典主义的一些准则，但作为一个完整的体系，古典主义最后形成于17世纪的法国。最著名的古典主义作家是法国的高乃依、莫里哀、拉辛和拉封丹。

古典主义文学的艺术特征是：第一，从古希腊古罗马文学中汲取艺术形式和题材；第二，有一套严格的艺术规范和标准；第三，主张语言准确、精练、华丽、典雅，表现出较多的宫廷趣味。高乃依和拉辛的悲剧最有代表性，它们都具有庄重、典雅的风格，高乃依的悲剧多一点雄健，拉辛的悲剧多一点柔情，但同样都有雅致的特点。古典主义诗剧往往是完美的艺术品，它们不仅达到两千行左右这一精确的标准，而且诗句优美。高乃依的语言具有雄辩、遒劲的阳刚之美，代表了古典主义的崇高风格，他的诗句达到了前人所没有达到的遒劲有力的气势；拉辛的语言则具有柔情缱绻、细腻动人之美，代表了古典主义的优雅风韵，开创了一种独到的描写心理的诗歌语言，对民族语言的规范化起到良好的作用。第四、人物塑造类型化。古典主义作家只追求"普遍人性"，性格单一。他们把人的本质看作是每个人生来就有的抽象的属性，将人物的性格塑造成顽固不变的嗜癖，忽略环境对人物产生的影响。

一、高乃依——《熙德》

高乃依（1606~1684年），是17世纪上半叶法国古典主义悲剧的代表作家，一向被视为法国古典主义戏剧的奠基人。1629年，他的第一部喜剧《梅丽特》问世，1635年，他完成了第一部悲剧《梅德》，1636年，他推出了轰动整个巴黎的悲剧《熙德》，创立了法兰西民族戏剧的光辉典范。1640~1643年，他又先后完成了《贺拉斯》、《西拿》和《波里厄克特》三部比较重要的悲剧。1647年被选为法兰西学院院士。1674年，他完成了最后一部悲剧《苏莱拿》。

【作品赏析】

《熙德》将主人公熙德作为杰出的民族英雄来加以歌颂，这充分反映了人民大众的感情和愿望。作者高乃依融合了这些民间传说，突出了他英勇战斗、抗击异族入侵、收复国土的一面，将他塑造成反击侵略者的坚强战士和体现卡斯蒂利亚人民传统的忠勇精神的民族英雄。

《熙德》是一部贯穿着现实主义精神的作品。它不仅描写人物异常生动真实，具有典型意义，而且还如实地反映了西班牙当时的日常生活、风俗习惯和人们的精神面貌。语言淳朴自然，笔法简练生动，许多场景，寥寥几笔，便形象地展示在眼前。

二、莫里哀——《伪君子》

莫里哀（1622~1673年），法国喜剧作家、演员、戏剧活动家。法国17世纪古典主义文学最重要的作家，古典主义喜剧的创建者，在欧洲戏剧史上占有十分重要的地位。代表作品《无病呻吟》、《伪君子》、《悭吝人》。

【作品赏析】

《伪君子》共五幕，作者严格遵守古曲主义戏剧"三一"律法则，在有限的时空内展开情节，塑造人物，表达主题，充分显示了其高超的艺术技巧。同时，又在喜剧中掺入悲剧因素，还大量吸收了民间闹剧的表现手法，如家人争吵、桌下藏人等，这样全剧就显得妙趣横生，富于生活气息。

莫里哀的喜剧在种类和样式上都比较多样化。他的喜剧含有闹剧成分，在风趣、粗犷之中表现出严肃的态度，开古典主义喜剧先河，极大影响了喜剧乃至整个戏剧界的发展。其作品已译成几乎所有的重要语言，是世界各国舞台上经常演出的剧目。

【小资料】

世界著名的文学作品人物形象——四大吝啬鬼

1. 夏洛克——英国戏剧家莎士比亚 喜剧《威尼斯商人》中人物

夏洛克是犹太人，高利贷者，贪婪、吝啬、冷酷和狠毒。虽然腰缠万贯，却从不享用，一心想着放高利贷。

2. 阿巴贡——法国剧作家莫里哀 喜剧《悭吝人》中人物

阿巴贡是个典型的守财奴、吝啬鬼。他爱财如命，吝啬成癖。不仅对仆人及家人十分苛刻，甚至自己也常常饿着肚子上床，以至半夜饿得睡不着觉，便去马棚偷吃荞麦，活画出一个视钱如命的守财奴形象。

3. 葛朗台——法国作家 巴尔扎克 长篇小说《守财奴》中人物

葛朗台是看守财产的奴隶，"看到金子，占有金子，便是葛朗台的执着狂"，金钱已经使他异化。作者通过对葛朗台一生的描写，深刻揭露了资本主义社会中人与人之间赤裸裸的金钱关系。

4. 泼留希金——俄国作家 果戈里 长篇小说《死魂灵》中人物

泼留希金是俄国没落地主的典型，是俄国封建社会行将灭亡的缩影。虽然其贪婪、吝啬的程度与葛朗台不相上下，但腐朽没落则是泼留希金的个性。

这四大吝啬鬼，年龄相仿，脾气相似，有共性，又有各自鲜明的个性特征。简言之，泼留希金的迂腐、夏洛克的凶狠、阿巴贡的多疑、葛朗台的狡黠，构成了他们各自最耀眼夺目的气质与性格。

第五节 浪漫主义文学

浪漫主义文学的鼎盛时代是法国大革命时期，即18世纪90年代到19世纪30年代。浪漫主义之所以会在这个时期获得蓬勃发展，是因为资产阶级革命的需要。1789年法国资产阶级推翻了封建专制政权，建立了资产阶级统治。这个伟大的历史事件震撼了整个世界，在欧洲掀起了此起彼伏的资产阶级民主革命运动和民族解放运动。于是，表现理想、推崇英雄、充满激情的浪漫主义文学也就必然地成为这个时代的文学主流。浪漫主义文学的主要成就体现在最适于感情抒发的诗歌方面，浪漫主义作家重视中世纪的民间文学，是对统治文坛二百年之久的古典主义的反驳。另一个重要特征是对大自然的歌颂。在纵向上，浪漫主义文学是对文艺复兴时期人本主义理念的继承和发扬，也是对僵化的法国古典主义的有力反驳；在横向上，浪漫主义文学和随后出现的现实主义文学共同构成西方近代文学的两大体系，造就19世纪西方文学盛极一时的繁荣局面，对后来的现代主义和后现代主义文学产生了深远的影响。

浪漫主义的理论策源地在德国，但在文学上成就最高的却是英、法两国。欧洲的浪漫主义在发展历程中出现过三次高潮。第一次是在1805年左右，这一时期是英国的湖畔派诗人创作的高峰期，法国的夏多布里昂和史达尔夫人开始引介德国的浪漫主义理论。第二次高潮则从英国诗人拜伦开始，他的作品在1815年至1825年间风靡欧洲，雪莱和济慈紧随其后。这一时期法国文坛相对沉寂，但也有拉马丁和维尼等才华横溢的诗人。此外，意大利的白尔谢、曼佐尼以及德国的霍夫曼等人也是这一时期重要的浪漫派作家。浪漫主义文学的第三个高潮发生在法国，约从1827年至1848年，以浪漫主义文学的集大成者维克多·雨果为代表。这一时期，浪漫主义思潮也波及俄国、东欧和美国，在美国产生了梅尔维尔、惠特曼等浪漫主义大师。1848年以后，浪漫主义文学运动基本结束，但是浪漫主义思潮却并没有销声匿迹，一直持续发展到今天。

一、雪莱——《西风颂》

雪莱（1792~1822年）(图4-4) 英国著名浪漫主义诗人，被认为是历史上最出色的英语诗人之一。雪莱还是第一位社会主义诗人、小说家、哲学家、散文随笔和政论作家、改革家、柏拉图主义者和理想主义者，受空想社会主义思想影响颇深。代表作品《西风颂》、《解放了的普罗米修斯》等。

【作品赏析】

作品《西风颂》用优美而蓬勃的想象写出了西风的形象。那气势恢弘的诗句，强烈撼人的激情把西风的狂烈、急于扫除旧世界、创造新世界的形象展现在人们面前。诗中比喻奇特，形象鲜明，枯叶的腐朽、狂女的头发、黑色的雨、夜的世界无不深深地震撼着人们的心灵。

诗歌的后两段写诗人与西风的应和。"我跌在生活的荆棘上，我流血了！"这令人心碎的诗句道出了诗人不羁心灵的创伤。

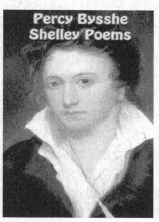

图4-4 雪莱

尽管如此，诗人愿意被西风吹拂，愿意自己即将逝去的生命在被撕碎的瞬间感受到西风的精神，西风的气息；诗人愿奉献自己的一切，为即将到来的春天奉献。

这里，西风已经成了一种象征，它是一种无处不在的宇宙精神，一种打破旧世界，追求新世界的西风精神。诗人以西风自喻，表达了自己对生活的信念和向旧世界宣战的决心。诗人把西风当作革命力量的象征，它横扫败叶、席卷残云、震荡大海，是无所不及、无处不在的"不羁的精灵"。同时西风对新生事物起了保护和促进作用，是"破坏者兼保护者"。诗人愿意做一把预言的号角，告知人们：如果冬天已经来了，春天还会遥远吗？这有名的诗句一百多年来鼓舞了无数革命者。

《西风颂》全诗气势豪放，想象奇丽，意境雄浑，思想深沉，感情强烈，在艺术上达到辉煌的境界。

二、雨果——《巴黎圣母院》

图4-5 维克多·雨果

雨果（1802~1885年）(图4-5)，法国19世纪积极浪漫主义文学的代表作家，法国文学史上卓越的资产阶级民主作家，被人们称为"法兰西的莎士比亚"。一生写过多部诗歌、小说、剧本、各种散文和文艺评论及政论文章，在法国及世界有着广泛的影响力。雨果的创作历程超过60年，其作品包括26卷诗歌、20卷小说、12卷剧本、21卷哲理论著，合计79卷。其代表作有长篇小说《巴黎圣母院》和《悲惨世界》，短篇小说有《"诺曼底"号遇难记》。

【作品赏析】

《巴黎圣母院》是雨果第一部大型浪漫主义小说。小说艺术地再现了400多年前法王路易十一统治时期的真实历史，宫廷与教会如何狼狈为奸、压迫人民群众，人民群众怎样同两股势力英勇斗争。小说中的反叛者吉人赛女郎爱斯美拉达和面容丑陋的残疾人加西莫多是作为真正的美的化身展现在读者面前的,而人们在副主教弗罗洛和贵族军人弗比斯身上看到的则是残酷、空虚的心灵和罪恶的情欲。

《巴黎圣母院》作为一部浪漫主义代表作,由于作者力求符合自然原貌,刻画中世纪的法国社会真实生活,以卓越的手法和浪漫的形式,依据动人的情节发展,凝聚、凝练在这部名著中而呈现出它们的生动面貌和丰富蕴涵,赢得了继《艾那尼》之后浪漫主义打破古典主义死板模式的又一胜利。这是一部愤怒而悲壮的命运交响曲。

《巴黎圣母院》采用以古代的历史题材反映现实生活的浪漫主义手法。作者还用拟人化的手法,把圣母院中人与兽的浮雕和帝王的神龛,当作目睹人间沧桑的见证人,增添了小说的浪漫主义气氛。

作者充分运用浪漫主义的美丑对照手法,把善与恶、美与丑、崇高与卑下对照起来描写,并在环境、事件、情节的安排以及人物形象的塑造上,夸张地突出某些特性,造成强烈的对照。加西莫多外貌丑陋、身体畸形、双耳失聪,但心地善良、行动勇敢、心灵高尚,与外表道貌岸然、内心卑鄙龌龊的副主教弗罗洛恰巧形成鲜明的对照。

雨果从资产阶级民主主义思想出发,在揭露封建王朝上层社会人士丑恶的同时,还用浪漫主义手法虚构了一个流浪汉聚居的乞丐王国,描绘和赞扬了下层平民的高尚品德。对于其他下层平民,作者也饱含深切同情,予以热情赞扬。敲钟人加西莫多心地善良,感情纯正,爱憎分明;流浪汉、乞丐们互助友爱,勇于斗争,公开蔑视神权、政权,聚众攻打反动堡垒——巴黎圣母院。正由于雨果看到了群众的力量,因此作品始终保持乐观的气氛,昂扬的格调,即使在小说结尾流浪汉大军遭镇压、吉人赛姑娘被处死的情况下,仍然洋溢着乐观、积极的气氛。当然,小说也宣扬了用博爱、仁慈来改造人性的唯心主义思想。

【小资料】

巴黎圣母院大教堂

巴黎圣母院大教堂是一座位于法国巴黎市中心、西堤岛上的教堂建筑,也是天主教巴黎总教区的主教座堂。圣母院约建造于1163～1250年间,属哥特式建筑形式,是法兰西岛地区的哥特式教堂群里面,非常具有关键代表意义的一座。始建于1163年,是巴黎大主教莫里斯·德·苏利决定兴建的,整座教堂在1345年全部建成,历时180多年。

巴黎圣母院是一座哥特式风格基督教教堂,是古老巴黎的象征。它矗立在塞纳河畔,位于整个巴黎城的中心。它的地位、历史价值无与伦比,是历史上最为辉煌的建筑之一。该教堂以其哥特式的建筑风格,祭坛、回廊、门窗等处的雕刻和绘画艺术,以及堂内所藏的13～17世纪的大量艺术珍品而闻名于世。虽然这是一幢宗教建筑,但它闪烁着法国人民的智慧,反映了人们对美好生活的追求与向往。

第六节 现实主义文学

现实主义文学是西欧资本主义制度确立和发展时期的产物。1830年法国爆发"七月革命",从此,法国资产阶级取得了统治地位;1832年英国实行了议会改革,英国资产阶级的统治地位得到了进一步巩固。这两大政治事件,是西欧资本主义制度确立的标志。欧洲各国在英、法资本主义势力的影响下,相继经历了从封建制度向资本主义制度的历史性过渡。这种特定的社会政治经济形势,直接影响着文学,成为现实主义文学形成与发展的决定性因素。

在艺术手法上，现实主义文学继承和发展了 18 世纪英国小说、法国启蒙运动文学和俄国讽刺文学的传统，同时也借鉴了 19 世纪浪漫主义文学的某些艺术经验，但又有很大的革新。在人物刻画方面，现实主义作家不但善于通过环境和生活细节的具体描写来烘托、突出人物的性格特征，而且注重人物的心理描写，力求深入细致地揭示出人物内心的矛盾变化。

托尔斯泰更把这种现实主义的心理描写推向了高峰，以其深刻揭示各种人物的"心灵辩证法"，"描绘心理过程本身，这一过程的形态和规律"而开辟了现实主义的新天地。陀思妥耶夫斯基以惊人的艺术力量刻画出被侮辱与被损害的人们的复杂内心世界，深刻剖析了被贵族资产阶级社会毒化、扭曲了的病态心理和双重性格。他宣称"真正的现实主义"就是"以深刻的洞察力和惊人的正确性叙述人的内心状态"。这种追根究底地探索人的复杂内心世界的心理描写，构成了现实主义在艺术上的特征之一。现实主义的另一艺术特色，是充分运用讽刺手法，以加强批判揭露的力量。狄更斯、萨克雷、莫泊桑、果戈理、谢德林、契诃夫等都是讽刺艺术的大师。他们不但善于从地主官僚和资产阶级的日常生活中揭露其丑恶本质，而且充分运用虚构、夸张、对比甚至怪诞的讽刺艺术手法，嘲笑这个"黑暗王国"的昏聩荒唐和卑鄙无耻。

现实主义在 19 世纪 30 年代首先形成于法国，其奠基人为司汤达和巴尔扎克。其后的雨果、大仲马、福楼拜、莫泊桑等亦作出了很大的贡献；英国现实主义文学在 19 世纪 30~40 年代产生并得到发展，40~50 年代达到高潮，出现了狄更斯、萨克雷、盖斯凯尔夫人、夏洛蒂、勃郎台等一大批作家；俄国现实主义文学形成于 19 世纪 30 年代，普希金在创作上完成了俄罗斯文学由浪漫主义向现实主义的过渡。接着出现了果戈理、车尔尼雪夫斯基、屠格涅夫、冈察洛夫、奥斯特罗夫斯基、托尔斯泰、契诃夫等一大批现实主义大师；马克·吐温是美国现实主义文学中挖掘现实最深、批判性最强的作家。其后有欧·亨利、杰克·伦敦等。

一、巴尔扎克——《人间喜剧》

巴尔扎克（1799~1850 年）(图 4-6)，法国小说家，被称为现代法国小说之父，生于法国中部图尔城一个中产者家庭，1829 年，他发表长篇小说《朱安党人》，迈出了现实主义创作的第一步，1831 年出版的《驴皮记》使他声名大震，在 19 世纪 30~40 年代以惊人的毅力创作了大量作品，一生创作甚丰，写出了 91 部小说，塑造了 2472 个栩栩如生的人物形象，合称《人间喜剧》。《人间喜剧》被誉为"资本主义社会的百科全书"。

【作品赏析】

《人间喜剧》展示了法国社会的整个面貌，其社会历史内容可以归纳为——贵族衰亡、资产者发迹、金钱罪恶，被称为三大主题。

图 4-6 巴尔扎克

在《人间喜剧》中，巴尔扎克成功地塑造出一系列取代贵族而入主社会的资产者形象，大致由以下三类人构成。第一，具有资本原始积累时期特点的老一代资产者形象。代表人物为《高利贷者》中高布赛克。剥削方式单一，经营手段落后；生活方式陈旧，极端吝啬，这是资本主义早期剥削者的特点。第二，具有过渡时期，即自由竞争时期特点的资产者形象。代表人物为《欧也妮·葛朗台》中的老葛朗台。剥削方式具有多样性，经营手段带有投机性；生活方式仍带有早期资产者极度吝啬的特点。第三，具有垄断时期金融寡头特征的新一代资产者形象。代表人物为《纽沁根银行》中的纽沁根。剥削方式具有更大的冒险性和欺骗性,经营手段超越经营范围,向政权渗透;生活方式现代化,纸醉金迷,穷奢极欲。他展示了经济命脉的掌管者同国家政权的掌管者开始勾结的垄断资本已初露端倪。

毁灭人性、败坏良心。金钱调动起全社会所有成员的卑劣情欲,人人都毫无例外地追逐金钱,它把一切统统淹没在利己主义的冰水之中,导致良心泯灭、野心滋长、道德堕落、人欲横流,代表作有《高老头》、《贝姨》。毁灭爱情、败坏家庭。金钱成为夫妻结缘的唯一纽带。爱情、婚姻、家庭都是以金钱为轴心而展开的,金钱导演出一幕幕悲剧、喜剧、丑剧和闹剧,代表作有《欧也妮·葛朗台》、《夏倍上校》。毁灭社会、败坏国家。金钱犹如无孔不入的黄色魔鬼渗入到全社会的各个角落,收买了当权者的人心,使大人物堕落为"衣冠禽兽"。金钱毒染了整个上层建筑包括文学、艺术的神圣殿堂。金钱成为国家政治权利的杠杆,无所不能的真正的主宰,代表作有《幻灭》、《交际花盛衰记》。

巴尔扎克的《人间喜剧》以高瞻远瞩的历史目光,从研究客观世界的宏观出发,洞悉整个法兰西政治、经济、思想、道德以及历史发展的总趋势,达到一般作家所达不到的深度和广度。

二、夏洛蒂·勃朗特——《简·爱》

夏洛蒂·勃朗特(1816~1855年),英国小说家,生于贫苦的牧师家庭,曾在寄宿学校学习,后任教师和家庭教师。1847年,夏洛蒂·勃朗特出版著名的长篇小说《简·爱》,轰动文坛。1848年秋到1849年间她的弟弟和两个妹妹相继去世。在死亡阴影的困惑下,她坚持完成了《谢利》一书,寄托了她对妹妹艾米莉的哀思,并描写了英国早期自发的工人运动。她另有作品《维莱特》(1853年)和《教师》(1857年),这两部作品均根据其本人生活经历写成。夏洛蒂·勃朗特善于以抒情的笔法描写自然景物,作品具有浓厚的感情色彩。

【作品赏析】

《简·爱》(图4-7)是19世纪英国著名的女作家夏洛蒂·勃朗特的代表作,人们普遍认为《简·爱》是夏洛蒂·勃朗特"诗意的生平写照",是一部具有自传色彩的作品。讲述一位从小变成孤儿的英国女子在各种磨难中不断追求自由与尊严,坚持自我,最终获得幸福的故事。小说引人入胜地展示了男女主人公曲折起伏的爱情经历,歌颂了摆脱一切旧习俗和偏见,成功塑造了一个敢于反抗,敢于争取自由和平等地位的妇女形象。简·爱出生于一个穷牧师家庭。不久父母相继去世。幼小的简·爱寄养在舅父母家里。舅父里德先生去世后,简·爱过了10年倍受尽歧视和虐待的生活。舅母把她视作眼中钉,并把她和自己的孩子隔离开来,从此,她与舅母的对抗更加公开和坚决了,简被送进了罗沃德孤儿院。

《简·爱》所展现给我们的正是一种化繁为简,是一种返璞归真,是一种追求全心付出的感觉,是一种不计得失的简化的感情,它犹如一杯冰水,净化每一个读者的心灵,同时引起读者,特别是女性读者的共鸣。

大量运用心理描写是这本小说的一大特色。全书构思精巧,情节波澜起伏,给读者营造出一种阴森恐怖的气氛,而又不脱离一个中产阶级家庭的背景,作品中描写了主人公之间的真挚爱情和自然风景,感情色彩丰富而强烈。在风景描绘上,作者以画家的审美角度去鉴赏,以画家的情趣去把握

图4-7 简·爱

光和影的和谐。色彩斑斓的景物细致生动，用词精确。

《简·爱》的结构是一种《神曲》式的艺术构架。简·爱经历了地狱（盖茨赫德和罗沃德）的烤炙，炼狱（桑菲尔德和沼泽地）的净化，最后到达可大彻大悟的天国这一理想境界（与罗切斯特结合并诞生了象征新生的下一代）。作者运用渲染气氛、噩梦、幻觉、预感来营造地狱的气氛，构筑寓言式的环境。在盖茨赫德，简·爱从生活中感觉到了"阴森森的祭奠气氛"，看到时隐时现的"幽灵"，而压抑、恐怖、令人毛骨悚然的"红房子"则几乎成了地狱的化身。在罗沃德，"死亡成了这里的常客"，"围墙之内笼罩着阴郁和恐怖"，散发着"死亡的恶臭"，对简·爱来说，无疑是刚跳出火坑，却又被投进了一个更为可怕的地狱。在桑菲尔德，疯女人像鬼魂一样频频出现，暴风骤雨不断袭击桑宅。为了赋予一部普通的爱情小说以经典意义和神话的内涵，作者反复引用《圣经》、神话、史诗、古典名著、历史典故以及莎士比亚的著作。这部小说的一个很大特点是富有激情和诗意。小说的男主人罗切斯特和女主人公简·爱男女双方都用诗的话语来表达各自的激情。

【小资料】

世界十大著名风景区

1. 美国约塞米蒂国家公园：童话里王子与灰姑娘也许就是住在这里。
2. 希腊圣托里尼岛：希腊著名的旅游胜地，爱琴海上的明珠，柏拉图笔下的自由之地，也是浪漫至极的啤酒乐园。
3. 特立尼达和多巴哥海滨风光：加勒比海的绝世风情，让人想起了加勒比海盗的传奇之旅。
4. 意大利道罗麦特山：意大利北部 Val di Funes 乡村的雄壮山色，道罗麦特山位于 Bolzano 以北的山区，是著名的风景区。
5. 马尔代夫瓦宾法鲁岛：宾法鲁岛以宁静和浪漫著称。
6. 奥地利蒂罗尔山区风光：蒂罗尔州是一个多山的地区，它西邻福拉尔贝格州，东接萨尔茨堡州和克恩腾州。
7. 加拿大小猪湾：加拿大哈里法克斯附近的小村 Peggy's Cove 小猪湾，优雅的北极圈渔村景致，恬淡而安适。
8. 橡树园酒店：美国路易斯安那州 Oak Alley Plantation 橡树园酒店的老橡树甬道。
9. 菲律宾吕宋岛马永火山：菲律宾吕宋岛东南部的活火山。在黎牙实比西北。有完整的火山锥。方圆达130多公里，高2,452米。顶端灰白色，由安山岩组成。上半部几无树木，下半部则林木郁葱。
10. 意大利米兰科莫湖：距米兰有一小时车程，风景如画，《星球大战（前传）》的爱情戏场景在这里拍摄，可见其景致之美。

思 考 题

1. 古希腊文学的主要成就有哪些？
2. 《荷马史诗》的主要艺术特点是什么？
3. 文艺复兴文学主要成就有哪些？
4. 《哈姆雷特》的主要艺术特点是什么？
5. 古典主义文学的特色是什么？
6. 《人间喜剧》的主要艺术特点是什么？

美术篇

第一章 中国美术

第一节 绘画艺术

一、中国画

中国传统绘画，扎根于中华民族几千年深厚的文化土壤之中，形成了自身独特的文化素养、审美意识、美学思想等艺术体系。中国画的发展历程是一系列艺术创造的立意、意境、笔墨、风格等这些经验和理论不断成熟的过程，有着其他绘画形式所没有的鲜明的民族风格和民族特点，不仅为中国人民所喜闻乐见，而且得到了全世界人民的欣赏和赞扬。

发展至今，中国画的门类一般分为山水、花鸟、人物三科，从表现技法来看，又分为工笔、写意、重彩三种形式。中国画的基本特征和艺术特色来源于中华民族的传统文化和美学思想。中国画的灵魂在于笔墨，"有笔有墨谓之画，有韵有趣谓之笔墨"；中国画的核心价值在于写意，讲究以景抒情，借物写意；中国画的精髓在于传神，讲究以形写神、形神兼备，表现对象的内在精神；中国画注意诗与画的结合，诗是无形画，画是有形诗。下面，我们通过人物画、山水画、花鸟画对中国画的整体特点和艺术规律做概括性的叙述。

（一）人物画

人物画通常是指以人物形象为主体的绘画。出现早于山水画、花鸟画，是中国画中的一大画科。大体分为道释画、仕女画、肖像画、风俗画、历史故事画等。中国画论上又称人物画为"传神"，他常把对人物性格的表现，寓于环境、气氛、身段和动态的渲染之中，力求人物个性刻画的逼真传神，气韵生动、形神兼备。

在中国绘画领域里，历史最悠久的当属人物画。已知最早的独幅人物画作品是战国楚墓出土的《人物御凤帛画》与《人物御龙帛画》。到了汉代，人物画进入了一个蓬勃发展的时期，无论是画像石、画像砖、漆画、帛画等，几乎都是以人物为主要题材。

魏晋南北朝是我国绘画艺术的初步成熟阶段。人物画由简略变为精微，造型准确，注意传神，甚至六法赅备，出现了以顾恺之、谢赫等为代表的第一批人物画大师，奠立了中国人物画的重要传统。

中国封建社会最辉煌的唐代的人物画空前繁荣兴旺，宗教画、肖像画、仕女画、历史画、社会生活画都有大量作品产生。杰出的人物画家艺绝当代，留名千古。"灿烂而求备"，是对整个唐代绘画风貌的概括。

五代两宋是中国人物画深入发展的时期。两宋人物画的主要成就表现在宗教绘画、人物肖像画、人物故事画和风俗画的创作上，武宗元、张择端都是人物画家中的卓越人物。

明清两代作为中国封建社会最后阶段的两个王朝，人物画由文人画向世俗画演进。明清人物画中的肖像画达到比较高的艺术水准，就风格流派而言，大致上可以分为两个派系：一是"墨线淡彩派"，主要是靠骨法用笔为主，注重线条的勾勒，而敷色仅是为了烘染和丰富人物形象；另一派是重敷色，在用墨线勾勒之后，靠颜色的反复渲染再现对象肌肤、衣着的真实感和自然属性。

1. 顾恺之——《洛神赋图》

顾恺之（348～409年），东晋画家，绘画理论家，诗人。字长康，小字虎头，晋陵无锡（今江苏焦溪）人。顾恺之博学有才气，工诗赋、书法，尤善绘画；精于人像、佛像、禽兽、山水等，时人称之为三绝：画绝、文绝和痴绝。顾恺之作画，意在传神，重视点睛，认为"传神写照，正在阿堵（指眼睛）中"。顾恺之的"迁想妙得"、"以形写神"等论点，为中国传统绘画的发展奠定了基础。他的作品无真迹传世，流传至今的《女史箴图》、《洛神赋图》等均为唐宋摹本。

图1-1 顾恺之《洛神赋图》

【作品赏析】

《洛神赋图》（图1-1），北京故宫博物院馆藏珍品。绢本，设色，纵27.1厘米，横572.8厘米。这幅画根据曹植《洛神赋》而作，为顾恺之传世精品。全卷分为三部分，描绘了曹植与洛神真挚纯洁的爱情故事。人物安排疏密得宜，在不同的时空中自然地交替、重叠，对山川景物的描绘展现出空间美感。全画用笔细劲古朴，恰如"春蚕吐丝"。山川树石画法幼稚古朴，所谓"人大于山，水不容泛"，体现了早期山水画的特点，不愧为中国古典绘画中的瑰宝之一。

【小资料】

顾恺之的"传神之笔"

顾恺之画人物最重视描绘眼睛的神采,据历史记载,一次,顾恺之为见多识广的裴叔则画像时,在他的脸颊上平添了三根毛须,看画者问他为什么画这本来没有的东西,顾恺之回答说:裴叔则有非常的智慧和见识,我这样画正是表现了他的这一特点。看画者再仔细琢磨,发现画家这样处理的确有不同凡响的神似效果。这个例子说明中国美术在人物造型方面的特点:画人物求"神似",神似重于形似。

2. 吴道子——《送子天王图》

吴道子(约680~759年),被后世尊称为"画圣",被民间画塑匠人尊称为"祖师",在道家中称为"吴真人"。擅画佛像、神仙、广阔的宇宙空间,亦擅画山水。在用笔技法上,他用状如兰叶或莼菜的笔法来表现衣褶,人称"兰叶描"。所画人物衣褶飘举、线条遒劲,具有天衣飞扬、满壁风动的效果,人们誉之为"吴带当风"。人们称吴道子创造的宗教绘画风格为"吴家样"。

【作品赏析】

宋摹本《送子天王图》(图1-2),又名《释迦降生图》,描绘的是佛祖释迦牟尼降生为悉达王子后,其父净饭王和摩耶夫人抱着他去朝拜天神庙时诸神向他礼拜的故事。独特的"吴家样"线描,粗细顿挫,随心流转,对于人物的衣纹、鬼神的狰狞,甚至是闪烁的火光都刻画入微,生动贴切。这种通过人物表情、动态和心理活动表现主题的方法,在绘画艺术发展史上具有创新意义。

图1-2 吴道子 《送子天王图》

3. 张择端——《清明上河图》

张择端(1085~1145年),字正道,琅琊东武(今山东诸城)人,北宋画家。擅画楼观、屋宇、林木、人物。所作风俗画市肆、桥梁、街道、城郭刻画细致,界画精确,豆人寸马,形象如生。存世作品有《清明上河图》、《金明池争标图》等,皆为我国古代的艺术珍品。

【作品赏析】

《清明上河图》(图1-3),北宋风俗画作品,原画长528厘米,高24.8厘米,属国宝级文物,现藏于北京故宫博物院。《清明上河图》描绘北宋京城汴梁(今河南省开封市)及汴河两岸的繁华和热闹的景象和优美的自然风光,通过这幅画,可以了解北宋的城市面貌和当时各阶层人民的生活,具有极高的史料价值。作品采用散点透视的构图法,将繁杂的景物纳入统一而富于变化的画卷中,疏密有致,富有节奏韵律感。所画对象神情各异，栩栩如生，其间还穿插各种活动，注重情节，笔墨章法颇见功底。这幅画作对于各种形态的几乎正确描绘性使其负有盛名。《清明上河图》是中国十大传世名画之一，被誉为"中华第一神品"。

图1-3 张择端 《清明上河图》（见彩插）

4. 唐寅——《秋风纨扇图》

唐寅（1470～1523年），字伯虎，号六如居士等，吴县（今江苏苏州）人。明朝著名的画家、诗人。唐寅玩世不恭而又才华横溢，诗文擅名，与祝允明、文徵明、徐祯卿并称"吴中四才子"（即民间所说"江南四大才子"），画名更著，擅长人物仕女、楼观、花鸟。与沈周、文徵明、仇英并称"吴门四家"，又称为"明四家"。

【作品赏析】

《秋风纨扇图》（图1-4）为唐寅水墨写意人物画代表作，画一立有湖石的庭院，一美丽端庄的仕女手执纨扇，亭亭玉立，侧身凝望，圆润的脸庞上流露出一丝怅然若失的轻愁和忧郁，显得无助和无奈。她身旁衬双勾丛竹，衣裙在萧瑟秋风中飘动。此图用白描画法，笔墨浓淡变化丰富，转折方劲，线条起伏顿挫。画左上部题诗："秋来纨扇合收藏，何事佳人重感伤，请把世情详细看，大都谁不逐炎凉。"借汉成帝妃子班婕妤色衰爱弛，好比纨扇在秋风起后被搁弃的命运，抨击了世态的炎凉。显然，这是与唐寅个人生活的不幸遭遇有关的。画中女子一脸哀怨，或许正是唐寅自身写照。

（二）山水画

中国山水画简称"山水"，是以山川自然景观为主要描写对象的中国画。中国山水画是民族的底蕴、古典的底气、人的性情最为厚重的沉淀，从中我们可以集中体味中国画的意境、格调、气韵和色调。

中国画从创作题材来看，出现最早的是人物画，最初描绘的山川风光是作为人物画补景出现的，在南北朝时代之初发展成为独立的画科——山水画。隋唐五代时

图1-4 唐寅 《秋风纨扇图》

期的山水画可分为三个发展阶段：第一阶段是青绿山水画的艺术形式由初创走向成熟的隋代及初唐，代表人物为展子虔和李思训、李昭道父子；第二阶段是在青绿山水的基础上创出"水墨渲淡"一体山水画的唐中晚期，代表画家有王维、张璪等人；第三阶段是开创南北山水画两大体系的五代时期，出现了荆浩、关仝和董源、巨然为代表的山水画大家，对后世产生了深远的影响。

宋代是山水画的鼎盛时期，对后世影响巨大。江南江北，名山大川，宫景台阁，各尽风貌。从形式看，水墨、淡彩是主流。北宋以全景山水为主，南宋则多特写。青绿重彩虽少，但有自己特色与成就。

元人山水画的贡献在于山水画的写意体系真正的崛起。这与元初画家钱选、赵孟頫倡导的古法分不开。元代的山水画家以黄公望，王蒙、倪瓒、吴镇为代表，史称"元四家"，他们的创作强调诗书画印的有机结合和状物寄情，代表了元代山水的最高成就。

明代山水画以吴门画派为主，作品多描写江南风景和文人生活，抒写宁静幽雅的情怀，注重笔情墨趣，讲究诗书画的有机结合，开拓了元明清以来山水画的新境界。

1. 展子虔——《游春图》

展子虔（约545～618年），渤海（今河北河间县）人，隋代杰出画家。擅画人物、山水及车马，尤精于山水人物画。传世作品《游春图》（图1-5）是中国山水画中独具风格的画体，亦是中国现存最古老的山水画。

图1-5　展子虔　《游春图》

【作品赏析】

《游春图》长卷，绢本设色，横80.5厘米，纵43厘米。此图描绘了江南二月桃杏争艳时人们春游情景，四处点缀着春天点染出的绿色。在笔墨技法上，山峦树石皆用细笔勾勒轮廓，而不加皴斫，线条无甚大的粗细提按变化，却显得朴拙，人物全以细劲的线条勾描，纤如毫发，人物形态虽无太大的变化，却神采奕奕。全图在青绿设色的统一格调下，显得富丽而古艳，充分展示出我国早期山水设色那种"青绿重彩，工细巧整"的样式，被公认为是唐代青绿山水的开山引领之作。

2. 王维——《雪溪图》

王维（约701～761年），唐朝河东蒲州（今山西运城）人，号摩诘居士，世称"王右丞"，唐朝著名诗人、画家，以山水画最为突出，能作青绿山水，喜作雪景、栈道等题材。王维的作品有《雪溪图》、《剑阁图》、《辋川图》等数幅。他的诗画结合的风格，对山水画的发展有突出贡献，被举为"文人画之祖"。

【作品赏析】

《雪溪图》（图1-6），绢本、墨笔画。纵36.6厘米，横30厘米。图录于《中国名画宝鉴》。此《雪溪图》构图平远，可分为近、中、远三段。近景是冰雪天地下一座披着素纱的木拱桥；中景是一条横卧在画卷中部的冰河；远景是河对岸雪坡、树木、房舍等平卧于黑水之上，掩映于茫茫白雪之中。画家用墨色染溪水，以映衬两岸之白雪，坡石有渍染似无勾皴，这正是唐代山水画的一大典型特征。此画无款，右上角有赵佶题字"王维雪溪图"，故长期以来认为是王维唯一的山水作品流传至今。现藏中国台北故宫博物院。

3. 范宽——《溪山行旅图》

范宽（950～1032年），字中立，北宋画家。陕西华原（今陕西铜川耀州区）人。擅画山水，为北宋山水画三大名家之一。隐居终南、太华；对景造意，写山真骨，自成一家。其画用笔雄劲而浑厚，笔力鼎健，而墨善用浓厚的墨韵，厚实而滋润。其皴法，一般称之为"雨点皴"，下笔均直，形如稻谷，山顶好作密林，常于水边置大石巨岩，屋宇笼染黑色。作雪景亦妙。存世作品有《溪山行旅图》、《雪山萧寺图》、《雪景寒林图》等。

图1-6　王维　《雪溪图》（见彩插）

【作品赏析】

《溪山行旅图》（图1-7），绢本，纵206.3厘米，横103.3厘米，中国北宋山水画中的杰作，现收藏于中国台北故宫博物院。作品描绘的是关中特色，巨峰耸立，山涧中一线飞瀑直泻而下，山下巨石突兀，溪水潺潺，丛林茂密，楼阁隐约可见，表现了大自然的勃勃生机。构图于饱满中见出空灵，山石树木勾勒严整，整个画面气势恢弘，体现出北方山水画派坚凝雄强的特点。

【小资料】

山水画构图

山水画是中国画的一个有特色的分支，山水画强调"平远"、"高远"和"深远"，运用散点透视法，平远构图可以画出长卷，括进江山万里，如同"漫步在山阴道上"；高远如同乘降落伞从山顶缓慢下降，焦点也在变化，从山顶画到山脚可画出立轴长卷；深远则运用远近山的形态浓淡对比，画出山谷深邃的效果。《溪山行旅

图1-7　范宽　《溪山行旅图》

图》中,当观众把视线从极远、极虚的山麓下部转向上部的主峰时,主峰由远处逼向前方,这是虚实相生、近托远、远托高的"高远"画法。

4. 黄公望——《富春山居图》

黄公望(1269~1354年),元代画家,字子久,号一峰、大痴道人,江浙行省常熟县人。擅画山水,所作水墨画笔力老到,简淡深厚。又于水墨之上略施淡赭,世称"浅绛山水"。晚年以草籀笔意入画,气韵雄秀苍茫。存世作品有《富春山居图》、《九峰雪霁图》、《丹崖玉树图》、《天池石壁图》等。

【作品赏析】

《富春山居图》(图1-8),以浙江富春江为背景,全图以苍润洗练的笔墨和优美动人的意境,画出富春江上的旖旎风光。它用长卷的形式,采用传统的三远并用构图法,描绘了富春江两岸初秋的秀丽景色,把浩渺连绵的江南山水表现得淋漓尽致,达到了"山川浑厚,草木华滋"的境界,被誉为"画中之兰亭序"。《富春山居图》是黄公望的代表作,被称为"中国十大传世名画"之一。

图1-8 黄公望 《富春山居图》

(三)花鸟画

花鸟画指用中国的笔墨和宣纸等传统工具,以"花、鸟、虫、鱼、禽兽"等动植物形象为描绘对象的一种绘画。中国花鸟画,是中国传统的三大画科之一,具有较强的抒情性,它往往通过抒写作者的思想感情,间接反映社会生活,体现时代精神。其技法以描写手法的精工或奔放,分为工笔花鸟画和写意花鸟画;又以使用水墨色彩上的差异,分为水墨花鸟画、泼墨花鸟画、设色花鸟画、白描花鸟画与没骨花鸟画。

花鸟画在隋唐时期有了明显的进步并成为独立的画种。隋唐时代由于贵族美术的发展,花鸟题材多流行于宫廷及上流社会,用以装饰环境及满足精神欣赏需要。唐代花鸟画技巧上的探索为五代两宋花鸟画的发展和繁荣创造了条件。

五代时期是中国花鸟画步入鼎盛的关键时期,西蜀黄筌、南唐徐熙的出现,使中国的花鸟画进入一个新的发展阶段。由于两人的风格迥异,史称"徐黄异体",又有"黄家富贵、徐熙野逸"之说,他们代表了花鸟画的两大艺术流派。

宋代是中国花鸟画的成熟和鼎盛时期,花鸟画得到了空前发展。花鸟画名家层出不穷，在应物象形、营造意境及笔墨技巧等方面都日臻完美，是中国花鸟画史上的重要部分。

元代花鸟画前期以院体风格为主，多为工笔设色，但这种院体风格注入更多文人的审美情趣；借物抒情、画风清雅的水墨写意花卉勃然而兴，显示了花鸟画领域的变化。

文人花鸟画自宋代文人画崛起之后直至明代，到陈淳和徐渭之时，国画中的"笔墨"形式完全从描摹自然物态固有形貌的牢笼中解脱出来，才基本上完成了由"写实"到彻底"写意"的历史性的转换。明代绘画在中国绘画史的重要美学地位也正在于此。

1. 韩滉——《五牛图》

韩滉，(723～787年)，字太冲，京兆长安（今陕西西安）人。唐代画家、宰相，擅绘人物及农村风俗景物，摹写牛、羊、驴子等动物尤佳。所作《五牛图》，元赵孟頫赞为"神气磊落，稀世名笔"。

【作品赏析】

《五牛图》(图1-9)，麻纸本，纵20.8厘米，横139.8厘米，无作者款印，有赵构、赵孟頫、孙弘、项元汴、弘历、金农等十四家题记。画中五头不同形态的牛，韩滉以淳朴的画风和精湛的艺术技巧，表现了唐代画牛所达到的最高水平，被称为"中国十大传世名画"之一。

图1-9　韩滉　《五牛图》

2. 崔白——《双喜图》

崔白（约1004～1088年），字子西，北宋濠梁（今凤阳）人，杰出的花鸟画家。北宋中期翰林图画院画家，擅长画花鸟，尤长于写生，所画鹅、蝉、雀堪称三绝。他一改百余年画风，开拓了花鸟画的新境界，数百年来颇受画坛尊崇。

【作品赏析】

《双喜图》(图1-10)乃传世精品，纵193.7厘米，横103.4厘米，绢本，设色，现藏中国台北故宫博物院。画面采用兼工带写的手法，表现秋风劲吹摇撼树木，双鹊掠飞鸣噪，引起野兔的回首观望。鸟兽笔致工细，而山坡树干则用阔笔水墨画出，在写实中具有野逸的情趣。色彩寓浓于淡，意境深邃而幽远，是中国工笔花鸟注重形神兼备的审美境界的典范作品。

3. 王冕——《墨梅图》

王冕（1287～1359年），字元章，号煮石山农，亦号"食中翁"、"梅花屋主"等，浙江诸暨人，他出身贫寒，幼年给人放牛，靠自学成为诗人，画家。他以画梅著称，尤工墨梅。存世画迹有《三君子图》、《墨梅图》等。

【作品赏析】

《墨梅图》（图1-11），元代中国画，纸本水墨，纵50.9厘米，横31.9厘米，现藏北京故宫博物院。以浓墨画干枝，淡墨点花瓣，细劲之笔画须蕊，主次分明，疏密得当，层次清晰，极富生命力。画上自题诗曰："吾家洗砚池头树，朵朵花开淡墨痕。不要人夸好颜色，只留清气满乾坤。"诗画相配，借梅寓志，洁身自好，表达了王冕淡泊名利，不甘与黑暗社会同流合污的情操。

图1-10 崔白 《双喜图》　　　　图1-11 王冕 《墨梅图》

【小资料】

缘物寄情，托物言志

中国花鸟画在长期的历史发展中，适应中国人的传统审美需要，万物有灵，四时皆性，形成了以写生为基础，以寓兴、写意为归依的传统。通过花鸟草木不同特性的描写，寄寓作者的独特感触，缘物寄情，托物言志，淋漓尽致地抒写作者情意。中国花鸟画家善于运用比喻、象征和寓意等方式，赋予自然的花鸟虫鱼以人的品格、节操。荷花雍正，牡丹富贵，竹子谦恭，仙鹤长寿……

4. 徐渭——《黑葡萄图》

徐渭（1521～1593年），绍兴府山阴（今浙江绍兴）人，字文长，号天池山人，明代文学家、书画家。绘画上他追求个性解放，善狂草，把狂草般的气法融入写意花鸟画创作中，纵情挥洒，泼墨淋漓，在似与不似之间的花木形象中寻求气韵的体现，把中国写意花鸟画推向了能够强烈书写个人情感的艺术意境。主要作品有《竹石图》、《黑葡萄图》、《山水花卉人物图册》等。

【作品赏析】

《黑葡萄图》（图1-12），纵116.4厘米，横64.3厘米，纸本，墨笔。此图构图奇特，笔法恣意，其实狂放，造成了动人的气势和串串葡萄晶莹欲滴的艺术效果。用水墨随意涂抹点染倒挂枝头的葡萄，淋漓尽致，形象生动。以水墨酣畅的泼墨写意法点画葡萄枝叶和藤条。作者将水墨葡萄与自己的身世感慨结合为一，一种饱经患难、抱负难酬的无可奈何的愤恨与抗争，尽情抒泄于笔墨之中。

【小资料】

中国画的创新与传承

1919年爆发的"五四运动"，高举起了反对封建文化的新文化运动大旗。在美术领域主张革新的美术家们纷纷通过变革传统中国画来创造新的、适应时代需要的新美术。新中国诞生后，新一代画家把亲身体验丰富的现实生活作为创作的源泉，他们的作品通过对祖国边疆的美丽景色、陕北高原的淳朴厚重、江南田边的生活即景、农家少女的欢乐心情的生动刻画，使具有千年传统的中国水墨人物画焕发出时代新风采。

石鲁——《转战陕北》

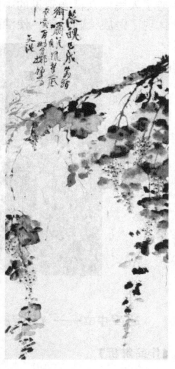

图1-12　徐渭　《黑葡萄图》（见彩插）

【作品赏析】

《转战陕北》（图1-13），作者为当代中国画家石鲁，纸本，设色，纵208厘米，横208厘米，收藏于中国国家博物馆藏。该作品一反画领袖形象的固有范式，创造性地以山水为主体构成，毛泽东和警卫员只在山水间占很小的位置。作者大胆取舍，通过描绘西北的大山大水，塑造了一个大气磅礴的空间，在画面上虽然看不见千军万马，但给人的感觉却是在大山大壑间隐藏着千军万马，唤起了观众的联想。作品用传统山水画表现了革命历史重大题材，令人耳目一新，为中国画的发展开辟出了一条新路。

二、油画

图1-13　石鲁　《转战陕北》

油画是以用快干性的植物油（亚麻仁油、罂粟油、核桃油等）调和颜料，在画布亚麻布、纸板或木板上进行制作的一个画种。油画从外来艺术发展成为中国绘画的组成部分，经历了艰辛坎坷的历程，贯穿了整个百年的历史。

1. 董希文——《开国大典》

【作品赏析】

《开国大典》（图1-14），油画，布，高230厘米，长405厘米，中国画家董希文于1953

年完成。该作品一直被誉为"共和国成立的艺术见证"。画面上,蓝天白云,天安门广场红旗如海,城楼金碧辉煌,毛泽东和其他中央领导神采奕奕、气度不凡。整幅作品构思宏伟,喜庆热烈,完美地表现了中国新生的辉煌气势。《开国大典》在油画艺术上的主要成就是创造了人民大众喜闻乐见的中国油画新风貌。画家吸取了中国民间美术和传统重彩画的特点,体现了民族绘画特色,使油画朝着民族化的方向发展。

图 1-14　董希文　《开国大典》(见彩插)

2. 罗中立——《父亲》

【作品赏析】

《父亲》(图 1-15),作者罗中立,创作于 1980 年。这是一幅感动全国的油画作品,曾获"中国青年美展"一等奖。画家以深沉的感情,用巨幅画的形式,借超写实主义手法,刻画出一个勤劳、朴实、善良、贫穷的老农的形象。老农开裂的嘴唇、满脸的皱纹以及手中粗劣的碗等写实的描绘,消除了观赏者与作品之间的隔膜,画家借此来对传统文化和民族进行反思。

3. 徐悲鸿——《田横五百士》

徐悲鸿(1895～1953 年),汉族,原名徐寿康,中国现代画家、美术教育家。擅长人物、走兽、花鸟,主张现实主义,强调国画改革融入西画技法,作画主张光线、造型,讲求对象的解剖结构、骨骼的准确把握,并强调作品的思想内涵,对当时中国画坛影响甚大,被称为中国现代美术教育的奠基者。

图 1-15　罗中立　《父亲》

【作品赏析】

《田横五百士》(图 1-16),长 349 厘米,宽 197 厘米,布面油画,是徐悲鸿 1930 年完成的大型历史题材油画。所描绘的是《史记·田丹列传》中的农民起义领袖田横在刘邦称帝后,决定到洛阳招安,他手下的 500 名战士为他送行的场面。在构图上最大限度地利用画面空间,将西欧传统的构图法与中国历史人物相融合,使得整个画面充实、均衡。更重要的是,画面中寓意着民族灾难深重之时威武不能屈的精神,在当时的中国深具现实意义。

图 1-16　徐悲鸿　《田横五百士》

三、版画

中国版画，是中国美术的一个重要门类。版画艺术在技术上是一直伴随着印刷术的发明与发展的。古代版画主要是指木刻，也有少数铜版刻和套色漏印，曾为广泛传播中国古代文化起到了十分重要的作用。当代版画主要是指由艺术家构思创作（以刀或化学药品等在木、石、麻胶、铜、锌等版面上雕刻或蚀刻）并且通过制版和印刷程序而产生的艺术作品。

中国传统版画在唐代就已出现在佛经的卷头，宋元时期更加广泛地应用于各类书籍的插图。明代版画艺术的大发展，与文人画家直接参与版画的创作有直接的关系。清代前期版画创作仍然兴盛，由宫廷制作的殿版版画，场面恢弘，绘制精细，镌刻优良。在西方印刷技术的影响下，清代出现了铜版画和石印版画，中国的版画艺术由一元的木版画向木板、铜板、石印版画等多元的格局转变。

1. 陈洪绶——《水浒叶子》

清代文人画家中以陈洪绶为代表人物。陈洪绶（1599～1652年），明末清初著名书画家、诗人。一生以画见长，尤工人物画，与崔子忠并称为"南陈北崔"。他所作版画稿本，主要是用于书籍插图和制作纸牌（叶子）。

【作品赏析】

《水浒叶子》（图 1-17）是陈洪绶花费四个月所作的一组版画精品。他用白描的手法栩栩如生地刻画了四十位水浒英雄人物的英雄气概和反抗精神。每幅都题有简短的赞语，突出了人物的精神气质和性格特征，表明了作者的立场和倾向。陈洪绶大量运用锐利的方笔直拐，线条起笔略重，收笔略轻，遒劲有力，转折强烈，传达出人物特有的精神风貌。这套图一出世，不仅民间争相购买而且博得了一众文人画友的交口称赞。

清代前期版画最具代表性的作品《乾隆平定回部准部战图》。

2. 郎世宁——《乾隆平定回部准部战图》

图 1-17　陈洪绶 《水浒叶子》

【作品赏析】

《乾隆平定回部准部战图》（图 1-18），中国清代宫廷绘画作品。作者郎世宁、王致诚、艾启蒙、安德义。系铜版组画，共16幅，每幅纵55.4厘米、横90.8厘米。这套组画是中国历史上第一部"中西合璧"的战争题材铜版画，融合了东西方的艺术风格和艺术智慧。作品描绘了清乾隆平定蒙古族准噶尔部的阿睦尔撒纳和维吾尔族的布那敦、霍集占叛乱的经过。作品场面宏大，人物众多，景物繁复，以恢弘的气势和精致细微的手法，真实再现了当年清军平定内乱，统一疆土的宏伟场面。

四、壁画

图 1-18　郎世宁　《乾隆平定回部准部战图》

壁画，墙壁上的艺术，即人们直接画在墙面上的画，壁画是中国古代重要的绘画样式。中国壁画历史悠久，迄今发现最古老的壁画，可上溯到5000多年前。

中国古代壁画主要有三种形式：中国古代墓室壁画；中国古代石窟寺壁画；中国古代寺观壁画。

墓室壁画的目的主要是说教和对亡者的纪念或者希望死者在冥间能过上好日子。墓室壁画一般绘于墓室的四壁、顶部以及甬道两侧，内容多是反映死者生前的活动情况，也有神灵百物、神话传说、历史故事、日月星辰以及图案装饰。

【作品鉴赏】

《狩猎出行图》（图1-19），唐景云二年（711年）绘制，1972年出土，现收藏于陕西历史博物馆。《狩猎出行图》位于章怀太子墓墓道东壁，高100～200厘米，长890厘米，是极为壮观的鸿篇巨制，也是唐代壁画中的精品。原图在揭取时被分成四幅。此图人物排列有序，最前方为两名探路随从，两侧为执旗卫士，最后为两匹辎重骆驼和殿后随从，中间大队人马束腰佩箭，架鹰抱犬、前呼后拥。画中行走在大队人马最前列的是一位身着紫袍、雍容端庄、坐骑白马的官员，尤其

图 1-19　《狩猎出行图》

引人注目的是他身无佩箭及箭囊，与其他人所乘之马截然不同，由此分析，骑此白马的人应是章怀太子李贤。画师用笔简约明快，构图疏密相当，场面宏大，气势雄伟，将不同人物的各种姿态及情绪和盘托出，为今人再现了当时皇室生活的真实情况，代表了唐代绘画的最高水平，可补画史不足。

石窟寺是建筑、雕塑、绘画三位一体的完美结合，石窟壁画服从于宣弘佛法、阐释佛义的需要，是佛教历史的真实载体。敦煌壁画，包括敦煌莫高窟、西千佛洞、安西榆林窟共有石窟552个，有历代壁画50000多平方米，是我国乃至世界壁画最多的石窟群。

【作品鉴赏】

《反弹琵琶图》（图1-20），见于莫高窟112窟的《伎乐图》，为该窟《西方净土变》的一部分。写伎乐天神态悠闲雍容，伴随着仙乐翩翩起舞，举足旋身，使出"反弹琵琶"绝技时的刹那间动势。此壁画人物造型丰腴饱满，线描写实明快、流畅飞动，一气呵成，有"吴带

当风"的韵致，体现了唐代佛教绘画民族化的特色。敷彩以石绿、赭黄、铅白为主，使整个画面显得更加典雅、妩媚，令人赏心悦目，是敦煌壁画中的代表杰作。

寺观壁画是中国传统壁画的一种。一般把佛道造像和故事等内容画在佛教寺院和道教庙观的墙壁上。古代许多著名画家，如东晋顾恺之、唐代吴道子等，都曾作过寺观壁画。中国古代寺观壁画以山西永乐宫壁画最为精彩。

【作品鉴赏】

三清殿中的"朝元图"壁画（图1-21），为永乐宫壁画的一部分。描绘了诸神朝拜元始天尊的故事，场面开阔，气势恢弘，共画像394身，个个神采奕奕，表情动作无一雷同，是元代壁画艺术的最高典范。壁画中他们之间有的对语，有的沉思，有的倾听，有的注视，神情姿态彼此呼应，成为有机的整体。服饰冠戴华丽辉煌，衣纹多用吴道子"莼菜条"线条，长达数尺，含蓄有力。色彩采用重彩勾填，在冠戴、衣襟、薰炉等处沥粉贴金，更觉绚烂炫目，此风格远承唐宋壁画传统，在元代画坛上独树一帜，在美术史上有着非常重要的地位。

图1-20 《反弹琵琶图》（见彩图）

图1-21 朝元图

第二节 雕塑艺术

中国雕塑是指具有中国特色且原产于中国的雕塑艺术品。中国古代雕塑艺术是中国古代艺术的精华，在题材、风格、技法、材质上具有浓郁的民族特色和独特的艺术魅力。主要内容包括陵墓雕塑（包括地上的纪念性石刻与墓室随葬俑）、宗教雕塑、民俗性及其他内容的雕塑。

中国原始时期的雕塑艺术大致可以追溯至公元前四千年以上的原始社会的石器和陶器。造型多样的陶器，为中国雕塑的多向性发展奠定了基础。

雕塑艺术随着表现手段和创造力的进步，夏商周时期出现了青铜雕塑。青铜雕大体上分为两类：一类是拟形青铜器上各种动物形的装饰附件；另一类是独立的青铜塑像。

【作品赏析】

人虎相抱卣（图1-22），又叫商虎食人卣，是中国商代晚期的青铜器珍品，虎呈蹲坐状，造型诡异神秘，张着血盆大口，似乎正在吞噬一个人。整个作品庄严稳定，纹饰繁缛富丽，由人和猛兽组合而成的形象更多地传达出的是一种感人的情感和理念。人虎相抱卣虽然是酒器，但已经具有独立雕塑的特点。

秦汉时期雕塑的艺术成就主要表现在大型纪念性石雕的出现、标志性明器雕塑的产生和工艺性雕塑的发展，这些作品以恢弘的气势、奔放的风格将中国雕塑推向了高峰，在中国古代雕塑史中占有极其重要的地位。

【作品赏析】

秦始皇陵兵马俑（图1-23）位于陕西省西安市以东35公里的临潼区秦始皇陵兵马俑陪葬坑内，于公元前246年～前208年修建，现已发现和真人、真马大小相似的陶俑、陶马近8000件，有车兵、骑兵和步兵等不同的兵种，排列整齐有序。数以千计的大型兵马俑，不仅以其宏大的气势给人以深刻的印象，而且在形象塑造上，比例准确，动作刻画精细，神态生动传神，具有强烈的艺术感染力。秦代艺术家这一伟大的现实主义雕塑作品，不仅反映了当时秦国军队的强大威严，而且还证明了中国的雕塑艺术早在2200多年以前就已经成熟。被誉为"世界第八大奇迹"、"二十世纪考古史上的伟大发现之一"。

图1-22　人虎相抱卣

图1-23　秦始皇陵兵马俑

中国西汉和东汉的雕塑艺术应用范围非常广泛，表现技巧迅速提高，留存至今的汉代雕塑遗物极为丰富。霍去病墓大型石雕群，是我国最早的较完整的纪念性雕刻艺术珍品，以花岗岩雕成，以动物形象为主，烘托出霍去病生前战斗生涯的艰苦。霍去病墓石雕群打破了汉代以前旧的雕刻模式，建立了更加成熟的中国式纪念碑雕刻风格，具有划时代的意义。

【作品赏析】

马踏匈奴（图1-24）是汉朝骠骑将军霍去病墓石刻，是留存至今的一组非常具有代表性的大型石雕作品。石刻高168厘米，长190厘米。作者运用了寓意的手法，用一匹气宇轩昂、傲然屹立的战马来象征这位年轻的将军。战马高大、雄健，以神圣不可侵犯的胜利者的姿态伫立着，而另一个象征匈奴的手持弓箭的武士则仰面朝天，被无情地踏在脚下，蜷缩着身体进行垂死挣扎。雕塑外轮廓准确有力，刀法朴实明快，具有高度的艺术概括力，作品风格庄重雄劲，深沉浑厚，寓意深刻，既是古代战场的缩影，也是霍去病赫赫战功的象征，是我国陵墓雕刻作品的典范之作。

隋唐的雕塑艺术逐步走向成熟，这一时期的宗教雕塑尤为盛行并趋于世俗化，陵墓装饰雕塑和陶俑也展示出时代的新风尚。龙门石窟中奉先寺卢舍那大佛是这一时期的佛教造像的代表作。

图1-24　马踏匈奴

【作品赏析】

卢舍那大佛（图 1-25），作于唐高宗咸亨四年，是按照武则天的形象塑造的，是龙门石窟中艺术水平最高、整体设计最严密、规模最大的一处。卢舍那大佛通高 17.14 米，头部高 4 米，耳长 1.9 米，发髻呈波纹状，面部丰满圆润，眉如弯月，目光慈祥，眼睛俯视着脚下的芸芸众生，嘴边微露笑意，显出内心的平和与安宁。大佛的表情含蓄而神秘，慈祥中透着威严，威严中渗透着神圣与威武，是将神性和人性完美结合的典范，充分显示了雕像艺术的最高水平，是中国佛教雕塑的顶峰。

宋元雕塑的成就主要反映在宗教题材上的佛教艺术雕塑。较之隋唐的雕塑，更倾向于在宗教雕塑中渗入世俗性和现实性的成分。

明清两代，宗教观念进一步淡薄，雕塑缺乏创造性和生命力。而明清的世俗雕塑更强调实用性与玩赏性功能，体现出工艺品的特色，其作品造型一般小巧玲珑、精雕细凿，艺术上逐渐转向个人化、内聚性的风格。

图 1-25　奉先寺卢舍那大佛

第三节　书法艺术

书法是通过汉字书写来表现情感意象的艺术。汉字书法为汉族文化的独特表现艺术，被誉为：无言的诗，无行的舞，无图的画，无声的乐。中国的书法艺术开始于汉字的产生阶段，"声不能传于异地，留于异时，于是乎文字生。文字者，所以为意与声之迹。"因此，便产生了文字。它不仅是中华民族的文化瑰宝，而且在世界文化艺术宝库中独放异彩。汉字在漫长的演变发展的历史长河中，一方面起着思想交流、文化继承等重要的社会作用，另一方面它本身又形成了一种独特的造型艺术。

书法作为一门艺术，能带给人审美愉悦和精神享受。一个受过传统文化教育的人在观赏书法作品的线条和结构时，能触摸到作者的情感脉搏。

一、篆书

篆书，是先秦时代、秦代和汉代前同性的正体文字，起源于西周末年，东周时在秦国一代流行，至秦始皇时期达到鼎盛，汉代开始衰退。这三个时期的篆书风格有较大差异，为了加以区别，人们把东周时的篆书称为大篆，秦始皇时的称为小篆，汉代的称为汉篆。小篆：秦代规范化的篆书，至东汉时代，逐渐被隶书替代。大篆：包括甲骨文、金文、石鼓文、简牍书。

篆书的特点总结如下：①笔法简单：大致只有直、弧两种笔画，粗细一致，笔笔中锋，多圆转，无方折。②字体稍长：大篆象形，小篆规范对称。③章法变化：字形大小不一，字距、行距不等。

【作品赏析】

《泰山刻石》（图 1-26）释文：臣斯臣去疾御史大臣昧死言臣请具刻诏书金石刻因明白。秦泰山刻石立于始皇二十八年（公元前 219 年），是泰山最早的刻石。此刻石原分为两部分：

图 1-26 《泰山刻石》

前半部系公元前 219 年秦始皇东巡泰山时所刻，共 144 字；后半部为秦二世胡亥即位第一年（公元前 209 年）刻制，共 78 字。刻石四面广狭不等，刻字 22 行，每行 12 字，共 222 字。两刻辞均为李斯所书。现仅存秦二世诏书 10 个残字，即"斯臣去疾昧死臣请矣臣"，又称"泰山十字"。

二、隶书

隶书也叫"隶字"、"古书"，源于东汉，是相对于篆书而言的。隶书是为适应书写便捷的需要而在篆书基础上产生的字体。将小篆简化，结体扁平、工整、精巧，撇、捺、点等笔画美化为向上挑起，轻重顿挫、富有变化，具有书法艺术美，极具欣赏价值。隶书使中国的书法艺术进入了一个新的境界，它的出现是中国文字的又一次大改革，是汉字演变史上的一个转折点。

隶书的特点：①结体改篆书的形象化为点划符号化；②字形改篆书的圆长为方扁；③隶书的笔划有折无转，并有波挑，方笔和圆笔兼用。

【作品赏析】

《曹全碑》

曹全碑（图 1-27），全称"汉郃阳令曹全碑"，是中国东汉时期重要的碑刻，立于东汉中平二年。碑高约 1.7 米，宽约 0.86 米，长方形，无额，石质坚细。碑身两面均刻有隶书铭文。碑阳 20 行，满行 45 字；碑阴分 5 列，每列行数字数均不等。明万历初年，该碑在陕西合阳县旧城出土。在明代末年，相传碑石断裂，人们通常所见到的多是断裂后的拓本。1956 年移入陕西省西安博物馆碑林保存。曹全碑是汉代隶书的代表作品，以风格秀逸多姿和结体匀整著称，为历代书家推崇备至。

三、草书

草书，形成于汉代，是为了书写简便在隶书基础上演变而来的，它的本质就是正体字的快写。草书是按一定规律将字的点划连字，结构简省，偏旁假借，让人在狂乱中觉得优美。

从草书的发展来看可分为早期草书、章草和今草三大阶段。早期草书是跟隶书平行的书体，一般称为隶草，夹杂了一些篆草的形体。初期的草书写法草率，打破了隶书方整规矩严谨，称为"章草"。章草波挑鲜明，笔画钩连呈"波"形，字字独立，字形遍方，笔带横势。章草在汉魏最盛行，后到元朝复兴，蜕变于明朝。章草在汉末进一步"草化"，脱离隶书笔画行迹，上下字之间笔势牵连相通，偏旁部首也进行了简化和互借，称为"今草"。今草，去尽章草之波挑变化成型，自魏晋后一直盛行。章草笔法用"一"形，今草笔法用"s"形，这是两者的根本区别。到了唐代，今草的运笔更加放纵不羁，点画狼藉，笔势连绵环绕，字形变化万千，被称为"狂草"，也称大草。如今，草书的审美价值远远超越了其实用价值。

草书的特点：①笔画带钩连，包括上下钩连和左右钩连，气势贯通；②错综变化；③虚实相生。

图 1-27 《曹全碑》

【作品赏析】

张旭书法（图1-28）功力深厚，并以精能之至的笔法和豪放不羁的性情开创了狂草书风格的典范。他的字奔放豪逸，笔画连绵不断，有着飞檐走壁之险。草书之美其实就在于信手即来、一气呵成，给人以痛快淋漓之感。传说张旭每当灵感到来，就把宣纸铺在地上，用长发作毛笔，直书狂草，犹如醉酒当歌，十分的洒脱自在。

图1-28 张旭书法（见彩插）

四、楷书

楷书始于汉末，也叫正楷、真书、正书。楷书的产生，紧扣汉隶的笔画行迹，进一步追求形体美的发展，汉末、三国时期，书写逐渐变波、磔而为撇、捺，且有了"侧"（点）、"掠"（长撇）、"啄"（短撇）、"提"（直钩）等笔画，使结构上更加严谨工整。楷书的特点在于笔画平直，规矩整齐，形体方正，是字体中的楷模，所以称为楷书，一直沿用至今。它也是现代汉字手写体的参考标准，发展出另一种手写体——钢笔字。

楷书的特点：①讲究用笔；②笔画平直、分明；③结构方整。

【作品赏析】

欧阳询（557～641年）的楷书碑帖代表作为《九成宫醴泉铭》（图1-29）。

该书作笔力劲健，点画虽然瘦硬，但神采丰润饱满，向上的挑笔出锋含蓄，带有隶书笔意。字体结构典雅大方、严谨，看似平正，实则险劲。字形采用长方形态势，字句、行距都较大，章法显得宽松而清晰。点画精致准确定型，尤其结字布局险劲，中宫收缩，外展透迤，疏密聚散对比强烈，却具有超级稳定感。用笔方整，且能于方整中见险绝，字画的安排紧凑、匀称，间架开阔稳健。其字形偏修长，行笔于险劲之中寻求稳定，尤其在划末重收，笔至划尾便稳稳提起。整体碑文高华浑朴，法度森严，一点一划都成为后世模范，是欧阳询晚年代表之作，故后人学习楷书往往以此碑作为范本。

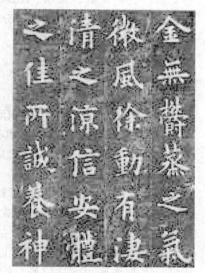

图1-29 欧阳询 《九成宫醴泉铭》

五、行书

行书大约出现在西汉晚期和东汉初期，历经魏、唐代的发展期后，在宋代达到了高峰，于各种书体中逐渐占踞主流地位。行书是为了弥补楷书的书写速度太慢和草书的难于辨认而产生的。发展起源于楷书，是介于楷书、草书之间的一种字体，它不像草书那样潦草，也不像楷书那样端正；实际上它是楷书的草化或草书的楷化。楷法多于草法的叫"行楷"，草法多于楷法的叫"行草"。行书从产生起便深受喜爱，正因其书写快捷、飘逸易识的特有艺术表现力和实用性而广泛传播。在漫长的历史中，篆书、隶书、楷书的发展都经历了盛衰时期，而行书则长盛不衰，始终是书法领域的显学。

行书的特点：①点画以露锋入纸的写法居多；②以欹侧代替平整；③以简省的笔画代替繁复的点画；④以勾、挑、牵丝来加强点与画的呼应；⑤以圆转代替方折。

【作品赏析】

行书代表作中最著名的是东晋书法家王羲之的《兰亭序》（图1-30），前人以"龙跳天门，虎卧凤阙"形容其字雄强俊秀，赞誉为"天下第一行书"。

图1-30　王羲之　《兰亭序》（见彩插）

【小资料】

"入木三分"的来历

王羲之（303～361年），7岁时开始练习书法，他练字十分刻苦，经常在水池边练字，池水都染黑了。33岁时写《兰亭集序》，37岁写《黄庭经》，后来因更换写字的木板，工匠发现王羲之笔力强劲，字迹已透入木板三分深。后用"入木三分"形容书法笔力遒劲，也比喻见解、议论深刻、确切。语本《说郛》卷八七引 唐 张怀瑾《书断·王羲之》："王羲之书祝版，工人削之，笔入木三分。"

第四节　建筑艺术

建筑的本质是人类建造以供居住和活动的生活场所。实用、坚固、美观是建筑的三要素，而实用性是建筑的首要功能。随着社会生产力的发展，人类精神和物质技术的进步，赋予了建筑审美价值。"建筑是凝固的音乐，是石头的史书"，建筑具有独特的风格，体现着艺术性和历史感。

建筑艺术是指遵循美的规律，运用建筑艺术独特的艺术语言，使建筑形象具有文化价值和审美价值，具有象征性和形式美，体现出民族性和时代感。建筑艺术是一种实用性与审美性相结合的艺术。建筑的艺术性与技术性相辅相成、密不可分，建筑的艺术性依靠技术得以实现，建筑物的形式也反映着工艺技术的美。根据建筑的功能性特点，建筑艺术可分为宫殿建筑、宗教建筑、园林建筑、纪念性建筑等类型。

一、宫殿建筑

宫殿建筑又称宫廷建筑，是历代皇帝为突出皇权的威严和巩固自己的政权，满足精神生活和物质生活的享受而建造的规模巨大、气势雄伟的建筑物。这些建筑大都金玉交辉、巍峨壮观，是汉族建筑的精华。中国古代宫殿建筑采取严格的中轴对称的布局方式，被分为两部分，即"前朝后寝"："前朝"是帝王上朝治政、举行大典之处；"后寝"是皇帝与后妃们居住生活的所在。

北京故宫

中国最著名的宫殿建筑为北京的故宫（图1-31），也称为紫禁城，位于北京市中心，曾居住过24个皇帝，是明清两代的皇宫。故宫是中国现存最大、最完整的古建筑群，其气势宏伟，极为壮观。总面积72万多平方米，有殿宇宫室9999间半，被世人称为"殿宇之海"。无论是平面布局，立体效果，还是形式上的雄伟、堂皇，都堪称无与伦比的杰作，高超的建筑技艺和不朽的艺术价值，充分显示出了古代汉族劳动人民的智慧和力量。

图1-31 北京故宫

二、宗教建筑

宗教建筑因其崇高与完美往往使步入其中的人们叹为观止。它将人们置入其特有气氛的控制之中，被一种强大的精神力量所征服，从而达到吸收其入教的终极目的，这就是宗教空间的感召力。宗教空间是经过了数千年的发展和演变来的，在宗教影响的同时，其建筑也随同广播世界各地，并与各个国家的民族建筑相结合，形成了相对固定的形势。

世界上不同宗教的建筑有不同的风格。例如佛教是由印度传入中国的，但遍布中国大地的佛教寺庙建筑与印度的寺院大不相同。中国的寺庙深受中国古代建筑的影响，它们庄严雄伟，精美华丽，和自然的风景融为一体，具有浓郁的、特有的中国佛教建筑特色。

我国古建筑中的宗教建筑，有佛教的、喇嘛教的、伊斯兰教的和道教的等。所有这些宗教建筑由于其不同的教义和使用要求，而表现为不同的总体布局和建筑样式。

1. 佛教建筑——布达拉宫

坐落于中国西藏自治区拉萨市郊西北的玛布日山上的布达拉宫（见图1-32），早在公元7世纪的时候就开始建造，至今已近1300多年历史。据说当时西藏的吐蕃王松赞干布为迎娶唐朝的文成公主，特别在红山上建造了一千间九层楼宫宇——布达拉宫。布达拉宫是历世达赖喇嘛的"冬宫"，是供奉历世达赖喇嘛灵塔的地方，又是西藏过去政教合一的统治中心。从五世达赖起，重大的宗教、政治仪式均在此举行。布达拉宫依山垒砌，群楼重迭，殿宇嵯峨，气势雄伟，坚实厚重的花岗石墙体，松茸平展的白玛草墙领，金碧辉煌的金顶，具有强烈装饰效果的巨大鎏金宝瓶、幢和红幡，交相辉映，红、白、黄3种色彩的鲜明对比，分部合筑、层层套接的建筑型体，都体现了藏族古建筑艺术的精华和古藏民高超的智慧与才艺，是闻名世界的宫堡式建筑群。

图 1-32　布达拉宫

2. 道教建筑——武当山道教建筑群

道教是我国特有的宗教。道教建筑中最为有名的是武当山道教建筑群。武当道教得到封建帝王的推崇，在明朝达到鼎盛。永乐皇帝"北建故宫，南修武当"，动用数十万民工在武当山大兴土木，历时12年，建成了9宫、9观、36庵堂、72岩庙的大规模道教建筑群。建筑面积达5万平方米，占地总面积达100余万平方米，规模极其庞大，成为统治阶级利用宗教加强思想统治的史证。武当山古建筑群总体规划严密，主次有序。选择建筑位置，注重周围环境，讲究山形水脉，聚气藏风，达到了建筑与自然的高度和谐。众多的建筑中，用材广泛，有木构、铜铸、石雕等，都达到了极高的技艺水平。被列入的主要文化遗产包括太和宫、紫霄宫、南岩宫、复真观、"治世玄岳"牌坊等。

三、园林建筑

园林建筑是建造在园林和城市绿化地段内供人们游憩或观赏用的建筑物，它可以最大限度地利用自然地形及环境的有利条件。任何建筑设计时都应考虑环境，而园林建筑更是如此，建筑在环境中的比重及分量应按环境构图要求权衡确定，环境是建筑创作的出发点。园林建筑常见的有亭、榭、廊、阁、轩、楼、台、舫、厅堂等建筑物。通过建造这些主要起到园林里造景，以及为游览者提供观景的视点和场所，还有提供休憩及活动的空间等作用。

中国的园林建筑历史悠久，在世界园林史上享有盛名。在3000多年前的周朝，中国就有了最早的宫廷园林。此后，中国的都城和地方著名城市无不建造园林，中国城市园林丰富多彩，在世界三大园林体系中占有光辉的地位。中国园林建筑包括宏大的皇家园林和精巧的私家园林，这些建筑将山水地形、花草树木、庭院、廊桥及楹联匾额等精巧布设，使得山石流水处处生情，意境无穷。

以山水为主的中国园林风格独特，其布局灵活多变，将人工美与自然美融为一体，形成巧夺天工的奇异效果。这些园林建筑源于自然而高于自然，隐建筑物于山水之中，将自然美提升到更高的境界。例如被列入《世界遗产名录》的苏州古典园林，一向被称为"文人园林"。白居易在《草堂记》中说："覆篑土为台，聚拳石为山，环斗水为池"，这是文人园林的范式。苏州园林充分体现了"自然美"的主旨，在设计构筑中，采用因地制宜、借景、对景、分景、隔景等种种手法来组织空间，造成园林中曲折多变、小中见大、虚实相间的景观艺术效果。通过叠山理水，栽植花木，配置园林建筑，形成充满诗情画意的文人写意山水园林，在都市内创造出人与自然和谐相处的"城市山林"。

园林建筑——苏州园林

1997年被列入《世界遗产名录》的苏州古典园林（图1-33）集中体现了中国园林建筑的艺术特色。苏州园林历史绵延2000余年，现存名园十余处。苏州园林大都占地面积小，采用变换无穷、不拘一格的艺术手法，以中国山水花鸟的情趣，寓唐诗宋词的意境，在有限的空间内点缀假山、树木，安排亭台楼阁、池塘小桥，营造以小见大的艺术效果。其中，闻名遐迩的园林建筑有沧浪亭、狮子林、拙政园、留园等。

图1-33　苏州园林

四、纪念性建筑

纪念性建筑是为纪念有功绩的或显赫的人或重大事件以及在有历史或自然特征的地方营造的建筑或建筑艺术品。这类建筑多具有思想性、永久性和艺术性。

主要设计特点：①纪念性建筑往往要求庄重的外观和气氛，比一般建筑保存更长时间，因此常用石材、铸铁、铜、不锈钢等材料；②纪念性建筑中的陵墓有供后人举行纪念活动的作用，有的还须具有保存遗体的功能，例如莫斯科的列宁墓、北京毛主席纪念堂等陵墓建筑内，设有保存遗体的冷冻空调系统；③纪念性建筑须具有鲜明的思想内容和庄严、朴素的艺术造型，如北京的人民英雄纪念碑用中国传统的形式反映出中国近百年的革命史和中华民族开创历史新纪元的豪迈气概。

毛主席纪念堂（图1-34）位于天安门广场，占地面积5.72公顷，总建筑面积33867平方米，始建于1976年11月，1977年9月9日举行落成典礼并对外开放。其主体建筑为柱廊型正方体，南北正面镶嵌着镌刻"毛主席纪念堂"六个金色大字的汉白玉匾额，44根方形花岗岩石柱环抱外廊，雄伟挺拔，庄严肃穆，具有独特的民族风格。毛主席纪念堂是党和国家的最高纪念堂，是以毛泽东同志为核心的党的第一代革命领袖集体的纪念堂，是全国爱国主义教育示范基地。

图 1-34　毛主席纪念堂

第五节　民间艺术

一、年画

年画（图 1-35）始于古代的"门神画"，是我国汉族特有的一种绘画体裁，常见的民间工艺品之一，在清光绪年间被正式称为年画。传统民间年画多用木板水印制作，大都用于新年时张贴，装饰环境，含有祝福新年吉祥喜庆之意，故名。

图 1-35　年画

年画的起源可以追溯到人类远古时期的自然崇拜观念和神灵信仰观念，早期与驱凶避邪、祈福迎祥这两个主题有着密切关系，随着年节风俗习俗化的过程中而衍生形成一种中国民间特殊的象征性装饰艺术。从种类上看，年画大致可分为门神类、风情类、吉庆类、戏出类、符像类、杂画类等。

二、剪纸

剪纸（图 1-36）是中国汉族最古老的民间艺术之一。剪纸就是用剪刀将纸剪成各种各样图案的一种镂空艺术，在视觉上给人以透空的感觉和艺术享受。其载体可以是纸张、金银箔、树皮、树叶、布、皮革等片状材料。

这种民俗艺术的产生和流传与中国农村的节日风俗有着密切关系，逢年过节亦或新婚喜庆，人们把美丽鲜艳的剪纸贴在雪白的墙上或明亮的玻璃窗上、门上、灯笼上等，增加浓郁的喜悦气氛。剪纸艺术是汉族传统的民间工艺，它源远流长、经久不衰，是中国民间艺术中的瑰宝，已成为世界艺术宝库中的一种珍藏。

图 1-36　剪纸

三、刺绣

刺绣是中国民间传统手工艺之一，在中国至少有两三千年历史。刺绣（图 1-37）是针线在织物上绣制的各种装饰图案的总称。用针将丝线或其他纤维、纱线以一定图案和色彩在绣料上穿刺，以缝迹构成花纹的装饰织物。它是用针和线把人的设计和制作添加在任何存在的织物上的一种艺术。

刺绣主要有苏绣、湘绣、蜀绣和粤绣四大门类，最著名的为苏绣。苏州刺绣，素以精细、雅洁著称，图案秀丽，色泽文静，针法灵活，绣工细致，形象传神。

绣品分两大类：一类是实用品，有被面、枕套、绣衣、戏衣、台毯、靠垫等；另一类是欣赏品，有台屏、挂轴、屏风等。绣品取材广泛，有花卉、动物、人物、山水、书法等。

图 1-37　刺绣《金鱼》

四、风筝

风筝（图 1-38）起源于中国，已有 2000 多年的历史。最早的风筝是由古代哲学家墨翟制作出的。中国风筝问世后，很快被用于传递信息。唐宋时期，由于造纸业的出现，风筝改由纸糊，很快传入民间，成为人们的休闲娱乐的玩具。从传统的中国风筝上到处可见吉祥寓意和吉祥图案的影子。吉祥图案运用人物、走兽、花鸟、器物等形象和一些吉祥文字，赋予求吉呈祥、消灾免难之意。

【小资料】

图 1-38　风筝

世界风筝之都——潍坊

潍坊市被各国推崇为"世界风筝之都"，国际风筝联合会的总部就设在潍坊风筝博物馆。潍坊也是中国的风筝之乡，制作历史悠久，属中国三大风筝派系之一，与京、津风筝齐名鼎立，享誉中外。潍坊风筝题材多样，具有浓郁的乡土风味和民间生活气息。每年 4 月 20～25 日举行潍坊国际风筝节，都有来自 30 多个国家和地区的代表团参赛。

思　考　题

1. 简述顾恺之的绘画艺术及其艺术价值。
2. 结合一幅作品，浅谈中国花鸟画"缘物寄情，托物言志"的表达方式。
3. 简述秦始皇陵兵马俑的艺术风格。
4. 简述篆书的分类。
5. 简述我国宗教建筑的种类。

第二章　西方美术欣赏

第一节　古希腊、罗马美术与文艺复兴美术

一、欧洲文明的起源——古希腊阶段

希腊是欧洲文明的发源地。古希腊美术在西方美术史中具有重要的地位，主要成就表现在雕塑和神庙建筑中。

希腊雕像是写实美与理想美完美结合的典范。优美的人物雕刻作品主要以裸体或半裸体为表现形式，不管是男性还是女性雕刻，大都身体健壮，结构比例合理，外形优美，被誉为古希腊的丰碑和不朽之作。

图 2-1　《米洛斯的阿佛洛狄忒》

《米洛斯的阿佛洛狄忒》（图 2-1），俗称《断臂的维纳斯》、《维纳斯像》，是一尊著名的古希腊大理石雕像，高 203 厘米，表现的是希腊神话中爱与美的女神阿佛洛狄忒，与之对应的是罗马神话中的维纳斯女神。在希腊化时期，表现女性人体美的雕塑中最为著名的就是这尊米洛斯的维纳斯雕像，并已经成为赞颂女性人体美的代名词。

除了雕刻，古希腊美术还有一项举世闻名的艺术成就——雅典卫城建筑群。古希腊雕刻和神庙建筑，有一个共同之处，和谐的数字比例关系在古希腊雕刻和神庙建筑中的重要性，也更能理解古希腊美术的高贵、典雅。

在世界艺术宝库中著名的帕特农神庙（图 2-2），坐落在雅典卫城的古城堡中心，是雅典卫城最重要的主体建筑，是供奉雅典娜女神的最大神殿。这座神庙历经两千多年的沧桑之变，如今庙顶已坍塌，雕像荡然无存，浮雕剥蚀严重，但从巍然屹立的柱廊中，还可以看出神庙当年的风姿。

图 2-2　帕特农神庙

二、古罗马美术

希腊艺术对罗马产生了重大的影响，古罗马美术继承了古希腊美术的传统，与古希腊美术的优雅及理性化的完美不同，古罗马美术更倾向于实用主义，更趋于表现与世争胜的世俗气质。罗马艺术的成就主要体现在建筑、雕塑、绘画方面，最突出的当属它的建筑艺术。

1. 凯旋门

凯旋门（图2-3），位于意大利米兰市古城堡旁，1807年为纪念拿破仑征服而建，顶上矗立两武士青铜古兵车铸像。1826年，米兰统治者弗朗西斯科将它改名为"和平门"。凯旋门高约50米，宽约45米，厚约22米，中心拱门高36.6米，宽14.6米。在凯旋门两面门墩的墙面上，有4组以战争为题材的大型浮雕——"出征"、"胜利"、"和平"和"抵抗"，其中有些人物雕塑还高达五六米。凯旋门的四周都有门，岩壁和拱门内侧的浮雕是凯旋门上最为精彩的部分，内容大多是战争胜利之后，统治者率领军队凯旋的场景。

图2-3　凯旋门

2. 罗马斗兽场

罗马斗兽场（图2-4），亦译作罗马大角斗场、罗马竞技场等，建于公元72~82年间，是古罗马文明的象征。竞技场是古罗马举行人兽表演的地方，参加的角斗士要与一只牲畜搏斗直到一方死亡为止，也有人与人之间的搏斗。斗兽场以庞大、雄伟、壮观著称于世，在建筑史上堪称典范的杰作和奇迹。现在虽只剩下大半个骨架，但其雄伟之气魄、磅礴之气势犹存。从外观上看，它呈正圆形，俯瞰呈椭圆形，占地面积约2万平方米，长轴长约为188米，短轴长约为156米，圆周长约527米，围墙高约57米，这座庞大的建筑可以容纳近九万人数的观众。

图2-4　罗马斗兽场

从功能、规模、技术和艺术风格各方面来看，罗马斗兽场是古罗马建筑的代表作之一。

三、文艺复兴美术

14世纪下半叶至16世纪末，欧洲发生了一场在于肯定"人"在现实生活中价值的具有里程碑意义的"文艺复兴"运动。发源于意大利佛罗伦萨的文艺复兴美术在西方美术史上占据重要地位，是文艺复兴运动的重要组成部分。达·芬奇、米开朗基罗、拉斐尔三人的出现标志着文艺复兴美术的顶峰，这三人被誉为"文艺复兴三杰"。

1. 达·芬奇——《最后的晚餐》

达·芬奇知识渊博，多才多艺，成就卓越，现代学者称他为"文艺复兴时期最完美的代表"，是人类历史上绝无仅有的全才，他最大的成就是绘画，他的杰作《蒙娜丽莎》、《最后的晚餐》，《岩间圣母》等作品，体现了他精湛的艺术造诣。

【作品赏析】

《最后的晚餐》（图 2-5），宽 420 厘米，长 910 厘米，是意大利艺术家达·芬奇所毕生创作中最负盛名之作。题材取自圣经故事：犹大向官府告密，耶稣在即将被捕前，与十二门徒共进晚餐，席间耶稣镇定地说出了有人出卖他的消息，达·芬奇此作就是耶稣说出这一句话时的情景，是他直接画在米兰一座修道院的餐厅墙上的。画家通过各种手法，精细入微、惟妙惟肖地刻画了耶稣在此刻的沉静、安详，以及十二门徒各自不同的姿态、表情。此作传达出丰富的心理内容，构思巧妙，布局卓越。

图 2-5　达·芬奇《最后的晚餐》（见彩插）

2. 拉斐尔——《西斯廷圣母》

拉斐尔，意大利著名画家，是"文艺复兴后三杰"中最年轻的一位，由于高超的艺术造诣而被神化了的拉斐尔，代表了文艺复兴时期艺术家从事理想美的事业所能达到的最高峰。他的性情平和、文雅，创作了大量的圣母像，他的画面上始终洋溢着明净的色彩、柔和的光线和宁静而优雅的节奏感。他的风格代表了当时人们最崇尚的审美趣味，在西方美术史上他被尊称为"画圣"。

图 2-6　拉斐尔 《西斯廷圣母》

【作品赏析】

《西斯廷圣母》（图 2-6）为拉斐尔"圣母像"中的代表作，它以甜美、悠然的抒情风格而闻名遐迩。这幅作品塑造了一位人类的救世主形象。圣母决心以牺牲自己的孩子，来拯救苦难深重的世界。圣母的另一侧是代表着平民百姓来迎驾的圣女渥瓦拉，她的形象妩媚动人，怀着母性的仁慈俯视着小天使，仿佛同他们分享思想的隐秘，这是拉斐尔的画中最美的一部分。小天使向上的目光最终与全画的中心圣母相遇，她的脸上洋溢着坦然的骄傲和带有牺牲精神的深厚的母爱，因为她将要把心爱的儿子奉献给人世。拉斐尔的这幅名画对美丽与神圣、爱慕与敬仰的把握都恰到好处，显示出高雅的格调，因而使人获得一种升华的精神享受。

第二节　浪漫主义、现实主义与印象主义美术

一、浪漫主义美术

浪漫主义，是指18～19世纪欧洲一些国家所产生的思想和艺术的运动。浪漫主义反映在艺术的各个领域：德国是诗和音乐；英国是诗、小说和风景画；法国是绘画和雕刻。

法国浪漫主义美术产生于波旁王朝复辟的年代，在这个时期一些进步知识分子心灵上十分苦闷，他们不安于现状，但又看不到出路，往往把希望寄托于未来或遥远的异国。他们认为艺术不是固定的，也不能用来束缚青年人的思想。浪漫主义强调艺术家在艺术创作中的主观创造性，和对于历史的兴趣以及对社会现实中重大事件的关注。

在艺术表现上，浪漫主义与古典主义学院派是完全对立的，它反对纯理性和抽象表现，强调具体的、具有特征的描绘和情感的传达；反对用古代艺术法则来束缚艺术创作，主张自由奔放热情的主观描绘，使艺术家的感情在创作中得到充分的传达；反对类型化和一般化，主张表现个性化，描绘人物的性格特征和精神状态；反对刻板的雕刻般造型和过分强调素描为主要表现手段，竭力强调光和色彩的强烈对比上的饱和色调，以动荡的构图、奔放而流畅的笔触，有时以比喻或象征的手法塑造艺术形象，借以抒发画家的社会理想和美学理想。

【作品赏析】

法国的德拉克洛瓦是最伟大的浪漫主义画家之一，他的作品充满个性、想象、激情和浓郁的色彩。《自由引导人民》（图2-7）描绘的是1830年"七月革命"，法国的工人、市民和小资产阶级知识分子走上街头反对封建政权的场面。在这次大搏斗中，画家真正看到了人民的力量，他把自己的激情倾注在这幅画中。这幅画有着真实的生活氛围，他把群众作为主体，并赋予这些人物鲜明的社会性角色。

图2-7　德拉克洛瓦　《自由引导人民》（见彩插）

二、现实主义美术

现实主义，是特指作为一项在造型艺术上的历史性运动，它以法国为运动的核心，风行于1840～1880年间的整个欧洲，其后续和影响的效果则一直延续至今。现实主义这一名词的出现始于法国19世纪50年代。最初是法国小说家商弗洛利用现实主义当作表现艺术新样式的名词，他于1850年在《艺术中的现实主义》一文中，初次用这个术语作为批判现实主

义文学艺术的标志。其后，法国画家库尔贝在绘画上提倡现实主义。

19世纪批判现实主义美术三大代表是米勒、库尔贝、杜米埃。

图2-8 库尔贝《采石工人》

【作品赏析】

库尔贝（1819～1877年）是法国一位伟大的写实主义画家。1849年，他创作了当时引起激烈争论的《采石工人》（图2-8）。库尔贝在迈西埃尔附近看见两个凿石头的男人，他们那种没有发展前途的悲惨境况，使他留下深刻印象，激发出创作这幅画的灵感。他认为艺术必须描写这种真实的现象，结束当代那种矫揉造作的艺术。库尔贝的画作摆脱了古典的准则，他直言不讳的写实主义风格引起了一阵风波，他不仅是个画家，更是个不只为艺术，也是为赢得思想自由而作画的人。

【小资料】

农民画家米勒

米勒（1814～1875）是法国近代绘画史上最受人民爱戴的画家。他那淳朴亲切的艺术语言，尤其是被广大法国农民所喜爱。他出身于农民世家，幼年时便显露出绘画的才气。米勒对大自然和农村生活有一种特殊的深厚感情。他早起晚归，上午在田间劳动，下午就在不大通光的小屋子里作画，他的生活异常困苦，但这并没有影响他对艺术的酷爱和追求，没钱买颜料就自己制造木炭条画素描。他爱生活、爱劳动、爱农民，他曾说过："农民这个题材对于我是最合适的。"罗曼·罗兰在所著的《米勒传》指出："米勒，这位将全部精神灌注于永恒的意义胜过刹那的古典大师，从来就没有一位画家像他这般，将万物所归的大地给予如此雄壮又伟大的感觉与表现。"

三、印象主义美术

印象主义美术，始于19世纪60年代，到70～80年代达于鼎盛时期，它继承着库尔贝等前辈让美术面向当代现实生活的创作态度，使美术作品进一步摆脱了对历史、神话、宗教等题材的依赖，脱离了讲述故事的传统方式。为了生动再现亲眼目睹的日常生活景象和自然风光，印象主义画家大胆抛弃了长久以来被公认的创作观念和程式。他们纷纷离开空气沉闷的画室，走上街头，奔向海滩，进入原野和乡村，感受、摄取丰富多彩的新鲜事物，以直接写生的方式捕捉种种生动的印象，描绘大自然中千变万化的光线和色彩。文艺复兴以来确立的不少法则被他们推倒，对他们来说，风景之美不在于名山大川，而在于阳光照射下普通场景的色彩变幻，内容和主题不再重要，关注点转到纯粹的视觉感受上。

印象主义美术运动遍及欧美各地，但在法国，它获得了最为辉煌的体现。一系列法国美术家例如马奈、莫奈等，在现代，他们的作品仍是最受欢迎的艺术品。

【作品赏析】

莫奈《日出印象》（图2-9）的风景画显示着一种新的绘画风格。莫奈以敏捷而又准确的色彩及笔触，无比生动地传达了清晨日出这一特定瞬间的海天景色。莫奈对沐浴在光线中的景物色彩的种种微妙变化极为敏感。他把整体、把对自然清新生动的感觉放在首位，认真观察沐浴在光线之中的自然景色的万千细微色彩，敏锐发现它们的冷暖变化和相互作用，以看似随意实则准确地抓住本质特征的迅捷笔法,把流动的光色效果固定在画布上,给人们留下瞬间美的永恒图景。此刻,习作和创作的明确界限被推翻了,直接在外光下写生创作,是莫奈和印象主义画家的一大创举,它有助于再现自然界千变万化的瞬间景象,有助于保持画家生动的感受和新鲜的印象。

图 2-9　莫奈《日出印象》（见彩插）

第三节　后印象主义与西方现代派美术

一、后印象主义

后印象派,从印象派发展而来的一种西方油画流派。在19世纪末,许多曾受到印象主义影响的艺术家开始反对印象派,他们不满足于片面的追求光色,强调作品要抒发艺术家的自我感受和主观感情,开始尝试对色彩及形体表现性因素的运用,后印象派诞生。后印象派将形式主义艺术发挥到极致,更加强调构成关系,认为艺术形象要异于生活的物象,用作者的主观感情去改造客观物象,要表现出"主观化了的客观"。他们在尊重印象派光色成就的同时,不再片面追求光,而是侧重于表现物质的内在结构、具体性和稳定性。

后印象派的三大代表人物是梵高、高更、塞尚。

梵高——《乌鸦群飞的麦田》

荷兰人梵高（1853~1890年）,是后印象派的重要画家,家庭生活贫困,年轻时曾干过许多职业,年近30岁时,他才开始绘画艺术的生涯。作品多使用鲜艳的色彩,以及具有运动感的、连续不断的、波浪般急速流动的笔触。他把所描绘的对象,当作表现自己热烈激动的主观感情和表现自己独特艺术手法的媒介。他把印象派的艺术方法,尤其是在色彩和对事物的形体塑造上的方法,发展到更加独立于传统之外的地步。在他的作品中充满着对善良、对美和对创作想象自由的渴望。梵高的艺术在他生前是不为世人所承认的,但是后来,人们才逐渐理解和认识了他的艺术创造。梵高的代表作品有《向日葵》、《星夜》、《邮递员》等。

【作品赏析】

《乌鸦群飞的麦田》（图2-10）在这幅画上仍然有着人们熟悉的梵高那特有的金黄色，但它却充满不安和阴郁感，乌云密布的沉沉蓝天，死死压住金黄色的麦田，沉重得叫人透不过气来，空气似乎也凝固了，一群凌乱低飞的乌鸦、波动起伏的地平线和狂暴跳动的激荡笔触更增加了压迫感、反抗感和不安感。画面极度骚动，绿色的小路在黄色麦田中深入远方，这更增添了不安和激奋的情绪。这种画面处处流露出紧张和不祥的预兆，好像是一幅色彩和线条组成的无言绝命书。在祥和的麦田追求不到宁静，在满是阳光的蓝天中，飘过了久蓄心中的死亡的影子，化作无尽的乌鸦，引着梵高飞向他的蓝天，追向无限光明。就在第二天，梵高又来到这块麦田对着自己的心脏开了一枪。

图2-10 梵高 《乌鸦群飞的麦田》（见彩插）

二、西方现代派美术

西方现代派美术，是指西方国家从20世纪初发展起来的现代美术中某些流派——野兽派、立体派、未来派、达达派、表现派、超现实主义、抽象主义、波普艺术的统称。

西方现代派美术的出现有其政治的、经济的、文化的、哲学的历史渊源，是与现代西方社会的进程紧密相连的。新技术革命，社会结构以及人的思想，意识价值观念，人与人之间的关系等等的改变，摄影技术的日益成熟，以日本版画为代表的东方艺术和非洲艺术的传入，康德、黑格尔、叔本华、尼采等人的哲学思想和弗洛伊德心理学的影响以及西方现实社会的种种矛盾和弊端，都促进了现代派美术的形成。

图2-11 毕加索 《亚威农少女》（见彩插）

【作品赏析】

在《亚威农少女》（图2-11）的创作中，毕加索把这五个人物不同侧面的部位，都凝聚在单一的一个平面中，把不同角度的人物进行了结构上的组合。看上去，就好像他把五个人的身体先分解成了单纯的几何形体和灵活多变、层次分明的色块，然后在画布上重新进行了组合,形成了人体、空间、背景一切要表达的东西。女人正面的胸脯变成了侧面的扭曲,正面的脸上会出现侧面的鼻子,甚至一张脸上的五官全都错了位置,呈现出拉长或延展的状态。画面上呈现单一的平面性,没有一点立体透视的感觉。所有的背景和人物形象都通过色彩完成,色彩运用的夸张而怪诞,对比突出而又有节制,给人极强的视觉冲击力。毕加索也借鉴和吸收了一些非洲神秘主义的艺术元素,比如画面上两个极端扭曲的脸,扭曲变形的部位,红、黑、白色彩的对比,看上去狰狞可怕,充斥着神秘的恐怖主义色彩。

《亚威农少女》是第一幅被认为有立体主义倾向的作品,是一幅具有里程碑意义的著名杰作。它不仅标志着毕加索个人艺术历程中的重大转折,而且也是西方现代艺术史上的一次革命性突破,引发了立体主义运动的诞生。这幅画在以后的十几年中使法国的立体主义绘画得到空前的发展,开创了法国立体主义的新局面。

思 考 题

1. 简述达·芬奇、拉斐尔艺术家的绘画作品及其特点。
2. 简述印象主义和后印象主义的区别。
3. 赏析《采石工人》。

音乐篇

第一章　中国音乐

中国民族民间音乐就是祖祖辈辈生活、繁衍在中国这片土地上的各民族，在悠久历史文化传统上创造的具有民族特色、体现民族文化和民族精神的音乐。中国的民族民间音乐艺术是世界上非常具有特色的一种艺术形式。中华民族在几千年的历史文明中，创造了大量优秀的民族音乐文化，我们要认识中国音乐，必须从民族的、历史的、地域的角度去考察中国音乐，了解中国音乐，从而真正理解中国音乐的内涵，了解它在世界音乐体系中的地位和历史价值。

第一节　多彩的民歌

民间歌曲简称民歌，是劳动人民在生活和劳动中自己创作、自己演唱的歌曲。每个民族都有自己的民歌，并以多样化的体裁、歌唱形式和内容，反映本民族特有的历史、民俗和文化传统。民歌的起源同音乐的历史一样久远，早在原始社会就伴随着人类的狩猎、搬运、祭祀、仪式等活动而萌生。它与人类的一切生活实践始终保持着密切的关系。那些反映生产和生活的民歌流传至今，成为宝贵的历史资料和艺术珍品。

民歌的创作和演唱以即兴性为基本特征，同一首民歌曲调因不同的唱词，可以随兴所至地发挥，有所变化、有所创新。民歌的体裁多样，大体可分为劳动歌曲、爱情歌曲、仪式歌曲、乡村或城镇生活歌曲和叙事歌曲。

一、中原地区民歌

中原地区的民歌是指流行在河南、山西、河北、山东、江苏等省区的民歌。山东民歌是一种古老的汉族民族音乐，具有质朴、淳厚、强悍、粗犷、诙谐和风趣等特点。表现汉族劳动人民朴实、憨厚的性情，往往以生活小调最为突出，和大自然斗争中的伟大气魄、坚强意志和英雄性格的歌曲就表现出强悍、粗犷的特点。

【作品赏析】

《沂蒙山小调》是一首山东新民歌。它是根据抗日战争时期，八路军山东抗日军政的文艺工作者采用此曲调编写的《打黄沙会》这首歌曲重新填词而成的。"黄沙会"是鲁南地区的一个反动武装组织。重新填写的歌词原为两段，赞美沂蒙山（图1-1）的大好风光，以后又补上了歌唱新生活和歌颂领袖的内容。该曲来自民间的音乐素材舒展豪放、清新优美，具有山东人民憨厚朴实的性格。该曲原流传在山东北部和河北部分地区，解放后流传全国，并成为很多表现山东的音乐作品的主题。

图1-1　沂蒙山

二、西北地区民歌

西北民歌是指流行在山西、陕西、甘肃、宁夏、青海等省区的民歌。其中，以"花儿"和"信天游"最具代表性。信天游是流行在陕西、甘肃、宁夏的一种山歌。其旋律有两种类型：一种是节奏自由，旋律高亢辽阔、起伏较大的；另一种是节奏工整、结构严谨、旋律平稳、表达感情较为细腻的。

【作品赏析】

《山丹丹开花红艳艳》（见图1-2）是一首颂扬中共红色政权的歌曲，以陕甘民歌作为表现形式。它生动地描绘了一段重要的革命历史史实——中央红军到达陕北。这段历史之所以重要，是因为从此之后，中国革命的重心从南方移到了西北。西北成了中国革命的大本营，延安成了中国革命的圣地。全国人民在中国共产党领导下，从革命走向胜利，直至建立新中国。共和国五十年大庆时，中央电视台曾把这首歌列入"百年经典"音乐作品播出。创作者们用西北人民的语言，生动地、恰如其分地描绘了这幅革命历史画卷，得到了西北人民和全国人民的认可。

图1-2　《山丹丹开花红艳艳》

三、少数民族民歌

我国少数民族的民歌有很多，像蒙古族的长调和短调、藏族的山歌、苗族的飞歌、朝鲜族的农谣和抒情谣等。蒙古族音乐的风格，是其人民长期的居住地区特点、经济形态、文化交流，尤其是草原游牧的生活方式等因素决定的。蒙古族民族的题材众多，其中以"长调"和"短调"最具代表性。长调的旋律舒展悠长，节奏自由，句幅宽大，富有浓郁的草原气息。短调的结构规整，节奏整齐、句幅窄短，具有叙述性的特征。

【作品赏析】

《鸿雁》（图1-3）是一首源远流传的内蒙古乌拉特民歌，曾作为热播剧《东归英雄传》的主题曲，由著名音乐人吕燕卫先生填词并制作。当我们听到呼斯楞清澈的嗓音演绎下的《鸿雁》，不难产生共鸣，他的歌声里有乡愁，有成长，于是家乡就成了每个人心底最柔软最美好的缱绻。同时，这也是一个寄情于草

图1-3　鸿雁

原的男人自语。一个人，一杯酒，独对苍天，想一想曾经的过往，用力地遥望未来，那里是不是真的有彩虹挂在天堂，悠远蜿蜒，直抵内心。

【小资料】

广西三月三民歌节

农历三月三又称"三月三歌节"或"三月歌圩"，是壮族的传统歌节。壮族每年有数次定期的民歌集会，如正月十五、三月三、四月八、八月十五等，其中以三月三最为隆重。这一天，家家户户做五色糯饭，染彩色蛋，欢度节日。歌节一般每次持续两三天，地点在离村不远的空地上，用竹子和布匹搭成歌棚，接待外村歌手。对歌以未婚男女青年为主体，但老人小孩都来旁观助兴。小的歌圩有一二千人，大的歌圩可达数万人之多。在歌圩旁边，摊贩云集，民贸活跃，附近的群众为来赶歌圩的人提供住食，无论相识与否，都热情接待。一个较大的歌圩，方圆几十里男女青年都前来参加，人山人海，歌声此起彼伏，煞是热闹。人们到歌圩场上赛歌、赏歌。男女青年通过对歌，如果双方情投意合，就互赠信物，以为定情。此外，还有抛绣球、碰彩蛋等有趣活动。

为把民歌发扬光大，从1993年起广西开始举办民歌节。人们在民歌节上以歌传情，以歌会友，共同抒发对美好生活的向往和热爱。民歌成了飞架于广西各民族与全国各兄弟民族及世界民族之间的彩虹。

第二节　丰富的民乐

我国的民族乐器历史悠久，种类繁多，演奏形式丰富多样。按照发音原理和演奏方式的不同，可以分为四大类，即，吹管乐器、拉弦乐器、弹拨乐器和打击乐器。演奏形式有各种乐器的独奏、重奏和合奏。独奏形式有琴曲、二胡曲、筝曲、琵琶曲、唢呐曲、笛曲等；合奏、重奏形式有锣鼓乐、弦索曲、丝竹乐、吹打乐等。这些演奏形式风格各异、特点鲜明。锣鼓乐音色丰富，节奏性强，擅长表现热烈活泼的生活场景；弦索乐文雅抒情、优美质朴，适合室内演奏；丝竹乐细致轻快，多表现活泼愉悦的情绪；吹打乐风格粗犷，适宜在室外演奏，擅长表现热烈欢快的情绪。除了娱乐性的器乐演奏形式外，民间器乐多与民间婚丧喜庆、迎神赛会等风俗生活，以及宫廷典礼、宗教仪式等结合在一起。

一、吹管乐器

吹管乐器是以气流激发空气柱、簧片或者两者耦合振动而发音的一类乐器，其共同特点是以气流引起乐器发音。常见的吹管乐器有笛子、笙、唢呐、箫、管子等。

笛子（图1-4），是迄今为止发现的最古老的汉族乐器，也是汉族乐器中最具代表性、最有民族特色的吹奏乐器。中国传统音乐中常用的横吹木管乐器之一，笛子常在中国民间音乐、戏曲以及中国民族乐团、西洋交响乐团和现代音乐的演奏运用，是中国音乐的代表乐器之一。在民族乐队中，笛子是举足轻重的吹管乐器，被当作民族吹管乐的代表，被称作"民乐之王"。大部分笛子是竹制的，因为竹笛声音效果较好，制作成本较低。

图1-4　笛子

【作品赏析】

《牧民新歌》是简广易于1966年以内蒙古伊克昭盟民歌音调为素材创作的曲子。作品以浓郁清新的民族民间音乐风格，亲切感人的旋律，活泼跳动的节奏展现出内蒙古大草原的风光和牧场上一派生机勃勃的喜人景象，表现了新时期牧民的精神风貌。

笙（图1-5），是我国古老的簧管乐器，它以簧、管配合振动发音，簧片在簧框内自由振动，是世界上最早使用自由簧的乐器。笙是一件能够演奏和声的乐器，可用于独奏、伴奏和合奏。笙的音色恬静优美、清脆明亮，善于表达甜美、欢快的作品。

【作品赏析】

胡天泉和董洪德于1956年合作的《凤凰展翅》，是建国以来第一首创作的笙独奏曲。乐曲描绘了我国传说中的神鸟——凤凰迎着雨后彩虹展翅欲飞的美妙意境。乐曲采用山西民间音调为素材，具有浓郁的地方特色，音乐形象鲜明，表现手法简练，富于生动、含蓄的艺术效果。

图1-5　笙

二、拉弦乐器

拉弦乐器是利用琴弓与琴弦的摩擦产生振动为发音源，再通过琴筒共鸣与琴弦发生耦合振动而发出音响的乐器。常用的拉弦乐器有二胡、高胡、中胡、板胡、京胡、马头琴等。

图1-6　二胡

二胡（图1-6），原名南胡，或称胡琴。琴筒用木或竹制成，一端蒙蛇皮，张两根弦，竹弓，张马尾，夹于二弦之间拉奏发音。其音色优美柔和，表现力丰富。二胡原来是流行于江南一带，主要作为丝竹乐合奏及戏曲伴奏的乐器。二胡性能灵活，能演奏各种不同情绪的乐曲，尤善于演奏歌唱性的旋律。

【作品赏析】

《赛马》是大家耳熟能详的一首经典二胡小品。乐曲情绪热烈奔放，内容通俗易懂，演出效果极佳，深受人们的喜爱。《赛马》的作者是黄海怀先生，我们现在经常听到的版本是由沈利群先生改编过的。这首二胡曲主要是描写了节日里草原上的骑手们举行赛马比赛时的激烈而热闹的场面。在作者的笔下，生动地再现了内蒙古这个传统比赛项目的盛况。欣赏这首乐曲时，就仿佛我们已经置身于茫茫的大草原上亲自观看比赛一样。

马头琴（图1-7），是蒙古族人民特有的拉弦乐器，它因琴杆上雕有马头而得名。马头琴的历史和二胡一样悠久，它的鼻祖——奚琴，在1000多年前的唐代就已出现在奚族民间。13世纪初，马头琴在蒙古族广泛流传。马头琴经常以独奏形式出现，也用于说唱音乐、民歌、舞蹈的伴奏或合奏。它音色悠扬、醇美，富有草原风味，善于演奏悠长、抒情和富于歌唱性的乐曲。

【作品赏析】

《万马奔腾》是齐宝力高的代表作品及保留曲目。针对这首乐曲，作者曾经讲过一个故事：在一次赛马活动中，作者看到一匹烈马背负着它的

图1-7　马头琴

主人飞驰向前。这匹马以最快的速度，竭尽全力冲向终点。当他们冲过终点的时候，这匹马突然倒地而死，马的主人抱着它的头痛哭不止。这件事深深地触动着作者。他忘不了这匹马那种奔腾不息、死而后已的精神。出于对大草原的热爱、对马的热爱，写了这首乐曲。

三、弹拨乐器

弹拨乐器最具典型的要数古琴和琵琶。根据记载，在春秋战国时代，琴、瑟、筝等弹拨乐器已经出现，并参加了音乐的演奏。到了汉代，弹拨乐器得到了进一步的发展，不仅已有的琴、瑟、筝等乐器在形制上逐渐完善起来，而且还新出现了一批弹拨乐器，如三弦和阮。到了隋唐，由于琵琶的引进和普遍使用，才大大地拓展了弹拨乐器的魅力和威力，使弹拨乐器起而代替吹管乐器成为这一时代的乐器家族的主题。

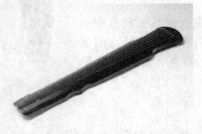

古琴（图1-8），即七弦琴，在古代即称琴。它的存在历史可以追溯到西周初期，是最古老的、纯正的中国乐器之一。早在《诗经》中，就有"窈窕淑女，琴瑟友之"之句，可见古琴尤为历史文人墨客所喜爱。古琴音量不大，但音色丰富、演奏手法细腻，内容多表现超脱或出世之情，也有激昂慷慨的咏志之作。

图1-8 古琴

【作品赏析】

《高山流水》的创作传说是先秦的琴师俞伯牙有一次在泰山的北面乘船游览风景，然后俞伯牙思绪万千立即拿琴演奏，没有想到樵夫钟子期竟然能领会俞伯牙所弹琴中之意。俞伯牙激动地说道"善哉，知己啊知己"。钟子期死后，俞伯牙伤心地摔琴，终身不弹，故后来就有了这首中国的十大名曲之一的作品《高山流水》（图1-9）。这首名曲《高山流水》原本是两首曲子《高山》、《流水》，是中国十大名曲中的两首，相传也是先秦时期的著名琴师俞伯牙所作。"高山流水"比喻知己或知音，也比喻乐曲高妙。此曲原本是古琴曲，现在多为古筝弹奏。

琵琶（图1-10），被称为"弹拨乐器之王"，木制，音箱呈半梨形，上装四弦，原先是用丝线，现多用钢丝、钢绳、尼龙制成。颈与面板上设用以确定音位的"相"和"品"。演奏时竖抱，左手按弦，右手五指弹奏，是可独奏、伴奏、重奏、合奏的重要民族乐器。

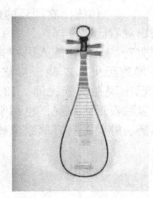

图1-9 高山流水　　　　　　　图1-10 琵琶

【作品赏析】

《十面埋伏》是一首历史题材的大型琵琶曲，它是中国十大古曲之一。资料追溯可至唐代，在白居易写过的著名长诗《琵琶行》中，可探知作者白居易曾听过有关表现激烈战斗场景的琵琶音乐。乐曲描写公元前202年楚汉战争垓下决战的情景。汉军用十面埋伏的阵法击败楚军，项羽自刎于乌江，刘邦取得胜利。明末清初，《四照堂集》的"汤琵琶传"中，曾记载了琵琶演奏家汤应曾演奏《楚汉》一曲时的情景："当其两军决战时，声动天地，屋瓦若飞坠。徐而察之，有金鼓声、剑弩声、人马声……使闻者始而奋，继而恐，涕泣无从也。其感人如此。"

四、打击乐器

打击乐器泛指由敲击而发音的乐器。中国打击乐器历史悠久，品种繁多，应用广泛。除了能够在管弦乐中加强乐曲的节奏、营造丰富多彩的音色变化外，更能够组合起来独立演奏，而不同类型打击乐器合奏亦各具独特表现力。中国的民族乐器中有许多特有的打击乐器，这些打击乐器有的今天还在使用，有的今天已经不使用了（比如编钟）。许多这些传统的打击乐器是中国传统艺术中不可缺少的部分，比如在中国的戏剧中的磬、鼓、锣、钹，或者在说书时使用的快板、响板等。

大鼓，又称堂鼓，用木质成桶形，上下两面蒙牛皮。用木槌敲击，一般都有中心击、中圈击、外圈击、鼓边击、由外到内击等；越到中心，发音越低沉、厚实，越到鼓边，发音越高、越单薄。大鼓是乐队中节奏的核心。它的表现力较强，既可表现威武的场面也可表现紧张的情绪。

【作品赏析】

《滚核桃》（图1-11）是根据山西绛州鼓乐改编的一首作品。乐曲包括了头、身、尾三个组成部分。它采用了多种演奏技法，演奏时使用多面各种形制的鼓和一副拍板。由于演奏时既有音乐本身的情绪色彩，又有演员现场的表演艺术，因而不仅好听，而且好看。乐曲表现农民采摘核桃之后，集中装袋、运到房顶上，然后铺开核桃晾晒、核桃滚散开来、滚落地上等景色，并以此抒发农民劳动时的欢快喜悦心情。

图1-11　滚核桃

【小资料】

江南丝竹

流行于上海市以及江苏南部、浙江西部的民间器乐乐种。其乐队有"丝竹板"和"清客串"两种。前者是专业性的，后者是爱好自娱性的。乐队的编制少者二人，多者七八人。所用乐器有二胡、小三弦、琵琶、扬琴、笛、箫、笙、鼓、板、木鱼、铃等。江南丝竹的音乐风格以轻巧、明朗、欢快、活泼为主，有时也表现得较为粗犷。其乐曲内容多表现江南人民朴实、健朗的欢乐性格，也从一个侧面体现了江南山清水秀的美丽风貌。

广东音乐

流行于广州市以及珠江三角洲一带的民间器乐乐种。它的前身是粤剧的过场音乐和烘托表演的小曲。20世纪初，发展为独立的乐种。广东音乐的形成和发展，与一批专业创作者有关，其中，严老烈、何柳堂、吕文成、丘鹤俦等影响较大。1926年，吕文成改进了广东音乐的乐队编制。此后，高胡、扬琴成为主奏乐器。1949年之后，广东音乐有了更大的发展。广东音乐的乐曲，一部分是源于古曲或民间乐曲的改编，另一部分则是作曲家的创作。通常，乐曲都短小精悍。其音乐风格多轻快活泼、缠绵细腻、流畅动听。

第三节 戏曲、曲艺

戏曲音乐是我国民族民间音乐体裁的一种。它是戏曲艺术中表现人物思想感情，刻画人物性格，烘托舞台气氛的重要艺术手段之一，也是区别不同剧种的重要标志。它来源于民歌、曲艺、歌舞、器乐等多种音乐成分，是我国民族民间音乐的重要组成部分。我国戏曲包括335种以上的地方剧种，这些地方剧种在风格上有所区别，并各有特点，但在总的风格上却又是有共同点的，都具有中华民族的风格。

曲艺音乐亦称说唱音乐，也是我国民族民间音乐体裁的一种。具有以叙述性为主，兼有抒情性，并与语言音调密切结合的音乐特征。曲艺音乐包括唱腔和器乐两部分。唱腔的结构形式基本上分为曲牌体和板腔体两种类型。由于各曲种所操的方言不同，因此曲艺音乐不仅有多种多样的曲调，又各有浓郁的地方色彩。器乐部分除以各种方式为唱腔伴奏外，也常在演唱之前或间隙中作单独演奏。

一、戏曲

中国戏曲主要是由民间歌舞、说唱和滑稽戏三种不同艺术形式综合而成。它起源于原始歌舞，是一种历史悠久的综合舞台艺术样式。经过汉、唐到宋、金才形成比较完整的戏曲艺术，它由文学、音乐、舞蹈、美术、武术、杂技以及表演艺术综合而成。它的特点是将众多艺术形式以一种标准聚合在一起，在共同具有的性质中体现其各自的个性。中国的戏曲与希腊悲剧和喜剧、印度梵剧并称为世界三大古老的戏剧文化，经过长期的发展演变，逐步形成了以"京剧、越剧、黄梅戏、评剧、豫剧"五大戏曲剧种为核心的中华戏曲百花苑。中国戏曲剧种种类繁多，据不完全统计，中国各民族地区戏曲剧种约有360多种，传统剧目数以万计。其他比较著名的戏曲种类有：昆曲、粤剧、淮剧、川剧、秦腔、晋剧、汉剧、河北梆子、河南坠子、湘剧、黄梅戏、湖南花鼓戏等。

图1-12 京剧

（1）京剧　京剧（图1-12）不仅被炎黄子孙称为"国粹"；也被越来越多的外国朋友所推崇、所热爱，并被他们视为世界艺术宝库中的一颗璀璨明珠。

京剧中根据所扮演角色的性别、性格、年龄、职业以及社会地位等，在化妆、服装等方面加以艺术的夸张，这样就把舞台上的角色划分成为生、旦、净、丑四种类型。这四种类型在京剧里的专门名词称为"行当"。不同行当的演唱方法、表演技术都有各自不同的特点。由于京剧人物造型形象鲜明、风格多样，有强烈的剧场效果，常常更易于激起观众的欣赏兴趣。

四大名旦：20世纪20年代先后成名的四个京剧旦角演员，他们是梅兰芳、尚小云、程砚秋、荀慧生。

【作品赏析】

《贵妃醉酒》又名《百花亭》，源于乾隆时一部地方戏《醉杨妃》的京剧剧目。该剧经京剧大师梅兰芳倾尽毕生心血精雕细刻、加工点缀，成为梅派经典代表剧目之一。此剧本主要描写杨玉环醉后自赏怀春的心态，凸显杨玉环对帝的柔情。20世纪50年代，梅兰芳去芜存菁，从人物情感变化入手，从美学角度纠正了它的非艺术倾向。

(2) 黄梅戏　黄梅戏（图1-13）流行于安徽和江西、湖北部分地区的戏曲剧种。清道光以后，由湖北黄梅的采茶调传入安徽安庆地区，吸收青阳腔和徽剧的音乐和表演艺术以及民间音乐融合发展而成。黄梅戏的曲调丰富，主要有"花腔"、"彩腔"、"主调"等三类曲调，也运用民间小曲，它属于板腔体、曲牌体二者综合的体式。中华人民共和国成立后，黄梅戏在音乐方面发展了唱腔和伴奏，使旋律更为优美，经过整理的传统剧目《天仙配》等流行较广。

图1-13　黄梅戏

【作品赏析】

《天仙配》中《满工对唱》整个唱段的唱词简洁工整，易于上口，行腔舒展，韵味浓郁，表现了董永与七仙女在傅家做工百日期满，夫妇欣然归家时的喜悦心情。唱段在优美、明快的笛声引奏中开始，之后是七仙女与董永上下句的对唱，采用传统唱腔中一人一句的花腔对板，曲调欢快，表达了两人对自由生活的向往和追求。结尾是以自由模仿、复调手法发展而成的男女声二重唱，音乐节奏清新爽健，充分发挥了黄梅戏音乐的独特风格。

二、曲艺

曲艺是中华民族各种说唱艺术的统称，它是由民间口头文学和歌唱艺术经过长期发展演变形成的一种独特的艺术形式，以"说、唱"为主要的艺术表现手段。说的如小品、相声、评书、评话；唱的如京韵大鼓、单弦牌子曲、扬州清曲等；似说似唱的如山东快书、快板书、锣鼓书等；又说又唱的如山东琴书、徐州琴书、恩施扬琴、武乡琴书等；又说又唱又舞的走唱如东北二人转、宁波走书、凤阳花鼓等。

曲艺是中华民族各种说、拉、弹、唱等艺术的统称，它是由中国民间口头文学和歌唱艺术经过长期发展演变，形成的一种独特的艺术形式，故称"曲艺"，说白了就是"曲调"的"艺术"表现。

(1) 京韵大鼓　京韵大鼓，又称京音大鼓。清代末叶由木板大鼓和清音子弟书合流后发展而成。流行于京津、华北和东北、华东的部分地区。起初多演唱长篇，有说有唱。后来主要演唱短篇，只唱不说。唱词多为七字句和十字句。表演形式是一人站唱，左手持板，右手击鼓、伴奏乐器主要有三弦、四胡，必要时可增加二胡、琵琶等乐器。京韵大鼓的音乐属于板腔体的结构形式，通过唱腔和节奏的变化，表现复杂的故事情节和刻画各种人物的思想感情，具有较强的艺术表现力。

【作品赏析】

《风雨同舟》是京韵大鼓的传统小段，它以写景抒情的手法描写了在风雨中渔舟飘摇以及捕鱼归来时的情景。其唱词秀丽典雅，押"由求"仄，整个唱段一韵到底，流利酣畅。唱腔柔婉细腻，舒展绵长，韵味清新，曲调完美地表达出唱词中蕴含的意境，并与当地语音声调结合得十分妥帖，生动地刻画出一幅优美的大自然的图景。

图 1-14　苏州弹词

(2) 苏州弹词　苏州弹词（图 1-14）的历史悠久，盛行至今约 400 余年。它形成于吴语地区，以苏州为中心，流行于江苏南部、上海和浙江的杭嘉湖地区。苏州弹词有一人、二人和二人以上等表演形式。表演者有说有唱，自弹自唱，伴奏乐器以小三弦、琵琶为主。唱词以七字句为主，基本唱腔是上、下句变化反复结构。在体裁上为散文和韵文结合，并以叙事为主，代言为辅。以说、噱、弹、唱的艺术手段描绘故事情节，刻画人物性格。

【作品赏析】

《蝶恋花·答李淑一》是用苏州弹词的曲调创作，为毛泽东诗词谱曲的优秀作品，曾经风靡大江南北。半个世纪以来，它不仅是苏州评弹艺术创新的经典代表，而且在新中国的音乐史上也有着一种特殊的地位。整个唱腔优美抒情，细腻委婉，既保留了苏州弹词音乐的特色，又赋予了新的时代气息。

【小资料】

梅兰芳学艺

梅兰芳小时候去拜师学艺，师傅说他眼睛没神儿，不是唱戏的料子。原来他小时候眼睛有轻度近视，不仅迎风流泪，而且眼珠转动不灵活。但梅兰芳学艺的决心没有被动摇，他养了鸽子，每天一清早，他就给它们喂食，然后放飞。梅兰芳眼睛随着鸽子的飞动而转动，循苍穹而视，直至鸽子的踪影在遥远的天际消失。十年间，从未间断，持之以恒，终于恢复了视力，练出了眼神。后来，梅兰芳在舞台上一双大眼睛灵动明亮，神采飞扬。他的眼神最能传达人物内心的细腻感情，人们都说梅兰芳的眼睛会说话了。

梅兰芳以塑造各种妇女的舞台形象名闻遐迩，他为此可谓呕心沥血。最初，他对表现女人吃惊的神态时老觉得不够理想，尽管他多次揣摩，反复试验，却总不能将女人猛然吃惊的神态恰如其分地表现出来。一天，他回到家中，看到妻子正在聚精会神地整理衣服，忽然想到，如果冷不防地发出一声巨响，她必然会大吃一惊，一个女人吃惊的神态不就自然而然地表现出来了么？于是，他随手抄起身旁的一只兰花瓷盆，狠狠地往地上一摔。"咣当"一声巨响，妻子被吓得惊叫了一声："哎呀！"将手中的衣服掷了老远，半响才说出话来。在这一瞬间，梅兰芳准确地捕捉住了妻子的神情、动作。他据此反复琢磨、练习，将女人受惊后那种惊叫的神情、动作，恰当而又巧妙地融进他有关的表演中，将人物刻画得更加活灵活现。

第四节　歌剧、舞剧

一、歌剧

歌剧是综合音乐、戏剧、诗歌、舞蹈和舞台美术等艺术要素而以歌唱为主的一种戏剧形式。通常由咏叹调、宣叙调、重唱、合唱、序曲、间奏曲、舞蹈场面等组成（有时也用说白和朗诵）。早在古希腊的戏剧中，就有合唱队的伴唱，有些朗诵甚至也以歌唱的形式出现；中世纪以宗教故事为题材，宣扬宗教观点的神迹剧等亦香火缭绕，持续不断。但真正称得上

"音乐的戏剧"的近代西洋歌剧,却是16世纪末、17世纪初,随着文艺复兴时期音乐文化的世俗化而应运产生的。

我国的歌剧具有鲜明的中国特色,它既借鉴了西洋歌剧的创作经验,又继承和发扬了我国戏曲音乐创作的优良传统,为了与我国传统的歌剧——戏曲相区别,通常称作中国新歌剧。它自"五四"以来逐渐发展形成。早期剧目有《麻雀与小孩》、《小小画家》、《扬子江暴风雨》、《农村曲》、《军民进行曲》、《洪波曲》、《秋子》等。1945年,在延安诞生了大型歌剧《白毛女》。这是新歌剧成型的标志,为后来新歌剧的发展奠定了基础。在解放战争时期和中华人民共和国成立以后,我国新歌剧的代表剧目有《刘胡兰》、《赤叶河》、《小二黑结婚》、《阿依古丽》《洪湖赤卫队》、《江姐》等。

【作品赏析】

《红梅赞》是歌剧《江姐》的一曲主旋律,象征着江姐的英雄形象,在剧中三次出现。它的音乐是在四川民歌音调的基础上,广泛吸收了地方戏曲的音乐语言创作的。旋律明朗、刚健、开阔、高亢、感情真挚,在全剧中起着核心音调的作用。歌曲用红梅报春的深刻寓意来赞颂江姐,表现了革命烈士忠贞不屈的精神,和他们热切期盼革命新春早日到来的乐观主义情怀。

二、舞剧

舞剧是以舞蹈为主的表现手段,并与音乐、戏剧、文学、美术等艺术紧密结合的一种艺术形式。在我国古代,乐、舞、诗本为一体,后来逐渐产生了人物划分和简单的情节。到20世纪40年代前后,也曾有过《虎爷》、《宝塔牌坊》等舞剧尝试,但真正意义上的舞剧,是在新中国成立之后。中国第一部成功的民族舞剧是张肖虎作曲的《宝莲灯》。以后,陆续产生了一批有影响的舞剧作品。

在舞剧中通常广泛运用古典舞、性格舞、现代舞、宫廷舞、舞会舞、武术杂技性舞蹈及独舞、双人舞、三人舞、群舞、组舞、哑剧性舞蹈等。舞剧音乐可分为芭蕾音乐、民族音乐、现代音乐三种。音乐和舞蹈共同完成人物性格的塑造,并为剧情发展和烘托气氛发挥作用。

【作品赏析】

歌曲《万泉河水清又清》是芭蕾舞剧《红色娘子军》(图1-15)中第四场"党育英雄,军民一家"中的一首。这首合唱歌曲真挚抒情,亲切动人,热情歌颂了海南岛的红区风光,在舞剧中给人留下了深刻的印象。但作为一首优秀的表现军民鱼水情的歌曲,《万泉河水清又清》在舞剧《红色娘子军》中是以舞蹈加伴唱的形式出现的。这种创作手法,不仅大胆打破了芭蕾舞剧"不开口"的陈

图1-15 舞剧《红色娘子军》

规,创造了芭蕾舞剧载歌载舞的新形势,更是在揭示人物内心情感方面起到了积极的作用。从旋律上来看,作曲家以海南黎族民歌《五指山歌》为创作素材,保持了浓郁的民族风格。

【小资料】

江姐的故事

1948年春,解放军在全国范围内展开了战略反攻。国民党反动派统治下的重庆,已是一派"山雨欲来风满楼"的景象。我地下党员江姐带着省委的重要指示,冲破敌人的重重封

锁，离别山城，奔赴川北革命根据地。在途中，她突然听到丈夫——华蓥山纵队政委彭松涛同志牺牲的消息，抑制住内心的悲痛，毅然直上华蓥山，见到了游击队司令员"双枪老太婆"，率领游击队展开了轰轰烈烈的武装斗争。国民党反动派四处通缉江姐。江姐在群众的掩护下，和同志们一道又一次拦住敌人的军车，缴获大批武器弹药，打击了反动派的嚣张气焰。由于叛徒甫志高的出卖，江姐不幸被捕。在重庆中美合作所渣滓洞集中营里，面对特务头子沈养斋的威逼利诱，面对敌人的各种酷刑，江姐大义凛然，义正词严地痛斥敌人的罪行，表现出共产党员坚贞不屈的革命气节和崇高精神。重庆解放前夕，敌人在逃跑前，策划屠杀被捕的共产党员和革命者的阴谋。根据上级党组织的指示，为配合我军胜利进军，江姐在集中营组织和领导越狱斗争。在这生死的紧急关头，敌人要提前杀害江姐。为了不暴露越狱计划，保护同志们，江姐毅然走向刑场。山城解放了，五星红旗在新中国的上空飘扬，它是用烈士的鲜血染红的。

第五节　通俗音乐、影视音乐

一、通俗音乐

通俗音乐泛指一些通俗易懂、为广大群众喜闻乐见而又传播较广的音乐。如轻音乐、爵士乐、迪斯科音乐、摇滚乐和通俗歌曲等。这类音乐由于它那轻松活泼、短小单纯而富有节奏性的独特风格而有别于严肃的古典音乐和传统的民间音乐。

通俗音乐的内容一般取材于日常生活，以反映爱情题材居多，也有描写亲朋友爱、思念故乡、人生伦理、生活理想等内容。通俗音乐强调娱乐性和即兴性，表现手法和风格都很自由而富于变化。在节奏上强调强烈、清晰、单纯而富有变化，在旋律上力求易记易唱，音域通常比较窄小。

【作品赏析】

第29届奥林匹克运动会主题曲《我和你》由世界著名歌唱家莎拉·布莱曼和刘欢共同演唱。旋律简洁而优美，让人深刻回味。西式风格的旋律在音阶组合上运用了中国民乐中古典的宫廷音阶，这首歌曲在配器上也秉承了温和、宁静、悠远、自然等风格元素，不用器乐去升华情感，而是靠旋律的递进去营造人对音乐的感受，这是经典音乐都共通的境界。旋律的婉转和质朴让听者感觉舒服，耐人寻味，并深深牢记。

二、影视音乐

影视音乐是指为影视而创作的音乐，它是影视这门综合艺术中的一个重要组成部分。它的演奏和演唱，通过录音技术与语言、音响效果合成一条声带，随影视放映被观众感知，具有影视艺术和音乐艺术的双重特性。

常见的影视音乐包括主题音乐、背景音乐、片头音乐、片尾音乐、主题歌、插曲、片头歌、片尾歌等。影视作品中的音乐，一部分是参与故事情节的有声源音乐，在画面中可以找到发声体，或与故事的叙述内容相吻合；另一部分是非参与故事情节的无声源音乐，主要起渲染情绪，突出主题，刻画人物的作用。好的电影音乐能使原本平实的电影回味悠长、熠熠生辉。好的电影音乐更要符合观众的心理，使他们产生共鸣，能够完全融入电影情节中去。电影，有了音乐的进入才使其作为视听艺术更加丰满，具有更强的艺术感染力。

【作品赏析】

《枉凝眉》是电视剧《红楼梦》的主题歌，这是一首赞颂宝玉、黛玉的歌，又是嗟叹他们难以实现爱情理想的咏叹调，更是诅咒那使美好人事遭毁灭的时代命运的安魂曲。歌曲为复乐段（第二乐段是第一乐段的变化重复），每一乐段各6个乐句加一个衬词句，每两个乐句为对应关系，与歌词相对应，巧妙地表现出一对恋人形象。音乐紧紧围绕"悲"字展开，以六声羽调式为基础，旋律绵长缓慢、深沉典雅，抒发满腔惆怅和无限感慨，展示出了强烈的悲剧美，既有古典庄重之风范，又为现代人所接受（图1-16）。

图1-16 黛玉葬花

【小资料】

中国摇滚乐

摇滚乐，英文全称为Rock' N' Roll'，兴起于20世纪50年代中期，主要受到节奏布鲁斯、乡村音乐和叮砰巷音乐的影响发展而来。早期摇滚乐很多都是黑人节奏布鲁斯的翻唱版，因而节奏布鲁斯是其主要根基。摇滚乐分支众多，形态复杂，主要风格有民谣摇滚、艺术摇滚、迷幻摇滚、乡村摇滚、重金属、朋克等，代表人物有埃尔维斯·普莱斯利（猫王）、鲍勃·迪伦、披头士乐队、滚石乐队等，是20世纪美国大众音乐走向成熟的重要标志。中国摇滚乐兴起于20世纪80年代初，1986年崔健以一首《一无所有》喊出了中国摇滚第一声；90年代中期为中国摇滚的高峰期。

摇滚策划人黄燎原曾说过，崔健、唐朝、黑豹开创了中国摇滚先河，何勇、张楚、窦唯"魔岩三杰"让摇滚走进了新时代，郑钧、许巍、汪峰通过几首易于传唱又不失人文内涵的歌曲让摇滚走进主流。摇滚乐在中国从无到有，至今正好三十年，回望过去，细节历历在目。

中国摇滚开始于1986年"西北风"开始进入刚刚萌芽的青年文化，摇滚在华夏大地上的"反文化"中生根发芽。在那个年代成为大众文化后导致了1990年"现代摇滚"的酝酿。从此，中国摇滚开始进入主流市场，但好景不长，却又被认为在形式和音质上与粤语流行歌曲近乎相似。虽然后来又有另类摇滚的出现，但中国摇滚已大势已去。从此中国的大部分摇滚乐迷不再抱有幻想，这也直接导致了后来中国摇滚的衰退。早期影响最大的是"中国摇滚教父"崔健，和他的《一无所有》。其他出名的摇滚乐队有唐朝乐队、黑豹乐队、高旗与超载乐队、陈劲、眼镜蛇、1989乐队、苍蝇乐队、王磊等。20世纪90年代初，摇滚乐在中国大陆达到流行高潮，号称"魔岩三杰"时期。"魔岩三杰"为张楚、何勇和窦唯。

此后中国摇滚几近瓦解，但没有消亡。90年代末活动的地下乐队有地下婴儿、清醒乐队。近几年，中国摇滚出现复苏迹象，摇滚乐队异常活跃，在各种演出中都可看到摇滚乐队的身影。

思 考 题

1. 想象自己坐在大草原上，聆听乐曲《万马奔腾》，你认为乐曲描绘了一种怎样的场面？你从乐曲中体会到了蒙古族人民怎样的性格及精神？
2. 为什么说京剧是"国剧"？你欣赏过的京剧剧目有哪些？
3. 查阅有关资料，了解古曲《高山流水》的典故。

第二章 西方音乐

西方音乐主要指欧洲音乐,由于欧洲历史上统治阶层比较重视音乐,因此许多音乐家都得到资助和保护,发展出比较完善的音乐理论。现在所提及的西方音乐实际上是从 16 世纪末开始,尤其是 17~18 世纪,这一期间,音乐史上称为巴洛克时期。西方音乐的发展一共分为八个阶段:古希腊罗马时期的音乐,中世纪时期的音乐,文艺复兴时期的音乐,巴洛克时期的音乐,古典主义时期的音乐,浪漫主义时期的音乐,现代主义音乐和新世纪音乐。

目前西方的音乐理论在全世界的音乐界占有主导地位,欧洲音乐界发展的记谱法和作曲的程式得到世界的公认。西方音乐以七弦琴,阿夫洛斯作为音乐的标志乐徽。

第一节 巴洛克音乐

音乐史上把自歌剧诞生的 1600 年至约翰·塞巴斯蒂安·巴赫去世的 1750 年的这段欧洲音乐历史称为巴洛克时期,也是早期音乐向近代音乐过渡时期。在这一时期,涌现出一大批杰出的作曲家,如巴赫、维瓦尔蒂和亨德尔等。他们创作了大量经典歌曲,这些作品不但反映了当时先进的思想,而且在声乐写作技巧上有许多可取之处,开启了人们声乐听觉上的新感受。巴洛克音乐的节奏特别强烈、活跃,短促而律动。旋律精致、跳跃且持续不断。采用多旋律、复音音乐的复调法。作曲家普遍强调作品的情感起伏,以至于音乐的速度、力度变化在当时相当被看重。曲目的调性也从文艺复兴时期单一而保守的教会调式发展为采用大小调形式。同时西洋管弦乐器也在巴洛克时期得到了迅速的发展,小提琴的出现、拨弦古钢琴的成形都为巴洛克音乐提供了更丰富的表现力。其他乐器的发展也使得某些特定风格的巴洛克音乐其配器得以朝着多元化、大规模的方向发展。

"巴洛克"是西方艺术史上的一种艺术风格,最初是指那些产生于文艺复兴时期的,并且在 1600~1750 年间繁荣起来的音乐和其他一些视觉艺术。巴洛克风格的产生经历了一个相当长的时间过程。虽然"巴洛克"这样一个术语是无法总括一段历史中多样的音乐风格,但是,由于"巴洛克"在使用中确实被用来泛指整整一个历史时期的艺术和文学,并且这样一个时期的音乐,与当时的建筑、绘画、文学,甚至与科学、哲学都有某种相似的文化品性。因此,出于这样一种看法,即音乐和人类其他创造性活动之间存有一种联系,而一个时代的音乐又往往会以为它特有的方式去反映其他时代艺术中表达相似的观念和倾向,人们才会在艺术史上,用巴洛克、浪漫派之类的称谓来表示一个历史时期的艺术。

图 2-1 巴赫

巴赫(1685~1750)(图 2-1)德国最伟大的古典作曲家之一,巴洛克音乐的杰出代表。出生于德国爱森纳赫市的一个音乐世家,少时随兄学习音乐,18 岁起担任教堂和宫廷的乐长及管风琴师。他的创作渗透人道主义思想,他改革宗教音乐,将复调音乐发展到顶峰。其乐曲风格典雅,构思严密,气氛庄重,感情内在,富于哲理性和逻辑性,对德国音乐文化和欧洲近代音乐的发展产生深远影响。主要作品有:唐塔塔 200 多部,《平均律钢琴曲集》、《创意曲集》、《法国组曲》、《英国组曲》、《勃兰登堡协奏曲》6首,《乐队组曲》4首和大量管风琴曲等。

巴赫一生写过四部管弦乐组曲,其中以第三部(D大调)最为杰出。《G弦上的咏叹调》即是这部组曲中第二首"咏叹调"的小提琴改编曲。这段旋律优美动人、纯朴典雅。再加上小提琴G弦那浑厚、丰满的音色,使这首乐曲具有迷人的魅力。此曲虽短小,却拥有广泛的听众,后期的音乐家又先后将它改编为管弦乐、大提琴独奏、弦乐四重奏等形式演奏。

【小资料】

风琴之王——巴赫

如果说管风琴是乐器之王,那巴赫可称得上是管风琴之王了。管风琴是巴赫一生的主要创作工具,也是最能体现他演奏艺术的乐器了,巴赫生前作为一个管风琴演奏家的名气远超过了他作为作曲家的声望。巴赫首创了五指并用的演奏技巧(此前的音乐家很少用拇指触键),并高度发展了运用踏板的技巧。

1714年底,巴赫访问了卡塞尔城,为弗里德里希亲王演奏了管风琴,引起了轰动。时隔多年后,有人这样回忆当时的情形:"他的脚在踏板上飞行,仿佛是长了翅膀一样,使得声音像暴风雨中的雷鸣闪电一样在回响。亲王脱下手指上的戒指赠给了他。试想一下,如果巴赫熟练的脚就得到这样的赠与,那么亲王又将以何物去奖励他的手呢?"

音乐家阿格里科拉在巴赫逝世后这样评价他的地位"就像希腊只有一个荷马,罗马只有一个维吉尔,德国也只有一个巴赫。无论是在作曲艺术或管风琴和羽管键琴的演奏上,全欧洲迄今还没有人能比得上他,将来也不会有人能超过他"。

第二节 古典主义音乐

1750~1820年左右,在西方音乐史上被称为"古典主义时期"。古典主义时期相继出现了几个典型的古典乐派,严格上分为初期古典乐派和维也纳古典乐派。

初期古典乐派:文艺复兴后在意大利兴起的主调形式的新音乐,以贵族社会为背景,在德意志和奥地利各地繁荣昌盛起来。其初期有三个主要乐派:以音乐大师巴赫的次子C.P.E.巴赫为中心的柏林乐派;以约翰·斯塔米兹为中心的曼海姆乐派;以瓦根扎尔和蒙恩为中心的早期维也纳乐派。

维也纳古典乐派:18世纪70年代,古典主义音乐进入盛期。成熟的古典风格以海顿、莫扎特的中、晚期,贝多芬的早、中期风格为代表。经过古典主义早期众多作曲家的创造,古典主义音乐的基本语汇和表现手法已经定型,盛期的三位伟大作曲家,用各有千秋的表达方式使之进一步发展。由于海顿、莫扎特和贝多芬都曾在维也纳活动,成熟的古典风格又融入了明显的奥地利因素,因而历史上将古典主义盛期称为维也纳古典乐派。这一乐派的主要特征是反映人类普遍的思想要求,音乐家们追求美德观念、强调风格的高雅,给予人们乐观向上的进取精神。海顿、莫扎特、贝多芬是这时期的最具代表的音乐家。

贝多芬(1770~1827年)(图2-2),德国作曲家,古典乐派大师,西洋音乐史上最伟大的音乐家之一。出身于德国波恩的一个平民家庭,幼时显露音乐才能,早年受启蒙运动和法国资产阶

图2-2 贝多芬

级革命影响,信仰共和,要求平等自由。创作上集古典音乐之大成,开浪漫音乐之先河,堪称音乐史上里程碑式的伟人。作品充满革命热情、英雄气概和乐观情绪。代表作有:交响曲9部,其中以第三(英雄)、第五(命运)、第六(田园)、第九(合唱)交响曲最著名,钢琴协奏曲5首,钢琴奏鸣曲32首,管弦乐几十部以及歌剧、室内乐等,被后世尊称为"乐圣"。

【作品赏析】

完成于1823年的《第九交响曲》是贝多芬晚期的代表作品,也是贝多芬全部创作的高峰和总结。在作品的第四乐章中,贝多芬史无前例地将人声引入庞大的管弦乐队中,以德国诗人席勒的诗作《欢乐颂》作为歌词。交响曲前三个乐章中的主题依次在第四乐章中出现,但又逐一被中断,展现了作曲家寻求真理的曲折的心灵历程。最后,作曲家终于找到他理想的目标——"欢乐"主题。

复杂的时代环境、个人的痛苦经历,铸就了贝多芬独特的音乐性格:充满矛盾、激烈冲突的戏剧性和勇往直前、热情澎湃的英雄性。"自由和进步"是贝多芬终生追求的艺术与人生目标。可以说,象征着力量、意志、壮美、崇高精神的贝多芬音乐至今仍震撼人心。

【小资料】

贝多芬的故事

贝多芬,是德国著名的音乐家。他的童年是不幸的,父亲以粗暴的态度逼迫他学习音乐,羽管键琴、提琴成了父亲压迫他的枷锁。庆幸的是,他那一颗好学的心,竟然没有被压灭。他十三岁入戏院乐队,当大风琴手。十七岁由于母亲去世,他挑起了全家生活的重担。不幸的事情发生了,正当他在音乐的世界里陶醉忘返的时候,他的健康被一连串的伤风、肺病、关节炎、黄热病摧残了。更为令人痛心的是26岁的时候,他的耳朵变聋了。耳朵对音乐家,该是何等的重要!贝多芬痛苦万分。他在一封给友人的信中说:"我过着一种悲惨的生活。两年以来我躲避着一切交际,因为我不可能与人说话,我聋了。要是我干着别的职业,也许还可以,但我的行当里这是可怕的遭遇啊!"大难临头,贝多芬把音乐当作他的避难所,他勇敢地向命运挑战,不顾双耳的轰轰作响,一件又一件地完成着他的作品。

有一次,贝多芬指挥预奏,由于他听不见台上的歌唱,一下子乱了套。一位指挥提议暂休。之后,又重新开始。可是,这一次又同样地乱套了,又不得不宣布第二次暂休。这时,贝多芬不安起来,他急匆匆跑回家去,一头扎在床上,双手捂着脸,连晚饭也没有吃。两年过去了,他又指挥起《合唱交响曲》。这一次他获得了巨大的成功!剧场里群情激昂,喝彩连声。但这一切他都没有听见。直到一位女歌唱演员牵着他的手面向观众时,他才看到人们在向他挥舞帽子,热烈鼓掌。

贝多芬就是这样一个在厄运中不屈不挠斗争、学习的人。

第三节 浪漫主义音乐

大约从1820~1910年左右,被称作西方音乐史上的浪漫主义时期。"浪漫"一词原指中古时期用罗曼语写成的诗歌或传奇,18世纪用来比喻与现实相区别的想象中的世界。浪漫主义时期,人们反对崇拜理性,歌颂本能和情感。与古典主义理性、客观的艺术观念相反,浪漫主义者喜爱从主观的角度去感受事物,强调个人情感的表达。音乐多和梦想与激情、生与死、神与大自然、人类的命运、对祖国的赞美、对自由的渴望等主题相联。浪漫主义作曲家注重不同艺术之间的融合，他们喜爱将音乐与文学、诗歌、绘画等非音乐类艺术结合起来，为的是追求更富想象力的表现。艺术歌曲和标题交响音乐就是这样综合性艺术的典型代表。

浪漫乐派常被分为初、中、后三个时期。属于初期浪漫乐派的代表作曲家除韦伯和舒伯特外，还有贝多芬的晚期以及门德尔松、肖邦、舒曼、柏辽兹等；属于中期浪漫乐派的作曲家包括李斯特、瓦格纳、弗兰克、勃拉姆斯、柴可夫斯基等；被列为后期浪漫乐派的作曲家有普契尼、沃尔夫、马勒和理查德·施特劳斯等。

舒伯特（1797～1828年）（图2-3）奥地利著名作曲家，浪漫乐派代表人物。出身于维也纳一个教师家庭，幼时随父兄学习音乐。1818年起专心从事作曲事业。在贫困潦倒、疾病侵袭的艰难生活中创作了大量优秀作品。主要作品：交响曲9部，钢琴协奏曲22首，室内乐36部，艺术歌曲600余首，歌剧17部。其中以《未完成交响曲》、《鳟鱼五重奏》，歌曲《魔王》、《野玫瑰》及声乐套曲《美丽的磨坊女》、《冬之旅》等最为著名。

图2-3 舒伯特

【作品赏析】

《鳟鱼五重奏》旋律优美，充满明朗靓丽的光泽，洋溢着生命的无限活力，令聆听者难以忘怀。由于作品的第四乐章是根据舒伯特创作的歌曲《鳟鱼》的主题而写成的变奏曲，所以这部作品被世人称为《鳟鱼五重奏》。

《鳟鱼》的音乐形象鲜明、生动，整体气氛轻松、活跃。当渔夫搅浑河水时，舒伯特采用了较为阴暗、压抑的小调，使整个曲子色彩暗淡下来。在经过鳟鱼被钓起以及主人公一番激动心情之后，音乐很快又回到了原来的大调。作者通过对这种情景的音乐描绘，表达了他对那个时代和社会中受到欺骗的弱者的同情。

【小资料】

舒伯特的《摇篮曲》

舒伯特的一生贫穷潦倒，只活到31岁便不幸去世了。然而留给后人的音乐财富，其价值却难以估量。他的歌曲形象鲜明，优美抒情，把歌曲的表现力发展到新的高度。在欧洲音乐史上，被尊为歌曲之王。

然而这位天才的音乐家却常常饿着肚子过日子。一天，他徘徊在维也纳的街头，天晚了，饥肠辘辘，钱包里却一分钱也没有，晚餐如何解决？他也想不出头绪来。他本能地走进一家饭店坐了下来，可是一个分文也拿不出来，怎么点菜吃饭？也许会碰上朋友熟人进来，顺便帮一点忙吧？但左顾右盼，始终没有见到一张熟悉的面孔。正在失望之际，餐台上一张报纸中的小诗跃入他的眼帘。作曲家的本能立即把他的思绪转到诗歌的意境中去。他浮想联翩，乐思绵绵，立即便把它谱成歌曲并写了出来。他把这首歌拿给老板看，老板从他的衣着、脸色中悟出了舒伯特的意思，便用一份土豆烧牛肉，换了他的这首歌。多年之后，这首歌的手稿被送到巴黎拍卖，竟以四万法郎起价。

这首歌就是《摇篮曲》。自从问世以来，世界上有多少母亲坐在摇篮边哼着它，它舒缓、亲切、深情的旋律，轻轻地伴着婴儿入睡，让孩子拥抱着母爱的温暖进入梦乡，做着天使般的梦。

第四节　现代主义音乐

20世纪风云变幻，先后经历了两次世界大战、经济危机等，社会动荡，矛盾加剧，使人们产生了更多的紧张、不安情绪；科学技术迅猛发展，影响到了生活的各个方面，使作曲家创新求异更加心切；个人主义充分发展，创作不顾公众反应和社会效果的倾向变得普遍起来。20世纪各个流派的产生，或多或少地都离不开这些总体情况。现代音乐（或称"现代主义音乐"、"现代派音乐"）指的是19世纪末、20世纪中非传统作曲技法，非功能和声体系作为理论支撑的，用新的作曲手法、音乐理论、音乐语言创作的音乐，并非指20世纪创作的所有音乐作品。

20世纪音乐艺术趋向于多样化，众多的流派各成一体，都完全脱离古典的美学传统，比较典型的几个音乐流派为：以普罗科菲耶夫、奥涅格、巴托克等为代表的，拟古音乐风格的新古典主义；以勋伯格、威伯恩、贝尔格为代表的，十二音无调性音乐的表现主义；以梅西安、布列、诺诺为代表的，把一切音乐因素都纳入计算程序的序列音乐；以舍弗尔、亨利为代表的，使用录音技术和剪辑技术合成自然界声音的具体音乐；以斯托克豪森、瓦列兹、巴比特为代表的，利用电子技术组合音响的电子音乐；以凯奇为代表的，注重临场发挥的偶然音乐等。

图2-4　勋伯格

勋伯格（1874～1951年）(图2-4)，美籍奥地利作曲家、音乐教育家和音乐理论家，表现主义音乐和十二音序列作曲技法的创始人。他与学生威伯恩和贝尔格一起形成"新维也纳乐派"，他的创作对20世纪音乐产生了巨大影响。他基本上是自学成才的，早期的作品受勃拉姆斯和瓦格纳的影响，作有弦乐六重奏《升华之夜》、声乐与乐队《古雷之歌》。后来逐渐倾向于无调性，创建了十二音体系。代表作有《乐迷比埃罗》、《一个华沙幸存者》，歌剧《摩西与阿伦》等。

【作品赏析】

《升华之夜》创作于1899年，原为弦乐六重奏曲，1917年改编为管弦乐曲，属于勋伯格早期的作品。这部作品可分为两大部分：第一部分描写女人的坦白；第二部分是男人的宽恕。这两部分之间和乐曲的首尾，都有同样的一段缓慢而富于表情的音乐，其中的主题象征着男女主人公的散步，它在全曲中的作用有点类似穆索尔斯基《图画展览会》中的"漫步主题"，起到了贯穿全曲的作用。

【小资料】

爵士乐的起源

爵士乐，于19世纪末至20世纪初源于美国，诞生于南部港口城市新奥尔良，音乐根基来自布鲁斯和拉格泰姆。爵士乐讲究即兴，以具有摇摆特点的Shuffle节奏为基础，是非洲黑人文化和欧洲白人文化的结合。20世纪前十几年爵士乐主要集中在新奥尔良发展，1917年后转向芝加哥，30年代又转移至纽约，直至今天，爵士乐风靡全球。爵士乐的主要风格有新奥尔良爵士、摇滚乐、比博普、冷爵士、自由爵士、拉丁爵士、融合爵士等。

爵士乐的真正起源是贫穷。1865年，美国内战结束，往日黑人奴隶获得了自由，但是生活依然困苦。他们多数是文盲，唯有靠自己故土培植出的音乐娱乐自己。劳动的号子和农田歌曲是在采摘棉花时唱的，赞美诗歌和圣歌是在种族隔离的教堂里聚会时唱的，而即兴之作则是独唱歌手在一支班卓琴伴奏下吟唱的。在教堂中，黑人牧师用英国领唱方式来解决唱歌不懂字的问题。19世纪末至20世纪初流行的标准音乐会形式，也就是当时军乐团和舞会乐队的音乐，影响了最早的爵士乐的主流表达方式。铜管乐器，簧管乐器和鼓，成为了爵士乐的基本乐器。

思 考 题

1. 维也纳古典乐派的三个代表人物是谁？
2. 你知道贝多芬的经典作品有哪些？
3. 你所熟悉的西洋乐器有哪些？

思想篇

第一章　古代中国思想智慧

第一节　春秋、战国时期的百家争鸣

春秋战国是中国历史上思想和文化辉煌灿烂、群星闪烁的时代。当时正处在社会大变革大动荡时期，各诸侯国为富国强兵，招贤纳士。在宽松的学术氛围下，针对社会的急剧变化，在各国竞相改革的风潮中，拥有文化知识的士人四处游说，讲学，极大地开阔了视野，促使了他们独立思考和创造性地探索；而代表各阶级、各阶层、各派政治力量的学者或思想家则热烈争辩，著书立说，阐述各自的思想和政治主张，涌现出一批在中国历史上作出了开创性贡献的学术大师，出现了思想领域里诸子百家彼此诘难，相互争鸣盛况空前的学术局面，据《汉书·艺文志》记载，这一时期数得上名字的学术派别约有189家，《四库全书总目》等书则记载"诸子百家"实有上千家。使春秋战国时期成为中国历史上诸子百家政治学术思想大融合的重要时期，是中国历史上第一次大规模的思想解放运动，有力地推动了历史的发展，奠定了中国思想文化发展的基础。

一、孔孟与儒家

1. 孔子

孔子（公元前551～前479年）(图1-1) 是春秋时期的思想家、政治理论家和教育家，儒家学派的创始人。孔子被后世尊为圣人、万世师表，其儒家思想对中国和世界都有深远的影响。孔子出生于没落贵族家庭，后因与鲁国执政者不和而弃官，带领弟子周游列国十四年，宣传自己的政治见解。晚年回到鲁国修订六经，即《诗》、《书》、《礼》、《易》、《乐》、《春秋》，全力从事教育文化事业。其弟子将孔子的言行语录和思想记录下来，整理编成儒家经典《论语》。

孔子思想体系的核心是"仁"和"礼"，其主要内容是"仁者爱人"和"克己复礼"。"仁"即要求统治者体察民情，反对苛政和任意刑杀；提倡广泛地理解和体贴他人，以此调整人际关系，稳定社会秩序；要实现"爱人"，必须遵循"忠恕"之道。忠恕之道，就是要求做到"己所不欲，勿施于人"；"克己复礼"是说做人要克制自己，使自己的行为符合"礼"的要求。孔子注重的"礼"，是西周时的等级名分制度。它规定了一整套在衣食住行方面必须合乎尊卑等级身份的仪礼规范，后发展成指导人们行为的基本准则。

孔子提倡重义轻利、"见利思义"的义利观，这也是儒家经济思想的主要内容，对后世有较大的影响。孔子把"义"摆在首要地位，认为应"见利思义"，要求人们在物质利益的面前，首先应该考虑怎样符合"义"。有道德的"君子"，容易懂得"义"的重要性，即"君子喻于义，小人喻于利"。

图 1-1　孔子

【小资料】

孔子的教育思想

孔子强调学校教育必须将道德教育放在首要地位："弟子入则孝，出则悌，谨而信，泛爱众，而亲仁。行有余力，则以学文"；主张"有教无类"招收学生不分贵贱，使受教育者的范围得到扩大，孔子广收门徒"弟子三千，贤者七十二"即传说他一生共收过3000名学生，其中成就特别突出的颜回、曾参等72人，被称为"贤人"；主张"因材施教"，针对学生不同的特点，采取不同的方法启发诱导；同时要求学生学习要实事求是，"知之为知之，不知为不知"；学习要反复温习，要有恒心，要坚持不懈；还主张把学与思结合起来，鼓励学生独立思考，敢于坚持正确意见，"当仁不让于师"。

2. 孟子

孟子（约公元前372～前289年）是战国时期著名的思想家，他继承并发展了孔子的学说，成为儒家学派的重要奠基人。孟子主张仁政，游历于齐、宋、魏、鲁等诸国历时二十多年宣传自己的政治主张而没有得到实现，孟子及其弟子共同编写完成了《孟子》一书，后世追封孟子为"亚圣公"，尊称为"亚圣"。

仁政学说是孟子政治思想的核心。孟子要求统治者对人民"省刑罚，薄税敛"；强调发展农业，体恤民众，以德服人，争取民心。孟子提出了"民为贵，社稷次之，君为轻"的民贵君轻的主张，认为君主必须重视人民，土地、人民、政事是国家的三件宝物。

孟子主张人性本善说，认为人一生下来就有仁、义、礼、智等天赋道德，人的品质是与生俱来的，倡导"富贵不能淫，贫贱不能移，威武不能屈，养浩然之气"；并把人伦关系概括为"父子有亲，君臣有义，夫妇有别，长幼有序，朋友有信"五种。在价值观上，孟子强调先义后利，舍生取义，强调要以"礼义"来约束自己的一言一行，不能为优越的物质条件而放弃礼义。

二、老庄与道家

1. 老子

老子（图1-2）春秋时期重要的思想家，道家学派的创始人。老子曾做过周朝"守藏室之官"，负责征集和收藏文化典籍。他著有《道德经》一书，是道家学派的经典著作，并成为世界历史文化遗产的宝贵财富。

老子从"天道自然无为"的思想出发，倡导政治上"无为而治"，以"无事取天下"。在老子看来，"道"是凌驾于天上之天地万物的本原，认为"道生一，一生二，二生三，三生万物"，将"道"概括为普遍的、无所不包的最高哲学概念；"道"为客观自然规律，同时又具有

图 1-2 老子

"独立不改，周行而不殆"的永恒意义，提出"天法道，道法自然"的思想。

老子的思想还包含着朴素的辩证法观点。老子认为任何事物都有矛盾对立的两个方面，并能由对立而互相转化，即"祸兮福之所倚，福兮祸之所伏"。

2. 庄子

庄子（约公元前369～前286年）是战国中期著名的思想家、哲学家和文学家，道家学派的主要代表人物。庄子崇尚自由，厌恶仕途，隐居著书。思想主要反映在《庄子》一书中，其中的名篇有《逍遥游》《齐物论》等。庄子与老子齐名，被称为老庄。

庄子继承和发展了老子"道法自然"的观点，认为"道"是无限的、无所不在的，强调事物的自生自灭，否认有神的主宰。并提出了"齐物"的观点。"齐物"，就是齐一万物。庄子认为，任何事物在本质上都是相同的，没有区别。庄子还提出"逍遥"的人生态度。所谓"逍遥"就是对事物的变化采取一种旁观、超然的态度。要想达到"逍遥"，就要"无所恃"，不要受各种条件左右。

庄子的文章想象奇特，文笔变化多端，具有浓厚的浪漫主义色彩，并采用寓言故事形式，富有幽默讽刺的意味，在中国的文学史上独树一帜，对后世的文学有深远的影响。

三、墨家、法家与兵家

1. 墨子与墨家

墨子（约公元前468～前376年）是墨家学派创始人。早年学习儒学，后放弃，自创墨家学派。现存《墨子》53篇，是研究墨子思想的基本资料。

墨子提出"兼爱"、"非攻"、"尚贤"、"尚同"、"尊天"、"非乐"等十大主张，其中"兼爱"、"非攻"是墨子思想的核心。墨子主张的兼爱是无等差的爱，即平等与博爱，不论"王公大人还是普通"万民"，都不分轻重厚薄，应"视人之国若视其国，视人之家若视其家，视人之身若视其身"。

墨子主张"非攻"，广收弟子，积极宣传自己的学说，不遗余力地反对不义的兼并战争，主张各国和平相处。墨子还提倡"尚力"，强调生产劳动在社会生活中的地位，反对统治者铺张浪费，主张"节用"、"节葬"。

墨子还创立了严密的组织，成员被称为墨者，纪律严明，以吃苦为荣，很能战斗，墨者团体的领导人称巨子，墨子是第一个巨子。

墨子的思想在春秋战国之间曾经产生了广泛影响，被其他学派广泛吸收征引，一度与儒家学说并驾齐驱，成为战国时期的重要学说。

【小资料】

多才多艺的墨子

墨子擅长防守城池，在止楚攻宋时与公输般进行的攻防演练中，已充分地体现了他在这方面的才能和造诣，墨子谙熟了当时各种兵器、机械和工程建筑的制造技术，并有不少创造。在《墨子》一书中他详细地介绍和阐述了城门的悬门结构，城门和城内外各种防御设施的构造，弩等各种攻守器械的制造工艺，以及水道和地道的构筑技术，对后世的军事活动有着很大的影响。同时墨子还是位科学家，是中国历史上第一位在力的作用、杠杆原理、光线直射、光影关系、小孔成像、点线面体圆概念等众多领域都有精深造诣的人。

2. 韩非与法家

韩非（约公元前280～前233年）是战国末期杰出的思想家、哲学家和散文家，法家思想的集大成者。韩非的著作经后人整理成《韩非子》55篇，达到了先秦法家理论的最高峰。

韩非主张法、术、势相结合，建立一个君主专制的中央集权国家。他认为，法律是处理政事的基本；权术是君主控御群臣的工具；势力是君主的权威，法、术、势三者不可分离。势是法和术的前提，法是要求臣下必须遵守的，术是君主时刻不能离开的。

韩非强调法治，主张"以刑止刑"，提倡"严刑"、"重罚"。并明确提出了"法不阿贵"的思想，主张"刑过不避大臣，赏善不遗匹夫"，这是对中国法治思想的重大贡献，对于清除贵族特权、维护法律尊严，产生了积极的影响。

【小资料】

法家的观点

法家主张锐意改革，变法图强。他们认为历史是向前发展的，一切的法律和制度都要随历史的发展而发展，商鞅明确地提出了"不法古，不循今"的主张。韩非则更进一步发展了商鞅的主张，提出"时移而治不易者乱"，他把守旧的儒家讽刺为守株待兔的愚蠢之人。他认为历史是不断发展进步的。如果有人现在还称颂尧、舜、禹、汤、武之道，也应该被人嘲笑。如果用先王的政治来治理现在的人民，就像守株待兔一样可笑。要根据今天的实际来制定政策。

韩非的思想为当时地主阶级的改革提供了理论根据，适应了建立统一的中央集权政治体制的需要。

3. 孙膑与兵家

孙膑是战国时期军事家，兵家代表人物，两次击败魏国帮助齐国成就霸业。孙膑强调要懂得战争的规律，注重利用和创造有利于己的形势，重视人的作用。他的军事思想经整理为《孙膑兵法》，对后世产生了深远影响。

【小资料】

田忌赛马

田忌经常与齐国诸公子赛马，设重金作为赌注。孙膑发现比赛的马脚力都差不多，可分为上、中、下三等，于是建议田忌加大赌注，并且向他保证必能取胜。田忌于是与齐威王和诸公子设千金作为赌注赛马。孙膑让田忌用下等马替换上等马，与齐威王的上等马比赛，首场大败；随后孙膑又让田忌用上等马替换中等马、中等马替换下等马，分别与齐威王的中等马及下等马比赛，结果田忌两胜一负，最终赢得齐威王的千金赌注，孙膑由此名声大振，孙膑在"田忌赛马"故事中所采用的方法，也是军事上的一条重要规律：着眼全局，舍弃局部，出奇制胜。

第二节　两汉时期的儒学

汉初由于经历了长期战争，经济残破，统治者吸取了秦亡教训，欲图长治久安，实行"与民休息"、"宽省刑罚"的政策，崇尚黄老之术，提倡"清静无为"。武帝时期董仲舒吸收了道家、法家等有利于君主统治的成分，对儒学进行了改造，增加了"君权神授"

和大一统的思想，客观上有利于封建中央集权的加强和国家的巩固。汉武帝采纳了董仲舒大一统的思想，将儒学作为正统思想，从此儒学代替道家的黄老之学被确立为汉朝中央王朝的统治思想。

一、西汉初年黄老之学

西汉初年，由于秦朝的苛政和连年战争，社会生产遭到严重破坏，统治者需要有一个相对稳定的局面，使人民得以休养生息，恢复和发展生产，以巩固刚刚建立的封建政权。黄老之学提倡的清静无为，与民休息，垂拱而治的思想就受到统治者的高度重视，从汉高祖到武帝即位，黄老思想一直是西汉政治上的指导思想，在社会上居于支配地位。

以道家理论为基础的黄老之学强调"无为而无不为"，即尊重自然规律，反对盲目行动，并主张发挥人的主观能动作用，倡导"待时而动"、"因时制宜"，是一种"积极无为"的哲学观。无为而治的思想，反映在立法指导思想上是"轻徭薄赋"、"约法省刑"。黄老政治的实施使西汉初社会迅速恢复了元气，社会稳定，经济发展。

【小资料】

"无为而治"思想的影响

黄老的"无为而治"思想在西汉初年受到政治社会的重视，从皇帝到丞相无不尊崇，据说文帝曾想建一座露台，听说要花费百金，等于十个中等人家的财产，于是作罢。"即位二十三年，宫室苑囿，狗马服御无所增益，以示敦朴，为天下先"。景帝把文帝时期的兵役、徭役的年龄推迟到二十岁，政治方面对秦代以来的刑法也作了重大改革，对周边少数民族不轻易用兵，尽力维持相安的关系，以免烦扰百姓。汉文帝之妻，景帝之母窦太后更崇尚黄老清静之术，她经历了文、景、武三朝，在朝中影响达45年之久。

经过汉初的休养生息，社会迅速地恢复了元气，百姓富裕起来。到景帝后期时，国家的粮仓丰满起来了，新谷子压着陈谷子，一直堆到了仓外；府库里的大量铜钱多年不用，以至于穿钱的绳子烂了，散钱多得无法计算了。百姓安居乐业，丰衣足食。

二、董仲舒的新儒学

汉初实行黄老之学的无为而治，经济发展迅速，出现了文景盛世。但在景帝时代发生了吴楚七国之乱，统一的国家面临着分裂的危险，为加强中央集权，汉武帝即位后，接受董仲舒新儒学思想，进一步巩固发展封建中央集权，从此儒学代替道家的黄老之学被确立为汉朝中央王朝的统治思想。

董仲舒（公元前179～前104年），汉代思想家、哲学家、政治家、教育家。董仲舒以天人感应为基础，论述了神权与君权的关系，并提出要用孔子儒学统一天下思想的建议，为汉武帝采纳。其著作现存有《春秋繁露》和《举贤良对策》等。

董仲舒的儒学是以《公羊春秋》为基础，融合阴阳家、黄老之学以及法家思想而形成的新的思想体系。董仲舒主张"天人感应"学说。他认为人君受命于天，进行统治，所以应当"屈民而伸君，屈君而伸天"；而人君也必须遵循天道，实行仁政。董仲舒以大一统思想解释《春秋》，孔子正名分的政治观和《公羊春秋》主张的大一统思想适应了西汉中期社会发展的需要，有利于巩固中央集权和打击地方割据势力。从而使儒学在西汉的政治上占据了统治地位，也确立了儒学在中国传统文化中的主流地位。

【小资料】

汉武帝刘彻

汉武帝刘彻，杰出的政治家、战略家。汉武帝十六岁登基，为巩固皇权，建立了中朝，在地方设置刺史，开创察举制选拔人才；采纳主父偃的建议，颁行推恩令，解决王国势力，并将盐铁和铸币权收归中央；文化上采用了董仲舒的建议，将儒学作为正统思想，结束先秦以来"师异道，人异论，百家殊方"的局面，首创年号，兴太学；军事上国力强盛，大破匈奴，远征大宛，降服西域，收复南越，吞并朝鲜，设置西域使者校尉正式将西域纳入中华版图。西汉版图东抵日本海、南吞交趾、西逾葱岭、北达阴山，奠定了汉地范围；汉武帝时期，张骞出使西域，开辟了丝绸之路，第一次将中国的目光投向了世界，汉使到达了大宛、康居、大月氏、大夏、安息、身毒（即印度）、于阗、扜罙、犁轩等诸国，开拓了连接欧亚大陆的丝绸之路。其中最远到达的犁轩位于埃及亚历山大港，这是汉朝使节到达的最远地区，欧亚非的丝绸贸易就此成型。

汉武帝时代，是一个辉煌的时代，一个彪炳史册、震烁中外的时代。汉武帝"外攘夷狄，内修法度"的赫赫功业奠定了他在中国历史上的地位，使汉朝成为当时世界上最强大的国家之一。

第三节 宋明时期的理学发展

理学是中国古代最为精致、最为完备的儒学理论体系，于宋代兴起，在明代掀起一个高潮，将儒家思想发展到新的高度，对中国的思想文化及社会生活产生了深远影响。理学适应了统治者的政治需要，成为南宋以后中国长期居于统治地位的官方统治思想，有力地维护了封建专制统治并成为人们日常言行的是非标准，理学家注重培养人的气节、品德，讲求以理统情、自我节制、发奋立志，强调社会责任，对塑造中华民族性格起到了积极作用。同时理学家将"天理"和"人欲"对立起来，进而以天理遏制人欲，强化了"三纲五常"的纲常名教，带有浓厚的禁欲主义色彩，严重地束缚了人们的思想和生活。对后期封建社会的变革，起了一定的阻碍作用。

一、程朱理学

魏晋南北朝时期，社会的动荡不安造成人们对宗教信仰的渴求，佛教、道教迅速传播，唐朝时，统治者奉行以道为主的三教并行政策。面对儒学发展的危机，北宋时儒家学者展开了复兴儒学、抨击佛道的活动，并冲破汉唐儒学的束缚，融合了道佛思想来解释儒家义理，形成了以理为核心，以研究儒家经典义理为宗旨的新儒学体系——理学。周敦颐是理学的鼻祖，为理学发展奠定了基础；程颢、程颐兄弟对理学的发展起了突出作用，史称"二程"。南宋时朱熹继承他们的思想并成为理学集大成者，所以人们常称理学为"程朱理学"。

朱熹（公元1130～1200年）(图1-3) 是宋朝著名理学家、思想家、哲学家、教育家、诗人，儒学集大成者，世尊称为朱子。朱熹是唯一非孔子亲传弟子而享祀孔庙，位列大成殿十二哲者中，做官清正有为。

二程确定了理学的最高范畴"天理"，即封建等级秩序和道德规范，并主张先理后物，把天理和伦理道德直接联系起来；提出"格物致知"的认识论，即理是宇宙万物的起源，所以万物"之所以然"，必有一个"理"，而通过推究事物的道理（格物），可以达到认识真理

图1-3 朱熹

的目的（致知）。从而把知识、道理、天理联系起来。在此基础上，朱熹建立了庞大的理学体系，进一步把"理"作为核心范畴，指出天理是道德规范的"三纲五常"，强调"存天理，灭人欲"，以此来改变世风，挽救国家；朱熹提倡通过学习、实践提高自身的修养，"格物致知"的目的是明道德之善。

朱熹著述甚多，有《四书章句集注》、《太极图说解》、《通书解说》、《周易读本》、《楚辞集注》等，南宋灭亡后，理学北传，元朝曾将朱熹的《四书章句集注》作为科举考试的内容。明初承继这一趋势，从永乐十三年开始，明成祖亲自主持编纂了以程朱理学为规范的《五经大全》、《四书大全》和《理性大全》共260卷，作为官定读本和朝廷科举考试的准绳，确定了程朱理学在思想界的统治地位，程朱理学发展到鼎盛阶段。

【小资料】

"二程"学说

程颢（公元1032～1085年），人称明道先生。程颐（公元1033～1107年），人称伊川先生，两人为同胞兄弟，河南洛阳人，世称"二程"，宋代理学家、教育家。

"二程"认为"理"是先于万物的"天理"，"万事皆出于理"，"有理则有气"。现行社会秩序为天理所定，遵循它便合天理，否则是逆天理。强调人性本善，"性即理也"，由于气禀不同，因而人性有善有恶。所以浊气和恶性，其实都是人欲。人欲蒙蔽了本心，便会损害天理。"无人欲即皆天理"。要"存天理"，必须先"明天理"。而要"明天理"，便要即物穷理，逐日认识事物之理，积累多了，就能豁然贯通。主张"涵养须用敬，进学在致知"的修养方法。二程宣扬封建伦理道德，提倡在家庭内形成像君臣之间的关系。

程颢、程颐所创建的"天理"学说对中国古代政治思想和哲学思想都产生了重要而深远的影响，并受到了后世历代封建王朝的尊崇，逐步演变成为中国古代封建社会后期近千年占有统治地位的思想，二程创立的理学核心内容，包括成德、成圣的道德修养观，"中、正、诚、敬、恕"立身处世原则及治国理政之道和义利观，对中华传统文化的影响深刻而广泛。一些经典格言如天理良心、诚心诚意、天理难容等已融入人们的思想和语言中，直接影响了人们的思想和行为。

二、陆王心学

南宋时期理学发展到心学，陆九渊是心学的开创者，南宋著名理学家、思想家和教育家。陆九渊提出"心即理也"。即"理"不需要到身心以外的事物上寻找，"宇宙便是吾心，吾心即是宇宙"，心就是天地万物的渊源，他的思想因此被称为"心学"。

到明中期，面对程朱理学已经成为人们求取科举功名的敲门砖，渐渐失去寻求圣贤学问的精神，王守仁等学者主张以心学来更新理学。

"阳明心学"是由王守仁发展的儒家学说。王守仁继承陆九渊强调"心即是理"思想，反对程颐、朱熹通过事物追求"至理"的"格物致知"方法，提倡"致良知"，即从自己内心中去寻找"理"，天理就在自己心中，不必外求，只要克服私欲、回复良知就能成为圣贤，强调了人的主观能动性；王守仁还提倡独立思考，宣扬"知行合一"，强调躬行实践的重要，继承和发扬光大了中国儒学特有的人文精神。

【小资料】

王阳明

　　王守仁（公元1472～1529年），浙江宁波余姚人，亦称王阳明。明代著名的思想家、文学家、哲学家和军事家。进士出身，历任知县、御史、巡抚、两广总督等职，晚年官至南京兵部尚书、都察院左都御史。因平定宸濠之乱军功而被封为新建伯，后追封新建侯，万历十二年从祀于孔庙。

　　王守仁是陆王心学集大成者，其学说在当时风行一时，并流传到海外。他的弟子王艮讲学时多采用日常语言，或者编著浅白歌词，宣扬人人都可成圣贤的道理，远近的农民、商人、官吏等纷纷前来听讲。弟子众多，世称姚江学派。其文章有《王文成公全书》。

　　王守仁文武全才，1518年王守仁恩威并施，平定为患江西数十年的民变祸乱。1519年，平定洪都的宁王朱宸濠之乱。1528年，平定西南部的土瑶叛乱和断藤峡盗贼。平乱后因肺病加重于1529年病逝。临终之际，弟子问他有何遗言，他说："此心光明，亦复何言！"送丧过江西境内，军民都穿着麻衣哭送王守仁。

第四节　明清时期的思想批评

　　明清之际，封建专制集权高度膨胀，礼教纲常日益严苛，统治阶级极端腐败，危机四伏；同时明中后期资本主义生产关系萌芽出现，近代科学不断传入，开阔了人们的视野，一些士大夫努力寻求改革社会的方案，他们提倡以史为鉴，将学术研究和现实相结合，形成了"经世致用"的思想。他们主张关心时政，学习、征引古人的文章和行事，应以治事、救世为急务，反对空谈，因此在意识形态领域掀起了一股要求个性解放、平等、自由，带有早期启蒙性质的进步思潮。其中以明末清初黄宗羲、顾炎武、王夫之三大思想家影响最大。

一、思想家李贽

　　明朝万历年间的著名思想家李贽以孔孟传统儒学的"异端"而自居，对封建的男尊女卑、假道学及社会腐败等社会现象，大加痛斥批判，主张"革故鼎新"，反对思想禁锢。

　　李贽主张个性解放，思想自由，对统治阶级极力推崇的程朱理学大加鞭挞，否认孔孟学说是万世至论，认为不能将其当做教条随便套用。反对绝对的思想权威，认为人人都有权做出自己的判断，不应以"四书五经"作为统一的思考标准。

　　针对理学家的"存天理，灭人欲"的命题，李贽认为人皆有私，提出"穿衣吃饭，即是人伦物理"的主张，认为"理"，就在百姓的日常生活当中，追求物质享受乃是"禀赋之自然"。每个人都可以顺其"自然之性"，"各从所好，各骋所长"，使个性得到自由发展，而不应该被强迫顺从统治者的利益和愿望，从而对正统思想提出了挑战。

　　李贽提倡人类平等。认为按照万物一体的原理，社会上根本不存在高下贵贱的区别。他反对歧视妇女，主张婚姻自由，热情歌颂卓文君和司马相如的相恋。

二、明末清初三大思想家

　　顾炎武（公元1613～1682年）是著名思想家、经学家、史地学家、音韵学家。顾炎武批判宋明理学，认为明朝的覆亡乃是理学空谈误国的结果。提倡经世致用，注意广求证据。并且强调做学问必须先立人格："礼义廉耻，是谓四维"，提倡"天下兴亡，匹夫有责"，成为了激励中华民族奋进的精神力量。顾炎武在天道、理气、知行、天理人欲等诸多范畴上，以经世致用的鲜明特色,朴实归纳的考据方法及众多学术领域的成就,开启了一代朴实学风。著有《天下郡国利病书》、《日知录》等重要著作。

黄宗羲(公元1610~1695年)是杰出思想家、经学家、史学家、教育家。黄宗羲身历明清更迭之际,认为"国可灭,史不可灭"。他论史注重史法,强调真实可信。在哲学上,黄宗羲认为气为本,无气则无理,理为气之理,"心即气","盈天地皆心也"。他一生著述涉及史学、经学、地理、律历、数学、诗文等领域,多达300多卷,其中最为重要的有《明儒学案》、《宋元学案》、《明夷待访录》、《孟子师说》等。

王夫之(公元1619~1692年)与顾炎武、黄宗羲并称明清之际三大思想家。著有《周易外传》、《春秋世论》、《读通鉴论》等书。青年时期王夫之积极参加反清起义,晚年隐居于石船山,著书立传,世称船山先生。王夫之反对禁欲主义,提倡不能离开人欲空谈天理,天理即在人欲之中。对程朱理学的"存天理,灭人欲"提出了批评;他提出气一元论,认为气是唯一实体,不是"心外无物"。天地间存在着的一切都是具体的实物,一般原理存在于具体事物之中,反对"生而知之"的先验论。王夫之的《读通鉴论》深刻地分析了历代政治得失,以资鉴后世。

明末清初思想家们提倡经世致用,关注社会现实,并用自己所学努力解决社会问题。面对明末商品经济蓬勃发展,弃农经商现象日益增多,"重农抑商"的传统思想受到了尖锐的挑战,顾炎武就提倡要因地制宜,振兴工商业,主张在雁南、雁北发展纺织业,在西北山泽地区开矿产,在东南沿海通市舶,发展海外贸易,主张"利国富民","善为国者,藏之于民";王夫之则大力鼓吹"大贾富民者,国之司命(掌握国家命脉)也"。

明末清初思想家还对君主专制进行了尖锐的批判,对君主专制统治进行了强烈的冲击。黄宗羲称皇帝乃是"天下之大害者"。思想家们还提出了种种限制君的理论和设想。其中最主要的观念是提倡言论自由,建立自下而上的监督机构,以保证各级政权机关清正廉洁、决策正确和国家社会安定。顾炎武推崇自由议论朝政的风气,要求以强大的社会舆论来监督制约当权者,以"众治"取代"独治"。黄宗羲进一步提出用"各得其私,各得其利"为原则的"天下之法"取代帝王的"人治"。

思 考 题

1. 先秦时期的诸子百家主要有哪些?其主要学说是什么?
2. 宋明时期的理学重要代表人物有哪些?其主要观点是什么?
3. 讨论分析思想家顾炎武的主要观点。

第二章　现代中国思想发展

第一节　学习西方的开始

　　19世纪，为了解西方，抵御外来侵略，中国人开始以新的眼光审视世界。以林则徐、魏源为先导，研究与介绍世界知识在知识界中蔚然成风，"睁眼看世界"的思想发展成一股社会思潮。洋务派继承和发展了"师夷之长技以制夷"的思想，倡行"中学为体，西学为用"，兴办洋务、发展实业；资产阶级维新思想代表人物康有为、梁启超、谭嗣同等积极宣传民权思想，批判专制君权、宗法等级制度及纲常礼教，用进化论阐述君主立宪取代君主专制的必然。从此，为抵御外侮、谋求民族与国家独立自强而探究、学习西方，逐渐成为中国近代的思想主流。

一、睁眼看世界

　　林则徐（图2-1）是近代中国"睁眼看世界的第一人"。林则徐在广州主持禁烟斗争时，意识到自己对西方知识的贫乏，国人对王朝之外世界的无知，急于改变"沿海文武大员并不谙诸夷情，震于英吉利之名，而实不知来历"的状况，开始有意识、有目的地收集外文报刊、书籍进行翻译，以求获得有价值的情报，加深朝廷、国人对"西洋"的了解。林则徐设立译馆，组织人员翻译外国传教士在澳门、广州等地办的报刊并编译《四洲志》，《四洲志》比较系统地介绍了世界五大洲30多个国家的地理分布及历史变迁概况，开了中国近代由爱国而研究、学习西方的先河。林则徐还在翻译瑞士人滑达尔《各国律例》的基础上组织编译了《国际法》，这标志着近代国际法开始在我国应用于对外交涉。

图2-1　林则徐

　　魏源依据《四洲志》的编译稿，受林则徐之托，广泛参考中外文献资料，编写成《海国图志》一书，起初为50卷，到1852年已有100卷，广泛介绍西方知识，试图吸收西方先进技术，使中国富强起来。在书中魏源明确提出了"师夷之长技以制夷"的思想主张。

【小资料】

林则徐

　　1839年6月，林则徐领导了震动世界的"虎门销烟"运动，掀开了近现代炎黄子孙反抗外国殖民侵略波澜壮阔的第一页。林则徐一生历官十四省，被誉为"六任封疆帅，千秋社稷臣"。他组织编译的《四洲志》，是近代中国第一部系统介绍世界的译著；他在新疆戍边期间主持兴修水利，在吐鲁番鄯善带领民众开挖的"坎儿井"，至今仍造福于当地人民，被当地人民颂称为"林公渠"、"林公井"。"海纳百川，有容乃大；壁立千仞，无欲则刚"，"苟利国家生死以，岂因祸福避趋之"等名句，是民族英雄林则徐一生的真实写照。

　　1996年6月7日，中科院陈建生院士发现了一颗小行星。按照国际小天体命名委员会的规定，谁发现了小行星，谁就拥有命名权。陈建生院士领导的施密特CCD小行星项目组和北京天文台朱进博士，提议将新发现的这颗小行星命名为"林则徐星"。林则徐的禁毒和治水业绩，得到了国际社会的公认，因此国际小天体命名委员会批准了中科院的建议。"林则徐星"在火星与木星之间，沿椭圆轨道以4.11年的周期绕太阳运动。2000年9月20日，在林则徐诞辰215周年之际，坐落在他出生地福州市左营司的"林则徐星"纪念碑揭幕，寓意着"林则徐星"从这里升起。

二、洋务运动

鸦片战争震撼了中华帝国，列强的船坚利炮冲开了清政府闭关自守的大门，经受了鸦片战争打击和国内太平天国农民运动及捻军冲击，清朝统治者切实感到了生存危机。而以镇压太平天国运动起家的曾国藩、李鸿章等人在镇压农民起义的过程当中认识到了西方船坚炮利的厉害，也尝到了船坚炮利的甜头。他们决定学习西方先进军事技术，强兵富国，摆脱困境，维护清朝统治。洋务派在中央以恭亲王奕訢、文祥为代表；在地方以曾国藩、李鸿章、左宗棠、张之洞为代表。19世纪60年代到90年代，洋务派在慈禧太后的默许下掀起了一场以"师夷长技以自强"为目的，以"自强"、"求富"为口号，长达三十年的洋务运动。在思想上冲破了封建思想体系的牢笼，提出了"中学为体，西学为用"的洋务思想。

"中学为体"是指以孔孟之道为核心的儒家学说作为决定国家社会命运的根本；"西学为用"，是主张采用西方资本主义国家的近代科学技术，效仿西方国家在教育、赋税、武备、律例等方面的一些具体措施，举办洋务新政，以挽回清王朝江河日下的颓势，"西学"为"中体"服务。

【小资料】

洋务运动的发展

洋务运动后期，洋务派以"自强"为名，采用西方先进生产技术，创办了一批近代军事工业。在李鸿章等人的主持下，江南制造局、金陵制造局、福州船政局、天津机器局等一批大型近代化军事工业相继问世。短短几年中，中国就已经具备了铸铁、炼钢以及机器生产各种军工产品的能力，产品包括大炮、枪械、弹药、蒸气轮船等新式武器，还开办了天津北洋水师学堂、广州鱼雷学堂等一批军事学校，为国防事业作出重要的贡献。

洋务运动后期提出了"求富"的口号，兴办了一批民用工业。1872年，李鸿章在上海建立了轮船招商局。这是洋务派创办的第一个民用企业，中国近代矿业、电报业、邮政、铁路等行业相继出现。轻工业也在洋务运动期间得到大力发展。1880年，左宗棠创办兰州织呢局，成为中国近代纺织工业的鼻祖。中国近代纺织业、自来水厂、发电厂、机器缫丝、轧花、造纸、印刷、制药、玻璃制造等等，都是在十九世纪七八十年代开始建立起来的。在洋务运动的推动下，中国的民用工业得到了迅速发展，奠定了中国近代化工业的基础。

1895年甲午中日战争中国惨败，北洋舰队全军覆没，宣布了洋务运动的破产。洋务运动是一次失败的封建统治者的自救运动。但客观上为中国民族资本主义的产生和发展起到了促进作用，中国出现了第一批近代化企业，积累了生产经验，培养了技术力量，培养了一批学习了西方先进资产阶级思想的人才，这不仅为中国的近代化开辟了道路，而且为以后中国资产阶级的活动奠定了思想基础。

三、维新思潮

中日甲午战争失利后，救亡图存成了中国社会的急迫需求，日本明治维新的成效与中国洋务运动挫折的对照，使中国知识分子反思，必须从政治制度领域入手进行变法，掀起了以

1895年的"公车上书"为起点，直到"百日维新"，以康有为、梁启超、谭嗣同等为主要代表的资产阶级维新思潮，维新派主张变法维新，救亡图存，振兴国家。提倡资产阶级新文化，变君主专制为君主立宪。他们积极从事变法的理论宣传和组织活动，出版了一系列杂志和著作，如《时务报》《天演论》等，并先后在北京、上海、湖南等地建立强学会、时务学堂、南学会。

康有为（见图2-2）在广州设万木草堂，聚徒讲学，研究宣传维新改革理论。他把西学中的有关政治学说与儒家经史相融合，撰写了《新学伪经考》、《孔子改制考》等重要著作，借用经学的外衣和孔子的亡灵，否定专制统治的思想基础，传播西学，宣传维新思想的必要性，为维新变法提供了合乎传统文化价值的理论依据，在当时的思想界产生了"大飓风"和"火山喷火"般的巨大影响。

图 2-2 康有为

梁启超撰《变法通议》，积极宣传民权思想，用进化论阐述君主立宪取代君主专制的必然性。强调"变法之本，在育人才，人才之兴，在开学校，学校之立，在变科举。"他的文章"饱带情感，流利畅达"，名重一时，"上自通都大邑，下至僻壤穷陬，无不知有新会梁氏者"。

围绕着维新变法这一时代主题，维新派与顽固势力进行了激烈的思想论战，论战的内容主要集中在要不要维新变法，要不要兴民权、实行君主立宪制度，要不要废"八股"、提倡西学、改革教育制度等方面。这场论战使维新思想冲破重重阻挠顽强地传播开来，形成一次影响深远的思想解放运动，为中国文化发展开辟了一条新的道路。

【小资料】

谭嗣同

谭嗣同，湖南浏阳人，中国近代资产阶级著名的政治家、思想家、维新志士。著有《仁学》。

谭嗣同主张中国要强盛，只有发展民族工商业，学习西方资产阶级的政治制度。他公开提出废科举、兴学校、开矿藏、修铁路、办工厂、改官制等变法维新的主张。并以资产阶级自由、平等的观念，批判专制君权、宗法等级制度及纲常礼教。谭嗣同指出封建纲常礼义完全是那些独夫民贼用作统治的工具，特别是君臣一伦，更是"黑暗否塞、无复人理"。因此，对于那些昏暴的专制君主，不仅可以不为其尽忠死节，而且可以"人人得而戮之"，发出了时代的最强音。

1898年谭嗣同参加戊戌变法，1898年9月21日，慈禧太后发动政变，囚禁光绪皇帝并开始大肆搜捕和屠杀维新派人物。谭嗣同拒绝了别人请他逃走的劝告，决心一死，愿以身殉法来唤醒和警策国人。他说："各国变法，无不从流血而成，今中国未闻有因变法而流血者，此国之所以不昌也。有之，请自嗣同始。"充分表现了一位爱国志士舍身报国的英雄气概，他与杨锐、刘光第、林旭、杨深秀和康广仁一同被杀，被称为"戊戌六君子"。就义前题绝命诗：望门投止思张俭，忍死须臾待杜根。我自横刀向天笑，去留肝胆两昆仑！

1898年6月至9月，以康有为、梁启超为代表的维新派通过光绪帝进行倡导学习西方、改革政治、教育制度的变法运动，但因变法损害到以慈禧太后为首的守旧派利益而遭到强烈抵制与反对，1898年9月21日慈禧太后等发动戊戌政变，光绪帝被囚至中南海瀛台，康有为、梁启超分别逃往法国、日本，谭嗣同、康广仁、林旭、杨深秀、杨锐、刘光第等共6人被杀，历时103天的变法失败，维新政治思想的实践遇到了巨大挫折。但维新派广泛传播了资产阶级政治学说和自然科学知识，对中国社会起到了思想启蒙的作用。同时戊戌变法失败血的教训，促使资产阶级政治斗争由改良转向了革命。

第二节　思想解放的新文化运动

1915年陈独秀在上海创办《青年杂志》，标志新文化运动兴起。新文化运动是辛亥革命在思想文化领域的延续，是一场伟大的民主主义思想启蒙和文化革新运动。在政治上和思想上给专制主义以空前沉重的打击，动摇了传统礼教的思想统治地位，对促进中国人民，特别是青年知识分子觉醒起了巨大的作用，促使人们更加迫切地追求真理、追求进步，从而为马克思主义在中国的传播创造了有利的条件，推动了五四运动的发生。但因对西方文化的全面肯定和对中国固有文化的全面否定，也导致了中华古典文化的没落。

一、提倡民主与科学

第一次世界大战期间，中国民族资本主义得到发展，西方启蒙思想进一步传入中国，资产阶级强烈要求在中国实行民主政治。而辛亥革命失败后，帝国主义加紧侵略中国，袁世凯倒行逆施，掀起尊孔复古逆流，人们认识到要防止君主复辟，真正走向共和，就必须进行思想革命，对旧思想、旧文化展开猛烈批判，让民主主义新文化深入人心，由此掀起了一场波澜壮阔的新文化运动。

1915年9月，陈独秀在上海创办《青年杂志》，标志新文化运动兴起。《青年杂志》从第二卷改名为《新青年》，《新青年》成为新文化运动的主要思想阵地，北京大学是新文化运动的主要活动基地。蔡元培任北京大学校长后，锐意改革，以"兼容并包"为办学宗旨，提倡"学术思想自由"，聘请陈独秀、胡适、李大钊、钱玄同、刘半农等具有新思想的学者到北京大学任教，使北京大学从"官僚养成所"一变而成为当时中国思想最为活跃的学术重镇和新文化运动中心。

民主与科学是新文化运动的核心内容，陈独秀借用这两个词的英文发音，形象地称它们为"德先生"和"赛先生"。

新文化人士宣传民主思想，涵盖范围广，不仅指人民享有主权、政府由人民投票选举产生、权力制衡等政治民主，也包括反专制反特权的共和、宪政、人权、自由、平等、博爱等理念。李大钊发表《民彝与政治》，指出，"民与君不两立，自由与专制不并存，是故君主生则国民死，专制生则自由亡。"陈独秀坚定地指出："要拥护赛先生，便不得不反对旧艺术、旧宗教；要拥护德先生又要拥护赛先生，便不得不反对国粹和旧文学……我们现在认定，只有这两位先生可以救治中国政治上、道德上、学术上、思想上一切的黑暗。"

【小资料】

陈独秀

陈独秀（公元1879～1942年），安徽安庆人，清末秀才。早年曾接受康梁的维新思想，后留学日本，曾参加反对清王朝和反对袁世凯的斗争。辛亥革命后，面对日趋黑暗的社会现实，他认为中国人没有觉悟是"造成今日危殆之势"的根本原因，指出"吾国之维新也，复古也，共和也，帝制也，皆政府党与在野党之所主张抗斗，而国民若观对岸之火，熟视而无所动心"。为此，他主张首先在思想上进行启蒙，把人民从专制及其意识形态的束缚下解放出来。他批判封建社会制度和伦理思想，认为要实现民主制度，必须消灭封建宗法制度和道德规范。大张旗鼓地宣传资产阶级民主思想，同封建尊孔复古思想展开了激烈的斗争，提出

"打倒孔家店"全面否定儒家学说，号召人们拿起民主武器和旧的意识形态进行斗争。

陈独秀1920年初前往上海成立共产党早期组织，并发起成立中国共产党。1921年7月在中共一大被选为中央局书记，中央委员，后任中央局执行委员会委员长、中央总书记等职务，1927年7月离开中央，1929年11月因就中东路事件发表不同意见而被开除党籍。1931年5月被推选为中国托派组织的中央书记。1932年10月被国民政府逮捕，判刑后囚禁于南京。1937年8月出狱，先后住在武汉、重庆，最后长期居住于重庆江津。1942年5月逝世。他是杰出的政论家，其政论文章汪洋恣肆、尖锐犀利，《敬告青年》等很多篇章是中国近现代历史上少有的、杰出的代表作；晚年进行的文字学研究，学术成果卓著。主要著作有《独秀文存》、《陈独秀文章选编》、《陈独秀思想论稿》、《陈独秀著作选编》等。

陈独秀作为新文化运动的发起者，是20世纪中国第一次思想解放运动的倡导者，在中国历史上第一个举起了民主、科学两面大旗，对于中国近现代历史的发展产生了巨大影响，至今还在影响着中国历史的进程。他创办的《新青年》杂志，是中国近现代历史上影响最大的刊物，教育、引导了整整一代人。他还是五四运动的思想指导者、马克思主义的积极传播者、中国共产党最重要的创始人、中国共产党第一代领导集体最主要领导人、是中国近现代历史上第一个深刻总结、反思苏联和社会主义民主政治建设经验、教训的人。

新文化人士认为科学与民主同等重要，对科学也进行了不遗余力的宣传，以科学来反对迷信，启迪民智，使民众成为现代有知识的国民。当时提倡的科学，主要指与迷信、蒙昧无知相对立的科学思想、科学精神、科学的世界观与方法论及具体的科学技术与科学知识，同时还包括反对迷信、反对偶像崇拜，宣传进化论、唯物论、无神论等内容，树立积极、进取的科学精神。随着科学影响的扩大，科学知识逐渐得到普及，崇尚科学成为社会的主流思想。

二、批判旧礼教道德

新文化运动的倡导者们在提倡民主、科学，反对专制、迷信的同时，对以孔子和儒家学说为代表、维护专制制度的旧礼教、旧道德，发动了猛烈的攻击。

自西汉儒学成为统治阶级的正统思想以来，孔子逐渐变成维护君主专制制度和礼治秩序的一尊精神偶像。辛亥革命后，袁世凯称帝，张勋复辟，康有为反对共和，以及其他帝制余孽的倒行逆施，都打着尊孔的旗号来蛊惑人心。新文化运动要反专制，就必需批判作为其精神支柱的孔子之道。

在对旧礼教、旧道德的批评中，鲁迅的《狂人日记》成为声讨旧势力的战斗檄文。小说深刻地揭露专制制度和纲常礼教的黑暗，抨击"吃人的礼教"。同时陈独秀撰文批判传统的贞节观念，指出这与资产阶级的人格独立根本对立，鲁迅则把传统的贞节观与夫权思想和忠君思想联系起来，揭露"忠、孝、节"伦理道德的危害性。

新文化运动对孔子及其学说的批判，实质上是对统治中国几千年的意识形态、思想体系、文化传统的理清与扬弃，这场扫荡权威、破除偶像的文化革命，为后来解放思想和文化的多元化发展创造了条件。

三、开展文学革命

1917年1月，胡适在《新青年》上发表《文学改良刍议》系统地指出了文学改革主张：即提倡白话文，反对文言文；提倡新文学，反对旧文学。胡适还提出文学革命八事：不作言之无物的文学；不作无病呻吟的文字；不用典；不用套语滥调；不重对偶，文要废骈，诗要废律；不作不合文法的文字；不模仿古人；不避俗字俗语。胡适的倡议得到人们广泛的响应。陈独秀在《新青年》上发表《文学革命论》一文，不仅主张以白话文取代文言文，还认为必须彻底改革旧文学的思想内容，主张推倒陈腐、雕琢、迂晦的旧文学，建设新鲜、平易、明了的新文学，从而使文学革命的旗帜更加鲜明。

【小资料】

刘半农

刘半农是近现代史上中国著名文学家、语言学家和教育家，江苏江阴人。早年参加《新青年》编辑工作，后旅欧留学，获法国国家文学博士学位。1925年回国，任北京大学教授。是我国"五四"新文化运动的先驱之一。刘半农反对文言文，提倡白话文，1917年发表了《我之文学改良观》，认为文学应表现自我的真情实感；只有将窒息性灵的古人作文的死格式推翻，新文学才能得到发展。主张在白话文没有取得正宗地位之前，文言和白话可暂处于对待地位，白话应吸收文言的优点，而文言应力求浅显，以便和白话相近。提出破坏旧韵，重造新韵，主张增多诗体和以今语作曲。提倡文章分段，采用新式标点符号。同时，刘半农是我国语言及摄影理论奠基人。他的《汉语字声实验录》荣获"康士坦丁语言学专奖"，是我国第一个获此国际大奖的语言学家。他还是首批翻译外国散文诗的作家之一，也是第一个把高尔基作品介绍到中国，最早将狄更斯、托尔斯泰、安徒生的作品翻译成中文的译者。

第三节　孙中山的民主革命

中国民主革命伟大先行者孙中山（图2-3）在反清革命实践中汲取西方资产阶级革命理论，创立三民主义思想。三民主义思想集中代表资产阶级政治、经济利益，反映了中国人民要求民族独立、民主权利和发展经济的共同愿望，推动了资产阶级民主革命的发展，建立起中国历史上第一个资产阶级共和国政府，实现了划时代的历史性巨变；继而孙中山又顺应时代潮流，实行"联俄、联共、扶助农工"三大政策，把三民主义发展成新三民主义，成为国共两党和各革命阶级统一战线的政治基础。

图2-3　孙中山

一、三民主义

面对鸦片战争后中国半殖民地化不断加剧，洋务运动和变法维新相继失败，孙中山在上书改革碰壁之后，终于认识到不推翻清王朝的反动统治，只在原有框架下修补改良，根本不可能抵御侵略、挽救危机。1905年8月，孙中山创建了第一个资产阶级政党——中国同盟会，提出"驱除鞑虏，恢复中华，建立民国，平均地权"的革命纲领。

1905年11月，孙中山为同盟会的机关报《民报》撰写发刊词，首次提出民族、民权、民生三大主义，并在随后革命实践中形成了指导中国民主革命的三民主义。即民族主义是反对民族压迫，反对满洲贵族对中国的专制统治；民权主义是推翻君主专制政体，建立资产阶级民主共和国——中华民国，国民一律平等；民生主义是解决以土地为中心的财富重新分配问题，平均地权。

三民主义思想反映了中国人民要求民族独立、民主权利和发展经济的共同愿望，推动了资产阶级民主革命的发展，在孙中山的广泛传播下，更多的人投身于反清革命，为辛亥革命的爆发作了有力的思想准备。1911年10月10日，武昌起义爆发，各省纷纷响应。孙中山被17省代表以16票赞成的结果选举为中华民国临时大总统。1912年1月1日，孙中山在南京宣布就职，组成中华民国临时政府，以三民主义思想为指导，制定颁发了第一部资产阶级民主宪法——《中华民国临时约法》，对中国旧民主主义革命起到了重大推动作用。

二、新三民主义

清帝退位后，孙中山于1912年2月辞去临时大总统职务，让位于袁世凯，此后孙中山积极宣传民生主义，号召实行平均地权，提倡兴办实业，但由于袁世凯为首的北洋军阀统治下的政治专制与社会黑暗及反袁、护国、护法斗争的相继失败，使孙中山萌发"重新革命"的念头，俄国十月革命的胜利和中国五四爱国运动的风暴给了处于苦闷、彷徨的孙中山新的启示和希望，孙中山终于坚定了"非以俄为师，断无成就"的信念。

在共产国际和中国共产党的帮助下，1924年1月20日，中国国民党第一次全国代表大会在广州召开，大会通过了《中国国民党第一次全国代表大会宣言》，改组国民党，确立了联俄、联共、扶助农工三大政策，重新解释了三民主义，使国民党明确了反帝反军阀的政治方向，成为国共两党和各革命阶级统一战线的政治基础，有力地推动了国民革命的发展。

孙中山创立的三民主义学说是其资产阶级民主革命思想的核心，既具有鲜明的资产阶级民主革命的时代内容，又具有浓厚的爱国主义的民族特色，迅速成为当时中国先进政治思想的主流和近代中国人民进行反帝反封建及救亡图存革命斗争的纲领。

【小资料】

创办"黄埔军校"

1924年孙中山在中国共产党和苏联的积极支持和帮助下创办"中国国民党陆军军官学校"，简称黄埔军校，是现代历史上第一所培养革命干部的新型军事政治学校，蒋介石为校长，廖仲恺为国民党党代表，周恩来为政治部主任，中共还选派熊雄、恽代英、萧楚女、聂荣臻、张秋人等共产党人担任教官，黄埔军校以孙中山的"创造革命军队，来挽救中国的危亡"为宗旨；以"亲爱精诚"为校训；以培养军事与政治人才，组成以黄埔学生为骨干的革命军，实行武装推翻帝国主义和封建军阀在中国的统治，完成国民大革命为目的。采用军事与政治并重，理论与实践结合的教学方针，积极进行孙中山的三民主义教育并介绍马克思列宁主义的思想。为中国革命培养了大批军事政治人才。黄埔师生在反帝反封建、争取国家统一与民族独立的斗争中立下了赫赫战功，为中国革命做出了重大贡献。

黄埔军校自1924年6月在广州创办到1949年底迁往台湾高雄，在大陆共办了二十三期，在台续办至今已七十八期，名将辈出，战功显赫，在中国近现代史上占有重要地位。

第四节 马克思主义在中国

十月革命一声炮响，给中国送来了马克思列宁主义。中国先进分子以马克思列宁主义为指导，建立了中国共产党，开展新民主主义革命。国民革命时期，蒋介石与汪精卫篡夺革命领导权、破坏革命，使中国革命遭受重大损失。在总结大革命失败教训和创建红色政权成功经验的基础上，毛泽东找到了中国革命的发展规律，探索出了中国式武装夺取政权的道路，新中国成立以后，党中央按照毛泽东的建议，提出了过渡时期的总路线，奠定了工业化的初步基础，随着社会主义建设实践的进行，社会主义理论也在探索中不断创新，开辟了一条适合中国国情的社会主义改造道路。

一、马克思主义传入中国

俄国十月革命胜利后,中国的一些新文化人士开始介绍,宣传马克思主义。李大钊在1918年发表了《法俄革命之比较观》、《庶民的胜利》等文章,是最早宣传马克思主义的代表人物之一。热心宣传新文化、寻找救国救民真理的毛泽东,1919年又来到北京,和陈独秀讨论《共产党宣言》等书籍,接受了马克思主义思想。陈独秀对马克思主义坚定不移的信仰,给青年毛泽东留下深刻的印象。1920年陈望道翻译的《共产党宣言》在中国出版。1920年3月,李大钊在北京发起了中国最早的一个学习和研究马克思主义的团体——马克思学说研究会,组织优秀青年进一步学习和研究马克思主义学说,促进了马克思主义在中国更大范围的传播。

【小资料】

李大钊

图 2-4 李大钊

李大钊(公元1889~1927)(见图2-4),河北乐亭人,伟大的马克思主义者、杰出的无产阶级革命家、中国共产党的主要创始人之一。1915年,日本帝国主义提出灭亡中国的"二十一条",李大钊积极参加留日学生的抗议斗争。起草通电《警告全国父老书》传遍全国,因此成为著名爱国志士。1916年李大钊回国在北京大学任图书馆主任兼经济学教授,积极投身于正在兴起的新文化运动,担任《新青年》主要撰稿人和编辑工作。成为新文化运动的一员主将。发表《民彝与政治》、《青春》等文章,揭露了君主专制的危害,号召青年不要留恋将死的社会,要努力创造青春的中国。

俄国十月革命胜利极大地鼓舞和启发了李大钊,他相继发表了《法俄革命之比较观》、《庶民的胜利》、《布尔什维主义的胜利》、《我的马克思主义观》等大量宣传马克思列宁主义的著名文章和演说,旗帜鲜明地批判改良主义,积极领导和推动五四爱国运动的发展,传播马克思主义。1920年初,李大钊与陈独秀相约,在北京和上海分别活动,筹建中国共产党。"南陈北李,相约建党",成为中国革命史上一段佳话。1921年7月,中国共产党成立,李大钊和陈独秀成为中国共产党主要创始人。1922年到1924年初,李大钊多次代表共产党与孙中山会谈,为建立革命统一战线做了大量工作。1924年1月,李大钊作为大会主席团五位成员之一,出席了国共合作的国民党第一次全国代表大会,参加大会宣言的起草等,为实现国共合作做出了重要贡献,当选为国民党中央执委会委员。1927年军阀张作霖逮捕李大钊,4月28日,在西交民巷京师看守所李大钊被杀害。1984年,人民出版社出版了一百一十多万字的《李大钊文集》。

二、毛泽东思想的形成与发展

在国民革命时期,以陈独秀为代表的中共中央和共产国际代表对蒋介石与汪精卫篡夺革命领导权、破坏革命的活动一再妥协退让,压制工农运动,放弃对革命的领导权,尤其是对革命武装的领导权,使中国革命遭受重大损失。1925年冬至1927年春,毛泽东针对陈独秀的右倾错误,先后发表《中国社会各阶级的分析》、《湖南农民运动考察报告》等文章,阐明无产阶级领导权思想、农民问题的重要地位和无产阶级领导农民斗争的极端重要性。

大革命失败后,毛泽东率领秋收起义部队建立了第一个农村根据地——井冈山革命根据地。在总结大革命失败教训和创建红色政权成功经验的基础上，毛泽东找到了中国革命的发展规律，探索出了中国式武装夺取政权的道路：将党的工作重点从敌人力量强大的城市转到敌人力量薄弱的农村，在农村开展游击战争，深入进行土地革命，建立红色政权；在农村积累发展革命力量，逐步削弱敌人的力量，以农村包围城市，最后夺取全国的政权。这是马列主义普遍原理同中国革命具体实践相结合的创举，是毛泽东思想产生和形成的主要标志。1945年春，中国共产党第七次全国代表大会在延安召开，大会正式确认毛泽东思想为中国共产党全党的指导思想。

新中国成立以后，党中央按照毛泽东的建议，提出了过渡时期的总路线。在总路线指导下，我国奠定了工业化的初步基础，开辟了一条适合中国国情的社会主义改造道路。

毛泽东思想是以毛泽东（图 2-5）为主要代表的中国共产党人，根据马克思主义的基本原理，对中国长期革命实践中的一系列独创性经验作出理论概括而形成的科学思想体系，是马克思列宁主义普遍原理和中国革命与建设具体实践相结合的产物，是被实践证明了的关于中国革命正确的理论原则和经验总结，是中国共产党集体智慧的结晶。党的许多卓越领导人对它的形成和发展都做出了重要贡献，毛泽东同志的科学著作是它的集中概括。

图 2-5　毛泽东

三、中国特色的社会主义道路

1976年10月，党中央一举粉碎"四人帮"，结束了给国家和民族造成深重灾难的"文化大革命"。为彻底纠正"文化大革命"的错误，正确认识毛泽东思想，摆脱"两个凡是"错误思想束缚，1978年5月，《实践是检验真理的唯一标准》一文在《光明日报》上公开发表，提出实践不仅是检验真理的标准，而且是唯一的标准。文章的观点引起了强烈反响，引发了全国范围的大讨论，中国思想界展开了关于真理标准问题的大讨论，形成一场深刻的思想解放运动，为拨乱反正、开创社会主义建设的新局面奠定了思想基础。

1978年12月，中国共产党召开了十一届三中全会。全会总结了建国以来的经验教训，放弃"以阶级斗争为纲"的错误方针，将党和国家的工作重心转移到社会主义现代化建设上来；肯定了真理标准问题的讨论，确定了"解放思想，开动脑筋，实事求是，团结一致向前看"的指导方针。十一届三中全会重新确立了中国共产党正确的思想、政治和组织路线，实现了建国以来社会主义建设道路上一次重要的历史性转折。

20世纪80年代，邓小平总结我国和国际社会主义事业兴衰成败的历史经验，把马克思主义的基本原理与当代中国实际相结合，继承和发展毛泽东思想，科学地把握社会主义的本质，第一次比较系统地回答了在中国这样经济落后的国家如何走自己的道路，建设有中国特色的社会主义。中国共产党"十五大"报告深刻阐述了邓小平理论的历史地位和指导意义，把邓小平理论确立为党的指导思想并写入党章。

【小资料】

邓小平理论

1987年10月，以邓小平理论为指导，中国共产党第十三次全国代表大会系统地阐述了关于社会主义初级阶段的理论和党在社会主义初级阶段的基本路线，制定了分三步走的战略发展目标。

会议公报指出：第一，我国已经是社会主义社会，我们必须坚持而不能离开社会主义。第二，我国的社会主义还处在初级阶段，必须从这个实际出发，而不能超越这个阶段。中共中央据此制定出社会主义初级阶段的基本路线：领导和团结全国各族人民，以经济建设为中心，坚持四项基本原则，坚持改革开放，自力更生，艰苦创业，为把我国建设成为富强、民主、文明的社会主义现代化国家而奋斗。

1992年初，中国的改革走到了一个关键时期。中国要不要搞市场经济？人们对此争论不休，这些重大问题得不到解决，中国的改革就难以进一步推动。在这个关键时刻，邓小平先后到深圳、珠海等地进行考察研究，并发表了重要讲话。

邓小平的南方谈话，深刻地阐明了社会主义的本质，再次强调了要以经济建设为中心，要坚持党的基本路线不动摇。这极大地解放了人们的思想，深化了改革开放，使"发展才是硬道理"的论断深入人心。

在邓小平理论的指引下，中国的社会主义现代化进入一个新阶段，取得了飞速发展，中国国力得到极大增强。

中国共产党"十四大"正式确立了建立社会主义市场经济体制的目标。

四、社会主义理论的新发展

世纪之交，世界多极化和经济全球化的趋势日益明显，国际上以经济为基础、科技为先导的综合国力竞争更为激烈。中国进入了全面建设小康社会、加快推进社会主义现代化建设的新阶段。这些变化既给中国的发展带来了难得的战略机遇，同时也使中国面临严峻的挑战，如何继续开拓前进，迫切需要给予科学回答。

以江泽民为核心的第三代领导集体顺应时代发展的潮流，总结新经验，发展邓小平理论，提出了新时期党的建设和社会主义建设的指南——"三个代表"重要思想。即中国共产党要始终代表中国先进生产力的发展要求，中国共产党要始终代表中国先进文化的前进方向，中国共产党要始终代表中国最广大人民的根本利益。

【小资料】

"三个代表"重要思想

江泽民同志2000年2月25日在广东省考察工作时，从全面总结党的历史经验和如何适应新形势、新任务的要求出发，首次对"三个代表"重要思想进行了比较全面的阐述。

"三个代表"重要思想，继承和发展了马克思列宁主义关于人类社会前进最终是由生产力发展决定的，同时是由先进文化引导的，是由人民群众推动的等基本原理；揭示了中国特色社会主义是社会主义市场经济、社会主义民主政治和先进文化的有机统一。它同马克思列宁主义、毛泽东思想和邓小平理论是一脉相承而又与时俱进的科学体系，是新世纪、新阶级中国共产党和中国人民实现全面建设小康社会宏伟目标的思想指南。

2002年11月，中国共产党第十六次全国代表大会召开，大会把"三个代表"重要思想同马列主义、毛泽东思想、邓小平理论一起确立为党必须长期坚持的指导思想并列入党章。

2002年召开中共十六大，选举产生以胡锦涛为总书记的党中央，顺利实现与江泽民为核心中央领导集体的新老交替。胡锦涛同志带领全党全军全国各族人民，牢牢把握我国发展的重要战略机遇期，战胜一系列严峻挑战，奋力把中国特色社会主义事业推进到一个新的发展阶段，为国家繁荣富强、为中华民族伟大复兴作出了杰出贡献，并集中全党智慧创立了科学发展观的重要思想。党的十八大将科学发展观同马克思列宁主义、毛泽东思想、邓小平理论、"三个代表"重要思想一道确立为党必须长期坚持的指导思想。

【小资料】

科学发展观

科学发展观是坚持以人为本,全面、协调、可持续的发展观。以人为本,就是要把人民的利益作为一切工作的出发点和落脚点,不断满足人们的多方面需求和促进人的全面发展;全面,就是要在不断完善社会主义市场经济体制,保持经济持续快速协调健康发展的同时,加快政治文明、精神文明的建设,形成物质文明、政治文明、精神文明相互促进、共同发展的格局;协调,就是要统筹城乡协调发展、区域协调发展、经济社会协调发展、国内发展和对外开放;可持续,就是要统筹人与自然和谐发展,处理好经济建设、人口增长与资源利用、生态环境保护的关系,推动整个社会走上生产发展、生活富裕、生态良好的文明发展道路。

2012年,中国共产党第十八次全国代表大会隆重召开,选举产生了以习近平为总书记的新一届中央领导集体。

2012年11月,习总书记正式提出实现中华民族伟大复兴梦想的"中国梦"。"中国梦"的核心目标也可以概括为"两个一百年"的目标,即到2021年中国共产党成立100周年和2049年中华人民共和国成立100周年时,逐步并最终顺利实现中华民族的伟大复兴,具体表现是国家富强、民族振兴、人民幸福,实现途径是走中国特色的社会主义道路、坚持中国特色社会主义理论、弘扬民族精神、凝聚中国力量,实施手段是政治、经济、文化、社会、生态文明五位一体建设。

习近平总书记说:中国梦归根到底是人民的梦。"实现中华民族伟大复兴的中国梦,就是要实现国家富强、民族振兴、人民幸福。""中国梦是民族的梦,也是每个中国人的梦。"

【小资料】

走向"中国梦"

以习近平同志为总书记的党中央明确指出,实现中国梦必须走中国道路,必须弘扬中国精神,必须凝聚中国力量。这三个"必须",把道路、精神、力量结合到一起,成为中国共产党团结带领中国人民实现中国梦的基本路线。着力加强党的建设,出台八项规定,践行群众路线,重拳反腐,力纠"四风",把坚强的领导核心、强大的依靠力量与崇高的价值目标有机结合起来,凝聚起全民族的共识,团结起全社会的力量。

中国梦不仅仅是理想、是目标,也是现实,反映在每个中国人的生活中。实现中国梦,就是实现老百姓的梦。"人民对美好生活的向往,就是我们的奋斗目标。""现在,我们比历史上任何时期都更接近实现中华民族伟大复兴的目标,比历史上任何时期都更有信心、更有能力实现这个目标。行百里者半九十。距离实现中华民族伟大复兴的目标越近,我们越不能懈怠,越要加倍努力。"

从"文化强国"到"科技强国""海洋强国",从"富强中国"到"美丽中国""和谐中国",从"强国梦"到"航天梦""强军梦"……中国梦紧扣"国家富强、民族振兴、人民幸福"这个基本要义,细化为一系列现实目标和任务。

2014年11月15日下午,来自天津市滨海新区行政审批局的109枚废弃公章,被国家博物馆正式收藏。109枚公章曾经代表了109项行政审批,现在已经被1枚公章代替了。推动简政放权,全面深化改革。这批公章,正是中国在新的阶段逐梦前行的生动见证。

工商登记制度改革大幅降低企业注册"门槛",户籍制度改革使"农"与"非农"成为历史,公车改革直指"车轮上的腐败",劳教制度延续半个多世纪终被废止,央企负责人薪酬制度改革迈出国企改革关键步伐……两年来，一项项具有标志性、关键性、引领性作用的重大改革举措密集推出，力度前所未有。

调整计划生育政策，放开"单独二胎"，减轻家庭养老负担；建立疾病应急救助制度，保障困难群体基本医疗；城乡养老并轨，为"老有所养"带来制度上的保障；改革考试招生制度，革除"一考定终身"之宿弊……两年中，人们从改革释放的"制度红利"中得到了沉甸甸的实惠。

中国梦的实现，离不开依法治国的保障。从"最高人民法院设立巡回法庭"到"依法赋予设区的市地方立法权"，从"建立行政机关内部重大决策合法性审查机制"到"把法治建设纳入政绩考核指标体系"……党的十八届四中全会推出180多项重大措施，为"法治中国"筑就基石。

两年来，中国经济顶住下行压力，总体保持在合理区间，经济增长质量稳步提高；居民收入较快增长，就业快速增长，民生事业快速发展；贫困地区人畜饮用水问题大面积解决，新型农村合作医疗实现全覆盖……中国梦正在化为百姓身边一个个实实在在的"就业梦""上学梦""住房梦""宜居梦""医保梦""小康梦"。

同时，以习近平同志为总书记的党中央清醒地认识到，中国仍然是世界上最大的发展中国家，创造13亿人的幸福美好生活绝非易事。中国在发展道路上仍然面临不少困难和挑战。实现中华民族伟大复兴的中国梦，还需要付出长期艰苦的努力。提出实现中国梦，体现了以习近平同志为总书记的党中央对人民美好生活、对国家民族光明前途的向往和引领，也体现了新一届中央领导集体对民族对人民的责任担当。

思 考 题

1. 简述维新运动的主要内容及历史影响。
2. 分析新文化运动的背景及主要代表人物。
3. 讨论分析中国社会主义国家建设的历程。

第三章　世界思想精粹

第一节　希腊哲学的起源

公元前7世纪，在希腊，人们试图从实际出发去探究世界万物的本来面目，于是，最早的哲学诞生了。自然哲学家用自己的头脑去探索自然的奥秘，而不是依赖传统宗教解释。这是古希腊人具有自主意识的开始，标志着古代西方民主精神的觉醒。苏格拉底崇尚知识和自由探索的理性精神对后世西方哲学产生了深远影响。开创了希腊哲学的新方向，使哲学真正成为一门研究"人"的学问。亚里士多德则使哲学真正成为一门独立的学科。他把希腊哲学爱智慧与好学深思的理性精神发展到顶峰，给后人留下了一笔包罗宏富的文化遗产。

一、哲学的产生

公元前7世纪之前，希腊人在解释自然现象和社会现象时，简单地归结于一个以宙斯为首的无所不知、无所不能的神灵家族，认为自然界和人类都是神创造的。

公元前7世纪，人们开始怀疑宗教神话对世界和人生的解释，居住在海边的泰勒斯认为，万物皆由水生成，又复归于水，大地漂浮在水上。他首次用观察得到的经验来解释纷纭复杂的自然现象，创立了朴素的唯物主义世界观，因此，泰勒斯被誉为西方"哲学之父"。

至公元前5世纪，希腊城邦民主政治高度发展，公民的社会生活丰富多彩，思想活跃，孕育出一个新的思想流派——智者学派。这个学派的代表人物把讨论的重点从认识自然转移到认识社会，提倡怀疑精神，反对迷信，强调人的价值及人的决定作用，这一切构成古希腊人文精神的基本内涵。

二、苏格拉底

苏格拉底（公元前469～前399年）（见图3-1）是雅典著名的哲学家，智者学派的同时代人。苏格拉底认为放弃对人自身的探讨而去研究自然是愚蠢行为，他的名言就是：认识你自己。苏格拉底的哲学追求主要集中在认识人自己这一命题，认为人人都应该承认自己无知，并努力寻求知识，改善自己的灵魂。

苏格拉底专门探讨人类的心灵智慧，重点研究人的伦理道德问题。他最喜欢与人讨论问题或给年轻人讲授哲学，围绕人的精神修养提出哲学命题，比如什么是幸福、美德、真理、正义等，主张人们去改造自己的灵魂，追求真理和智慧，成为道德完善的、真正的人，而不要专注于对身外之物的追求。苏格拉底非常崇尚知识的作用，认为人必须具有知识，才能达到善，无知是一切罪恶的首要根源。他的哲学思想主要是通过学生柏拉图留传下来。

图3-1　苏格拉底

【小资料】

苏格拉底

苏格拉底因主张无神论和言论自由，公元前399年被民主派贵族以煽动青年、污辱雅典神的罪名当众受审，并判死刑。当时亲友和弟子们都劝他逃往国外避难，均遭严正拒绝，他说，我是被国家判决有罪的，如果我逃走了，法律得不到遵守，就会失去它应有的效力和权威，当法律失去权威，正义也就不复存在。这是一个智者在用生命诠释法律的真正含义——法律只有被遵守才有权威性。只有法律树立了权威，才能有国家秩序与社会正义的存在。苏格拉底之死对于西方法治文明有重大意义：也许法律会一时枉正错直，但法律必须人人遵守，只有在每个人都服从法律的基础上，雅典人民才有法治的保障。

苏格拉底开创了希腊哲学的新方向，使哲学真正成为一门研究"人"的学问。他崇尚知识和自由探索的理性精神对后世西方哲学产生了深远影响。

三、亚里士多德

图 3-2　亚里士多德

亚里士多德（公元前384～前322年）(见图3-2)，学识渊博，是集古希腊科学文化知识之大成的百科全书式的学者。亚里士多德不仅为现代许多科学门类奠定了基础，而且使哲学真正成为一门独立的学科。

作为希腊著名的哲学家，亚里士多德最大的哲学贡献在于创立了逻辑学。他的研究都是从大量收集材料开始，经过严密的分析、概括、推理，最后才得出结论。逻辑学是关于思维形式及其规律的科学。亚里士多德把它看做哲学的一部分，提出归纳与演绎两种方法。前者由个别到一般，后者由一般到个别，逻辑思维的重点在于后者。这种思维方式自始至终贯穿于他的研究之中。

【小资料】

亚里士多德

亚里士多德是世界古代史上伟大的哲学家、科学家和教育家。作为一位百科全书式的科学家，他几乎对每个学科都做出了贡献。他的写作涉及伦理学、形而上学、心理学、经济学、神学、政治学、修辞学、自然科学、教育学、诗歌、风俗以及雅典法律。

亚里士多德的著作构建了西方哲学的第一个广泛系统，包含道德、美学、逻辑和科学、政治。他创立了形式逻辑学，丰富和发展了哲学的各个分支学科。

亚里士多德对科学作出了巨大的贡献，因为他是最后提出一个整个世界体系的人，而且是第一个从事广泛经验考察的人。亚里士多德有著名的三大定律：在天文学方面，亚里士多德创立了运行的天体是物质实体的学说；在物理学方面，亚里士多德认为各物体只有在一个不断作用着的推动者直接接触下，才能够保持运动；他认为「真空」是不能存在的，因为空间必须装满物质。这样才能通过直接接触来传递物理作用。亚里士多德关于物理学的思想深刻地影响了中世纪学术思想，其影响力延伸到了文艺复兴时期，在牛顿经典力学体系没有出现之前，整个西方世界都被亚里士多德的物理学统治着。

亚里士多德的老师是柏拉图。他非常尊敬老师，但并不因此而放弃自己的独立思考。在他的哲学名著《形而上学》中批评柏拉图的唯心主义理念论，认为自然界是客观的、真实的存在，人们的认识来自对客观世界的感觉，没有感觉就没有认知。他在《政治学》一书中还批评老师对理想国家的设想，认为这种设想不符合社会实际。亚里士多德有句名言："吾爱吾师，吾尤爱真理。"表明真理高于一切。

第二节　文艺复兴的辉煌

14世纪，意大利工商业城市兴起，出现了资本主义萌芽，由于当时资产阶级还没有形成成熟的思想体系，只得借助被教会视为异端的古希腊、古罗马文化来表达自己的反封建思想，于是，一场以复兴古希腊、古罗马文化为名，以"人文主义"为旗帜的文艺复兴运动兴起。提倡人性，反对神性，主张人生的目的是追求现世的幸福，而不是教会强调的灭人欲，以便死后升入天堂；倡导个性解放，反对盲从盲信的愚昧思想。文艺复兴运动是一次思想解放运动，它适应了资本主义发展的需要，为近代自然科学的发展清除了思想障碍。同时催生出众多彪炳史册的人文主义思想文化巨匠。

一、薄伽丘

薄伽丘作为文艺复兴运动的杰出代表，与诗人但丁、彼特拉克并称为文艺复兴前三杰。他的短篇小说集《十日谈》为文艺复兴时期新兴资产阶级要求自由解放的努力唱了一曲激昂的战歌。

《十日谈》全书贯穿人文主义思想，矛头直指天主教会，薄伽丘以幽默、辛辣的笔调揭露教会的腐化与贪婪，抨击教士的伪善与丑行，歌颂现实生活，肯定人的价值与尊严，提倡生而平等，反对封建等级观念，主张"幸福在人间"，被视为文艺复兴的宣言。

二、艺坛三杰

15世纪后期，意大利文艺复兴运动进入全盛期。达·芬奇、米开朗基罗、拉斐尔开创了现实主义艺术的新时代，是文艺复兴的光辉代表。

达·芬奇（公元1452～1519年）强调艺术要表现和歌颂人的美和人丰富的思想感情，提出"谁不尊重生命，谁就不配有生命"的人性觉醒口号。达·芬奇善于将解剖学、透视法和明暗转移法运用于绘画之中。他的杰作《最后的晚餐》和《蒙娜丽莎》成为欧洲画廊的拱顶之石。

米开朗基罗（公元1475～1564），文艺复兴时期雕塑艺术最高峰的代表。他的雕塑创作专注人体，认为人的美，在于具有战胜困难的信念和勇气，在于人的觉醒，有期待、有追求，在于自尊和不可屈辱。米开朗基罗对人体的赞美，表面上看是对古希腊艺术的"复兴"，实质上表示着人们已从黑暗的中世纪桎梏中解脱出来，充分认识到了人在改造世界中的巨大力量。米开朗基罗的不朽杰作《大卫》和《摩西》，以精湛的技巧雕凿出令人震撼的英雄主义气概，因此被誉为"市民英雄的创造者"。

【小资料】

米开朗基罗

米开朗基罗是意大利文艺复兴时期伟大的绘画家、雕塑家、建筑师和诗人。《创世纪》是米开朗基罗为罗马西斯廷教堂创作的巨幅天顶画，作品场面宏大，人物刻画震撼人心，是米开朗基罗的著名代表作之一。它与同一教堂的另一幅祭坛画《最后的审判》并立为米开朗基罗一生最有代表性的两大巨制。西斯廷教堂因为米开朗基罗创造了《创世纪》和《最后的审判》而名扬天下，这两幅壁画工程也是意大利文艺复兴盛期最伟大的艺术贡献。

米开朗基罗的西斯廷教堂天顶画是这位大师天才的想象和超人的强力相融合的奇迹，任何人走进罗马梵蒂冈内的西斯庭教堂，抬头望向教堂天顶的那一瞬间，就会感受到强烈的震撼，犹如一个神奇的世界突然敞开在眼前一样，震惊于它的辉煌壮丽，这些绘画的伟大价值是把宗教精神寄寓于丰富生动的人性生活和高度协调的构图秩序中。最令人惊赞的是，生活性和秩序感的高度统一。正是这种统一，使这些本来以宗教精神为主题的绘画却传达出超宗教的人性激情。在画里，文艺复兴时期的人文主义理想得到了极度鲜明的表达：人是宇宙的中心，人格的力量、生命的激情与创造是艺术家应该表达的永恒主题。

《创世纪》分布在西斯廷教堂整个长方形大厅的屋顶，米开朗基罗一个人躺在18米高的天花板下的架子上，以超人毅力夜以继日地工作，用了四年时间凭一个人在五百多平方米的天顶上画了三百四十三人，如此宏大的工程，虽然找来一些人做助手，最后只留下一个调制颜料干杂活的，当整个作品完成时，37岁的米开朗基罗已累得像个老者。由于长期仰视，头和眼睛不能低下，连读信都要举到头顶。他用健康和生命的代价完成的《创世纪》，为后人留下的不仅是不朽的艺术品，还有为艺术而献身的精神。

拉斐尔（公元1483～1520年），意大利著名画家。拉斐尔以世俗化的手法，将传统的宗教题材描绘成现实生活中的理想美，称颂人类母性的光辉，洋溢着幸福与欢愉，体现了他的人文主义思想，拉斐尔的艺术被后世称为"古典主义"。最著名的代表作是《西斯廷圣母》。在这幅祭坛画中，拉斐尔以精湛的技艺塑造了一个平凡而又伟大的母亲形象，她为了人类美好的未来，献出了自己惟一的儿子。

三、莎士比亚

莎士比亚戏剧代表了欧洲文艺复兴时期文学的最高成就，对欧洲现实主义文学的发展有着极其深远的影响。莎士比亚戏剧塑造了许多富有个性的人物形象，在莎士比亚的作品中流露出浓厚的资产阶级人文主义思想，其中《哈姆雷特》是莎士比亚最杰出的作品。

【小资料】

莎士比亚

莎士比亚（公元1564～1616年），英国人，欧洲文艺复兴时期最伟大的戏剧家和诗人。情节的生动性与丰富性是莎士比亚戏剧主要的艺术特色，人物形象具有高度的典型性，同时又有丰富多彩的个性特征。作品思想通过情节人物自然地表现出来。莎士比亚创作高峰的标志是四大悲剧：《哈姆雷特》、《奥赛罗》、《李尔王》、《麦克白》；四大喜剧：《仲夏夜之梦》、《皆大观喜》、《威尼斯商人》、《第十二夜》；及著名的历史剧《查理三世》、《亨利四世》。

17世纪始，莎士比亚戏剧传入德、法、意、俄、北欧诸国，后逐渐传到美国乃至世界各地，对各国戏剧发展产生了巨大、深远的影响，并已成为世界文化发展、交流的重要纽带和灵感源泉。至今英国人民仍每年都举行纪念活动，而且每隔一年举行一次"莎士比亚戏剧节"。

第三节 启蒙运动的兴起

18世纪以法国为中心兴起的启蒙运动是欧洲历史上又一次伟大的思想解放运动。启蒙思想家们高举理性与科学大旗，宣扬自由、平等、博爱、人权和法制，强调发展科学、张扬个性；猛烈抨击宗教神学和封建专制制度，把反封建、反宗教神学的斗争推进到反对封建专制制度、建立资产阶级"理性王国"、按照资产阶级利益建构政治制度的高度,从而比文艺复兴运动更为彻底,更具鲜明的革命性,启蒙运动不仅为资产阶级革命做了舆论准备,而且为人类社会创造了宝贵的精神财富。

一、孟德斯鸠

法国启蒙思想家孟德斯鸠提出三权分立学说,成为资产阶级政治制度的基本原则。孟德斯鸠指出,要保障人民的政治自由和生命财产的安全,必须"三权分立"。即国家权力分立法、行政、司法,分别由议会、君主、法院三家掌管,各自独立,相互牵制,彼此平衡,以维系国家的统一。要防止滥用权力,就必须以权力制约权力。

【小资料】

孟德斯鸠

孟德斯鸠(公元1689~1755),西方国家学说和法学理论的奠基人,百科全书式的学者。在学术上取得了巨大成就,曾被选为波尔多科学院院士、法国科学院院士、英国皇家学会会员、柏林皇家科学院院士。他站在时代前列为新兴资产阶级的利益战斗了一生。用犀利的文笔,勇猛地抨击了腐朽反动的封建专制主义和宗教僧侣主义。毕生孜孜不倦的探索着科学领域的许多问题,撰写了不少具有重要价值的著作。

1748年孟德斯鸠最重要的著作《论法的精神》(图3-3)发表,为资产阶级国家和法的学说作出了卓越贡献,在书中他详述法律的历史,探讨政治自由的条件及保障,孟德斯鸠认为一切存在物都有它们的法,法在各个国家,具体表现为政治、法律等各种制度,他强调法的功能,法律是理性的体现。明确提出了三权分立学说。

孟德斯鸠提倡资产阶级的自由和平等,但同时又强调自由的实现要受法律的制约,政治自由并不是愿意做什么就做什么。孟德斯鸠说"自由是做法律所许可的一切事情的权利;如果一个公民能够做法律所禁止的事情,他就不再有自由了。因为其他的人也同样会有这个权利。"

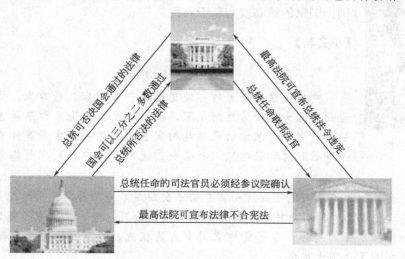

图3-3 孟德斯鸠《论法的精神》

二、伏尔泰

伏尔泰是法国启蒙运动的领袖,他的思想对18世纪的欧洲产生了巨大影响。伏尔泰反对君主制度,提倡自然神论,批判天主教会,主张言论自由。他尖刻地抨击天主教会的黑暗统治，揭露和批判了宗教的虚伪、教士的凶残贪婪，以及信徒的宗教狂热和不宽容造成的荒诞悲剧。伏尔泰把教皇比作"两足禽兽"，把教士称作"文明恶棍"，说天主教是"一些狡猾的人布置的一个最可耻的骗人罗网"，号召人民起来粉碎教会这个邪恶势力。

伏尔泰信奉自然权利说，认为"人们本质上是平等的"，自由是人人享有的一种天赋权利，不应受到任何侵犯，要求人人享有"自然权利"，主张人人在法律面前平等。并热情地歌颂理性，认为理性是历史前进的动力。

【小资料】

伏尔泰

伏尔泰（公元1694~1778年）法国启蒙思想家、文学家、哲学家、史学家，是十八世纪法国启蒙运动的泰斗和灵魂。他博学多识，才华横溢，著述宏富，在戏剧、诗歌、小说、政论、历史和哲学诸多领域均有卓越贡献。伏尔泰一生反对专制主义和封建特权，追求自由和平等，主张开明的君主政治，被誉为"法兰西思想之王"、"法兰西最优秀的诗人"，伏尔泰崇高的威望、广泛的社会影响和大无畏的斗争精神，推动着法国启蒙运动的发展并使其影响扩展到整个欧洲。代表作《哲学通信》，《形而上学论》，《路易十四时代》，《老实人》等。

伏尔泰被广泛传颂的一句话是："我并不同意你的观点，但是我誓死捍卫你说话的权利"。这句话代表了伏尔泰对于言论自由的主张，是他人为表达伏尔泰的观点而整理杜撰出的。

三、卢梭

卢梭（公元1712~1778年）（见图3-4）是批判封建制度、宣传理性至上的启蒙思想家中最为激进的民主主义者。

图3-4 卢梭

卢梭提出"人民主权"的口号，阐述"天赋人权"的学说，提出重建符合人民利益的契约，创建民主共和国，坚持"主权在民"的原则，国家的最高权力属于人民。

【小资料】

卢梭

卢梭是法国伟大的启蒙思想家、哲学家、教育家、文学家，十八世纪法国大革命的思想先驱，杰出的民主政论家和浪漫主义文学流派的开创者，启蒙运动最卓越的代表人物之一。主要著作有《论人类不平等的起源和基础》、《社会契约论》、《爱弥儿》、《忏悔录》、《新爱洛漪丝》等。

卢梭的社会契约理论及人民主权这一富有彻底反封建革命精神的民主思想是法国大革命和美国革命的理论基础。同时卢梭指出政治不应与道德分离。当一个国家不能以德服人，它就不能正常地发挥本身的功能，也不能建立对个人的权威。捍卫自由是国家建立的目的之一。这也直接影响了法国大革命。

法国大革命后，卢梭的遗体于1794年以隆重的仪式移葬于法国巴黎先贤祠。他的棺木外形也设计成为乡村小寺庙模样。从正面看，庙门微微开启，从门缝里伸出一只手来，手中擎着一支熊熊燃烧的火炬，象征着卢梭的思想点燃了革命的燎原烈火。法国国民公会投票通过决议，给大革命的象征卢梭树立雕像，以金字题词——"自由的奠基人"。

人生下来就是自由的，人可以说是自由的动物。那么，人民的自由虽可用法律加以保障,但它原是天所赐予的,为任何人所必不可少。如果有人不取这天所赐予的自由,那就是对天犯了大罪,对自己又是莫大的耻辱。——卢梭

第四节　马克思主义的产生

18世纪从英国发起的第一次工业革命极大地提高了生产力,壮大了资产阶级力量,社会日益分裂成为资产阶级和无产阶级两大对抗阶级。到19世纪40年代生产力和科学技术达到前所未有的水平,而英国宪章运动、法国里昂工人起义和德国西里西亚纺织工人起义则标志着无产阶级已经作为独立政治力量登上历史舞台,于是,以德国古典哲学、空想社会主义及英国古典政治经济学为主要理论来源的马克思主义产生了,同时,19世纪科学技术新成果,特别是细胞学说的确立,能量守恒和转化规律的发现及进化论的新发展也为马克思主义的产生奠定了坚实的自然科学基础。

一、德国古典哲学

德国古典哲学是工业革命时期欧洲哲学舞台上的主角,它将传统形而上学推向顶峰,标志着近代西方哲学向现代西方哲学的过渡。

康德是德国古典哲学的创始人,近代西方哲学史上划时代的哲学家。他最重要的三部著作被合称为"三大批判",即《纯粹理性批判》、《实践理性批判》和《判断力批判》,分别阐述康德的知识学、伦理学和美学思想。在这"三大批判"名著中康德提出的基本问题是:人能知道什么?人应当做什么?人可以希望什么?要回答这些问题必须研究人类理性并对它加以判断。三大批判的相继问世,成为康德批判哲学体系形成的真正标志。

其中《纯粹理性批判》标志着哲学研究的主要方向由本体论转向认识论,是西方哲学史上划时代的巨著,被视为近代哲学的开端。在《纯粹理性批判》一书中,康德提出了一个至今耐人深思的观点,即人不是他人的工具,而是自身的目的,即应当以人为本,人是一切发展过程的最终价值取向。康德提出尊重他人的原则,人应该尊重别人的感受,而不是视他人为便利自己的工具。

【小资料】

黑格尔

黑格尔(公元1770～1831年)德国最伟大的哲学家之一,是德国古典哲学运动的巅峰,德国古典哲学集大成者。其思想体系是马克思唯物主义辩证法的主要源流。黑格尔的著作以哲学的高度几乎涉猎了人类知识的全部领域:历史、自然、法学、伦理……他那广博的知识与深邃的思考,至今散发着无穷的魅力。其著作有《精神现象学》、《逻辑学》、《哲学科学全书纲要》、《法哲学原理》、《美学讲演录》、《历史哲学讲演录》、《哲学史讲演录》、《宗教哲学讲演录》、《自然哲学》等。

恩格斯这样评价黑格尔:"近代德国哲学在黑格尔的体系中达到了顶峰,在这个体系中,黑格尔第一次——这是他的巨大功绩——把整个自然的、历史的和精神的世界描写为处于不断运动、变化、转化和发展中,并企图揭示这种运动和发展的内在联系。"

二、空想社会主义

空想社会主义从16世纪发展至19世纪,19世纪初期发展到顶峰,出现了法国的圣西门、傅立叶和英国的欧文等空想社会主义著名代表人物。他们深刻揭露了资本主义的罪恶,

对未来的理想社会提出许多美妙的天才设想。主张建立一个没有资本主义弊端的理想社会,这些思想对启发和提高工人觉悟起了重要的作用,但由于不能揭示资本主义的根本矛盾和发展规律,不懂得阶级斗争,没有认识到无产阶级的历史使命,所以他们的社会主义只能是一种无法实现的空想。

圣西门(公元1760～1825年),19世纪初杰出的思想家,法国伯爵,三大空想社会主义者之一。他批评资本主义社会是一个"黑白颠倒的世界",弊病百出,极不合理,需要以一个"旨在改善占人口大多数的穷苦阶级命运"的新社会取而代之。

在圣西门设想的"实业制度"下,人人都要劳动,没有游手好闲、不劳而获的人。私人企业的生产要受国家监督,统一安排,按计划进行。国家实行议会制。由发明院、审查院和执行院组成的议会都由有能力的专家、学者负责。欧洲各国要在议会制的基础上,建立欧洲总议会,总部设在日内瓦;社会的唯一目的应当是尽善尽美地运用科学、艺术和手工业的知识来满足人们的需要,特别是满足人数最多的最贫穷阶级的物质生活和精神生活的需要。

【小资料】

空想社会主义者欧文

英国空想社会主义者欧文是19世纪初最有成就的实业家之一,杰出的管理先驱者,现代人事管理之父,同时是历史上第一个创立学前教育机关(托儿所、幼儿园)的教育理论家和实践者。教育与生产劳动相结合,是欧文对人类教育理论宝库的巨大贡献。他认为,要培养智育、德育、体育全面发展的一代新人,必须把教育与生产劳动结合起来。

为了普及教育,欧文主张建立教育制度,实行教育立法。他认为,"教育下一代是最最重大的课题","是每一个国家的最高利益所在","是世界各国政府的一项压倒一切的紧要任务"。他的教育理念是:"人们在幼儿时期和儿童时期被培养成什么样的人,成年后也就是什么样的人。现在如此,将来也是如此"。

为了使每一个孩子特别是劳动人民出身的孩子,从出生起就受到最好的教育,欧文主张应当立即为劳动阶级安排一种国家教育制度,"通过一项联合王国全体贫民与劳动阶级教育法案"。欧文还详细地列举了教育法案的具体条款,如教育部门的领导人选、教师的培养、经费的开支、教学内容、教学计划、教学方法的确定、家庭教育和社会教育等,并论证和阐述了立法的理由。

马克思对欧文的学前教育理论和一系列的试验作了赞赏,评价道:"未来教育对所有已满一定年龄的儿童来说,就是生产劳动同智育和体育相结合,它不仅是提高社会生产的一种方法,而且是造就全面发展的人的唯一方法。"

三、马克思主义

19世纪40年代在无产阶级和资产阶级的斗争日益尖锐化的时期,马克思、恩格斯在批判地继承和吸收人类关于自然科学、思维科学、社会科学优秀成果的基础上形成了马克思主义,并在实践中不断地丰富、发展和完善。马克思主义由马克思主义哲学、马克思主义政治经济学和科学社会主义三大部分组成,是无产阶级及其政党十分完整而彻底的世界观,是无产阶级政党指导思想的理论基础。

马克思(公元1818～1883年)(图3-5),出生于德意志联邦普鲁士王国特里尔城,是伟大的思想家、政治家、哲学家、经济学家、社会学家,马克思主义的创始人,第一国际的组织者和领导者,全世界无

图3-5 马克思

产阶级和劳动人民的伟大导师，当代共产主义运动的先驱。主要著作有《资本论》、《共产党宣言》。

马克思、恩格斯阐明了自然、社会和思维的发展规律，揭示了资本主义生产方式的固有的矛盾和资本主义社会的特殊运动规律，证明了资本主义必然崩溃、共产主义必然胜利，指出无产阶级是资本主义制度的掘墓人和共产主义社会的创造者。

【小资料】

马克思

马克思一生四次被反动政府驱逐，最后在英国伦敦定居。他没有固定的工作，一家人的经济来源主要靠他极不稳定而又极其微薄的稿费收入，加之资产阶级对他的迫害和封锁，使饥饿和生存问题始终困扰着马克思一家，在伦敦最初十年间，是一生中生活最艰难的时期。然而马克思没有被苦难所压倒，几乎每天大英博物馆刚开门，马克思就准时到达这里，如饥似渴地进行学习和研究，直至晚上博物馆闭馆。

勤奋使马克思获取渊博的知识，而渊博的知识又是马克思治学的基础，他的知识领域涉及哲学、经济学、法学、宗教学、逻辑学、美学、政治学、文学、史学、语言学、翻译、工商业实践，甚至还触及数学、自然科学等。他能用德、法、英三种文字写作。他同恩格斯合著的《马克思恩格斯全集》中文第一版共50卷，中文第二版60多卷，而该全集国际版约160多卷。面对如此巨大的思想理论财富，怎能不令人肃然起敬！

2005年7月，英国广播公司以古今最伟大的哲学家为题，调查了3万名听众，马克思以27.93％的得票率荣登榜首、苏格兰哲学家休谟位居第二。

思 考 题

1. 简述文艺复兴运动的主要内容。
2. 分析启蒙运动的主要代表人物及其思想。
3. 讨论分析马克思主义对人类社会发展产生的影响。

科技篇

第一章 古代科技

远古人类面临的基本问题是如何生存下去，科技的空白使人类的生存变得异常严峻。历经漫长的时空，在探索自然，改善生存环境的斗争中，农业、畜牧业、纺织业和医药开始了艰难萌芽和发展。

第一节 石器时代的科技萌芽

人类最早的科技活动应该是从制造工具算起。大约 300 万年前，人类开始制作和运用打制石器，这段历史被称为旧石器时代。大约 1 万年前，人类开始进入新石器时代，从以采集、狩猎为主转向以农耕为主。新石器时代的主要标志是农耕和畜牧，在这个时代，人类产生了许多新技术，如磨制石器、制陶、纺织等。现代许多科学技术都可追溯到这个时代。

一、人类最早的技术——打制石器

根据考古发现，人类最早的打制石器主要有石砍砸器、刮削器、尖状器等，是石器时代的主要工具或兵器。

尽管粗糙和笨重，但打制石器（图 1-1）的出现，对人类的进化与发展具有重要的意

图 1-1 打制石器时代

义。人类制造石器是一种有目的的创造活动,第一把石斧的诞生,划出了人与动物的分界线。自从人类开始制作石器,人的上肢就从爬行的功能中解放出来,最后进化为直立人。在打制石器过程中,为使它的功能符合人的需要,人类不断思索与琢磨,人的大脑变得更加发达了。

【小资料】

在旧石器时代晚期,人类的智力达到了新的境界,出现了弓箭、投矛器等复合工具。男女之间出现了分工,开始用骨针缝制皮衣以抵御寒冷的侵袭。他们还懂得了将死者掩埋,把一些装饰物品作为随葬品放入墓中,还将墓葬与居住地分开,以避免腐尸的污染与疾病的传播。由于生产手段的改进,人类开始走出山间洞穴,向平原迁徙。湖北江陵鸡公山发现的旧石器时代晚期遗存,距今约四、五万年,在发掘的425平方米面积内有打制石器的加工场、屠宰野兽的场所。这是我国发现的第一个旧石器时代晚期居民聚落,说明人类在四、五万年前就开始了向平原地区发展。

二、火的发明和使用

火的使用和人工取火方法的发明,使人类摆脱了"茹毛饮血"的境况,是早期人类重要的科学技术内容。根据已有的资料,人类大约在150万年前开始使用火,最初只是利用天然发生的火,如雷电击中树木,飓风吹动树枝剧烈摩擦或物质腐败发热引起的火。人类从这些天然火中获取火种,加以保管,使之不熄。大约在旧石器时代中、晚期,原始人类发明了各种人工取火的方法。

【小资料】

中国云南的苦聪人用一种黄石头击石取火,以芭蕉根晒干做引火物。这可能是最早使用的人工取火方法——撞击法生火;旧石器时代晚期,随着钻孔技术的出现而出现摩擦生火法,可以分为火钻法、火锯法和火犁法三种;钻木取火法,是土著民族中运用最为广泛的一种方法。把一根一端稍尖的木棒垂直放在一块木板上,用双手迅速搓动木棒,可变热生火(图1-2)。

三、原始农业的出现

原始农业经历了"刀耕火种"和"锄耕"两个阶段。刀耕火种阶段是指用石斧砍倒树丛,再用火一烧而光,最后撒上种子,任其生长,待作物成熟后,用石刀、陶刀等收割,用石磨或石碾加工去皮。经过一段时间摸索,人们发现经过人力锄耕以后,再播下种子,可使作物生长得更好,便普遍使用这种方法,于是农业生产进入了锄耕农业阶段。

图1-2 钻木取火

【小资料】

中国是世界上最早对野生稻进行培育、种植的国家。在湖南发现了一万年前人工栽培的水稻,同世界上其他较早栽培水稻的国家相比,早了三千至五千多年。

四、陶器的发明

陶器的发明是新石器时代人类一项伟大的创举,是人类利用化学变化改变天然性质的

图 1-3　古代陶器制作

开端。

制作陶器不是任何人都可以掌握这门技术的，于是渐渐出现掌握制陶技术的专门人员，而后形成了一门制陶手工业（图 1-3）。

五、冶金技术初现

新石器时代由于人类普遍烧制陶器，为冶金技术的发明提供了必要的条件。人类掌握了以木炭为燃料从孔雀石等铜矿中炼取红铜，这就是最早的冶金技术。在西亚地区发现了世界上最早的冶铜遗迹，距今约 5800～5600 年。冶金的发明无疑具有划时代的意义，特别是当青铜器的冶炼和铸造普遍出现以后，人类便迈入了文明的门槛——青铜时代。

六、弓箭的发明

旧石器时代晚期，在中国境内的人类就开始使用弓箭了。最早的箭很简单，用一根树棍或竹竿，截成一定长度的箭杆，在一端削尖就是箭了。而把石片、骨或贝壳磨制成尖利的形状，安装在矢杆一端，比起单用木棍竹竿削的箭可算进了一大步。由于远古的箭杆难以保存至今，所以出土实物中往往仅留下箭镞。

【小资料】

河南省偃师县二里头遗址中最先出土了商朝早期的青铜镞。商周时期，青铜镞的主要式样是有脊双翼式。春秋战国时，三棱式镞盛行，战国时此类镞多装铁铤，以节省铜材。汉以后铜镞开始向铁镞过渡，这个过程经历了约 200 年。河北省满城县出土的西汉前期的三翼式或四棱式铁镞，仍系模铸成型，锋利程度不及铜镞；而四川省新繁县牧马山出土的东汉铁镞呈扁平的锐角三角形，既适合锻造，又有较强的杀伤力。这种形制遂为后代长期使用的点钢镞所承袭。

第二节　古希腊罗马时期的科技

古希腊罗马时期的科学技术达到了奴隶社会科学技术发展的高峰，也是近代科学技术产生的基础，古希腊罗马时期的科学思想和方法，对现代科学技术的发展产生了深远的影响。

一、阿基米德

阿基米德（公元前 287 年～前 212 年），古希腊哲学家、数学家、物理学家。发明了阿基米德式螺旋抽水机。在力学问题的研究中，最著名的是杠杆原理和浮力定律，在《论浮体》中，用数学分析方法首先论证了浮力定律，证明了物体浮在液体之中，其所受浮力等于所排开的液体的重量。

【小资料】

一天，古希腊叙拉古城。一个人光着身子从浴室中狂奔而出，高声大喊"我明白了！我明白了！"

到底发生了什么事？原来这人就是著名科学家阿基米德。叙拉古国王做了一顶纯金王冠，但他怀疑金匠掺假，就请阿基米德鉴别。阿基米德洗澡时，由于澡盆里的水太满，一进澡盆水就溢出。他由此突然感悟，找到了鉴别方法。他把金王冠放进装满水的缸中后，一些水溢了出来。他取出王冠，再把水装满，将一块与王冠同样重的金子放回水里，又有一些水溢出来。他通过比较发现，第一次溢出的水多于第二次。由此，他断定金匠真的做了手脚。但更重要的是，阿基米德从中发现了浮力定律。

二、希波克拉底

希波克拉底（公元前460年~前370年）为古希腊伯里克利时代的医师，被西方尊为"医学之父"，西方医学奠基人。希波克拉底提出"体液学说"，对西方医学的发展产生了巨大影响。

《希波克拉底誓言》是希波克拉底向医学界发出的行业道德倡议书，是从医人员入学第一课要学的重要内容，也是全社会所有职业人员言行自律的要求。

第三节　引领世界的中国古代科技

中国古代科技成就主要包含依托农耕经济的天文历法、数学、农学，服务于人类生活的古代医学和促进人类文明进程的四大发明等。中国古代既有灿若群星的科学家，又有浩如烟海的科学巨著，更有闪耀着智慧光芒的无数发明创造。现代世界文明赖以建立的基本发明创造，有一半以上来源于中国。特别是造纸术、印刷术、火药和指南针的发明曾经改变了世界。直到15世纪以前，中国的科学技术在世界上保持了千年的领先地位。

一、四大发明

四大发明是指中国古代对世界具有重大影响的造纸术、印刷术、火药和指南针四种发明，这四种发明对中国古代的政治、经济、文化产生了巨大的推动作用，这些发明经由各种途径传至西方，对世界文明发展史产生了巨大的影响。

1. 造纸术

文字最早出现在殷商时期，由于缺乏载体，人们把文字刻在甲骨、青铜器上，后来使用竹木简和缣帛做书写材料。但是竹简太重、缣帛太贵，很难推广。

西汉时人们已发明植物纤维纸，但纸质粗糙，不适于书写。到东汉，蔡伦成功地改进造纸术，制成能书写的纤维纸。这种纸原料易得，绳头、乱麻、树皮、桑根、藤、苔、竹子、稻草、麦秆、布片都可以用做造纸的原料，并且纸张质地细腻，集中了缣帛与竹简的优点，被时人称为"蔡侯纸"，成为人类科技史上一项重要发明（图1-4）。

2. 印刷术

印刷术是造纸术之后的又一项重要发明。目前世界上现存最早、有明确时间记载的印刷品是唐咸通九年（公元868年）雕版印刷的《金刚经》。

北宋时期，平民毕昇发明了活字印刷术（图1-5）。活字印刷节省印刷费用，大大提高了印刷效率，对人类的文明进程产生了巨大影响。毕昇发明的活字是用胶泥刻成单个反体字烧制而成，排版印刷后可拆散保存，反复使用。此后又出现木活字，至13世纪出现金属活字。13世纪中期，活字印刷术传到朝鲜，以后又从西域传到欧洲。

图1-4 造纸术

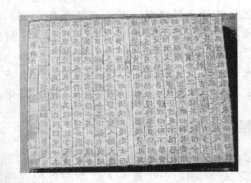
图1-5 活字印刷

3. 火药

唐代时期，人们在炼丹制药时偶然发明了火药。最早关于火药的记载见于唐初孙思邈著的《丹经》，称做硫磺伏火法。唐朝末年火药已用于战争。五代和宋朝时，火药还广泛应用于狩猎、开山、采石和火器。当时的火器主要有火炮、火箭、火蒺藜、突火枪等，威力巨大。十四世纪初，火药由阿拉伯人传入欧洲，在西方社会产生巨大震动。

【小资料】

1240年，蒙古军队进攻波兰利格尼兹城，波兰军队见一"怪物"腾空而起，一声爆炸，喷射出烟雾，恶臭难闻，不等看清楚，蒙古铁骑已冲杀上来。波兰历史学家记载此战时称波军败于"妖术"，这"妖术"就是宋代《武经总要》中记载的"毒药烟球"。

4. 指南针

指南针在四大发明中历史最为久远。早在战国时人们就利用磁石指示南北的特性发明了指南仪器——司南（图1-6），此后又出现了指南车、指南鱼等。北宋时进而发明了使用人工磁体的指南针，并应用于航海。13世纪，指南针传入西欧

图1-6 古代指南针——司南

【小资料】

北宋工匠把铁片剪成鱼形，放在火里烧红，趁热夹出，顺南北方向放在地面上，等到冷却后因受地磁感应而带磁性，就做成了"指南鱼"。南宋时，又把磁针和分方位的底盘连成一体，时人称为"地螺"，又称"针盘"、"子午盘"等。罗盘分48向，每向隔7度30分，比起后来欧洲通用的32向罗盘在定向时要精确得多。

二、中医学

中国古代医学，又称中医，自夏商开始问世，一直延续至今。西周时期，中国已有较丰富的医药学知识，甲骨文中所描述的疾病有数十种，包括眼、耳、口腔、肠胃等各种分科，同时在商代遗址中还出土了石砭镰等医疗用具等。

1. "医祖"扁鹊

扁鹊（公元前407～前310年）姬姓，秦氏，名缓，字越人，又号卢医，春秋战国时

期名医。由于他的医术高超，被认为是神医，所以当时的人们借用了上古神话的黄帝时神医"扁鹊"的名号来称呼他。扁鹊奠定了中医学的切脉诊断方法，创造了四诊法，以望、闻、问、切为基点，展开细致的医学诊治，成为我国有文字记载以来的第一位伟大的医学家。

2.《黄帝内经》

战国问世、西汉编定的《黄帝内经》是中国最早的医学典籍，是传统医学四大经典著作之一，此书原名为《内经》，因假托黄帝所作，故名为《黄帝内经》。它反映了我国古代医学的早期成就，奠定了祖国医学的理论基础。

《黄帝内经》在理论上建立了中医学上的"阴阳五行学说"、"藏象学说"、"病因学说"、"养生学说"、"药物治疗学说"、"经络治疗学说"等学说，从整体观上来论述医学，呈现了自然——生物——心理——社会"整体医学模式"，是中国影响最大的一部医学著作，被称为医之始祖。

3."医圣"张仲景

张仲景（约公元150~154年至约公元215~219年），名机，字仲景，汉族，东汉南阳涅阳（今河南邓州市、镇平县一带）人。东汉末年著名医学家，被后人尊称为医圣。张仲景广泛收集医方，写出了传世巨著《伤寒杂病论》。它确立的辨证论治原则，是中医临床的基本原则，是中医的灵魂所在。在方剂学方面，张仲景的《伤寒杂病论》（分成《伤寒论》与《金匮要略》两部书）是后世中医的重要经典，为中医临床的辨证施治奠定了基础。

4."神医"华佗

华佗（约公元145年~公元208年），字元化，一名旉，沛国谯县人，东汉末年著名的医学家。华佗擅长外科手术，被人誉为"神医"。他发明的麻沸散，是一种从植物中提取的麻醉药，适用于外科手术。这一发明比西方早一千六百多年。同时华佗还创造了"五禽戏"，是通过模仿虎鹿猿熊鸟的动作形成的一种健身操。

5.《本草纲目》

李时珍（公元1518~公元1593），字东璧，湖北蕲春县蕲州镇东长街之瓦屑坝（今博士街）人。明代著名医药学家。李时珍用了27年的时间，对中国古代医学进行了一次完美的总结，写成巨著《本草纲目》，是中国古代药物学的最高成就。里面记载了药物一千八百多种，方剂一万多个，有图解有注释，考订详细，全面地总结了16世纪以前的中国医药学，被誉为"东方医药巨典"。

三、中国古建筑学

中国古建筑的影响范围遍及半个亚洲和众多少数民族地区，在世界建筑历史中占有不可忽视的重要地位。

1.都江堰

都江堰位于四川省都江堰市城西，是中国古代建设并使用至今的大型水利工程，被誉为"世界水利文化的鼻祖"。

都江堰水利工程充分利用当地西北高、东南低的地理条件，根据江河出山口处特殊的地形、水脉、水势，乘势利导，无坝引水，自流灌溉，使堤防、分水、泄洪、排沙、控流相互依存，共为体系，保证了防洪、灌溉、水运和社会用水综合效益的充分发挥。都江堰建成后，成都平原沃野千里，"水旱从人，不知饥馑，时无荒年，谓之天府"。都江堰的创建，以不破坏自然资源，充分利用自然资源为人类服务为前提，变害为利。

2. 大兴城

大兴城，又称唐代长安城，始建于隋朝，唐朝易名为长安城，是隋唐两朝的首都，亦是当时世界上规模最大的城市，外国文献上称为胡姆丹。隋代的大兴城人口在隋文帝开皇之治时为 25 万人（一说 60 万人），到了盛唐时期达到 100 万人左右。城市由外郭城、宫城和皇城三部分组成，面积达 83.1 平方公里。城内百业兴旺，最多时人口超过一百万。唐末迁都洛阳后这里被拆毁，其遗址位于今陕西省西安市的大片地带。

图 1-7 赵州桥

3. 赵州桥

赵州桥（图 1-7）又称安济桥，坐落在河北省南部的洨河上，洨河流经赵县。建于隋朝大业年间（公元 605～618 年），由著名匠师李春设计建造，距今已有约 1400 年的历史，是当今世界上现存最早、保存最完善的古代敞肩石拱桥。赵州桥凝聚了古代汉族劳动人民的智慧与结晶，开创了中国桥梁建造的崭新局面。

赵州桥的雕刻艺术，包括栏板、望柱和锁口石等，其上狮象龙兽形态逼真，琢工的精致秀丽，不愧为文物宝库中的艺术珍品。赵州桥的设计构思和工艺的精巧，不仅在我国古桥是首屈一指，据世界桥梁的考证，像这样的敞肩拱桥，欧洲到 19 世纪中期才出现，比我国晚了一千二百多年。

四、数学

1. "九九" 乘法表

乘法口诀是中国古代筹算中进行乘法、除法、开方等运算的基本计算规则，沿用至今已有两千多年。古时的乘法口诀，是自上而下，从"九九八十一"开始，至"一一如一"止，与现在使用的顺序相反，因此古人用乘法口诀开始的两个字"九九"作为此口诀的名称，又称九九表、九九歌、九因歌、九九乘法表。

中国使用"九九口诀"的时间较早。在《荀子》、《管子》、《淮南子》、《战国策》等书中就能找到"三九二十七"、"六八四十八"、"四八三十二"、"六六三十六"等句子。由此可见，早在"春秋"、"战国"的时候，《九九乘法歌诀》就已经开始流行了。

2. 圆周率

中国数学家刘徽在注释《九章算术》（公元 263 年）时第一次只用圆内接正多边形就求得 π 的近似值，也得出精确到两位小数的 π 值，他的方法被后人称为割圆术。南北朝时期著名数学家祖冲之进一步得出精确到小数点后 7 位的 π 值（约 5 世纪下半叶），给出不足近似值 3.1415926 和过剩近似值 3.1415927，还得到两个近似分数值，密率 355/113 和约率 22/7。他的辉煌成就比欧洲至少早了 1000 年（图 1-8）。

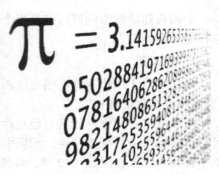

图 1-8 π

【小资料】

从圆周率π值诞生的那一天起,各国的科学家都在致力于将π值达到更精确,背诵π值也成为各国数学和记忆爱好者的目标。

圆周率的最新计算纪录由日本筑波大学所创造。他们于2009年算出π值2576980370000位小数,这一结果打破了由日本人金田康正的队伍于2002年创造的1241100000000位小数的世界纪录。法国软件工程师法布里斯-贝拉德日前宣称,他已经计算到了小数点后27000亿位,从而成功打破了由日本科学家2009年利用超级计算机算出来的小数点后25779亿位的吉尼斯世界纪录。

五、农学

我国自古以来是一个农业大国,各族人民在长期的农业实践中,积累了丰富的经验,创造了灿烂的农业科学技术和农学思想。

1. 《齐民要术》

北魏贾思勰的《齐民要术》是我国现存最古老、最完整的一部农书。全书92篇,分为10卷,约11万字,包括农艺、园艺(蔬菜和果树的栽培)、林木、畜牧(家禽、家畜的饲养)、养鱼和农产品制造(如酿造、食品加工)及其他农业、手工业等;其中,农艺和园艺占了重要篇幅。

《齐民要术》记载了主要农作物粟、黍、稷的播种日期,介绍了怎样选种、浸种和给水稻催芽技术,以及轮作和套种的经验。该书在强调因地、因时制宜的同时,对土壤的改良和耕作技术(耕、锄等)也十分重视,提出要经常保持土壤中所含有的适量水分,增强土壤肥力,要利用农作物吸收养料的不同,进行作物的轮作、间作、混作和套作。《齐民要术》在我国农学史和世界农学史上均占重要地位。

2. 《农政全书》

《农政全书》的作者徐光启(1562~1633年),字子先,号玄扈,明末杰出的科学家。《农政全书》成书于明朝万历年间,基本上囊括了中国古代汉族农业生产的各个方面。《农政全书》按内容大致上可分为农政措施和农业技术两部分。在书中人们可以看到开垦、水利、荒政等内容,并且占了将近一半的篇幅,这是其他大型农书所鲜见的。

六、天文学

1. 世界上最早的哈雷彗星记录

中国史书上对哈雷彗星的出现有详细记载。《春秋》记录时间最早,公元前613年"秋七月,有星孛入于北斗。"这是世界上第一次关于哈雷彗星的确切记录。西汉的《淮南子·兵略训》说:"武王伐纣,东面而迎岁,至汜而水,至共头而坠,彗星出,而授殷人其柄。"据中国天文学家张钰哲推算,这是公元前1057年哈雷彗星回归的记录。从公元前240年起,哈雷彗星每次出现,中国都有记载,其次数之多和记录之详,是其他国家所没有的。

【小资料】

哈雷彗星(图1-9)是第一颗经推算预言必将重新出现而得到证实的著名大彗星。当它在1682

图1-9 哈雷彗星

年出现后,英国天文学家哈雷注意到它的轨道与1607年和1531年出现的彗星轨道相似,认为是同一颗彗星的三次出现,并预言它将在1758年底或1759年初再度出现。虽然哈雷死于1742年,没能看到它的重新出现,但在1759年它果然又回来了,这是天文学史上一个惊人的成就。这颗彗星因此命名为哈雷彗星。它的公转周期为76年,近日距为8,800万公里(0.59天文单位),远日距为53亿公里(35.31天文单位),轨道偏心率为0.967。

2. 中国古时历法

两汉时期的《太阳历》是中国天文学家制定出的中国第一部较完整的历书,从此开始以正月为岁首。隋唐时期僧一行编写的《大衍历》比较准确地反映了太阳运行的规律,系统周密,表明中国古代历法体系的成熟。

元朝郭守敬主持编写的《授时历》,一年的周期与现行公历基本相同,但问世比现行公历早300年。

【小资料】

节气指二十四时节和气候,是中国古代订立的一种用来指导农事的补充历法,是汉族劳动人民长期经验的积累和智慧的结晶。

由于中国古代是一个农业社会,农业需要严格了解太阳运行情况,农事完全根据太阳进行,所以在历法中又加入进单独反映太阳运行周期的"二十四节气",用作确定闰月的标准。

中国正统的二十四节气以河南为本。中国农历是一种阴阳合历,即根据太阳也根据月亮的运行制定的,因此加入二十四节气能较好地反映出太阳运行的周期。

24节气分别为:立春、雨水、惊蛰、春分、清明、谷雨、立夏、小满、芒种、夏至、小暑、大暑、立秋、处暑、白露、秋分、寒露、霜降、立冬、小雪、大雪、冬至、小寒、大寒。

七、传统科技

1. 先进的造船航海技术

宋元时期,是中国历史上造船技术大发展的高潮时期,在这一时期中国的工匠们取得了一系列具有世界性意义的重大成就(图1-10)。

图1-10 古代造船现场模拟

航海技术在中国古代也已经非常成熟,中国古代的航海者已经非常准确地掌握了季风规律,并利用季风的更换规律进行航海。

在定向定位技术上,除了应用指南针外,元、明时人们已经较熟练地掌握了航海天文学,并应用牵星术来观测船舶的方位。此外,古代中国的航海者已经掌握了深水测量技术,可以测水深七十丈以上。

【小资料】

郑和下西洋

郑和(公元1371~1435年)原姓马,云南昆阳(今晋县)人,其祖先是西域人,回族世家。从公元1405到公元1433年,他受明成祖派遣,先后七次率领庞大的船队进行远航,写下了人类进行大规模远洋航行的壮丽篇章。

在我国古代,西洋跟西域一样,都是一种泛称。西域泛指玉门关以西的地区,包括亚洲中部、西部、印度半岛,以至欧洲东部和经部。西洋泛指现在南海以西的广袤海域和沿海地区,包括现在的南洋群岛、印支半岛、印度洋一带,以至阿拉伯和非洲东海岸。因此,郑和远航俗称下西洋。

2. 冶炼技术

中国从三千多前的殷商时期开始进入了一个光辉灿烂的青铜时代。气势雄伟的司母戊鼎、精美绝伦的四羊方尊、大气磅礴的战国编钟、设计巧妙的长信宫灯……这些荟萃了工艺技巧与文化艺术的杰作,使得出现并不算最早的中国青铜文明后来居上,站在了世界的先进行列,并将青铜冶铸的技术推向了一个新的高峰。

西周晚期冶铁技术也得到长足发展。到了两汉时期,更是发明了领先世界的高炉炼铁技术、炒钢技术等先进的冶炼技术。在16世纪以前,中国钢铁冶炼技术和产量一直领先世界;铁器在农业、手工业领域的应用,极大地提高了生产力水平。

3. 制瓷技术

在人类历史发展的长河中,运用水、火、土的不同特性,在一万年以前产生了人类第一次试图改造自然的创造物——陶器。又经过数千年的历程,在亚洲大陆的东部,中国人的祖先率先将三者完美地结合起来,创造出温润、洁净、雅致的瓷器。中国瓷器凝结了历代工匠的智慧与心血,积聚了时代与民族的精华,成为中国乃至世界科技、工艺、文化史上的奇葩,成为外国语汇里中国的代名词。

远在唐代我国的瓷器、茶叶和丝绸大量地经过海上和"丝绸之路"运销国外,此后历代都有瓷器向国外销售。在五代时传到了朝鲜,南宋时期,日本人加藤四郎等曾到福建学习造瓷,并在回国后建窑,成功地烧制了黑釉等瓷器。11世纪,我国造瓷技术传到了波斯,后来又传到了阿拉伯、印度,甚至埃及和地中海沿岸各国。1470年又传播到意大利的威尼斯,欧洲才开始生产瓷器。

【小资料】

中国的英文名为China,而中国的瓷器叫china,两者只有头个字母大小写的区别。究竟为什么中国的瓷器也叫china呢?

据有关资料记载说,china最初是昌南地名译音。景德镇原名昌南镇,在宋真宗景德年间(1004年起)改名景德镇。此时所制瓷器已负盛名,特供御用。按照"景德镇最为流行的说法"推论,其后本镇瓷器外销朝鲜、日本、越南,又其后经阿拉伯远销到欧洲,皆以产地昌南作为商品名称。昌南两音,口碑远播,写成法文便是chine,写成英文便是china。china又回译成汉文瓷器。瓷器名声响遍全球,欧洲人就把中国也叫作瓷器,而大写其字头,成了China。

4. 纺织印染技术

中国机具纺织起源于五千年前新石器时期的纺轮和腰机。西周时期具有传统性能的简单机械缫车、纺车、织机相继出现，汉代广泛使用提花机、斜织机，唐以后中国纺织机械日趋完善，大大促进了纺织业的发展。

中国古代很早就掌握了多种植物染料的性质，并发明了多种染色技术，古籍中见于记载的就有几百种，特别是在一种色调中明确地分出几十种近似色，这需要熟练地掌握各种染料的组合、配方及改变工艺条件方能达到。

【小资料】

我国古代染色用的染料，大都是天然矿物或植物染料为主。古代将原色青、赤、黄、白、黑称为"五色"，将原色混合可以得到间色（多次色）。

青色，主要是用从蓝草中提取的靛蓝染成的。能制靛的蓝草有好多种，古代最初用的是马蓝。

赤色，我国古代将原色的红称为赤色，而称橙红色为红色。我国染赤色最初是用赤铁矿粉末，后来又用朱砂（硫化汞）。用它们染色，牢度较差。周代开始使用茜草，它的根含有茜素，以明矾为媒染剂可染出红色。汉代起，大规模种植茜草。

黄色，早期主要用栀子。栀子的果实中含有"藏花酸"的黄色素，是一种直接染料，染成的黄色微泛红光。南北朝以后，黄色染料又有地黄、槐树花、黄檗、姜黄、柘黄等。用柘黄染出的织物在月光下呈泛红光的赭黄色，在烛光下呈现赭红色，其色彩很炫人眼目，所以自隋代以来便成为皇帝的服色。宋代以后皇帝专用的黄袍，既由此演变而来。

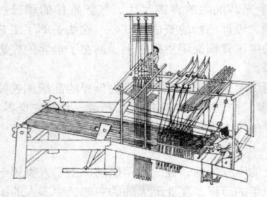

图 1-11 古代提花纺织机

白色，可以用天然矿物绢云母涂染，但主要是通过漂白的方法取得。此前，还有用硫黄熏蒸漂白的方法。

黑色，古代染黑色的植物主要用栎实、橡实、五倍子、柿叶、冬青叶、栗壳、莲子壳、鼠尾叶、乌桕叶等。我国自周朝开始采用，直至近代，才为硫化黑等染料所代替。掌握了染原色的方法后，再经过套染就可以得到不同的间色。

到了明清时期，我国的染料应用技术已经达到相当的水平，染坊也有了很大的发展。乾隆时，有人这样描绘上海的染坊："染工有蓝坊、染天青、淡青、月下白；有红坊，染大红、露桃红；有漂坊，染黄糙为白；有杂色坊，染黄、绿、黑、紫、虾、青、佛面金等"。此外，比较复杂的印花技术也有了发展，我国古代的提花纺织机如图 1-11 所示。至 1834 年法国的佩罗印花机发明以前，我国一直拥有世界上最发达的手工印染技术。

思 考 题

1. 结合石器时代的科技成就，想象一下原始人是怎样生活的？
2. 古代中国的科技成就一直处于世界领先地位，请自己查阅资料，并结合课本介绍，绘制中国古代科技成就一览表。
3. 分析近代西方科技发展缓慢的原因。
4. 为什么近代中国的科技一直处于领先地位？

第二章 近代科技

15 世纪下半叶，西欧封建社会内部逐渐形成和发展了资本主义的生产方式，开始了人类社会的一个新时代。近代科学技术即诞生于此时，它经历了 400 年的发展，于 19 世纪末终结。

和古代人们把自然界作为一个整体加以考察的方法不同，近代科学把自然界划分为不同的领域，分门别类地加以研究，逐步形成了以研究某一类自然现象为对象的自然科学各门学科。近代科学与古代科学的另一个重大区别就是它依靠科学实验来检验和发展科学理论，而不像古代学者那样只是依靠直观和哲学思辨对自然界提出种种猜测。近代科技实现了两次技术革命，大大地推动了社会经济的发展。

第一节 第一次技术革命

18 世纪从英国发起的技术革命是科技发展史上的一次巨大革命，它开创了以机器代替手工工具的时代。这不仅是一次技术改革，更是一场深刻的社会变革。这场革命以蒸汽机作为动力机械被广泛使用为标志。这一次技术革命和与之相关的社会关系的变革，被称为第一次工业革命或者产业革命。

从生产技术方面来说，工业革命使工厂代替了手工工场，用机器代替了手工劳动；从社会关系来说，工业革命使依附于落后生产方式的自耕农阶级消失了，工业资产阶级和工业无产阶级形成并壮大起来。

一、蒸汽机

1785 年，瓦特（公元 1736～公元 1819 年）（见图 2-1）发明的改良蒸汽机投入使用，

图 2-1 瓦特与蒸汽机

由于动力强劲，迅速得到推广，大大推动了机器的普及和发展。人类社会由此进入了"蒸汽机时代"。

【小资料】

1764 年，格拉斯哥大学收到一台要求修理的纽可门蒸汽机，任务交给了瓦特。瓦特将它修好后，看它工作那么吃力，就像一个老人在喘气，觉得实在应该将它改进一下。瓦特注意到毛病主要是缸体随着蒸汽每次热了又冷，冷了又热，白白浪费了许多热量。能不能让它一直保持不冷而活塞又照常工作呢？于是他自己出钱租了一个地窖，收集了几台报废的蒸汽机，决心要造出一台新式机器来。从此，瓦特整日摆弄这些机器，两年后，总算弄出个新机样子。可是点火一试，汽缸到处漏气，瓦特想尽办法，用毡子包，用油布裹，几个月过去了，还是治不了这个毛病。

一天瓦特又趴到汽缸前观察漏气的原因，不小心一股热气冲出，他急忙躲闪，右肩上已是红肿一片，就像被一把热刀削过一样，辣辣地疼起来，他将过去的资料重新翻阅一番，打起精神又干了起来，干累了就守着炉子烧一壶水喝茶。一天，他一边喝茶，一边看着那一动一动的壶盖。

他看看炉子上的壶又看看手中的杯子，突然灵感来了：茶水要凉，倒在杯里；蒸汽要冷，何不也把它从汽缸里"倒"出来呢？这样想着，瓦特立即设计了一个和汽缸分开的冷凝器，这下热效率提高了三倍，用的煤只有原来的四分之一。这关键的地方一突破，瓦特顿然觉得前程光明。他又到大学里向布莱克教授请教了一些理论问题，教授又介绍他认识了发明镗床的威尔金技师，这位技师用镗炮筒的方法制造了汽缸和活塞，解决了那个最头疼的漏气问题。

1784 年，瓦特的蒸汽机已装上曲轴、飞轮，活塞可以靠从两边进来的蒸汽连续推动，再不用人力去调节活门，世界上第一台真正的蒸汽机诞生了。

二、珍妮纺织机

1765 年，织布工人哈格里夫斯改造了旧式纺车，将水平放置的单锭纺车改造成为竖立的由多个纱锭构成的新式纺纱机，由原来只能纺一根纱线，变为一次能纺出 8 根纱线。经过不断改进，最终一次能纺出 80 根纱线。新式纺织机在 1768 年正式开始使用，命名为珍妮纺织机，如图 2-2 所示。

图 2-2　珍妮纺织机

三、火车的诞生

1810 年英国的斯蒂芬森开始着手制造蒸汽机车。经过几年的努力，终于在 1814 年发明了一台蒸汽机车，被称为"旅行者号"。它在前进时不断从烟囱里冒出火来，因此被称为"火车"。1825 年，这列名为"旅行者号"的机车在英国试车成功，时速为 5 至 6 公里，使用煤炭或木柴做燃料。从此人类迈入了火车时代。

【小资料】

铁路的来源

火车和铁路在今天是一对分不开的"兄弟"。火车头，即蒸汽机车是英国发明家斯蒂芬森于 1825 年发明的。说起铁路的发明，比火车还要早半个多世纪。

早在 16 世纪中叶，英国的钢铁工业兴起，到处都搞采矿。可是，当时矿山的运输还很落后。铁矿石全靠马拉、人背，劳动效率很低。为了多运铁矿石，有人想了一个法子：从山上向坡下平放两股圆木，让中间的距离相同，一根接一根地摆到山下。木头轨道制作简单，由上向下运送重物也很省力，一时受到欢迎。不过，如果在平地上使用木头轨道效果不大，省力不多。而且，这种木头轨道不耐用，磨损大。

到了 1767 年，有人试着拿生铁来做轨道，以取代木头轨道。人们便称呼为铁路了。铁轨比木头轨道的体积小许多，它直接放在地面上，斗车的轮子也是铁制的，推起来当当直响，运煤、送货也省劲。但是，由于地面承重问题，斗车内装的东西不能过重。有一回，一辆车子装货多了，把铁轨压到了地面里，结果车翻货出，差点压伤了人。

怎么办？看来，必须解决地面的承受力问题，同时还要考虑铁轨的长度问题。就是在解决这些问题的过程中，逐渐产生了后来的铁路。

火车很重，有人说如果把这个重量分散到枕木上，再由枕木分散到"道床"上，道床所受的力再均匀地分散到路基上，这个力量就变得小了许多。经过这样的传递过程，接触面积逐渐增大，单位面积的压力就相应降低，路基就不会被压坏了。

这个设计的思路是很科学的，可以说，今天的铁路仍然是根据这个道理建成的。

第二节　第二次技术革命

19世纪开始，自然科学研究取得重大进展，1866年德国人西门子制成了发电机，几年后，实际可用的发电机问世，成为补充和取代以蒸汽机为动力的新能源。随后，电灯、电车、电影放映机相继出现，人类进入了"电气时代"，第二次工业革命开始蓬勃兴起。

一、发电机

公元1831年，英国科学家法拉第（1791～1867年）（见图2-3）发现了电磁感应现象，提供了制造发电机的基本原理。1866年，德意志人西门子研制出发电机，虽然这种发电机存在诸多缺点，但经过多人的不懈努力，发电机终于开始进入生产领域，开启了人类的电气时代。

二、电灯

美国发明家爱迪生（1847～1931年）（见图2-4）通过长期的反复试验，终于在1879年10月21日点燃了世界上第一盏有实用价值的电灯，当时的电灯是使用碳丝作为灯丝。直到1906年，爱迪生又改用钨丝来做，使灯泡的质量又得到提高，一直沿用到今天。

图2-3　法拉第

图2-4　爱迪生

【小资料】

电灯在中国的发祥地是上海，1879年5月28日（清光绪五年四月初八日），上海公共租界工部局电气工程师毕晓浦在虹口乍浦路的一幢仓库里，以1台10马力（7.46千瓦）蒸汽机为动力，带动自激式直流发电机，用产生的电流点燃了碳极弧光灯，放出洁白强烈的弧光，试验取得成功。

时隔3年（1882年），英国人立德尔等招股筹银5万两，成立上海电气公司，从美国购得发电设备，在南京路江西路的西北角（今南京东路190号）创办了上海第一家电厂。同时，在电厂的转角围墙内竖起第一盏弧光灯杆，并沿外滩到虹口招商局码头立杆架线，串接15盏灯。

1882年7月26日（清光绪八年六月十二日）下午7时，电厂开始供电，夜幕下，弧光灯一齐发光，炫人眼目，吸引成百上千的人，带着惊喜又新奇的心情聚集围观。第二天，上海中外报纸都作了电灯发光的报道。

三、电车

电车出现在城市街道上始于19世纪80年代，1881年由德国人维尔纳·冯·西门子发明。当时的电车因为要靠钢轨形成供电回路，所以必须在一条固定的路轨上行驶，称为有轨电车（图2-5）。

四、电话

1876年3月10日英国发明家贝尔（1847～1922）（见图2-6）与他的同事试验了世界上第一台可用的电话机。并获得了世界上第一部可用电话的专利权，创建了贝尔公司。此后，电话逐渐得到广泛应用，加强了世界的联系。

图2-5　有轨电车

图2-6　贝尔和第一部电话

【小资料】

贝尔喜欢做科学实验。在一次实验中，贝尔发现了一个有趣的现象，当电流接通或断开时，螺旋线圈会发出噪音。这一偶然的发现，让贝尔产生了一个大胆而新奇的设想：也许可以用电流来传送人的声音！

从此，贝尔和电器技师沃特森合作，在波士顿郊外找了一间农舍，开始研究、设计电话。经过两年的艰苦实验，他们终于做好了一台电话样机。为了检验通话效果，贝尔守着导线的一端，沃特森则把导线的另一端拉到屋外，对着导线连接的那台机器大声叫喊，可是贝尔那边一点反应都没有。围观的农民非常奇怪，一位老人拍拍沃特森的肩膀，说："小伙子，你是在喊屋里那个人吗？走过去，他不就听见了吗？"沃特森哭笑不得，他们的实验又失败了。

一天傍晚，袅袅炊烟笼罩着村庄，远处传来一阵悦耳的吉他声。贝尔听着听着，从吉他的共鸣声中受到启发，心中豁然开朗："有办法了！可以给送话器配一个共鸣装置。"他立即设计了一个音箱草图，一时找不到材料，就拆了床板，连夜做好了音箱，接着又改装了电话机。

清晨，贝尔往电池中加硫酸。不小心，硫酸溅到他腿上，顿时，他像被火烫了似的，疼痛异常。贝尔连忙大声呼喊"沃特森，你快来呀！"

正在另外一间房子里的沃特森竟在电话机里听见了贝尔的呼救声。他喜不自禁，急呼："我听见了！听见了！"他破门而出，跑到贝尔的房间里。两个人欣喜若狂，紧紧拥抱在一起，热泪滚滚而下。这便是历史上的第一次电话通话，时间是1876年3月10日。从此，电话进入了人们的生活。

五、汽车和飞机的问世

德国人科尔·本茨花费了几年的心血，终于在1886年1月29日获得了以汽油机为动力的三轮车的专利。1883年德国人戈特利布·戴姆勒，不断地设法改进当时体积大、功率小、转速低的发动机。终于在1885年，他和合伙人迈巴赫注册了第一台高转速的内燃汽油发动机，这台内燃机体积小且动力足。他将这台发动机成功地安装在了木制双轮车上，从而发明了摩托车。1886年3月8日，戴姆勒又把这种发动机安装在马车上，从而发明了世界上第一辆四轮汽车，如图2-7所示。从此之后，汽车逐渐成为一种大众化的交通工具。

图2-7　第一部汽车

像鸟一样在天空翱翔一直是人类的梦想，内燃机的发明为飞机的出现提供了动力前提，20世纪初，人们制造出飞艇。1903年12月，美国的莱特兄弟经过不断努力，终于制成飞机并试飞成功。

第三节　近代其他学科领域的主要成就

随着资本主义的产生和发展，自然科学从宗教神学的束缚中逐渐解放出来，获得了极大的发展。

一、哥白尼与太阳中心说

中世纪末期，基督教宣扬的地球中心说在欧洲占据绝对统治地位。随着观测技术的进步，波兰天文学家哥白尼（1473～1543年）（见图2-8）提出了太阳中心说。

图2-8　哥白尼

哥白尼研究了大量古希腊哲学和天文学著作，经过长期测算，建立起一个新的宇宙体系——日心体系，即太阳居于宇宙中心静止不动，而包括地球在内的各行星都绕太阳转动。

哥白尼的日心说不仅改变了那个时代人类对宇宙的认识，而且从根本上动摇了欧洲中世纪宗教神学的理论基础。

【小资料】

1590年，伽利略在比萨斜塔上做了"两个铁球同时落地"的著名实验，从此推翻了亚里士多德"物体落下的速度和重量成比例"的学说，纠正了这个持续了1900年之久的错误结论。1609年，伽利略发明了天文望远镜（后被称为"伽利略望远镜"）。他观测到月球表面凸凹不平，并绘制了一幅月面图。他还发现了土星光环、太阳黑子、太阳自转、金星和水星的盈亏等现象。这些发现开辟了天文学的新时代。

二、牛顿与经典力学

英国科学家牛顿（1643～1727年）（见图2-9）是近代自然科学的奠基人之一，在天文学、数学和力学等方面成就突出。牛顿在17世纪下半期发现了万有引力定律；创建了微积分；牛顿还建立了完整的力学理论体系。其中，力学三定律，也称"牛顿三定律"，对近代自然科学的发展影响最大。

图2-9 牛顿

【小资料】

牛顿在少年时代就喜欢制作机械玩具。据说，小牛顿看见人们制造风车后，自己也制造了一架小风车。但推动他的"风车"转动的不是风。他将老鼠绑在一架有轮子的踏车上，然后在轮子前面放上一粒玉米，刚好那地方是老鼠可望而不可即的位置。老鼠想吃玉米，就不断跑动，于是轮子带动风车不停地转动。有一次他放风筝时，把小灯挂在绳子上，晚上，同村人抬头望去疑是彗星出现。牛顿喜欢绘画、雕刻，尤其喜欢刻日晷，家里墙角、窗台上到处都是他刻画的日晷。他还做了一个日晷放在村子中央，被人称为"牛顿钟"。

1661年，牛顿升入剑桥大学，后来也在那里任教。牛顿在数学和物理学方面都取得了卓越成就，其中最辉煌的成就是建立经典力学的基本体系，他还是微积分的创立者之一。牛顿系统地总结了前人的成果，在大量实验的基础上发现了著名的万有引力定律和牛顿力学三定律。1687年，牛顿出版了力学经典著作《自然哲学的数学原理》，建立起一个完整的力学理论体系，实现了物理学史上的第一次大飞跃。牛顿力学定律以严格的数学方法和逻辑体系把宇宙间的运动统一起来，对人类解释与预见物理现象具有决定性的意义。海王星的发现是证明牛顿力学和万有引力定律有效性的最成功范例。

三、达尔文的《物种起源》

1859年，英国科学家达尔文（1809～1882年）（见图2-10）出版了科学巨著《物种起源》。在书中，达尔文提出了"进化论"思想，指出一切物种都是在不断变化之中，都经历了由低级到高级、由简单到复杂的演变过程。指出自然界是在"物竞天择、适者生存、优胜劣汰"的法则中发展的。这部著作的问世，第一次把生物学建立在完全科学的基础上。《物种起源》的出版，在欧洲乃至整个世界都引起轰动，沉重打击了神权统治的根基。

四、爱因斯坦与相对论

犹太裔物理学家爱因斯坦（1879～1955年）（见图2-11）是20世纪最伟大的科学家之一。他一生中最重要的贡献是提出了相对论。相对论推动了整个物理学理论的革命，为原子弹的发明和原子能的应用提供了理论基础，由此打开了原子时代的大门。相对论还揭示了空间、时间的辩证关系，加深了人们对物质和运动的认识，无论在科学上，还是哲学上，都具有重要的历史意义。

图 2-10 达尔文

图 2-11 爱因斯坦

【小资料】

  有一次，爱因斯坦要把墙上的一幅旧画换下来，就搬来一架梯子，一步一步爬上去。突然，他又想起一个问题，沉思起来，忘记自己在做什么了，猛地从梯子上摔下来。摔到地上以后，他顾不得疼痛，马上想到：人为什么会笔直地掉下来呢？看来物体总是沿着阻力最小的线路运动的。爱因斯坦想到这里便马上站立起来，一瘸一拐地走到桌边，提笔把自己的这个想法记了下来。这对他正在研究的问题——相对论有很大的启发。1930 年，德国出版了一本批判相对论的书，书名叫做《一百位教授出面证明爱因斯坦错了》。爱因斯坦闻讯后，仅仅耸耸肩道："100 位实在太多了，只要能证明我真的错了，哪怕是一个人出面也足够了。"有一次，爱因斯坦走在纽约的大街上。他最好的朋友遇见了他。并对他说："爱因斯坦，你该买件新衣服了。看看你的衣服多旧啊！"但是爱因斯坦却回答说："没关系的，这里没有人认识我。"几年以后，爱因斯坦成为世界著名的科学家，但是他仍然穿着那件衣服。那位朋友再次遇见他，告诉他去买件新衣服。但是爱因斯坦说："我不需要买新衣服了，这里每个人都认识我。"

  爱因斯坦常对人说：学习时间是个常数，它的效率却是个变数，单独追求学习时间是不明智的，最重要的是提高学习效率。他认为必须通过文体活动，才能获得充沛的精力，保持清醒的头脑。爱因斯坦还根据自己的亲身体会，总结出一个公式，即 $A=X+Y+Z$。A 代表成功，X 代表正确的方法，Y 代表努力工作，Z 代表少说废话。他把这个公式的内容，概括成两句话：工作和休息是走向成功之路的阶梯，珍惜时间是有所建树的重要条件。

思 考 题

1. 总结近代科技革命的科技成果。
2. 分析近代科技快速进步的原因。
3. 介绍一位你熟悉的近代科学家。
4. 思考近代科技成就给你的生活带来了哪些改变？

第三章　现代高新技术

现代科技的进步不仅把人类从繁重的脑力劳动中解放出来，而且为人类的精神世界带来无穷的乐趣。现代文明的核心代表就是计算机技术。

第一节　信息技术

计算机的出现，把人类社会引入"信息时代"，网络使地球缩小成了一个"村"，信息技术正无时无刻地改变着我们的生活和交流习惯。

一、计算机的发明和广泛使用

计算机的发明者是美国人约翰·冯·诺依曼（1903～1957年）（见图3-1）。计算机是20世纪最先进的科学技术发明之一，对人类的生产活动和社会活动产生了极其重要的影响，并以强大的生命力飞速发展。它的应用领域从最初的军事科研应用扩展到社会的各个领域，已形成了规模巨大的计算机产业，带动了全球范围的技术进步，由此引发了深刻的社会变革。计算机已遍及一般学校、企事业单位，进入寻常百姓家，成为信息社会中必不可少的工具。

图3-1　冯·诺依曼

【小资料】

1946年2月14日，世界上第一台电脑ENIAC在美国宾夕法尼亚大学诞生。第二次世界大战期间，美国军方要求宾州大学莫奇来博士和他的学生爱克特设计以真空管取代继电器的"电子化"电脑——ENIAC（Electronic Numerical Integrator and Calculator，电子数字积分器与计算器），目的是用来计算炮弹弹道。这部机器使用了18800个真空管，长50英尺，宽30英尺，占地1500平方英尺，重达30吨（大约是一间半的教室大，六只大象重）。它的计算速度快，每秒可从事5000次的加法运算，运作了九年之久。由于设备耗电巨大，据传ENIAC每次一开机，整个费城西区的电灯都为之黯然失色。

二、互联网的出现

互联网始于1969年的美国，又称因特网，最早用于军事连接。全球互联网自上世纪九十年代进入商用以来迅速发展，已经成为当今世界推动经济发展和社会进步的重要信息基础设施。经过短短二十几年的发展，截止2014年，全球互联网已经覆盖五大洲的233个国家和地区，网民达到30亿，其中大约四分之三的用户通过移动设备访问网络。同时，互联网迅速渗透到经济与社会活动的各个领域，推动了全球信息化进程。

中国的互联网发展虽然起步比国际互联网发展晚，但是进入新世纪以来，同样快速发展。据CNNIC公布的最新互联网发展调查报告显示，截止到2014年12月，中国互联网网民数达到6.49亿，其中中国手机网民规模达5.57亿，互联网普及率为47.9%，并在快速增长中。

【小资料】

在如今的日常生活中，因特网这个词已经频繁出现在我们的交流中，因特网是不是就是我们常看到的 Internet 呢？

实际上 Internet 表示的意思是互联网，又称网际网路，根据音译也被叫做因特网、英特网，是网络与网络之间所串连成的庞大网络，这些网络以一组通用的协议相连，形成逻辑上的单一且巨大的全球化网络，在这个网络中有交换机、路由器等网络设备、各种不同的连接链路、种类繁多的服务器和数不尽的计算机终端。使用互联网可以将信息瞬间发送到千里之外的人手中，它是信息社会的基础。

三、通信技术的革新

现代通信技术的进步，主要表现在数字程控交换技术、光纤通信、卫星通信、智能终端等方面的高速发展，而覆盖全球的个人通信则是通信技术的发展方向。随着科技的不断发展，如何采用最新的技术来不断优化通信的各种方式，让人与人的沟通变得更为便捷、有效，成为一门系统的学科。

【小资料】

2G 网络是指第二代无线蜂窝电话通讯协议，是以无线通讯数字化为代表，能够进行窄带数据通讯，传输速度很慢。

3G 网络是第三代无线蜂窝电话通讯协议，主要是在 2G 的基础上发展了高带宽的数据通信，并提高了语音通话安全性。3G 传速速度相对较快，可以很好地满足手机上网等需求，不过播放高清视频较为吃力。

4G 网络是指第四代无线蜂窝电话通讯协议，是集 3G 与 WLAN 于一体并能够传输高质量视频图像以及图像传输质量与高清晰度电视不相上下的技术产品。4G 系统能够以 100Mbps 的速度下载，比拨号上网快 2000 倍，上传的速度也能达到 20Mbps，并能够满足几乎所有用户对于无线服务的要求。

简单来说，2G 网络时代，我们可以在网上浏览一些文本内容，打开图片会延迟，不够流畅，在 3G 时代，我们可以非常流畅地浏览网页图片，各类网页新闻等。而 4G 网络更为出色，看高清电影都可以秒看。与此同时，各国的科学家也在努力研究 5G、6G……

四、人工智能进入人类生活

人工智能是研究、开发用于模拟、延伸和扩展人的智能的理论、方法、技术及应用系统的科学。人工智能在现代人类生活中无处不在，用于安全保障的指纹识别技术、人脸识别技术、视网膜识别技术、掌纹识别技术；用于银行系统的自动柜员机身份识别系统；搜索引擎系统和语音识别技术等都已经得到广泛的应用，为人们的生活带来了更多的便利。

【小资料】

深蓝是美国 IBM 公司生产的一台超级国际象棋电脑，重 1270 公斤，有 32 个大脑（微处理器），每秒钟可以计算 2 亿步。"深蓝"输入了一百多年来优秀棋手的对局两百多万局。

人与计算机的首次象棋对抗是在 1963 年。国际象棋大师兼教练大卫·布龙斯坦怀疑计算机的创造性能力，同意用自己的智慧与计算机较量。下棋的时候他有一个非常不利的条件：让一个后。但当对局进行到一半时，计算机就把布龙斯坦的一半兵力都吃掉了。这时，布龙斯坦要求再下一局，但这次却不再让子了！

1997年5月11日，在人与计算机之间挑战赛的历史上可以说是历史性的一天。计算机在正常时限的比赛中首次击败了等级分排名世界第一的棋手。加里·卡斯帕罗夫以2.5∶3.5（1胜2负3平）输给IBM的计算机程序"深蓝"。机器的胜利标志着国际象棋历史的新时代。

第二节　生物工程和医药

探索生命的奥秘一直是人类自我了解和自我完善的一个重要方面。20世纪50年代，随着生物学理论研究的重大进展，人们对生命活动机制和生命本质的认识进一步深化。

一、克隆技术

克隆是指生物体通过体细胞进行的无性繁殖，以及由无性繁殖形成的基因型完全相同的后代个体组成的种群。通常是利用生物技术由无性生殖产生与原个体有完全相同基因组织后代的过程。

图 3-2　多莉之父威尔莫特和克隆羊多莉

克隆技术，经历了三个发展时期：第一个时期是微生物克隆；第二个时期是生物技术克隆；第三个时期是动物克隆。世界上第一例克隆绵羊"多莉"由一头母羊的体细胞克隆而来，使用的便是动物克隆技术（图 3-2）。

二、基因技术

基因（遗传因子）是遗传的物质基础，是DNA或RNA分子上具有遗传信息的特定核苷酸序列。基因通过复制把遗传信息传递给下一代，使后代出现与亲代相似的性状。生物体的生、长、病、老、死等一切生命现象都与基因有关。它也是决定人体健康的内在因素。

研究基因技术的目的是要破译出基因密码并将其序列化制成研究蓝本，从而对诊断病症和研究治疗提供巨大帮助。人类可以通过基因克隆复制器官和无性繁殖，基因诊断和改动技术可以使人类后代不再受遗传病的影响。那时候人类将进入药物个性化时代，而且人类的生命也将延长。

【小资料】

遗传工程（或称基因工程）是生物工程的核心技术，近年来在基础研究和实际应用方面均取得重大突破。1990年，被誉为生命科学"登月计划"的国际人类基因组计划正式启动，我国于1999年加入这项计划。进入21世纪，该计划取得重大成果，完成了人类基因组的框架图和对人类基因组图谱的初步分析。人类又将打开一扇破解生命奥秘的大门。

第三节　海洋技术和空间技术

一、深海探测技术

深海是指深度超过6000米的海域。世界上深度超过6000米的海沟有30多处，其中的

20多处位于太平洋洋底，其中马里亚纳海沟的深度达11000米，是迄今为止发现的最深的海域。深海探测，对于深海生态的研究和利用、深海矿物的开采以及深海地质结构的研究，均具有非常重要的意义。美国是世界上最早进行深海研究和开发的国家。1960年，美国的"迪里雅斯特"号潜水器首次潜入世界大洋中最深的海沟——马里亚纳海沟，最大潜水深度为10916米。1997年，中国利用自制的无缆水下深潜机器人，进行深潜6000米深度的科学试验并取得成功，这标志着中国的深海开发已步入正轨。

【小资料】

中国的深海探测技术已经达到世界先进水平，同时，中国的载人深潜技术也取得了骄人成绩。2009年至2012年，"蛟龙"号深潜器接连取得1000米级、3000米级、5000米级和7000米级海试成功。2012年7月，"蛟龙"号在马里亚纳海沟试验海区创造了下潜7062米的中国载人深潜纪录，同时也创造了世界同类作业型潜水器的最大下潜深度纪录。这意味着中国具备了载人到达全球99.8%以上海洋深处进行作业的能力。

二、海洋遥感技术

海洋遥感技术，主要包括以光、电等信息载体和以声波为信息载体的两大遥感技术。

海洋声学遥感技术是探测海洋的一种十分有效的手段。利用声学遥感技术，可以探测海底地形、进行海洋动力现象的观测、进行海底地层剖面探测，以及为潜水器提供导航、避碰、海底轮廓跟踪的信息。

海洋遥感技术是海洋环境监测的重要手段。卫星遥感技术的突飞猛进，为人类提供了从空间观测大范围海洋现象的可能性。目前，美国、日本、俄罗斯等国已发射了10多颗专用海洋卫星，为海洋遥感技术提供了坚实的支撑平台。

三、运载火箭技术

运载火箭是由多级火箭组成的航天运载工具。通常，运载火箭将人造地球卫星、载人飞船、空间站、空间探测器等有效载荷送入预定轨道。任务完成后，运载火箭被抛弃。常用的运载火箭按其所用的推进剂来分，可分为固体火箭、液体火箭和固液混合型火箭；按级数来分，运载火箭可以分为单级火箭、多级火箭，其中多级火箭按级与级之间的连接形式来分，分为串联型、并联型、串并联混合型三种。

世界上最大的运载火箭是美国的"土星5号"火箭，它由三级组成，起飞时的重量近3000吨，起飞推力达35711千牛顿。中国的运载火箭技术处于世界先进行列，已具备发射载人航天器的能力，除了满足国内发射卫星的需要外，还进入国际商业卫星发射服务市场。

四、航天器

航天器又称空间飞行器、太空飞行器。按照天体力学的规律在太空运行，执行探索、开发、利用太空和天体等特定任务的各类飞行器。航天器的出现使人类的活动范围从地球大气层扩大到广阔无垠的宇宙空间，引起了人类认识自然和改造自然能力的飞跃，对社会经济和社会生活产生了重大影响，如图3-3所示。

图3-3 航天器——国际空间站

航天器的种类很多，主要是人造地球卫星，还有空间站、宇宙飞船、航天飞机、空间探测器等。航天器为了完成航天任务，必须与航天运载器、航天器发射场和回收设施、航天测控和数据采集网与用户台站（网）等互相配合，协调工作，共同组成航天系统。世界上第一个航天器是苏联1957年10月4日发射的"人造地球卫星1号"，第一个载人航天器是苏联航天员加加林乘坐的东方号飞船，第一个把人送到月球上的航天器是美国"阿波罗11号"飞船，第一个兼有运载火箭、航天器和飞机特征的飞行器是美国"哥伦比亚号"航天飞机。

五、载人航天

载人航天是人类驾驶和乘坐载人航天器在太空中从事各种探测、研究、试验、生产和军事应用的往返飞行活动。

1961年4月12日尤里·加加林身着90公斤重的太空服，乘坐重达4.75吨的宇宙飞船——东方1号进入太空，成为世界上第一个进入宇宙空间的人，也是第一位从宇宙中看到地球全貌的人。

【小资料】

1960年，美国作出一个大胆决定，要在1970年以前，把人送上月球。于是，一大批科学家投入了这项人类伟大的探险计划。宇航员们开始了一次又一次地试飞。为此，几名宇航员在试飞中壮烈牺牲。近10年过去了，在进行了二十次试验飞行后，正式的登月计划开始实施，启程日定在1969年7月16日。宇航员阿姆斯特朗、奥尔德林和科林斯三人为登月飞船"阿波罗"号乘员。阿姆斯特朗为指令长，如图3-4所示。

图3-4 执行登月任务的三位航天员
（左起）阿姆斯特朗、科林斯、奥尔德林

启程的这天早晨，包括美国在内的80多个国家的大约一百万人来到肯尼迪角，观看巨大的月球飞船的发射。

9点30分，阿波罗11号载着航天员阿姆斯特朗、奥尔德林和科林斯完成点火起飞。火箭以每小时9600公里的速度直指长空飞升上去，冲出了大气层。在离地面64公里的高度，发动机熄火了，第一级火箭完成了它的使命，自动脱离了飞船掉落下去。第二级火箭立即开始工作，把飞船带到了160公里的高空，使速度增加到24000公里。他们要飞三天才能到达月球，所以，他们必须把"阿波罗"号的方向对准三天以后月球所在的位置。这要经过一系列复杂的计算。飞行航道的角度必须绝对精确，如果有丝毫差错，他们就永远到不了月球，也永远别想回去。第三级火箭立即启动，发动机启动5分钟后，把飞船速度提高到每小时40000公里，"阿波罗"窜出地球轨道，登上了前往月球的航程。

7月19日"阿波罗"飞近月球。在进入绕月轨道飞行一天后，1969年7月20日，人类历史上一个难忘的日子，阿姆斯特朗和奥尔德林进入登月舱准备进行人类登月的首次尝试。登月舱"鹰"载着两名宇航员经过一系列技术动作，顺利着陆月球表面，实现了人类多年来登上月球的愿望。

两名宇航员在登月舱内进行了一段时间的休息调整，着陆6小时15分钟以后，两位宇航员打开了舱门。这是人类首次在月球留下自己的足迹，第一位踏上月球表面的地球人阿姆斯特朗激动地说："这是我的一小步，却是人类的一大步。"两人在月球表面进行了一系列实验,并采集了一些岩石和尘土样品,他们还在月球上架起了三项科学实验装置:一台"月震仪",一个"激光反射器"。这两样东西将永久地留在月球上,供地面的科学家研究月球。"月震仪"将把月球内部的任何震荡通过电波传向地球;"激光反射器"将把光束反射到地球,使科学家借此光束测出地球和月球之间距离的细微变化。第三项设备是捕捉来自太阳的气体,它将被带回地球,供科学家分析。

7月22日,三名宇航员经过60小时的飞行,顺利返回地球,圆满完成了人类首次登月探险。

第四节 新中国的科技事业和重大成就

新中国成立以来,科学技术的高歌猛进,奠定了中华民族走向繁荣昌盛的不朽基石。中国几代科学家们,在核物理、高空物理、人造卫星、生命科学、高温合金、特殊化学材料、爆炸力学、新型光学仪器等诸多领域取得的成绩,使中国科技实力和知识储备产生了质的飞跃。

一、哥德巴赫猜想研究

哥德巴赫猜想是德国数学家哥德巴赫于1742年提出的一个命题——任何一个充分大的偶数都可以表示为两个素数之和。直到1966年才由我国数学家陈景润完成了详细证明。

二、长江三峡水利工程

三峡水电站,又称长江三峡水利枢纽工程,是中国长江上游段建设的大型水利工程项目。分布在重庆市到湖北省宜昌市的长江干流上,大坝位于三峡西陵峡内的宜昌市夷陵区三斗坪,并和其下游不远的葛洲坝水电站形成梯级调度电站。它是世界上规模最大的水电站,是中国也是世界上有史以来建设的最大的水坝(图3-5)。

图3-5 三峡大坝

三、大庆油田的开发

松辽平原是中国勘探远景最大的地区之一。在李四光等杰出的地质学家科学论断的指导下,1955年开始在松辽平原找油,1959年9月26日,位于安达县大同镇的松基3井喷出了工业油流,发现了大庆油田。

大庆油田是中国最大的油田。无论是探明的地质储量还是年产量均居全国第一位。为中国的社会主义现代化建设做出了巨大贡献。

四、"两弹一星"的伟业

"两弹一星",是对核弹、导弹和人造卫星的简称。作为中华人民共和国最初几十年科技实力发展的标志性事件,"两弹一星"也时常被用来泛指中国近代在科技、军事等领域独立自主、团结协作、创业发展的成果。"两弹一星"年代中国在导弹、人造卫星、遥感与制控等方面的成就,也为以后中国航天的进一步发展打下了基础。事实上,两弹一星最初指的是原子弹、导弹和人造卫星;后来随着氢弹、中子弹等的相继诞生,前一"弹"逐渐演变为核武器的合称即核弹。

1964年10月16日，我国第一颗原子弹爆炸成功，它是中国国防建设和科学技术方面取得的一项重大成就。1967年6月17日，第一颗氢弹试爆成功。1970年4月24日我国用长征号运载火箭，成功地发射了第一颗人造地球卫星——东方红1号，成为继苏联、美国、法国、日本之后世界上第五个能独立发射人造地球卫星的国家。

【小资料】

东方红1号人造卫星重173千克，比苏、美、法、日四国的第一颗人造卫星重量的总和还要重。东方红1号卫星发射上天以后，运行情况良好，各种仪器工作正常，绕地球一周只需114分钟。卫星上不断地播放《东方红》乐曲，声音清晰嘹亮。我国的航天技术从此达到了世界先进水平。

五、快速发展的航天科技

中国航天从无到有，从小到大，从弱到强，屡攀高峰；中国航天人独立自主，艰苦奋斗，大力协同，无私奉献，以一腔热血谱写了中国的航天传奇，振奋着中华民族的爱国心弦。

1. 长征系列运载火箭

中国自1956年开始展开现代火箭的研制工作。1964年6月29日，中国自行设计研制的中程火箭试飞成功之后，即着手研制多级火箭，向空间技术进军。经过了五年的艰苦努力，1970年4月24日"长征1号"运载火箭诞生，首次发射"东方红1号"卫星成功。中国航天技术迈出了重要的一步。"长征"系列火箭已经走向世界，享誉全球，在国际发射市场中占有重要一席。

从成功发射"东方红1号"的长征一号火箭到2016年即将投入使用的长征五号运载火箭，经过40多年的发展，"长征"系列火箭已经发射131次，实现了基本零失误的骄人成绩。

2. "神舟"系列飞船

神舟飞船（图3-6）是由中国为其载人航天计划研制的载人宇宙飞船系列，神舟系列飞船是全世界目前正在运用的空间最大的载人飞船。

图3-6 "神州"系列飞船

2003年10月15日，中国自行研制的"神舟"五号宇宙飞船发射成功，把宇航员杨利伟顺利地送上了太空。2005年10月17日凌晨，随着航天员费俊龙、聂海胜从神舟六号返回舱中健康出舱，标志着中国载人航天实现了多人多天、航天员直接参与空间科学实验活动的新跨越。

2008年9月25日，中国第三艘载人飞船神舟七号成功发射，三名航天员翟志刚、刘伯明、景海鹏顺利升空。27日，翟志刚进行了19分35秒的出舱活动。中国随之成为世界上第三个掌握空间出舱活动技术的国家。

2011年11月1日5时58分10秒，"神舟八号"飞船在酒泉卫星发射中心发射，与我国首个空间站雏形"天宫一号"携手，共同执行我国首次空间交会对接任务。在顺利完成两次对接任务后，于 2011 年 11 月 17 日 19 时 32 分在内蒙古四子王旗着陆，我国首次空间交会对接任务完成。

3. 嫦娥一号探月卫星

嫦娥一号是我国首颗绕月人造卫星。以中国古代神话人物嫦娥命名，由中国空间技术研究院承担研制。总重量为 2350 千克左右，太阳能电池帆板展开长度 18 米，预设寿命为 1 年。该卫星的主要探测目标是：获取月球表面的三维立体影像；分析月球表面有用元素的含量和物质类型的分布特点；探测月壤厚度和地球至月亮的空间环境。2009 年 3 月 1 日完成使命，撞向月球预定地点。

六、"银河"巨型计算机系统

历经 5 年的研究，"银河-Ⅰ号"于 1983 年 11 月在国防科技大学诞生，是我国第一台被命名为"银河"的亿次巨型电子计算机。它的研制成功，向全世界宣布：中国成了继美、日等国之后，能够独立设计和制造巨型机的国家。

由国防科技大学研制的"银河-Ⅱ号"10 亿次巨型计算机于 1992 年 11 月 19 日在长沙通过国家鉴定。填补了我国面向大型科学工程计算和大规模数据处理的并行巨型计算机的空白。

1997 年"银河-Ⅲ号"巨型计算机诞生。该机采用分布式共享存储结构，面向大型科学与工程计算和大规模数据处理。该机有多项技术居国内领先，综合技术达到当时国际先进水平。

【小资料】

"天河二号"是由国防科大研制的超级计算机系统，以峰值计算速度每秒 5.49 亿亿次、持续计算速度每秒 3.39 亿亿次双精度浮点运算的优异性能位居榜首，成为全球最快超级计算机。

2014 年 11 月 17 日公布的全球超级计算机 500 强榜单中，中国"天河二号"以比第二名美国"泰坦"快近一倍的速度连续第四次获得冠军。

2015 年 5 月，"天河二号"上成功进行了 3 万亿粒子数中微子和暗物质的宇宙学数值模拟，揭示了宇宙大爆炸 1600 万年之后至今约 137 亿年的漫长演化进程。

七、北京正负电子对撞机

正负电子对撞机（图 3-7）是一个使正负电子产生对撞的设备，它将各种粒子（如质子、电子等）加速到极高的能量，然后使粒子轰击一固定靶。通过研究高能粒子与靶中粒子碰撞时产生的各种反应研究其反应的性质，发现新粒子、新现象。正负电子对撞同样也是一种正负粒子碰撞的机制，正电子与负电子在自然界已有产出，人们研究微电子粒子的结构特性，是当今高能粒子物理量子力学的最前沿的科学。

1988 年 10 月 16 日，由中国科学院高能物理研究所建造的北京正负电子对撞机首次实现正负电子对撞，宣告建造成功。这是中国高能物理发展史上的里程碑。

图 3-7　正负电子对撞机

八、超级杂交水稻

超级杂交水稻是农业部超级杂交水稻培育计划的成果，该计划于 1996 年提出，"杂交水稻之父"袁隆平主持培育计划。2000 年，超级杂交水稻品种达到了每公顷产量超过了 10.5 吨；2004 年超级杂交水稻达到第二期产量指标；2012 年 9 月 24 日，湖南省农业厅组织的专家验收组宣布超级杂交稻大面积亩产 900 公斤攻关的圆满实现（图 3-8）。

中国杂交水稻在世界许多国家都适合种植，如果世界上杂交稻种植面积增加 7500 万公顷，每公顷按增产 2 吨计算，可增产粮食 1.5 亿吨，能多养活四五亿人口，有效保障世界粮食安全。

图 3-8　袁隆平和杂交水稻

【小资料】

国外有人说："到 21 世纪 30 年代，中国人口将达 16 亿，那时谁来养活这么多人？谁来拯救由此引起的全球性粮食危机？"袁隆平闻言挥动着满是老茧子的双手说："中国完全能解决自己的吃饭问题，中国还要帮助世界人民解决吃饭问题！"

美国经济学家唐·帕尔伯格这样说："袁（隆平）正引导我们走向一个丰衣足食的世界。"

九、青藏铁路建成通车

青藏铁路（图 3-9）格拉段东起青海格尔木，西至西藏拉萨，全长 1142 公里，途经纳赤台、五道梁、雁石坪，翻越唐古拉山，再经西藏自治区安多、那曲、当雄、羊八井到拉萨。其中海拔 4000 米以上的路段 960 公里，多年冻土地段 550 公里，翻越唐古拉山的铁路最高点海拔 5072 米，是全球海拔最高和最长的高原铁路。

青藏线大部分线路处于高海拔地区和"无人区"，要克服多年冻土、高原缺氧、生态脆弱三大难题。这是世界铁路建设史上的辉煌壮举。

十、人工牛胰岛素的合成

人和动物胰脏内有一种岛形细胞，分泌出的激素叫胰岛素，具有降低血糖和调节体内糖类代谢的功能。胰岛素是蛋白质的一种，蛋白质是生物体内不可缺少的物质，生命活动主要通过蛋白质来体现。

图 3-9　青藏铁路

1965 年 9 月 17 日，中国在世界上首次用人工方法合成了结晶牛胰岛素。人工牛胰岛素的合成，标志着人类在认识生命，探索生命奥秘的征途中，迈出了关键性的一步，其意义与影响是巨大的。

第五节　高技能人才推动科技进步

在科技发展的进程中，有这样一群人，他们是科学家的左膀右臂，能够把科学家的想法变成真正的产品。他们的成功之路不是上名牌大学、搞高深的理论研究，而是追求操作技能的完美和极致，靠着传承和钻研，凭着专注和坚守，他们成为科技领域中不可或缺的人才，他们就是奋斗在社会各个领域中并赢得世人尊敬的高技能人才。

一、中国"深海钳工"第一人管延安

管延安，山东潍坊人，初中文化。1995年参加工作（农民工），参加港珠澳大桥岛隧工程建设，是中交港珠澳大桥岛隧工程Ⅴ工区航修队钳工，负责沉管二次舾装、管内电气管线、压载水系统等设备的拆装维护以及船机设备的维修保养工作。因其精湛的操作技艺被誉为中国"深海钳工"第一人。

【小资料】

在工作时，管延安要进入完全封闭的海底沉管隧道中安装操作仪器。他所负责的沉管舾装作业，导向杆和导向托架安装精度要求极高，接缝处间隙误差不得超过正负1毫米，管延安做到了零缝隙。每次安装，他带领舾装班组同测量人员密切配合，利用千斤顶边安装边调整，从最初需要调整五六次到现在只需调整两次，就可以达到"零误差"标准。只有初中文化的他，全凭自学成为这项工作的第一人。他所安装的沉管设备，已成功完成16次海底隧道对接。

二、殷瓦焊将张冬伟

LNG船是运送液化天然气的船，因为液化天然气要保持在零下163度的极低温环境下运输，所以LNG船也被称为"海上超级冷冻车"，目前只有美国等少数国家能建造。2005年，我国才有了第一批16个掌握这项焊接技术的工人，张冬伟就是其中的佼佼者。

【小资料】

殷瓦板的焊接是整个LNG船建造的最核心部分，殷瓦手工焊接是世界上难度最大的焊接技术，需要焊接工人将一块块薄如纸的殷瓦钢板，像做衣服一样，一块一块连接起来。虽然90%是自动焊，但还有13公里特殊位置的焊缝，需要焊工手工完成，如果焊缝上出现哪怕一个针眼大小的漏点，就有可能造成整船的天然气发生爆炸，有人说LNG船就像一个会移动的原子弹。张冬伟的焊接技术不但质量百分百有保障，外观上也完美无缺。从而为我国的LNG船的建造提供了有利的技术保障。

三、"创新尖兵"罗东元

罗东元是广东省韶关钢铁集团有限公司电工高级技师，全国劳动模范，中华技能大奖获得者。是我国技术工人的杰出代表。

罗东元在铁路电气设备维修工作中，完成了100多项技术革新项目，获得多项国家专利。他发明的"铁路道岔全自动转换装置"，处于国际先进水平；他发明的"电子轨道电路式铁路道口预警装置"，是国内首创的专利技术；他成功地研制出"25/50Hz轨道电路故障侦探仪"，广泛应用于各种交流轨道电路故障检测，造价低廉，检测准确快捷；他还发明了"公路铁路联锁式自动道口信号装置"等创新技术。他的多项创新技术成果在铁路运输方面，作出了巨大贡献。

四、"工人发明家"代旭升

代旭升是中石化胜利油田分公司采油工，高级技师、全国劳动模范、全国"五一"劳动奖章、中华技能大奖获得者。他先后自主完成 80 多项技术革新，其中 16 项获国家实用新型专利，2 项申报国家发明专利，1 项荣获 2008 年度国家科学技术进步二等奖，他创办了"采油技能大师网站"，将自己的实践经验和创新体会毫无保留地贡献出来，带出了一批批优秀徒弟，为企业技能人才队伍建设作出了突出贡献。

代旭升在工作中善于学习、善于观察、善于解决生产技术难题，敢于突破传统的思维模式，把减轻劳动强度、促进安全生产、搞好清洁生产和落实节能减排等方面的疑难问题作为攻关革新的课题，"移动式套管气回收装置"、"玻璃钢污油储存罐"等创新成果在油田内外广泛推广使用，取得了显著的社会效益和经济效益。

五、高铁首席研磨师宁允展

宁允展是中国第一位从事高铁列车转向架"定位臂"研磨的工人，他发明了《风动砂轮纯手工研磨操作法》，采用分层、交错、叠加式研磨，像绣花一样，将接触面织成一张纹路细密、摩擦力超强的"网"。宁允展的这项"绝活"，使原来的研磨效率提高了 1 倍多，精度也大为提高，破解了生产"瓶颈"难题。从事该工序的工人全国不超过 10 人。他研磨的转向架装上了 644 列高速动车组，奔驰 8.8 亿公里，相当于绕地球 22000 圈。

【小资料】

2004 年，南车四方股份公司引进时速 200 公里高速动车组。产品进入试制阶段，转向架上的"定位臂"成了困扰转向架制造的拦路虎。转向架是高速动车组九大关键技术之一。如果把高铁列车比作一位长跑运动员，转向架就是它的"腿脚"，高铁跑得"又快又稳"关键看它。"定位臂"则是转向架上构架与车轮之间的接触部位，相当于"脚踝"。高速动车组以 200 多公里时速飞奔时，要求定位臂与轮对节点必须"严丝合缝"，否则会影响到行车安全。按要求，必须保证 75% 以上的接触面间隙小于 0.05 毫米，相当于"插不进一根头发丝"。宁允展全靠自己钻研，通过手工磨制，成功制作出高精密度并且符合要求的产品。

六、"錾刻大师"孟剑锋

錾刻是我国一项有近 3000 年历史的传统工艺。孟剑锋通过二十二年的不懈努力，通过一点一滴的积累和创作，获得了"錾刻大师"的称号。从细小的首饰、工艺摆件，到两弹一星和航天英雄的奖章，一件件精美的作品在他的手里诞生了。

在苦练錾刻基本功的同时，孟剑锋还积极投身技术创新，使纯银铸造成品率比之以往提高了近 50 个百分点，大大提高了生产效率，减少了生产成本，2013 年中国创新设计文化博览会上，孟剑锋的作品荣获创新产品设计大赛银奖。

【小资料】

2014 年北京 APEC 会议期间，古老的中国錾刻技术，给各国元首开了一个小小的玩笑，在送给他们的国礼中，有一个是金色的果盘里放了一块柔软的丝巾，看到的人都会情不自禁地伸手去抓，结果没有一个人能抓得起来，原来这块丝巾是用纯银錾刻出来的。

这款名为"'和美'纯银丝巾果盘"的国礼，是孟师傅在只有 0.6 毫米的银片上，经过上百万次的精雕细琢才打造出的"丝巾"。除此之外，航天英雄、奥运优秀运动员、汶川地震纪念等奖章都是出自孟剑锋之手。

七、"航天数控英才"苗俭

苗俭，女，上海航天控制技术研究所工人，铣工和数控加工双料高级技师，长期从事国家重点工程任务关键部件的加工工作。坚持岗位学习，有扎实的理论功底和高超的实操技艺。善于总结，熟悉数控加工工艺，掌握多种CAD\CAM软件和编程手段，攻克了多项技术难关和科研生产中多项技术瓶颈，已成为新时代航天技能领军人才。

由于工作出色，苗俭先后被授予上海市"三八红旗手"、上海市"新长征突击手标兵"、"全国技术能手"、"全国杰出青年岗位能手"、"首届中国十大杰出青年技师"等称号。

【小资料】

苗俭从技校数控专业精英班毕业后，工作伊始从事铣工工作，但是她并没有放弃自己的专业，并且制定了自己的学习计划，五年里取得了数控高级工和数控大专文凭。一天，研究所新进了一台"龙门"数控加工中心，所里却没有数控方面的操作人才。苗俭的机会来了，因为在铣工岗位上始终没有放弃自己原有的数控技术。

苗俭同志入所11年来，一直从事导弹雷达关键部件的加工工作，解决了不少加工难题，为我国某重点导弹型号的研制生产做出了较大贡献。在高级知识分子云集的航天领域，作为一名普通的技术工人，而且又是一名女同志，她化压力为动力，坚信"行行出状元"，凭着一股不服输的钻劲和韧劲，勤奋学习，练就出高超的技能，24岁便成为技师，27岁又破格被评为铣工和数控加工双料高级技师，在从事数控加工4年时间里，加工了大量高难度复杂零部件，解决了大量技术难题。

"机会总是留给有准备的人。"

思 考 题

1. 现代各项高新科技给你的生活带来了哪些改变？
2. 总结新中国成立以来中国主要的科技成就。
3. 在现代高新科技成就中任选一类作为主题，搜集资料，制作一个科技画报。
4. 高技能人才的成就对你有何启发？

哲学篇

第一章 认识哲学

第一节 什么是哲学

人和动物不同。动物只是本能地"活着",而人的生活应该是经过思考、有明确目标和意义的生活。人们要想生活得有意义、有价值,就应该对自己生活其中的世界和生活本身进行审视和思考。为此,我们不仅需要具体的科学知识,还需要哲学知识。哲学和我们的生活是什么关系?什么是哲学?哲学研究什么?哲学和具体科学是什么关系?了解这些问题,可以使我们走进哲学,自觉地追求智慧,创造更美的人生。

一、哲学与我们的生活

自然界变化万千,社会错综复杂,有时会使人们感到像走在一片茂密的森林之中,浮云遮望眼,云深不知处。正确的、前行的路在何方?这时我们需要照亮前进方向的理性和智慧的明灯。哲学就是一门给人智慧、使人聪明的学问。真正的哲学可以使我们正确地看待自然、社会和人生的变化与发展,用睿智的眼光看待生活和实践,正确对待社会进步与个人发展,正确对待集体利益与个人利益的关系,正确对待进与退、得与失、名与利,从而为生活和实践提供积极有益的指导。因此,哲学的任务,就是寻找光明,在人类生活的路途上点起前行的明灯,指导人们正确地认识世界和改造世界。

生活需要智慧,需要哲学。人们对问题的高明认识、解决问题的巧妙方法,都和一定的哲学智慧联系在一起。然而,哲学的智慧不是从人们的主观情绪中凭空产生的,而是人们在认识世界和改造世界的活动中,在处理人与外部世界关系的实践中逐步形成和发展起来的。

在生活实践中,人们会自觉或不自觉地思考世界,思考周围的人和事,并用自己在思考中形成的观念来指导自己的生活和实践。在这些思考中,会触及这样或那样的具有哲学性质的问题。在这一意义上,我们说哲学源于人们对实践的追问和对世界的思考。

马克思主义哲学是我们时代精神上的精华和思想智慧,是人类美好生活的向导。学习马克思主义哲学,可以帮助我们形成正确的思维方法,锻炼我们的思维能力,激发我们的想象力和创造力。学好哲学,终生受益。

【小资料】

杞人忧天（图1-1）

据《列子·天瑞》记载："杞国有人忧天地崩坠，身亡所寄，废寝食者。"因为害怕天地崩坠而不吃不睡固然可笑，但是，每个正常的人从童年时代起，往往会自觉或不自觉地进行着一些追问和思考："天会塌下来吗？地会陷下去吗？天塌地陷以后，我们怎么办？""动物会说话吗？动物也在思考吗？"追问和思考这样的问题，实际上已经不自觉地与哲学发生了关联。

图1-1 杞人忧天

二、世界观、人生观与方法论

（一）哲学与世界观

哲学作为理论形态的世界观，同人们自发形成的世界观有所不同。所谓世界观，就是人们对整个世界以及人与世界关系的根本观点、根本看法。人类要生存和发展，每时每刻都需要同周围的世界打交道，为了获得生存所需要的物质资料，人们就必须进行变革自然的生产活动。在这个活动中，人们就产生了对于各种事物的具体看法。随着生产活动的不断深入，与客观世界打交道的次数不断增多，人们就会对某个领域、某个层次或某类事物形成比较深入的看法和观点。随着生产活动的进一步深入和扩大，从而形成人类同周围世界的关系的总的看法和根本观点，这就是世界观。

世界观人人都有，但不能说人人都有一个哲学体系。哲学是由哲学家们将人们的世界观，用理论的形式加以抽象概括而形成的，它不仅仅提出一定的观点、原理，而且作出理论的解释和逻辑的论证，构成一定的思想体系，这才叫哲学。不同的哲学就是不同的人们的理论化，系统化的世界观。作为理论形态的世界观，哲学从总体上把握包括人自身在内的世界，探讨的是关于整个世界的最普遍、最一般的问题。世界观具有不同的形态，有些世界观不具有理论化、系统化的特点，便不能称其为哲学。

（二）世界观与人生观

人生观是世界观的主要组成部分和集中体现。在社会生活中，世界观关系到人们对自然、历史的根本性理解，关系到人们对待生活的根本态度以及人们思想行为的根本准则。世界观从总体上规范和指导人的全部活动，有什么样的世界观，就有什么样的人生观。

人生观是关于人生问题的根本观点。它决定人们活动的目标、人生道路的方向和对待生活的态度。人生观主要包括对人的本质、人的生存方式的认识，对人生目的、人生价值的理解，并具体地表现为对生死、祸福、荣辱等问题的看法。人是社会性的存在，在人生观中，最核心的问题是个人与社会的关系问题。这包括个人与他人、个人与群体、个人与人类等关系。人生的意义，正是在如何处理这些矛盾关系当中体现出来的。早在青年时代，马克思就提出，"在选择职业时，我们应该遵循的主要指针是人类的幸福和我们自身的完美"。"为全人类而工作"，是马克思终生的座右铭。

人生观在人的精神世界中处于重要地位，肩负着构建人的精神家园的使命。人不只是生物意义上的自然存在，更主要还是社会意义上的历史存在。社会文明的历史进步，构成人之为人的历史性内涵。在人类文明的传承与创新的历史进程中，哲学的人生观激发人的求知欲望，拓宽人的生活视野，启迪人的理论思维，催化人的生命体验，升华人的人生境界，引导人的理想追求，使人掌握该时代的价值观念、道德规范和各种行为准则，形成健全的人格。

人类的历史发展，在每个时代都提出新的人生观问题。人对世界关系的性质与状态，是以人的存在方式为前提的。在阶级社会中，处于不同地位的人有不同的人生观。肯定人对世界关系的历史性，我们才会自觉地提出具有时代特征的人生观问题。每个时代的人生观问题都不可能脱离自己所依存的时代和社会状况，每个时代都有自己时代的人生观问题。以当代实践活动为基础的人对世界的当代关系，以当代科学为中介的当代世界图景，以当代社会生活为基础的当代人的思维方式、价值观念、审美意识，是每一个当代人形成正确的人生观都需要思考并把握的最为现实的重大问题。

马克思主义哲学深刻地揭示了人的存在方式、人与世界关系的本质、人类历史发展的规律和争取人类解放的崇高理想，为人们正确认识和处理个人与社会以及自由与必然、理想与现实、有限与无限的关系，选择正确的人生道路和实现人生的价值，提供了科学的人生观。

（三）世界观与方法论

哲学是世界观与方法论的统一。哲学作为关于世界的根本观点，是世界观；运用这个根本观点去认识、评价、改造世界，就是方法论。哲学世界观作为方法论，主要表现在三个方面。

1. 哲学是人们认识世界的根本方法

人们认识任何具体事物的方法，都是在总的认识方式的规范和引导下进行的。哲学关于世界总的图景构成人的认识方式，为人们认识一切具体事物提供总的概念框架和基本范畴。人们在认识世界各种事物的过程中，总是以个别与一般、部分与整体、原因与结果、现象与本质、内容与形式、必然与偶然、可能与现实等哲学范畴去解释对象，这些哲学概念、范畴，是人类认识史的总结和积淀，因而构成人类认识世界的"阶梯"和"支撑点"，科学研究尤其如此。每门科学都有其特殊的研究方法，但要发现规律并科学地把握世界，就离不开正确运用一定哲学概念、范畴的理论思维。这正如恩格斯所说，"一个民族要想登上科学的高峰，究竟是不能离开理论思维的"。

2. 哲学是人们评价世界的根本方法

人的全部活动始终包含着价值追求，并受一定价值观的引导，价值评价就是人对各种事物的价值及其大小所作的判断。在人的价值追求和评价活动中，总是要用善与恶、美与丑、福与祸、荣与耻、利与害等哲学观念去评价对象。哲学世界观为人们评价一切具体事物提供总的意义框架，是人们评价事物的根本方法。这体现了哲学世界观的认识论、价值论和方法论的统一。

3. 哲学是人们改造世界的根本方法

在人的历史发展中，人与世界之间的关系具有特定的历史内容，人们以特定的方式看待自己生活于其中的世界以及自己与世界的关系，从而不断地改造人与自然、人与社会、人与自我的关系。人类的实践活动是主观见之于客观的活动，也就是把主观的目的、愿望、理想变成客观现实的活动。实践活动作为知与行相统一的过程，始终蕴含着思维与存在、主观与客观、主体与客体、理想与现实、理论与实践等根本性的世界观问题。在人们改造世界的全部活动中，哲学是人们处理和驾驭自己同外部世界关系的基本规范和根本准则，它引导人们深刻地理解人与世界的关系，力求既"合规律"又"合目的"地改造世界。这是哲学的最为根本和最为重要的方法论意义。

中国共产党在领导人民争取自身解放和建设中国特色社会主义的伟大实践中，始终重视学哲学、用哲学，自觉地把马克思主义哲学作为认识世界、评价世界和改造世界的伟大思想工具。毛泽东思想和中国特色社会主义理论体系，坚持、丰富和发展了马克思主义哲学的世界观和方法论。

【小资料】

宗教与世界观

宗教是一种世界观，它对于世界有一套根本的看法。基督教的教义就认为，世界和人都是被全能全智的上帝创造出来的，人们只能绝对地服从上帝的意志和安排，即使忍辱负重也不能对自己的命运问一个为什么，更不能有丝毫的反抗，只能虔诚地祈祷上帝的恩赐和保佑。这种宗教世界观没有什么理论论证，全靠人们对偶像的崇拜和畏惧来宣扬自己的观点，是以盲目信仰为基础的。这就不是哲学。还有一种朴素、自发的世界观，就是人们在日常生活中依据一些感性经验而形成的看法。例如，许多人常说"看菜吃饭"、"量体裁衣"、"一把钥匙配一把锁"，并且用这些观点来指导自己的行动。这都包含有人们对于世界和人的活动的某种根本看法，具有一定的哲理性，但是这种世界观既不具有理论化，又不具有系统化的特点，而主要是一种零碎的、经验性的认识，因而也不能称其为哲学。

第二节 哲学的基本问题和基本派别

一、哲学的基本问题

作为世界观的理论形态，哲学研究包括许多领域、许多方面的问题，但其中有一个贯穿各个领域和方面，决定整个哲学体系性质，并对解决具体哲学问题具有支配作用的问题，这就是哲学基本问题。哲学的基本问题是思维和存在的关系问题，简单地说，就是意识和物质的关系问题。它包括两方面的内容。一方面是思维和存在、意识和物质何者为第一性的问题。另一方面是思维能否反映存在、世界是否可以认识的问题。这两个方面是互相联系的。其中，第一方面是全部哲学的最高问题，有以下三点原因。

第一，思维和存在的关系问题，是一切哲学都不能回避、必须回答的问题。自从人类社会产生以来，世界上的一切事物和现象纷繁复杂，气象万千，但概括起来，无外乎是两大类，即物质现象和意识现象。对这两类现象之间的关系问题，一切哲学家都必须首先作出回答。这一问题贯穿于哲学发展的始终，对这一问题的不同回答决定着各种哲学的基本方向，决定着它们对其他哲学问题的回答。

第二，思维和存在的关系问题，是人们在生活和实践活动中首先遇到和无法回避的基本问题。人类所从事的活动主要归结为两类：一是认识世界，二是改造世界。无论认识世界还是改造世界，说到底都要解决一个共同的问题，即思维和存在的关系问题。因此，哲学的基本问题和我们的生活息息相关。

第三，对思维和存在关系问题的不同回答，是划分唯物主义和唯心主义的标准，它规定着哲学体系的性质和解决全部哲学问题的基本方向。

哲学的基本问题是从思维与存在的关系方面来回答世界的本原是什么，与此相联系的是世界处于什么状态的问题。例如，世界上的事物是普遍联系的，还是彼此孤立的？事物是变化发展的，还是静止不动的？如此等等。对于这个问题的不同回答，形成了辩证法与形而上学的对立。辩证法认为事物是普遍联系和发展变化的，矛盾是事物发展的源泉和动力。形而上学把事物看成是彼此孤立和静止的，否认事物发展的原因在于事物自身的矛盾性。辩证法与形而上学的对立总是同唯物主义和唯心主义的斗争交织在一起，并依附于唯物主义和唯心主义的斗争。辩证法或形而上学不是与唯物主义结合，就是与唯心主义共处。而辩证法与形而上学的斗争，在一定程度上也影响着唯物主义和唯心主义的斗争。

【小资料】

生活中的思维与存在

在实际生活中，人们都会面对思维和存在的关系问题。学生要面对和处理自己的学习计划与学习实际之间的关系；教师要面对和处理自己的教学计划和教学实际的关系；农民要面对和处理耕作收获的计划与耕作收获的实际之间的关系；工人要面对和处理做工的方法、步骤与做工的实际的关系；企业的经营者要面对和处理企业的经营策略、思想和计划与企业的生产、流通、分配和消费的实际情况之间的关系；医生要面对处方和病情的关系。

二、唯物主义与唯心主义

思维与存在、精神与物质何者为第一性、何者为第二性，这是哲学的基础性、根本性问题。全部哲学理论，依照对这个问题的不同回答而划分为唯物主义与唯心主义两大基本派别，凡是主张物质是本原，物质第一性、精神第二性的，都属于唯物主义；凡是断言精神对自然界来说是本原，精神第一性、物质第二性的，都属于唯心主义。唯物主义坚持"从物到感觉和思想"的认识路线；与此相反，唯心主义则坚持"从思想和感觉到物"的认识路线。无论是唯物主义还是唯心主义，它们各自的本体论和认识论都是一致的。

（一）唯物主义

在唯物主义哲学的历史发展过程中，依次表现为三种基本的历史形态，即古代朴素唯物主义、近代机械唯物主义和马克思主义的辩证唯物主义和历史唯物主义。

辩证唯物主义和历史唯物主义正确地揭示了物质世界的基本规律，反映了社会历史发展的客观要求，反映了最广大人民群众的根本利益。它是现时代的思想智慧，是无产阶级的科学的世界观和方法论，是我们认识世界和改造世界的伟大思想武器。

辩证唯物主义是马克思、恩格斯所创立的关于用辩证方法研究自然界、人类社会和思维发展的一般规律的科学，是无产阶级的世界观和方法论。辩证唯物主义认为世界从它的本质来讲是物质的，物质按照本身固有的对立统一规律运动、发展，存在决定意识，意识反作用于存在。辩证唯物主义是人类认识发展史的科学总结，它建立在现代科学和先进社会实践的基础上，并随着科学和实践的发展而不断丰富发展。辩证唯物主义的产生，是人类认识史和哲学史上的伟大革命，它把伟大的认识工具给了人类，特别是给了工人阶级。它是人类认识世界和改造世界的锐利武器。

历史唯物主义是关于人类社会发展一般规律的科学，又称唯物史观，为马克思和恩格斯所创立。是马克思主义哲学的重要组成部分，是科学的社会历史观。作为科学的历史理论，它既是特定的社会历史条件的产物，又是人类认识发展的必然结果。历史唯物主义是人类科学思想中的伟大成果，为人类认识开辟了一个新的广阔的科学领域。实现了整个社会历史观的变革，实现了哲学的变革，为科学社会主义的哲学奠定了历史理论基础。

（二）唯心主义

唯心主义把意识视为世界的本原，但由于对意识有不同的理解，形成了两种基本形态：

主观唯心主义和客观唯心主义。

主观唯心主义把个人的某种主观精神（如感觉、经验、心灵、意识、观念、意志等）看作是世界上一切事物产生和存在的根源与基础，世界上的一切事物则是由这些主观精神所派生的，是这些主观精神的显现。因此，在主观唯心主义者看来，主观的精神是本原的、第一性的，而客观世界的事物则是派生的、第二性的。片面地理解主观唯心主义会导致唯我论，因为它把世界上的一切事物都看作是个人自我的主观精神的显现和产物，实际上就是认为世界上的一切事物都只能存在于个人自我的主观精神之中，没有个人自我的主观精神，也就没有世界上的事物。

客观唯心主义认为某种客观的精神或原则是先于物质世界并独立于物质世界而存在的本体，物质世界则不过是这种客观精神或原则的外化或表现；前者是本原的、第一性的，后者是派生的、第二性的。中国宋代程朱理学的"理"，古希腊柏拉图的"理念"，德国黑格尔的"绝对观念"，就都是这种作为世界本体的客观精神或原则。客观唯心主义的所谓客观精神或原则，实际上是把人的思维或一般概念加以绝对化的结果，是通过抽象思维把它们升华或蒸馏为不仅脱离人头脑并且脱离或先于物质世界及具体事物而独立存在的实体，同时还进一步把它们神化、偶像化，部分分支陷于神秘主义的创世说和宗教信仰主义。

【小资料】

唯心主义

中国宋代的陆九渊认为，"吾心便是宇宙，宇宙便是吾心"。明代的王守仁认为，"心者，天地万物之主"，"心即是天"，"心外无物，心外无事，心外无理"。在西方，18世纪英国的贝克莱认为，"对象和感觉是同一个东西"，"存在就是被感知"。他举例说，事物的存在取决于我们的感觉，苹果并不是真实存在的东西，而是人们看到一定的形状和颜色，闻到某种香气，尝到某种滋味，把这些感觉组合在一起，而后给这感觉的组合起个名字，叫苹果。奥地利的马赫说："物是感觉的复合。"主观唯心主义因为夸大了个人意识的作用，把客观世界看成是主观意识的产物，必然走上唯心主义的道路。

客观唯心主义的代表人物有中国春秋时期客观唯心主义哲学家老子（约公元前571~公元前471年），他把这种万物运行的法则称为"道"；古希腊唯心主义哲学家柏拉图（公元前427~前327年），他把这种"客观"精神称为"理念"；德国古典唯心主义哲学家黑格尔（1770~1831年），他把这种精神称为"绝对观念"或"绝对精神"；中国南宋唯心主义哲学家朱熹（1130~1200年），他把这种精神称为"理"。

（三）形而上学与辩证法

"形而上学"作为一个哲学范畴，在哲学史上通常有两种含义。一是指研究超感觉的、经验之外对象的哲学。由于传统哲学通常是以这种方式寻求"最高原因的基本原理"，因此人们往往把传统哲学称作"形而上学"。二是指与辩证法相对立的思维方式，即指用孤立的、静止的、片面的观点观察世界和解释世界的世界观和方法论。这就是与"辩证法"相对立的"形而上学"。

辩证法在哲学发展中经历了三种基本形态，即古代朴素辩证法、德国古典哲学中的唯心主义辩证法和马克思主义的唯物辩证法。马克思、恩格斯在批判地继承黑格尔的唯心主义辩证法的基础上，创立了世界观与方法论相统一的唯物辩证法。

古代哲学家曾用各种思想表达世界的辩证关系。中国的《易经》中讲的八卦以及两卦相叠演为六十四卦的学说，就是从正反面的矛盾来说明事物的变化和发展。《老子》、《孙子兵法》等著作反复阐明了阴阳、有无、生死、损益、美丑、智愚、强弱、难易、攻守、进退等一系列对立面相互依存、相互关联和相互转化的思想。古希腊哲学家赫拉克利特提出，"人不能两次踏入同一条河流"，表述了"一切皆流，无物常在"的变化发展的思想。由于科学发展水平和社会历史条件的限制，这些辩证法思想往往只是在经验的层面上描述世界的变化，因此带有原始的、自发的、朴素的和猜测的性质。

作为德国古典哲学集大成者，黑格尔认为"世界不是既成事物的集合体，而是过程的集合体"，第一个全面地有意识地以唯心主义的形式，系统地阐述了辩证法的质量互变规律、对立统一规律、否定之否定规律以及本质与现象、原因与结果、必然与自由等诸多辩证法范畴，建立了庞大的唯心主义辩证法体系。由于唯心主义体系与辩证法的矛盾，包括黑格尔在内的德国唯心主义哲学家无法形成合理形态的辩证法理论。

马克思、恩格斯在总结自然科学的新成就和社会历史发展经验的基础上，批判地继承了人类思想的优秀成果，特别是批判地吸取了黑格尔辩证法的合理内核，创立了唯物辩证法。唯物辩证法是从自然界、社会生活和人的认识活动概括出来的哲学理论，既揭示了客观事物发展的普遍规律，又揭示了人的认识、思维发展的普遍规律，因而是唯物论和辩证法的统一，是科学的世界观和方法论的统一。

思 考 题

1. 什么是哲学？
2. 简述哲学基本问题的内容。
3. 哲学的基本派别有哪些？

第二章　用哲学的方法思考问题

第一节　用联系的观点看问题

世界上的一切事物都不是孤立存在的，而是和周围其他事物联系着，整个世界是一个普遍联系的有机整体。联系的观点是唯物辩证法的一个总特征。把握联系的普遍性、客观性和多样性，学会用联系的观点看问题，才能自觉地坚持唯物辩证法，反对形而上学。

一、联系的普遍性和客观性

（一）联系的普遍性

世界上万事万物都处在普遍联系之中，孤立的事物和现象是不存在的，整个世界就像一张无形的大网，每个事物和现象都是网上的一个环节。事物联系的这种普遍性存在于自然界、人类社会和思维领域中。

自然界是普遍联系的。从巨大的天体星系到细微的原子核内部的基本粒子，从无机界到有机界，从实物粒子到场，无不处在普遍联系之中。例如，生物和自然环境之间，生物和生物之间，都是相互联系、相互作用的，形成一个个生物圈、食物链，这就要求它们在一定的时间和空间内保持生态平衡。

人类社会是普遍联系的。在社会领域中，社会生活的各个方面无不处在普遍联系之中。国民经济的各个部门之间，必须保持一定的比例关系，经济才能持续稳定地发展。经济的发展还要处理好经济与文化教育事业的关系。作为人类社会主体的人与人之间也是相互联系的，不是孤立存在的。人们通过多种介质联系在一起，既有血缘的，也有地缘的，还有业缘的，形成一个个纷繁复杂的关系网。因此也就需要人们用诚挚的爱心去和各种各样的人打交道，建立起和谐的人际关系，为美好的生活和事业的成功打下良好的基础。社会的普遍联系还体现在国与国之间、地区与地区之间的相互联系、相互制约。当今的世界是开放的世界，中国应吸取历史教训，不能闭关自守，而应积极主动地参与国际竞争与合作，自觉利用国际有利条件来发展自己。

思维领域是普遍联系的。人们思维活动的进行，以及思维活动所产生的各种思想、观点、理论都不是孤立存在的，而是相互联系的。因为客观事物、现象之间是普遍联系的，因而人们在思维中也必然反映这种联系，产生各种各样的联想。比如由"南京大屠杀"的历史事实，联想起中华民族曾经有过的屈辱和苦难；由当前的现代化建设，联想到将来祖国的美好前景等。这些思维活动中的联想，就表明人们的思想处在联系中。随着现代科学的发展，出现了一系列边缘学科和综合学科，打破了学科之间的传统界限，把不同的学科联系起来。如物理化学、生物力学、工程美学、营销心理学等，使各种理论相互渗透，相互结合，也表明了各种思维之间的相互联系。

自然界与人类社会，思维与自然界、人类社会之间也是普遍联系的。不仅自然界、人类社会、思维领域内部存在普遍联系，它们之间也存在联系性。自然的和谐与完美是人类生存与发展的重要前提，人类只有善待自然，保持生态平衡，正确处理好人口、资源、环境的关系，才能得以存在和发展，这也是实行可持续发展战略的主要内容。人类要想取得改造自然、改造社会的成功，也必须有正确意识的指导，所以思维对物质的反作用也是十分巨大的。物质决定意识，意识对物质又有反作用。思维领域与自然界、人类社会的关系正是这一原理的体现。

（二）联系的客观性

联系的客观性是指事物本身的联系，是事物本身所固有的本性，是不依人的意志为转移的。不仅自然界事物的联系是客观的，即使人类实践活动创造的社会生活各个领域之间、各种事物也是客观的。人们不能用主观臆想的联系来代替客观事物本身的联系，也不能把主观臆想的联系强加给某些客观事物。还有些人，虽然在口头上不一定否认联系是客观的，但在实际工作中，他们却无视人口与资源、人类与环境的联系，为了追求眼前的经济利益而不惜破坏自然资源和生态环境，掠夺式地开发矿产、森林、湖泊、海洋等，这种无视事物之间的客观联系，"竭泽而渔"、"杀鸡取卵"的做法，实质上是在破坏宝贵的自然资源和人类的生存环境。

当然，承认联系的客观性，并不是说人们对事物的联系无法改变。人们可以根据事物固有的联系改变事物的状态，建立新的具体联系，例如，人们可以通过建设高速公路和铁路，强化城市与城市之间的联系，计算机网络使全球"网民"的联系更加密切、迅速和便捷，偌大的地球变成了一个小小的"地球村"。这就是人们根据事物固有的客观联系，发挥人的主观能动性而建立起来的具体联系，而并没有否认事物联系的客观性。

【小资料】

莫名其妙的联系

在日常生活中，有人强拉硬扯，臆造出一些莫名其妙的"联系"，例如，有人说"喜鹊叫喜，乌鸦叫丧"、"手相决定人的命运"、"彗星预示国家的衰败"，还有人认为，指纹、手相决定命运，"13"、"44"的谐音与"死亡"有关，是不吉祥数字，"66"、"88"的谐音与"顺利""发财"有关，是吉祥的数字，有些人还不惜重金购买这些数字作为车牌号和手机号码。这些都是主观臆造的联系，违背了联系的客观性。

二、联系的多样性与条件性

（一）联系的多样性

由于世界上的事物是无限多样、千差万别的，这就决定了事物联系不仅是普遍的，而且是纷繁复杂、多种多样的。从不同的角度可分为：直接联系和间接联系，内部联系和外部联系，主要联系和次要联系，必然联系和偶然联系等。在实际生活中，人们往往容易看到那些直接的、表面的和眼前的联系，而忽视那些间接的、本质的和长远的联系，忽视事物之间相互联系的中间环节。因此，把握联系的多样性，对于我们正确认识事物具有重要意义。这里我们着重介绍直接联系和间接联系的问题。

直接联系和间接联系是事物联系的最普遍的形式。直接联系是指事物和现象之间以及事物内部的不同方面之间，不通过中间环节而发生的相互依赖和相互制约的关系。间接联系是通过中间环节而发生的相互作用的联系，可以是只经过一两个中间环节的联系，也可以是时间、空间上间隔较大，经过许多中间环节的联系。如"城门失火，殃及池鱼"的寓言故事中，火、水、鱼三者之间的相互关系，火与水、水与鱼是直接联系，火与鱼是间接联系。一般来讲，直接联系直接影响事物发展的进程，显得较为重要，而间接联系对事物发展的影响不如直接联系那样显著，它需要通过中间环节来发生作用，因而显得较为次要，但这不能一概而论，在有些情况下，间接联系也是很重要的。如教育、人才、科技、生产力这些联系中，教育和人才、人才和科技、科技和生产力都是直接联系，前者的发展如何，直接影响后者发展的状况，而教育和生产力之间显然隔着人才和科技这两个中间环节，但教育对生产力发展的作用，却是重大的，正因为如此，中国把科教兴国作为一个重要发展战略。

中间环节是形成联系的重要因素，每个事物都以他物为中间环节，与别的事物发生间接联系，而每个事物本身又都是其他事物发生间接联系的环节。由于中间环节不同，形成的联系也就不同。如中间环节若是母亲，就有了外祖母、外祖父；中间环节若是父亲，就有了祖母、祖父；中间环节若是学校，就有了校友关系；若是班级，就形成了同学关系。正是由于中间环节的多样性，就决定了事物联系的多样性。

实践证明，事物之间的联系，随着事物的不断发展，也日趋密切，日趋复杂多样。比如在社会领域中，过去由于生产力水平不高，生产社会化程度较低，各生产单位之间的联系并不多。但随着社会的发展，社会分工越来越细，社会化程度越来越高，各生产企业间的联系就越来越密切，一个企业往往同几十个、几百个企业发生联系，例如随着中国的改革开放及经济全球化的发展，各种形式的联合、合作增多，各种市场主体的联系更加频繁和多样化。尤其在当今的世界进入信息化、网络化时代时，极大地提高了人们及各种事物之间联系的密切性并发展了联系的多样性。所以无论从静态上分析，还是从动态上观察，事物之间的联系具有复杂多样性。

【小资料】

生活中的联系

生活中很多俗语都揭示了联系的多样性，如："鱼儿离不开水，瓜儿离不开秧"这揭示了事物的直接联系；"城门失火，殃及池鱼"揭示了事物之间的间接联系；"牵一发而动全身"揭示了整体和部分的联系；"无风不起浪，有水才行船"揭示了事物之间的因果联系。

据有关资料显示，一节一号电池烂在地里，能使1平方米的土壤失去耕种价值；一粒纽扣电池可以使600吨水受到污染，而这600吨水相当于一个人一生的饮水量。若将废旧电池混入生活垃圾一起填埋，或者随手丢弃，渗出的汞等重金属物质就会渗进土壤，污染地下水，进而影响到和人类息息相关的动物和植物，破坏人类的生存环境，并最终危及人类的健康。

（二）联系的条件性

事物联系的普遍性和多样性，说明了一个事物的产生、存在和发展都依赖于周围其他的事物，这表明任何事物的产生、存在和发展都是有条件的。

条件是指与某一事物相联系的，对它的产生、存在和发展发生作用的各种要素的总和。任何一个具体事物只有在一定的条件下才能产生、存在和发展，也只有在一定条件下才会趋向灭亡。例如生命现象的产生和存在，必须具备水、氧气和适当的温度等必要条件，否则生命就不会存在。所以说，离开一定的条件，就很难分清一件事情的对与错、好与坏。比如学生上课讲话，是对还是错就不能笼统讲，当回答老师问题或进行课堂讨论时，学生讲话是对的，应当鼓励，当老师讲课时，学生随便说话是错的，应当批评；再如下雨是好还是坏，不同条件下有不同的结果，若久旱逢雨，则是有益的，若久涝逢雨，则是有害的。

条件是具体的、多样的。有内部条件和外部条件，客观条件和主观条件，有利条件和不利条件，必要条件和非必要条件等。不同的条件，对事物的产生、存在和发展所起的作用也不同，具体地、全面地分析不同的条件，对人们正确认识问题、做好事情是很重要的。

联系的条件性要求我们，要注意分析和把握事物存在和发展的各种条件。在现实生活中，既要承认条件，尊重条件，按客观条件办事，又要恰当运用自身的主观条件；既要把握事物的内部条件，又要关注事物的外部条件；既要认识事物的有利条件，又要重视事物的不利条件。当然，条件并不是固定不变的，可以根据客观规律和实际情况，充分发挥主观能动性，变不利条件为有利条件，取得良好的工作效果。

三、用联系的观点思考问题

（一）掌握系统优化的方法

事物以及事物之间是作为系统而存在的，系统就是由一定数量的相互联系的各种要素或部分所组成的、具有特定功能的有机整体。系统是客观世界中普遍存在的现象，在自然界，大到总星系、银河系、太阳系，小到分子、原子、基本粒子，生物界从生物大分子细胞到生态环境，都是一个系统。人体也是一个系统，它由神经系统、消化系统、呼吸系统、循环系统、生殖系统等组成。在社会领域中，各种社会组织、生产单位等都是一个个系统，整个社会就是由工业系统、农业系统、财贸系统、交通运输系统、文教卫生系统、邮电系统、政法公安系统、军事国防系统、外交系统等部分组成的一个庞大的复杂系统。在思维领域，作为人们精神成果的各门科学，都是由各门科学知识汇集而成的理论体系，它们本身也是一个系统。它具有相关性、整体性、有序性三个基本特征。

掌握系统优化的方法，要着眼于事物的整体性，要注意遵循系统内部结构的有序性，也要注重系统内部结构的优化趋向，系统内部各要素的结合使整体的功能具有了趋向强化的特征，整体的功能不是部分地简单相加，整体大于部分之和，即：$1+1>2$。这一方法对于安排我们的学习和工作具有重要意义。

系统优化的方法要求我们用综合的思维方式来认识事物。既要着眼于事物的整体，从整体出发认识事物和系统，又要把事物和系统的各个部分、各个要素联系起来进行考察，统筹考虑，优化组合，最终形成关于这一事物的完整准确的认识。

【小资料】

探月的成功经验

北京航天飞行控制中心主任在总结成功完成我国首次月球探测工程测控任务的经验时指出，测控任务工程浩大，需要各个方面相互协调才能顺利完成。参与测控任务的有数十个单位，他们克服种种困难，加强研究交流，合理统筹，协同配合，科学整合力量，优化资源配置，形成了一盘棋、一股劲、一条心的良好局面，这也是能够成功完成探测任务的关键。这启示我们要统筹全局，优化组合，选择最佳方案，实现整体的最优目标。

（二）坚持整体与部分的统一

唯物辩证法的联系观和系统论要求我们正确认识和处理整体与部分的辩证关系，坚持整体与部分的统一。

整体与部分，又称全局与局部，是一对广泛使用的辩证法范畴。整体和部分在事物发展过程中的地位、作用和功能各不相同。整体居于主导地位，整体统率着部分，具有部分所不具备的功能；部分在事物的存在和发展过程中处于被支配的地位，部分服从和服务于整体。

整体与部分的存在是互为条件的，整体是由部分组成的，没有部分便没有整体；反过来，整体制约着部分，没有整体便没有部分。整体包含部分，部分映现整体。社会科学表明，家庭是社会生活的细胞，反映了特定的社会状况。同样，一个团体、一个机构、一个组织也能从不同侧面、不同程度反映出它们所在的社会的面貌。

正确把握整体与部分的关系具有重要的方法论意义。整体与部分的辩证关系是综合与分析相统一思维方法的客观基础。人们在认识事物时总是首先把整体区分为它的各个组成部分，弄清它们的性质、特点和功能，然后再经过综合达到对整体的认识。"懂得了全局性的东西，就更会使用局部性的东西"。同时，在实践中我们要注意调整局部之间的关系，更要注意对全局有决定意义的某一局部的研究和把握。这一观点对于人们的工作、生活都具有普遍意义。

总之，理解了整体与部分的关系，我们应当树立全局观念，立足整体，统筹全局，选择最佳方案，实现整体的最优目标，从而达到整体功能大于部分功能之和的理想效果；同时必须重视部分的作用，搞好局部，用局部的发展推动整体的发展。

【小资料】

捕 雀 网

古代有个人在林中见到一张捕雀用的大网，捕到的雀都是雀头钻进一个个的网眼里，于是他回家用一截截短绳结成许多互不关联的像网眼一样的小绳圈，结果一只雀也没有捕到。为什么单个网眼捕不到雀而网能捕到呢？这就揭示了整体具有部分所不具备的功能。

第二节　用发展的观点看问题

发展的观点是唯物辩证法的又一个总特征。把握发展的实质，了解发展的普遍性，学会用发展的观点思考问题，才能正确认识事物发展的方向、道路和形式，更好地帮助我们的学习、生活。

一、世界是永恒发展的

自然界是发展的。自然界总是处在由低级到高级、由简单到复杂的运动过程中。整个自然界经历了一个从无机物到有机物，从无生命物质到生命物质，从生命物质到人的漫长的前进和上升过程。自然界的发展是由物质世界的相互联系引起的。物质世界的相互联系包含着相互作用，正是事物之间的相互作用构成了事物的变化和发展。

人类社会是发展的。纵观历史的进程，人类经历了原始社会、奴隶社会、封建社会、资本主义社会，有些国家进入了社会主义社会，人类还将进入到共产主义社会，而共产主义社会仍将继续发展。社会形态的依次更替表明，人类社会是一个不断发展的过程。

人的认识是发展的。认识没有终点，科学没有顶峰，任何理论都在不断发展。每个人的知识积累都会经历一个由不知到知、由知之不多到知之较多的过程，对事物的认识也都有一个由浅入深的过程。

【小资料】

社会的发展

1900 年，八国联军占领北京，中华民族蒙受巨大屈辱，国家濒临灭亡边缘。1949 年，中华人民共和国成立（图 2-1），中国人民从此站起来了。现在，中国在社会主义基础上进入小康，大踏步走向繁荣富强。

图 2-1 开国大典

认识的发展

三国时期，吴国大将吕蒙英勇善战，屡建战功，却因文化水平不高而常闹笑话。后来经孙权指教，发愤读书。鲁肃一直以为吕蒙还像过去一样是个文盲武将，便寻机提出许多战略上的问题为难他。想不到吕蒙竟对答如流，弄得鲁肃瞠目结舌，吕蒙却微笑着说："士别三日，即更刮目相待。"其实，我们在生活中也经常会遇到鲁肃一样的尴尬。世界是永恒发展的，人的认识也应不断变化和发展。

二、发展的实质

（一）联系、运动变化和发展的关系

在物质世界中，事物之间的普遍联系同事物的运动变化和发展是不可分割的，联系的观点和运动发展的观点是唯物辩证法世界观在同一层次上的两个方面，它们表达的是对同一对象世界客观本性的认识。事物运动变化发展的根本原因就在于事物的普遍联系。运动是一切物质的根本存在方式，一般来说，它包含宇宙中发生的一切变化和过程。运动和变化两个范畴之间也有区别，运动更侧重于表述存在的一般方式，变化更侧重于表述运动中所发生的一般内容，即事物内、外部联系的演变。辩证法要透过一般意义上的运动和变化，进一步揭示出世界万物各种不同的运动变化之间的整体联系及其所包含的趋势性和方向性，这就是关于发展的问题。发展也是一种运动变化，但并非所有的运动变化都是发展，发展是体现着事物从低级到高级、从简单到复杂、从无序到有序的上升性或前进性的运动变化。

（二）发展的实质是新事物的产生和旧事物的灭亡

唯物辩证法从事物的前进性和方向性出发理解发展，认为发展的实质是前进和上升的运动，是新事物的产生和旧事物的灭亡。所谓新事物，是指合乎历史发展总趋势和前进方向的、进步的、必然向前发展的具有远大前途的东西；旧事物则是在历史发展过程中逐渐丧失其存在的历史必然性、日趋灭亡的东西。如果没有新事物的产生和旧事物的灭亡，就不会有缤纷秀丽的自然界，就不会有生生不息的人类社会，也不会有日新月异的现代科技。

新事物代替旧事物，这是由新事物的本质和事物发展的客观过程所决定的。

第一，新事物符合历史发展的方向和趋势，有着适合于它存在的历史条件。新事物之所以新，是因为有新的结构和功能，它已适应变化了的环境和条件；旧事物之所以旧，是因为它的各种要素和功能已不适应环境和客观条件的变化，走向消亡就成为不可避免的。

第二，新事物是在旧事物的"母体"中孕育成熟的，它否定了旧事物中消极的、过时

的、腐朽的东西，却吸取和继承了旧事物中积极的、仍然适合新的历史条件的因素，并增添了一些为旧事物所不能容纳的新内容，因而它在内容上比旧事物丰富，在形式上比旧事物复杂和高级，从而使得新事物在本质上优越于旧事物，具有强大生命力。

第三，在社会历史领域内，新事物是社会上先进的、富有创造力的人们创造性活动的产物，它从根本上符合人民群众的利益，反映着社会进步和发展的要求，能够得到人民群众的拥护。因而必然战胜旧事物。

事物发展的方向是前进的、上升的，事物前进的道路是曲折的、迂回的。因此，我们既要看到前途是光明的，对未来充满信心，积极鼓励、热情支持和悉心保护新事物的幼芽，促使其成长壮大，又要做好充分的思想准备，不断克服前进道路上的各种困难，勇敢地接受挫折与考验，在曲折的道路上问鼎事业的辉煌。

同学们都处在青少年时期，正是人生发展的黄金阶段，是长身体、学知识、形成世界观的关键时期。从一定意义上说，它对人生的前途、理想的实现都起着重大的作用。我们每一位同学，都应该珍惜这个阶段，认真读书，积极上进，保持乐观自信的精神，勇于迎接挑战和挫折，努力为人生的未来打下坚实的基础。

【小资料】

中国革命的曲折道路

辛亥革命推翻了延续两千多年的封建制度，建立了中国历史上第一个资产阶级共和国，但革命果实被袁世凯窃取。袁世凯一上台就迫不及待地改国号，但他仅做了83天皇帝，就在一片讨伐声中被迫取消帝制。随后，张勋借机进京，拥戴清废帝溥仪登基，其复辟行为遭到了革命党人的讨伐，张勋出逃，溥仪被迫宣布退位，复辟闹剧仅维持了12天。这告诉我们，新事物战胜旧事物不可能一蹴而就，必然经历一个漫长和曲折的过程。但在中国共产党的领导下，中国人民经历了第一次国内革命战争（北伐）、第二次国内革命战争（土地革命、五次反围剿），再到抗日战争、解放战争，历时28年，最终迎来了新中国的诞生。中国革命可以说道路是曲折的，但前途是光明的。

三、做好量变准备，促进事物质变

量变与质变是事物发展的两种基本状态或形式。质变与量变的关系是辩证的。量变不是质变，但又可以引起质变；质变不是量变，但又可以引起新的量变。量变在度的范围内进行，是一种保持事物质的稳定的状态，但它同时又是一种向度的临界点不断推移的趋势，一旦达到并超过度的临界点时，就会引起质变；质变是原来量变的终结，又是新的量变的开端，在新质的基础上，又进行着新的量变。量变—质变—新的量变，如此相互转化、相互交替，构成了事物的发展过程，形成了质量互变规律。

第一，量变是质变的必要前提。在量变过程中，往往同时存在着两种方向相反的量，如物体运动中的吸引与排斥、生物进化中的遗传与变异、对立阶级双方的力量差异等。在这种情况下，量变不仅表现为量的绝对值的增减，而且表现为双方力量对比的变化。这种变化不仅是质变的前提，而且决定着究竟会导致什么样的质变。

第二，质变是量变的必然结果。量变的每一种变化都影响并改变着质，量变对质变的这种作用逐渐积累下去，达到并超过临界点，就必然引起质变。质变不在量变之外，而在量变之中。

第三，质变体现并保存量变的成果，并为新的量变开辟道路。在人类社会中，生产方式的每一次变革都带来了劳动生产率的提高，物质生活产品数量的增加等。质变意味着发展过程中的飞跃，即新事物的产生，意味着新质和新量相结合并构成新的度，从而使事物在新的度的范围内开始新的量变，开始新的渐进性发展。

发展作为质变与量变的统一，量变在前，质变在后，量变是质变的准备，质变是量变的结果；量变必然影响质，质变必然影响量。这就是说，事物的发展作为一个完整的过程，必须有不间断的量的积累才有质的飞跃。

【小资料】

关于发展的哲理名言

我国古代哲人留下了许多富含哲理的名言警句。老子说："合抱之木，生于毫末；九层之台，起于累土；千里之行，始于足下。"荀子说："不积跬步，无以至千里；不积小流，无以成江海。"这些话都告诉我们，事物的运动和变化，总是从细小的、不显著的变化开始的，经过逐步积累而达到显著的、根本性质的变化。

量变和质变的关系告诉我们，我们做任何事情都要从一点一滴的小事做起，勿以善小而不为，要脚踏实地、埋头苦干，积极做好量的积累，为实现事物的质变创造条件；在量变已经达到一定程度、只有改变事物原有的性质才能向前发展时，要果断地抓住时机，促成质变，实现事物的飞跃和发展。不论个人还是一个国家，只有善于抓住机遇，才能赢得主动；只有努力赢得优势，才能加快发展。拔苗助长、急于求成或优柔寡断、缺乏信心，都是不可取的。

学习的过程也是一个量变到质变的过程，同学们要想把学习搞好，首先要从量变开始，端正学习态度，明确学习目的，勤学务实，脚踏实地，没有循序渐进的过程和持之以恒的精神，任何知识都是无法学到手的。只有注重积累，才能最终达到质变，提高学习成绩，升华自己的人生。

第三节　用对立统一的观点看问题

世界是普遍联系和永恒发展的，联系的根本内容是矛盾，发展的根本动力也是矛盾，没有矛盾就没有世界。矛盾的观点是唯物辩证法的根本观点，矛盾规律即对立统一规律，它揭示了事物发展的源泉和动力。认识世界就是认识矛盾，改造世界就是解决矛盾。矛盾分析法，是我们认识世界和改造世界的根本方法。

一、矛盾及其属性

（一）矛盾的含义

正确把握对立统一规律，首先需要正确理解唯物辩证法的矛盾范畴，把握矛盾范畴的辩证含义时，必须注意把辩证矛盾和逻辑矛盾区分开来。所谓逻辑矛盾是人们的思维过程不合逻辑、违反逻辑规则造成的，它是思维中的自相矛盾、是叙述的矛盾。而辩证矛盾则是对立统一，是指事物之间或事物内部各要素之间既斗争又同一的关系的哲学范畴。它是客观事物自身所固有的，是生活本身的矛盾。辩证矛盾同思维过程中由于违反逻辑规则而造成的逻辑矛盾不是一回事。任何科学的认识都要求排除荒谬的逻辑矛盾，去研究对象本身所固有的辩证矛盾，所谓认识事物实质上就是认识事物的矛盾。承认辩证矛盾是辩证法的前提和出发点，而陷入逻辑矛盾则往往是诡辩论的特征。无论在何种情况下，混淆辩证矛盾和逻辑矛盾的区别，都会导致对辩证矛盾范畴的不准确或歪曲的理解，从而导致对整个辩证法学说的不准确或歪曲的理解。

矛盾作为一个哲学范畴，其基本含义是指事物内部各要素之间或事物与事物之间既相互依赖又相互排斥的关系，简称对立统一关系。

【小资料】

矛盾的对立统一

古今中外，很多思想都揭示了矛盾的对立统一。例如，中国古代思想家老子说："祸兮福之所倚，福兮祸之所伏"，"有无相生，难易相成，长短相形，高下相倾，音声相和，前后相随"。

赫拉克利特说，"宇宙中各个部分都可以分为相互对立的两半：地分为高山和平原，水分为淡水和咸水，气候分为冬和夏、春和秋"，"相反的东西结合在一起，不同的音调造成最美的和谐。"

（二）矛盾的属性

矛盾有两个基本属性，即斗争性和同一性。通常，我们把矛盾的对立属性称为斗争性，把矛盾的同一属性称为同一性。矛盾同一性的具体表现是多种多样的。它的基本含义主要有两方面：第一，矛盾着的对立面之间相互依存。矛盾双方在一定条件下互为对方存在和发展的前提，共处于一个统一体中。第二，矛盾着的对立面之间相互贯通。矛盾双方的相互贯通表现为两种情形。一是矛盾双方的相互渗透、相互包含，形成"你中有我，我中有你"的情形；二是矛盾双方的相互转化。转化是矛盾的解决或新旧矛盾的交替，是事物发展过程中的质变。

矛盾的斗争性，是指矛盾双方相互排斥、相互对立的属性。它体现着对立双方相互分离的倾向和趋势。哲学上所说的"斗争性"，包括一切差异和对立，机械运动中的吸引与排斥，化学运动中的分解与化合，社会生活中的阶级压迫和阶级斗争，人思想领域中正确观点与错误观点的对立等，都是矛盾斗争性的不同形式。

【小资料】

八荣八耻

青年人都应该树立社会主义荣辱观，即坚持以热爱祖国为荣、以危害祖国为耻，以服务人民为荣、以背离人民为耻，以崇尚科学为荣、以愚昧无知为耻，以辛勤劳动为荣、以好逸恶劳为耻，以团结互助为荣、以损人利己为耻，以诚实守信为荣、以见利忘义为耻，以遵纪守法为荣、以违法乱纪为耻，以艰苦奋斗为荣、以骄奢淫逸为耻。"八荣八耻"的内容揭示了矛盾的同一性。

"上不是下，上的规定就在于它不是下，有上就是因为有下，反过来也是一样；在每一个规定中包含着它的对立面。父亲是儿子的另一方，儿子又是父亲的另一方，而每一方都是作为另一方的另一方而存在；同时，每一个规定只在它同另一个的关系中存在着。"——列宁

（三）矛盾同一性和斗争性的关系

没有斗争性就没有同一性，同样，没有同一性就没有斗争性。同一性与斗争性作为辩证矛盾的两种基本属性，失去其中任何一方都不能成为矛盾。

矛盾的同一性和斗争性是相互区别的。它们的区别不仅仅体现在它们是事物矛盾的两种相反的属性，还体现在它们在事物发展过程中所处的地位和发挥的作用也是不同的。这就是

说，事物矛盾的同一性是相对的，斗争性是绝对的。

总之，矛盾的斗争性与同一性是互相联结的。恩格斯指出："所有的两极对立，都以对立的两极的相互作用为条件，这两极的分离和对立，只存在于它们的相互依存和联结之中，反过来说，它们的联结，只存在于它们的相互依存和联结之中。"同一是对立中的同一，对立是同一中的对立。斗争性和同一性互相联结的实际内容就是二者的相互制约，正是由于二者的相互制约才构成了对立双方既对立又同一的矛盾运动。

【小资料】

矛盾是事物发展的源泉和动力

只有不同的音符，才能奏出美妙的音乐；只有不同的颜色，才能描绘出美丽的图画；只有不同的味道，才能制作出美味佳肴。这说明了同一性以斗争性为前提，同一性离不开斗争性。

近年以来，我国先后发生地震、洪涝、台风等自然灾害，给灾区群众生产生活造成严重影响。自然灾害给人类带来磨难，同时又促使人类更加自觉地去认识和把握自然规律、增强抵御自然灾害的能力，进而推动人类文明进步。正如恩格斯所说，"没有哪一次巨大的历史灾难，不是以历史的进步为补偿的"。从灾难到进步，说明矛盾双方既对立又统一，由此推动了事物的运动、变化和发展，矛盾是事物发展的源泉和动力。

（四）矛盾是事物发展的动力

矛盾是事物发展的源泉和动力，矛盾双方的既对立又同一，推动了世界上一切事物的运动、变化和发展。

矛盾的同一性和斗争性在事物矛盾运动中所处的地位是不同的。矛盾的同一性是相对的，矛盾的斗争性是绝对的。矛盾的同一性和斗争性在事物矛盾运动中处于不同的地位，起着不同的作用，但并不能把这种不同简单地看作它们在重要性上的不同。不能认为，因为斗争是绝对的，同一是相对的，所以斗争就永远重要，而同一则不重要。在矛盾的实际发展过程中，斗争性和同一性何者更为重要，需要进行具体的分析，不可一概而论。总之，在事物发展过程中，矛盾的斗争性和同一性各自有着不可抹杀的、不可替代的作用。片面夸大斗争性而否定同一性的作用，或者片面夸大同一性而否定斗争性的作用，都是错误的。只有把发展看作对立面的同一和斗争，看作矛盾的相对的同一性和绝对的斗争性的同一，才能真正理解辩证发展观的实质。

二、用对立统一的观点看问题

（一）内因和外因

矛盾推动事物的发展，这个矛盾不仅是指事物的内部矛盾，还包括了事物的外部矛盾。当然就整个世界而言，一切矛盾都是内部矛盾，就某个具体事物发展过程看，又有内部矛盾和外部矛盾之分，内部矛盾和外部矛盾共同作用推动事物的发展。事物的内部矛盾就是事物发展的内因，事物的外部矛盾就是事物发展的外因。唯物辩证法认为，任何事物的发展，都是内外因共同作用的结果，只是它们在事物发展中的地位和作用不同。

第一，内因是事物发展变化的根据，是第一位的原因。事物的内部矛盾，决定着事物的性质，规定着事物发展的方向，是事物变化发展的根本动力和源泉。比如：自然界生物由低级到高级的发展，主要是由生物内部的遗传和变异、同化和异化的矛盾推动的；一个社会的发展，主要是由生产力和生产关系、上层建筑和经济基础的矛盾运动决定的；人类认识的发展，主要是由实践和认识的矛盾推动的。

第二,外因是事物发展的条件,是第二位的原因。任何事物的变化发展,除了内部根据以外,还必须具有一定的外部条件。这是因为事物是普遍联系的,任何事物都要受到周围其他事物的影响,这种影响就是外因,它起着加速或延缓事物发展的作用。例如,农作物的生长状况虽然主要是由种子内部矛盾决定的,但土壤、水分、阳光、肥料、管理等外部条件也是影响农业收成的重要条件;学生要取得好成绩,虽然主要取决于自身的学习方法、努力程度等内因,但教师的素质、学习环境、实验条件也都在起着作用;病人医治的结果如何,虽然主要是由病情决定的,但医疗设备、医术的高低也会影响病人的诊治。所以说外因在事物的发展中也起着不可缺少的作用。

第三,外因必须通过内因起作用。外因对事物的发展,不管它的作用有多大,只能表现在对事物内部矛盾的影响上,事物的发展归根结底取决于内因,外因只有通过内因才能起作用。比如:种下一些发霉的种子,即使是再肥沃的土壤、再充足的水分和阳光、再精心的管理也是无济于事的,它们也不会长出庄稼,自然也就不会有收成;学习环境再好,教师的素质再高,没有学生自身的努力,也不会取得好成绩,人们常说的"师傅领进门,修行在个人"就是这个意思。

内外因辩证关系原理告诉我们,在事物的发展中,内因是变化的根据,外因是变化的条件,外因必须通过内因起作用。因此,一方面要坚持事物自己运动的观点,着眼于事物发展的内在根据,反对形而上学的外因论;另一方面,在注重内因的同时,又要充分利用外部的一切有利因素,促进事物的发展,防止不利因素对事物发展的阻碍作用。在人们自己的成长中,离不开家庭、学校和社会等外部条件的影响,但最终成败与否还在于自己的主观努力。有的人可能干得轰轰烈烈,佳绩频传;有的人是浑浑噩噩,混天度日;有的人可能是违法乱纪,成为社会的罪人。所以,每个人都要有拼搏的精神、坚强的斗志,充分利用有利条件,克服不利的影响,使自己成为一个对社会有用的人。

(二) 矛盾的普遍性和特殊性

矛盾的普遍性有两个方面的含义:一是矛盾存在于一切事物的发展过程中,无论是宏观世界、微观世界还是人们的思维活动,都充满着矛盾,即"事事有矛盾";二是在事物的发展过程中,旧的矛盾一解决新的矛盾就会产生,又开始了新的矛盾运动。在新旧矛盾之间绝对不存在哪怕一刹那的无矛盾状态,这就是我们常说的"时时有矛盾"。"事事有矛盾,时时有矛盾",这就是矛盾的普遍性。

承认矛盾的普遍性是坚持唯物辩证法的前提。在任何时候,对任何事物,我们都要承认矛盾,分析矛盾,勇于揭露矛盾,积极寻找正确的方法解决矛盾,从而推动事物的发展。

矛盾是普遍存在的,但不同事物的矛盾又具有特殊性。矛盾的特殊性是指具体事物所包含的矛盾以及每一矛盾的各个方面都有自己的特点。矛盾的特殊性规定着一事物区别于他事物的特殊本质,是世界上各种具体事物千差万别的内在根据,是我们正确认识事物的基础和解决矛盾的关键。

矛盾的普遍性和特殊性的关系,也就是矛盾的共性和个性、一般和个别的关系。矛盾的普遍性和特殊性相互联结。一方面,普遍性寓于特殊性之中,并通过特殊性表现出来,没有特殊性就没有普遍性;另一方面,特殊性离不开普遍性。世界上的事物无论怎样特殊,它总是和同类事物中的其他事物有共同之处,不包含普遍性的事物是没有的。由于事物范围的广大和发展的无限性,在一定场合为普遍性的东西,在另一场合则是特殊性。反之,在一定场合是特殊性的东西,在另一场合则是普遍性。

矛盾的普遍性和特殊性辩证关系原理,是关于事物矛盾问题的精髓,是马克思主义普遍原理和中国具体实际相结合的哲学基础,是我们建设中国特色社会主义的理论依据。从中国国情出发,建设中国特色社会主义是一个不断实践的过程,是一个以马克思主义普遍原理为指导，努力探讨中国社会主义建设和改革特殊规律的过程，它体现了矛盾的普遍性与特殊性、共性与个性的具体的历史的统一。

【小资料】

普遍性和特殊性

德国哲学家莱布尼茨在谈到"相异律"时说：天地间没有两片完全相同的树叶。国王不信，马上派卫士和宫女到御花园中去找两片完全相同的树叶，结果总是被指出它们之间不同的地方。后来，他讲"同一律"时又说：天地间没有两片完全不同的树叶。国王又派卫士和宫女去找，结果找来的树叶总是被指出它们的共同性和一般性。

中医讲求辨证施治、对症下药，有时对同一类疾病根据不同病因施以不同疗法，称为"同病异治"；有时又对不同的疾病根据相同的病理表现施以同一类疗法，称为"异病同治"。这也体现了矛盾的普遍性与特殊性的辩证关系。

现实存在的事物，都不是由单一的矛盾构成的，事物是由多种矛盾构成的。矛盾体系是一个动态的体系，其内部的各种矛盾力量不断变化，就会导致各种矛盾力量的不平衡性。这种不平衡性既体现在主要矛盾和非主要矛盾的区别，又体现在同一矛盾中矛盾的主要方面和非主要方面的区别。

在一个复杂的矛盾体系中，居于支配地位、起决定作用的矛盾就是主要矛盾，其他处于从属地位、不起决定作用的矛盾就是次要矛盾。主要矛盾和次要矛盾的关系我们作如下阐述：首先，二者相互影响、相互作用。一方面，主要矛盾规定和影响着次要矛盾的存在和发展，对事物的发展起决定作用。主要矛盾解决得好，次要矛盾就可以比较顺利地得到解决；另一方面，次要矛盾解决得如何，反过来又影响着主要矛盾的解决。其次，二者在一定条件下可以相互转化。

根据矛盾及其各个方面发展不平衡的原理，我们认识到，要坚持唯物辩证法的两点论和重点论的统一。所谓两点论，就是在认识复杂事物的发展过程时，既要看到主要矛盾，又不忽略次要矛盾；在认识某一矛盾时，既要看到矛盾的主要方面，又不忽略矛盾的次要方面，并且还要注意主要矛盾和次要矛盾的转化，不失时机地转移工作重点。所谓重点论，就是对于一个矛盾体系中的诸多矛盾，不能平均看待，而要着重抓住主要矛盾；在研究某一矛盾时，要着重地把握矛盾的主要方面。

两点论和重点论是互相包含、内在统一的。两点论中包含着重点论，辩证的两点论是具有重点的两点论；重点论中内在地包含着两点论，辩证的重点论是以两点论为前提的重点论。坚持两点论和重点论的统一，就是看问题、办事情既要全面，又要善于抓重点，看主流。

【小资料】

核电站的建立

随着日本"3·11"大地震而发生的核电站渗漏事故，使得关于该不该建设核电站的问题又成了大家议论的焦点。有的人说核能的密度高、污染小，应该建，有人说核电站不够安全、放射性污染严重，不该建。这个实例中我们应该判断出，在矛盾的双方中，建设核电站的利是矛盾的主要方面，弊是次要方面，核电站的建设利大于弊，有着广阔的发展前景。在核能这一矛盾统一体中，其优越性是矛盾的主要方面，危险性是次要方面；在我国所有制结构这一矛盾统一体中，公有制经济是矛盾的主要方面，非公有制经济是矛盾的次要方面。这些都说明了事物的性质主要是由主要矛盾的主要方面决定的。

"一趾之疾，丧七尺之躯；蝼蚁之穴，溃千里之堤。"这句话说明了不可忽视矛盾的次要方面。支流也能阻碍主流的发展。如果任其发展不加控制，就有可能影响和改变事物的性质和发展方向。

（三）具体问题具体分析

矛盾普遍性和特殊性的辩证关系原理，要求人们在实践中要做到具体问题具体分析。具体问题具体分析，是指在矛盾普遍性原理的指导下，具体分析矛盾的特殊性，并找出解决矛盾的正确方法。具体问题具体分析是马克思主义的一个重要原则，是马克思主义的活的灵魂。为人们提供了科学的认识方法和工作方法。

一方面，具体问题具体分析是正确认识事物的基础。矛盾的特殊性规定一事物区别于他事物的特殊本质，这是世界上的事物之所以千差万别的内在根据。我们只有从实际出发，具体分析矛盾的特点，才能把不同质的事物区别开来，从而真正地认识事物，找到解决矛盾的正确方法。

另一方面，只有具体问题具体分析，才能找到解决矛盾的正确方法。矛盾各不相同，不同的矛盾只能用不同的方法解决。例如，发展经济，要做到因地制宜，采取一般号召与个别指导相结合，要根据上级的精神，创造性地开展工作，不搞形式主义，不搞"一股风"、"一刀切"。做人的思想工作，也要针对不同对象的特点，找准问题的症结，深入细致地工作，俗话说，因材施教，"一把钥匙开一把锁"，讲的就是这个道理。

【小资料】

灭火的智慧

常言道："水火不相容"，着了火用水浇就行了。但在现实生活中，火灾的着火物质不同，灭火的方法也不一样。木材着火，用水或泡沫灭火就行；油等易燃液体着火，必须用泥土、黄沙或泡沫灭火器；若是化学药品着火，则需应根据不同的化学药品采取不同的方法去灭火；而带电器材着火，需要先切断电源。如果不清楚火灾的缘由，就鲁莽行事，不但灭不了火，还会酿成大祸。可见具体问题具体分析是正确解决矛盾的关键。

华佗医病

据《三国志·华佗传》记载，州官倪寻和李延都患头痛、身热，便一同请华佗看病，华佗检查后，却给他们开了不同的药。两人惊讶地问：我们的症状相同，开的药为什么不一样？华佗解释说：倪寻的病是内部伤食引起的，而李延的病是外部受寒引起的，因此，治疗的方法不同。两人回去按方服药，果然病都好了。

第四节 树立创新意识

通过前面的学习我们知道，世界是一个永不停息地运动、变化和发展的世界；作为一种思维方法，辩证法要求我们以批判精神和创新意识对待周围的世界。把握唯物辩证法的革命批判精神和辨证否定观的基本内涵，有助于我们自觉树立创新意识，有助于我们坚持解放思想、实事求是、与时俱进。

一、辩证否定观与创新意识

（一）肯定与否定

生活中，人们经常用肯定和否定来表示对某一件事的看法或态度，是事物外部的一种反映。而哲学中的肯定与否定，其含义是与此不同的，它是指客观事物本身所固有的一种矛盾关系。

由于事物的矛盾运动，任何事物内部都包含着肯定方面和否定方面。肯定方面是决定事物的性质，保持事物存在的方面，即肯定这一事物为它自身而不是别物的方面。否定方面，就是促使现存事物灭亡的方面，即破坏现存事物使它转化为他物的方面。比如，在生物体中，始终存在着生与死两个方面的矛盾运动，生是肯定方面，死是作为否定方面存在的。

肯定和否定的关系是对立统一的。肯定和否定是事物内部两种相反的方面、趋势，是对立的，同时肯定方面和否定方面又是统一的，它们相互依存，相互渗透。一方面，它们各以对方为自己存在的前提，另一方面，它们又相互包含，相互渗透。肯定与否定又统一又斗争，由此推动事物的发展。当肯定方面居于主导地位时，事物处于肯定阶段，当否定方面经过斗争逐渐壮大居主导地位时，事物就发生质变，旧事物发展成新事物。

（二）辩证的否定观

在辩证法看来，世界上任何事物都不是永恒的、绝对的，总是要被否定。否定是事物发展的推动力量，辩证的否定观集中体现了马克思主义哲学的批判的革命的本质，具体内容如下。

第一，辩证的否定是事物的自我否定。事物的发展源于事物内在的矛盾性，即肯定方面和否定方面的矛盾运动推动着事物向前发展。一项事物被否定，是通过事物内部否定方面战胜肯定方面来实现的，而不是外力作用的结果。比如，自然界中生物的进化，是由它自身存在的遗传和变异矛盾运动的结果，当变异作为矛盾的否定方面占据主导地位时，生物就发生质变，产生新的物种。

第二，辩证的否定是事物发展和联系的环节。其一，否定是事物发展的环节。任何事物都有一个产生、发展和灭亡的过程，没有否定就没有质变、飞跃，就没有新事物的产生和旧事物的灭亡，也就没有事物由低级向高级的发展；其二，否定是事物联系的环节。因为新事物对旧事物的否定，并不是完全的抛弃，是在旧事物中孕育生长起来的，只是抛弃了旧事物中过时的消极因素，保留其中对新事物有益的积极因素。

第三，辩证的否定就是"扬弃"。作为发展环节和联系环节之统一的辩证否定，就是"扬弃"，是既克服又保留。新事物既克服了旧事物中的消极因素，又保留了旧事物中的积极因素。

辩证的否定观要求我们，对事物不能简单地肯定一切或否定一切，而要依据事物的内在矛盾运动和发展的规律，进行具体分析。必须树立创新意识，做到不唯上、不唯书、只唯实。书本是传播知识的载体，是人类进步的阶梯，但任何书本知识都需要不断丰富和发展，谁也不可能"一眼望穿天下事，一书写尽天下理"。权威往往比普通人更能准确地揭示事物的本质和规律，但任何权威都不可能永远正确，永远不犯错误。因此，我们不仅要尊重书本知识，尊重权威，还要立足实践，解放思想，实事求是，与时俱进，不断实现理论和实践的创新与发展，在认识世界和改造世界的活动中取得成功。

【小资料】

伯乐相马

我国古代"相马"专家伯乐著有《相马经》，书中说："良马额部隆起，像一种蜘蛛的目角，四个蹄子犹如垒起的酒药饼。"有一天，他的儿子按照书上讲的特征去"相马"，结果，他双手捧着一只癞蛤蟆兴冲冲回家向父亲报告：我也相中了一匹"马"。这告诉我们办事情要取得成功，必须做到不唯上、不唯书、只唯实。

名人的傻话

比空气重的飞行器是不可能的。——凯尔文爵士，英国数学家、物理学家，英国皇家学会会长，1895年。

人绝对登不上月球，不管将来的科学多么先进。——李·德福雷斯特，三极管发明者，《纽约时报》，1957年。

640K内存对于任何人来说都足够了。——比尔·盖茨，1981年。

名人的这些"傻话"启示我们不能盲目相信权威，要树立创新意识，解放思想，与时俱进。

二、辩证法的革命批判精神与创新意识

世界永远处在不停地运动、变化和发展的过程中，任何事物对它发生的那个时代和那些条件说来，都有它存在的理由；但是对它自己内部逐渐发展起来的新的、更高的条件来说，它就变成过时的和没有存在的理由了；它不得不让位于更高阶段，而这个更高的阶段也要走向衰落和灭亡。

因此，辩证法在对现存事物的肯定的理解中同时包含对现存事物的否定的理解，即对现存事物必然灭亡的理解；辩证法对每一种既成的形式都是从不断的运动中，因而也是从它的暂时性方面去理解；辩证法不崇拜任何东西，按其本质来说，它是批判的、革命的和创新的。

辩证法的革命批判精神和创新意识是紧密联系在一起的。创新是对既有理论、实践的突破，要创新就要有批判和发展。辩证法的革命精神和批判性思维要求我们，密切关注变化发展着的实际，敢于突破与实际不相符合的成规陈说，敢于破除落后的思想观念；注重研究新情况，善于提出新问题，敢于寻找新思路，确立新观念，开拓新境界。这是我们事业不断取得成功的关键。

三、创新是民族进步的灵魂

（一）创新推动社会生产力的发展

迎接未来科学技术的挑战，最重要的是要坚持创新，勇于创新。"科学的本质就是创新"。科学技术的每一次进步都是通过创新实现的。科学技术的迅猛发展对人类社会各个方面都产生了深刻而广泛的影响。创新更新了人们的生产工具和生产技术，提高了劳动者的素质，开辟出更广阔的劳动对象，推动了社会生产力的发展。

【小资料】

北斗导航卫星

2012年10月25日，我国成功将第16颗北斗导航卫星发射升空并送入预定转移轨道。北斗导航卫星系统是中国独立发展，自主运行，并与世界其他卫星导航系统兼容互用的全球卫星导航系统。此系统已在测绘、电信、水利和国家安全等领域逐步发挥重要作用。以上材料反映出科技创新更新了人们的生产工具和生产技术，对社会的发展产生巨大影响，推动了社会生产力的发展。

（二）创新推动生产关系和社会制度的变革

创新带来的不仅是生产力的大发展，还有生产关系和社会制度的深刻变革。实践基础上

的理论创新是社会发展和变革的先导。通过理论创新推动制度创新、科技创新、文化创新以及其他各方面的创新，不断在实践中探索前进，永不自满，永不懈怠，这是我们要长期坚持的治党治国之道。

【小资料】

创新推动社会发展

回顾30多年来我国改革开放的历程，可以看到，无论是制度创新、科技创新、文化创新还是其他创新，我们每前进一步，都是以理论上的创新为前提的。党的十八大报告提出一系列新思想、新观点、新论断，集中体现了党在新时期新阶段理论创新的最新成果。理论创新之所以受到如此重视，是因为理论创新是社会发展和变革的先导，对制度、科技、文化等的创新具有推动作用。

邓小平同志以伟大政治家的智慧和胆略，从实际出发，提出了解决香港、澳门、台湾问题，实现祖国和平统一的"一国两制"的科学构想。面对前人未做过的事，必须突破常规，运用创新思维，"一国两制"的提出是制度创新的体现。

（三）创新推动人类思维和文化的发展

创新推动着人类思维方式的变革。思维方式的变化，归根到底是由人的实践方式决定的。不同的实践活动决定着思维活动的不同性质和思维方式的不同内容。在推动科技发展的同时，使得人类思维的性质和水平不断更新和提高。

人类文化的发展是通过创新实现的，社会主义文化也不例外。当代中国的先进文化，是中国人民在社会主义建设的实践中，在马列主义、毛泽东思想、邓小平理论和"三个代表"重要思想的指导下，继承中国文化优秀传统，吸取外国文化有益成果，在内容和形式上不断创新，从而形成的面向现代化、面向世界、面向未来的，民族的科学的大众的社会主义文化。

任何社会的进步和发展，归根到底都与创新密切相关。创新是对真理的发展，没有创新，我们就失去了追寻真知的可能；创新是对实践的推进，没有创新，我们就不能在变化的世界里找到自己的位置。创新是一个民族进步的灵魂，是一个国家兴旺发达的不竭动力，也是一个政党永葆生机的源泉。

【小资料】

创新推动思维发展

爱因斯坦说："科学对于人类生活的影响有两种方式。第一种方式是大家所熟悉的，科学直接的，并且在很大程度上间接地生产出完全改变人类生活的工具。第二种方式是教育性的，它作用于心灵。尽管草率来看，这种方式不大明显，但至少同第一种方式一样锐利。"其中，"第二种方式"指的就是科学技术推动了人们思维方式的变革。科学对人的教育作用，首先是通过影响人的思维方式，从而引起思维方式的变化而实现的。

思 考 题

1. 举例说明怎样做到用联系的观点看问题？
2. 怎样正确看待社会主义建设和自身成长道路上的曲折？
3. 举例说明怎样做到具体问题具体分析？
4. 为什么说创新是民族进步的灵魂？

第三章　用哲学的思想选择价值

在实践活动中，人们不仅认识真理，而且创造价值。马克思主义哲学作为科学的世界观和方法论，揭示了价值的本质和特性，阐述了价值观的形成和功能，有助于我们形成正确的人生观和价值观，确立崇高的理想和信念，正确地对待社会和人生，正确地进行价值判断和价值选择。

第一节　人生价值概述

一、人的本质

马克思主义认为，社会是人的社会，社会活动的主体是人。根据本质与属性的关系，要认识人的本质，就必须分析人的属性。人具有自然属性和社会属性。所谓自然属性是指人的生物性（或动物性）；所谓社会属性是指在实践活动的基础上人与人之间发生的各种关系。自然属性是人存在的基础，但人之所以为人，不在于人的自然性，而在于人的社会性。人是社会活动的主体，是社会关系的承担者和体现者。人既是社会的前提，又是社会的产物，社会性才是人区别于其他一切动物的本质属性。

首先，人的本质在于人的社会性。"人的本质是人的真正的社会联系"。尽管人与动物在生理上存在差别，但这不是人同动物的本质区别，因此依据生理特征是不能把人和动物从本质上区别开来。最典型的例证就是离开社会生活的狼孩，只具有兽性而没有人性。现实生活中的人，是处于一定社会关系中的人，是实践着的人。人的一切思想、言论和行动无不具有社会性的特点。生产劳动是人类最基本的实践活动，而劳动从来就是社会性的，是在一定社会关系中进行的。所以，任何人都不能脱离一定的社会关系而独立存在。

其次，人的本质是全部社会关系的总和，而不是社会关系的某一方面。人的社会关系是一个多层次、多结构的复杂系统，包括物质的社会关系和思想的社会关系。物质的社会关系一般指生产关系和经济关系；思想的社会关系包括政治的、法律的、道德的、宗教的关系等。这两种社会关系是相互渗透、互相影响的。

最后，人的本质是具体的、历史的、发展变化的。人的本质，既不是天赋的，也不是一成不变的，而是随着社会关系的改变而变化的。人的社会关系在社会生产中形成和发展。因此，要揭示人的本质，必须对人的社会关系作具体的、历史的考察。不同的社会形态、不同的历史阶段，人们的社会关系是各不相同的，这就决定了人的本质的差别性。

二、人的价值

人的价值问题与人的本质问题是密切联系的。人的本质存在于社会实践和社会关系之中，而由人的本质所决定的人的价值同样是在社会实践和社会关系中实现的。价值是一个关系范畴，它由两个方面构成：一是客体的属性，它是价值形成的物质承担者，是价值的客观基础；二是主体——人的需要。客体如果能够满足主体的需要，该客体对于主体来说就有价值，否则就没有价值，满足的程度越大，其价值越大。研究人的价值，必须要区分个人与社会的关系。社会是由具有独特个性的个人组成的，而这种个人又总是存在于一定的历史条件和社会关系之中的。这样，人在社会历史过程中就具有了双重身份：既是主体又是客体，既是目的又是手段。这时人的价值指的就是每一个人在何种程度上对于社会作出成绩，这就是人的社会价值。如果以人类中的个体、个人为主体，人的价值就是指个人在社会这个整体中受到的尊重和满足问题。这是人的个人价值。

唯物史观是从个人与社会的关系中确定人生的意义和价值的。如果从孤立的个人出发，就看不到人生真正的意义和价值。从人与社会的关系出发就不同，人生的意义在于一个人作为社会成员，对这个社会究竟有什么贡献，即通过自己的活动满足自己所属的社会、他人以及自己的需要。人既是价值的创造者，又是价值的享受者。人生活在社会中，总是需要依靠别人创造的财富来满足自己的各种需要，因此，每个人理当用自己的劳动创造物质财富和精神财富，回报社会，满足他人。人通过自己的活动，付出了心血和劳动，满足了社会和他人的需要，同时自己也获得相应的劳动报酬，得到社会对自己价值的承认，从而实现了对自我的满足。

在处理人的个人价值和社会价值的关系问题上，无论中外古今，凡积极的、进取的人士都强调人的社会责任。中国历史上提倡的"天下兴亡，匹夫有责"，"先天下之忧而忧，后天下之乐而乐"，就是一种积极的人生态度。因此，对一个人价值的评价主要是看其所作贡献。人的贡献是多方面的，可以是对某个人或某个集团的贡献，但最根本的是对社会发展和人类进步事业的贡献。

【小资料】

个体价值的体现

西红柿生长在野外，没有与人发生关系时，并不具有价值，后来人们逐渐发现了它能观赏和食用，它才具有价值。这是因为"生长在野外"的西红柿虽然具有满足人的需要的属性，但在人们认识和利用它之前，它没有"满足人的需要"，故没有价值。而人们拿来"观赏和食用"后，西红柿的可观赏和食用的属性满足了人的需要，故它才有价值。

爱因斯坦说："我评价一个人的真正价值只有一个标准，即看他在多大程度上摆脱了'自我'。"在多大程度上摆脱了"自我"的意思是说，能否把社会价值放在第一位，把自我价值放在第二位。对社会贡献越大，摆脱"自我"的程度也越大，个人的价值才越大。

北京奥运会期间，众多的志愿者辛勤劳动，为北京城市的清洁美丽而默默奉献。一名志愿者的随笔上说：志愿服务的岗位很平凡，或是站在检票口不停地重复同一个动作，同一个话语，或是站在赛场角落只留给别人一个背影，或是拿着一份又一份材料不停地奔波……我们的工作成绩并不闪耀，但是在志愿服务中坚守了职责，坚守了诚恳与踏实，坚守了勤奋与努力，坚守了拼搏……

三、价值观的形成

价值是一种客观存在的社会现象，人们在生活中不断地追求和创造价值，同时也在不断地认识和评价价值。在价值认识和实践活动中，人们逐渐形成了关于各种价值的一些看法，并形成一定的价值观。价值观不是关于某一个别的、具体的事物具有什么价值的看法，而是人们基于生存、享受和发展的需要，对某类事物的价值以及普遍价值的根本看法，是人们所持有的关于如何区分好与坏、对与错、符合与违背意愿的总体观念，是关于应该做什么和不应该做什么的基本见解。

价值观就其内容来说，主要包含三个方面。其一，价值原则。它是关于什么是价值，为什么有价值，以及价值秩序的基本观点，是形成价值规范和价值理想的基本原则。一种价值观的性质是由它所包含的价值原则来规定的。基督教价值观以上帝为一切价值的源泉和最高价值，也是衡量一切价值大小的标准。个人主义价值观以个人的存在、权利、利益为核心价值原则和其他一切价值的根据。马克思主义价值观以个人与社会的辩证统一为基本原则，以人的自由全面发展为最高价值。其二，价值规范。价值原则总是渗透在一定的价值规范中。规范的本意就是规则、标准或尺度，它明确规定人应该怎样，不应该怎样，一切价值观都要通过规范，诸如风俗习惯、伦理道德、法律等，具体化为在一定具体情景中如何行动的规则，才能具体指导人们的活动。一个社会有什么样的价值观，就必然有什么样的价值规范。其三，价值理想。它是人们所追求的、具有现实可能性和合乎自己愿望的价值目标，具有强烈的感召力和凝聚力。价值信念、信仰是和价值理想同一序列的范畴。价值信念是关于价值理想的信念，是人们对价值理想抱有深刻信任感的精神状态。价值信仰不仅表示人们对价值理想的认同和确信，还意味着感情的皈依，真诚的信奉，表现了主体的最高价值追求。价值理想、信念、信仰是价值观的典型表现形式。

物质生活和文化传统是价值观形成的社会条件。价值观作为意识的重要内容，是人们的社会生活过程和条件在观念上的反映，归根到底是社会物质生活过程及其条件在观念上的反映。社会生活，以及包含着价值观的各种社会意识具有历史的延续性和传承性，在社会发展中积淀为一种文化传统。这种文化传统对于生活于其中的所有人来说是一种客观的、无所不在的力量，成为影响与决定他们价值观形成的社会条件。因此，每一特定时代人们的价值观都来自他们所生活的社会，是一定社会的物质生活方式、政治法律制度、观念文化传统等因素潜移默化地濡染、熏陶和塑造的结果。事实上，任何社会都给其成员和群体提供了一套价值观。一方面，社会通过法律手段、社会舆论和学校教育，有目的、有计划地把某种价值观灌输给每个社会成员，不断地培养、调整或矫正他们的价值观，由此使个人的价值观和社会的价值观协调一致起来，维护社会的稳定和发展。另一方面，社会也通过文化传统，如风俗习惯、社会心理等形式，将其价值观在潜移默化中传递给每个社会成员，促使他们的价值观的形成和发展。人们接受社会价值观的过程，也是通过自己的实践活动加以选择和内化的过程。在各种具体的实践活动过程中，主体不断形成对社会物质生活方式、政治法律制度以及文化传统的理解和体会，基于自己的经验选择、接受和认同它们所内涵的价值观。

价值观的形成过程表明，价值观具有时代性、民族性和阶级性。人们的社会存在和社会生活是具体的、现实的，是属于一定时代的，反映社会存在和社会生活的价值观总是表现出鲜明的时代特点。它回应着特殊的时代性问题，表现着一定时代人们的需要和利益诉求，体现为时代要求的价值原则、价值规范和价值理想，表征着特定的时代精神。有什么性质的社会存在，就会有什么性质和内容的价值观，抽象的、超历史的、一成不变的价值观是不存在的。一个民族在长期的共同生活和共同实践的基础上，逐渐形成具有该民族特色的价值原则、价值规范、价值理想，并通过历史的积淀和升华，使之成为该民族文化传统的核心和灵魂，价值观的民族性表现着一个民族区别于其他民族的精神气质。

四、价值观的功能

价值观始终贯穿于人们每一活动，渗透于社会生活的各个领域。价值观是人的自我意识的核心，构建着个人的精神家园，回答着人生的价值和意义，引导、制约、规范着人的实践活动和全部社会生活，直接而深刻地影响着社会的凝聚力和创造力。具体表现在以下几个方面。

第一，导向功能。面对纷繁复杂的事物和现象，价值观为人们提供了价值理想、价值目标，进而提供了价值选择标准，为人的行为选择提供了方向和依据。人们在活动中总是根据价值观提供的目标选择活动的对象，根据价值观提供的价值尺度和标准评判具体事物，区分什么事物有价值，什么事物无价值，从而明确应该追求什么，应该避免什么，进而作出自己的思想和行为选择，确定行动的方向。社会通过主导价值观不仅为自身提供了最高价值理想和奋斗目标，引领着社会存在和发展的方向，而且引导着个体的价值取向，从而制约着个体的价值选择和活动方向。

第二，规范功能。价值观规定和约束着主体的行为和活动，协调着人们之间的关系，使社会保持一定的秩序。人们在有序的社会中生活，需要一定的自我约束和社会约束。价值观构成个体的心理定势，个体在现实生活中以它为尺度去确定事物的好坏，确定行为的正当与否，内在地规范、约束和调节着自己的行为和活动方式。社会也总是通过自己的主导价值观所包含的价值规范告诉人们能够、应该、必须做什么，也告诉人们不能做什么、禁止做什么，从而为人的活动提供规则、标准和模式。同时，社会还通过主导的价值规范，直接规范着人们之间的关系，如权利和义务等，抑制着人际交往中可能出现的任意和投机的行为，防止和化解个人之间、个人与群体及社会之间的冲突。

第三，凝聚功能。价值观是人的社会认同的核心内容，是社会、群体或组织等共同体的黏合剂。人是社会存在物，社会共同体是人类存在和活动的基本形式。社会共同体的建立、维系和作用依赖于共同体成员价值观的相容和一致。每一个社会共同体都有自己独特的价值观，它造就了一种氛围，形成一种力量，通过多种渠道，使这种价值观内化成为共同体成员的个人价值观。社会共同体通过这种共同的价值观为自身的存在进行合理性和合法性论证，并通过共同的价值观来塑造和凝聚它的成员，把共同体的成员联结在一起，产生一种团结感，形成一种亲和力、感召力和凝聚力。特别是当这种共同价值观以某种特殊的形式如宗族观念、宗教观念、民族观念、阶级观念呈现出来时，其凝聚功能更容易被人们切实地感受到，形成一种强大的向心力。

第四，激励功能。价值观不仅在理智方面给人以引导，而且能够激发主体的情感和意志，是人们活动的精神动力。价值观从根本上反映并强化主体的需要和利益，表现为主体的价值目标和价值追求，以及主体为满足一定的需要和实现一定的价值目标所产生的期望。这种追求和期望能够引发人们的活动动机和激情，激发各种潜在的能力，驱动人们投入实践和认识活动中。人们在创造价值的各种活动中往往会遇到许多困难和挫折，坚定的价值理想、信念和信仰能够使主体始终保持饱满的热情、坚强的意志，使之处于积极、能动的状态，并能够激起卓绝的精神力量，不断推动实践和认识活动持续、深入地展开，直至实现价值目标。

价值观无论是对个人还是对社会都具有极其重要的意义。因此，在社会生活中，人们必然重视价值观的选择，社会也必然要注重核心价值体系的建设。一个人走什么样的人生道路，选择什么样的生活方式，都是在一定的价值观指导下进行的。不同的价值观，决定了人们在面对公义和私利、生与死的冲突时所作出的不同选择。不同的价值观所包含的不同的幸福观、家庭观和恋爱观，也决定着人们在面对这些问题时的基本态度、思维方式和行动结果。一个人如果有正确的价值观，有崇高的理想、远大的志向、勤奋进取和造福人类的精神，那么，他的人生道路就是光明的，他的未来就是美好的；一个人如果有错误的价值观，如自私自利、贪图享乐、消极悲观的思想观念，他就容易滑向个人主义的泥潭，就容易与平庸和苟且为伍。

第二节　人生价值的选择与实现

一、价值观的冲突与选择

任何一个社会都存在着多种多样的价值观，它们反映了社会多种多样的文化传统，人们多种多样的生存条件、活动方式和利益等。在传统社会，由于社会生活分化的不充分以及社会关系的狭隘，价值观总体上具有一定的单调性和封闭性。在现代社会，随着世界历史的形成，特别是随着经济全球化、市场经济体系以及科学技术的大发展，价值观的多样性成为一个显著的事实。

市场经济作为现代社会一种主要的资源配置方式和人的生存方式，孕育和生发出一些不同于自然经济所要求的文化精神、价值观念。市场经济的发展带来的社会经济成分和经济利益、生活方式、组织形式、就业结构的多样化，使人们思想活动的独立性、选择性、多变性和差异性不断增强，价值观也呈现出复杂的多样性的态势。经济全球化，以信息技术为核心的现代科学技术的迅猛发展，使世界历史快速展开，世界真正进入普遍交往的时代。这不仅深刻地改变了人们的生存方式和生活方式，引起人们价值观的深刻变化，同时还使世界范围内的不同文化、不同价值观的交流和竞争突出地摆在每个人的面前。原来不同历史时期、不同文化背景下存在的价值观被挤压在同一个时空中，相互激荡和碰撞，呈现出错综复杂的局面。

价值观的多样性必然引发和带来价值观的冲突。现代社会价值观的冲突具有广泛性和复杂性。它表现为个人与个人之间，个人与群体、社会之间，以及群体与群体之间的价值观冲突。在效率与公平、自由与平等、利益与道义、环境价值与经济价值等一系列重要问题上，不同主体常常得出不同的乃至截然相反的看法；同一个主体在不同领域、不同方面的价值取向也往往呈现出多变性与矛盾性。这种矛盾和冲突实质上源于不同形态的价值观，如传统价值观与现代价值观、本土价值观与外来价值观、主导价值观与非主导价值观、宗教价值观与世俗价值观、精英价值观与大众价值观等之间的一系列的矛盾和冲突。

现代社会价值观的复杂多样及其冲突，打破了传统社会价值观的单调、封闭、僵化的状态，使人们的价值生活呈现出色彩斑斓、生动活泼的局面，增强了社会的生机和活力，同时它也带来了价值失序等方面的社会后果。面对现代社会不同价值观之间的冲突，人们需要积极地进行合理的价值观选择。树立正确、先进的价值观，必须正确处理好价值与真理、自我价值与社会价值、物质价值与精神价值的关系。

第一，坚持价值与真理的统一。

真理和价值在人的活动中是相互制约的。一方面，真理被确认有赖于价值在实践中被实现的状况。价值的实现表明在实践中所遵循的关于客观事物的本质和规律的认识是真理。另一方面，价值的实现依赖于对相关真理的把握。真理和价值在人的活动中彼此贯通，互相引导。真理总是有价值的，价值判断总是存在着真或假的问题；真理推动人们去发现和创造价值，价值激励人们追求和探索真理。因此，人的活动不仅要追求价值，还要服从真理。服从真理是追求价值的前提条件，违背真理的价值追求在实践中最终不可能实现。价值和真理在实践基础上的辩证统一，是人类社会进步发展的内在条件，也是我们选择正确价值观的基本依据。

第二，坚持个人价值与社会价值的统一。

价值观的核心内容是关于人在社会生活中的价值和人生意义的问题，即人的价值问题。就个人而言，人的价值包括个人价值和社会价值。个人价值和社会价值互相依存，互为条件，个人价值是社会价值的必要基础和前提。个人只有获得自我需要的必要的满足，才能生存、发展，成为价值的创造者，才为他人和社会进行创造和奉献，个人价值才能通过人的社会价值来实现和表现。为他人服务，为社会奉献，为人类造福，不仅与人的自我完善、自我实现不相冲突，而且还是人自我完善、自我实现的根本途径。

第三，坚持物质价值与精神价值的统一。

物质价值的创造是人生存和发展的基础，也是创造和实现精神价值的前提。人们首先必须从事吃、穿、住等物质资料的生产，然后才能从事政治的、文化的以及其他方面的活动。没有一定的物质价值的基础，就不可能有人们的现实存在，也就不会有精神价值的追求和实现。人生不是一个纯粹追求物质功利的过程，没有了精神追求，人就把自己变成了纯粹的自然存在物。我们不能离开物质价值讲精神价值，更不能抛开精神价值沉溺于物质价值。只有以崇高的精神价值来引导物质价值，才能不断提升人生价值。正确的价值观追求物质价值和精神价值的结合与统一，功利与真、善、美的结合与统一，最终达到自由这一最高层次的人生境界。面对现代社会不同价值的冲突，社会需要积极地进行核心价值体系的建设，引领社会思潮，帮助人们树立正确的价值观。

二、培育和践行社会主义核心价值观

任何健康有序的社会都有自己的核心价值体系。核心价值体系反映着社会的价值需要、价值目标和价值追求，涵盖社会发展的指导思想、理想信念、精神风貌、道德规范，在社会的价值观念系统中占据中心地位，起着主导、统领和整合作用。

核心价值观，承载着一个民族、一个国家的精神追求，体现着一个社会评判是非曲直的价值标准。我国是一个有着56个民族、13多亿人口的大国，确立反映全国各族人民共同认同的价值观，使全体人民同心同德、团结奋进，关乎国家前途命运，关乎人民幸福安康。

在当代中国，我们的民族、我们的国家应该坚守什么样的核心价值观？这个问题是一个理论问题，也是一个实践问题：党的十六届六中全会提出建设社会主义核心价值体系的重大战略任务，强调马克思主义指导思想、中国特色社会主义共同理想、以爱国主义为核心的民族精神和以改革创新为核心的时代精神、社会主义荣辱观构成社会主义核心价值体系的基本内容。党的"十八大"又提出：倡导富强、民主、文明、和谐，倡导自由、平等、公正、法治，倡导爱国、敬业、诚信、友善，积极培育和践行社会主义核心价值观。社会主义核心价值体系和核心价值观内在一致，都体现了社会主义意识形态的本质要求，体现了社会主义制度在思想和精神层面的质的规定性，凝结着社会主义先进文化的精髓，是中国特色社会主义道路、理论体系和制度的价值表达。社会主义核心价值观在社会主义核心价值体系的基础上，更加突出核心要素、更加注重凝练表达、更加强化实践导向。它所强调的"三个倡导"二十四个字，是社会主义核心价值体系的内核，是对社会主义核心价值体系的高度凝练和集中表达。它把涉及国家、社会、公民的价值要求融为一体，既体现了社会主义本质要求，继承了中华优秀传统文化，也吸收了世界文明有益成果，体现了时代精神，回答了我们要建设什么样的国家、建设什么样的社会、培育什么样的公民的重大问题。

广大青年要从现在做起、从自己做起，使社会主义核心价值观成为自己的基本遵循，并身体力行、大力将其推广到全社会去。这就要求我们：

一是要勤学，下得苦工夫，求得真学问。知识是树立核心价值观的重要基础。古希腊哲学家说，知识即美德。我国古人说，"非学无以广才，非志无以成学。"为学之要贵在勤奋，贵在钻研，贵在有恒。要勤于学习、敏于求知，注重把所学知识内化于心，形成自己的见解，既要专攻博览，又要关心国家、关心人民、关心世界，学会担当社会责任。

二是要修德，加强道德修养，注重道德实践。做人做事第一位的是崇德修身。一个人只有明大德、守公德、严私德，其才方能用得其所。修德，既要立意高远，又要立足平实。要立志报效祖国、服务人民，这是大德，养大德者方可成大业。同时，还得从做好小事、管好小节开始起步，"见善则迁，有过则改"，踏踏实实修好公德、私德，学会劳动、学会勤俭、学会感恩、学会助人、学会谦让、学会宽容、学会自省、学会自律。

三是要明辨，善于明辨是非，善于决断选择。"学而不思则罔，思而不学则殆。"是非明，方向清，路子正，人们付出的辛劳才能结出果实。要树立正确的世界观、人生观、价值观,掌握了这把钥匙,再来看社会万象、人生历程,一切是非、正误、主次,一切真假、善恶、美丑,自然洞若观火、清澈明了,自然就能作出正确判断、作出正确选择。正所谓"千淘万漉虽辛苦,吹尽狂沙始到金"。

四是要笃实,扎扎实实干事,踏踏实实做人。道不可坐论,德不能空谈。于实处用力,核心价值观才能内化为人们的精神追求,外化为人们的自觉行动。《礼记》中说:"博学之,审问之,慎思之,明辨之,笃行之。"心浮气躁,朝三暮四,学一门丢一门,干一行弃一行,无论为学还是创业,都是最忌讳的。"天下难事,必作于易;天下大事,必作于细。"成功的背后,永远是艰辛努力。我们要把艰苦环境作为磨炼自己的机遇,把小事当作大事干,一步一个脚印往前走。只要坚韧不拔、百折不挠,成功就一定在前方等你。

核心价值观的养成绝非一日之功,要坚持由易到难、由近及远,广大青年学生应努力把核心价值观的要求变成日常的行为准则,进而形成自觉奉行的信念理念。无论什么时候,我们都要坚守在中国大地上形成和发展起来的社会主义核心价值观,在时代大潮中建功立业,成就自己的宝贵人生。

【小资料】

社会主义核心价值观

党的"十八大"提出,倡导富强、民主、文明、和谐,倡导自由、平等、公正、法治,倡导爱国、敬业、诚信、友善的社会主义核心价值观。富强、民主、文明、和谐是国家层面的价值目标,自由、平等、公正、法治是社会层面的价值取向,爱国、敬业、诚信、友善是公民个人层面的价值准则。习近平总书记多次提出明确要求,要在全社会培育和弘扬社会主义核心价值观(图3-1)、弘扬中华传统美德。作为新时代的青年人,我们要积极树立和弘扬社会主义核心价值观,热爱国家,勤奋努力,团结友爱,走向美好的前途和光明的未来。

图3-1 社会主义核心价值观

三、在奉献和奋斗中实现人生价值

(一)在劳动和奉献中创造价值

如果只是为自己、为家庭而活着,那个意义是很有限的。只有为国家、为社会、为民族、为集体的利益奋不顾身地工作着,毫无保留地贡献出自己的聪明才智,这样的人生才有真正的意义,才是光荣的人生、闪光的人生。

劳动着的人是幸福的。人只有在劳动中,在奉献社会的实践活动中,才能创造价值。一个人在劳动中创造的财富越多,意味着他为满足社会和人民的需要所作出的贡献就越大,他自身的价值就越大,他的幸福感也就越强。

努力奉献的人是幸福的。走不出自我的狭隘天地的人,不想奉献他人和社会的人,永远不可能拥有真正的幸福。爱我们的家人,爱我们的朋友,爱我们的事业,爱我们的祖国,爱我们的世界,积极投身于为人民服务的实践,是实现人生价值的必由之路,也是拥有幸福人生的根本途径。

【小资料】

新时代的"雷锋"——郭明义

新时代的楷模郭明义同志,入党30年来,他时时处处发挥先锋模范作用,在每个工作岗位上都取得了突出的业绩。从1996年开始担任采场公路管理员以来,他每天都提前2个小时上班,15年中,累计献工15000多小时,相当于多干了五年的工作量。工友们称他是"郭菩萨"、"活雷锋",矿业公司领导则称因郭明义使整个"矿山人"的精神得到了升华。

他20年献血6万毫升,是其自身血液的10倍多。2002年,郭明义加入中华骨髓库,成为鞍山市第一批捐献造血干细胞志愿者。2006年,郭明义成为鞍山市第一批遗体和眼角膜自愿捐献者。

1994年以来,他为希望工程、身边工友和灾区群众捐款12万元,先后资助了180多名特困生,而自己的家中却几乎一贫如洗。一家3口人至今还住在鞍山市千山区齐大山镇,一个20世纪80年代中期所建的、不到40平方米的单室里。

无私奉献的高级技师——李斌

李斌,上海电气液压气动有限公司加工中心操作高级技师,全国劳动模范,全国五·一劳动奖章、中华技能大奖获得者,技工学校毕业生,全国机械行业知名的数控技术应用专家,被大学聘为数控机床教授。多年来,他先后完成新产品开发55项,工艺攻关201项,完成加工工艺编程1500多条,直接创造经济效益830多万元。他自主设计了刀具184把,技术革新、自制改进工装夹具82副,为企业节约支出110多万元,并获得多项专利。

为了发挥李斌的示范带动作用,上海电气命名了"李斌班组",建立了"李斌师徒网站"和"李斌技师学院"。李斌带领自己的班组通过结对帮教,先后培养了中级数控机床调试工12名,并与行业内外50余家班组结对互帮互学。他为李斌技师学院无偿授课1950小时,使大批技术工人快速成长起来。2008年6月,李斌参加了由中华全国总工会组织的"劳模技术服务队李斌分队"赴四川地震灾区,为抢修数控机床、使之恢复运行并重新投入生产作出了重要贡献,受到高度赞扬。他说:"学知识、学技能,仅仅是我的第一步追求,用知识和技能搞创新,为企业和国家创造更大的效益,才是我的最终追求。""认定一个人的价值在于有所作为,乐于奉献,特别是要帮助更多的人成才。"

(二)在砥砺自我中走向成功

实现人生价值,需要充分发挥主观能动性,需要顽强拼搏、自强不息的精神。人的先天条件是无法改变的,后天的努力却人人都能做得到,关键是看我们愿不愿做、怎样去做。挫折和失败是摆在人生旅途上的一个个栅栏,有的人遇到它们就往回走,或者只跨过几个矮小的栅栏就失去继续前行的勇气;也有人每跨过一道栅栏,信心就增加一分,能力就提高一步,所以越走越远。

实现人生价值,需要努力发展自己的才能,全面提高个人素质。人生价值的实现过程是个人在认识和实践活动中施展自己能力的过程。全面的能力可以帮助人们应对不同的生活场景,解决多样的人生难题,把握难得的人生机遇,从而为人生价值的实现提供更加广阔的空间。

实现人生价值，需要有坚定的理想信念，需要有正确价值观的指引。人不可能生活在真空之中，各种错误的思想和社会中的一些消极因素会对我们产生各种各样的冲击，这就需要我们学会辨别是与非，排除外界的干扰，坚定正确的理想信念，时刻用正确的价值观支撑自己，沿着正确的人生道路不断前进。

同学们，人生是短暂的，有价值的人生却是永恒的，让我们用短暂的人生来创造永恒的人生价值吧！

【小资料】

许振超，在拼搏与钻研中实现价值

许振超，中国共产党党员，1950年1月出生。1967年青岛二中初中毕业，1974年进青岛港工作，现为青岛港前湾集装箱码头有限责任公司工程技术部固机经理，工人技师。他从事港口装卸工作30年，刻苦钻研，带领工人先后8次刷新集装箱装卸世界纪录，"振超效率"名扬四海，"10小时保班"服务品牌享誉世界航运市场。

初中毕业就参加了工作的许振超，1984年，被选为第一批桥吊司机。拿到桥吊图纸，只有一点俄语基础的许振超傻了眼：桥吊图纸有厚厚的一本，足足100多张，电路图跟迷宫一样，标注还全是英文！当年6月，借着去上海吴淞港码头参加培训的机会，他淘到了一本英汉电气词典。3个月后，许振超学会了桥吊操作，看懂了图纸，拿到了桥吊操作资格证。当时，桥吊出机械故障只能请外国工程师修理。许振超不服气，"只有会修大型桥吊，才不会受制于人"。电路板只有书本大小，正反两面分布着2000多个焊点。"怎样才能清晰地看到电路板上的线路呢？"平时就爱琢磨的许振超，将电路板放在玻璃上，下面安上100瓦的灯泡。在强光照射下，电路板上的线路显现出来，他就照着一笔一笔地绘图。凭着这股钻研劲儿，6个月后，许振超琢磨透了电路板，画出了图纸。为了摸清桥吊技术，打破外国专家的技术封锁，他整整钻研了四年，绘制标注了厚厚的两本图纸，形成了一套完整的桥吊技术手册。一次，公司桥吊的运算放大器出现故障，外国专家张口要400马克（原德国货币，当时合人民币2000多元），他凭着对桥吊原理的了解，用国产集成块代替，仅花了8元人民币就解决了问题。

许振超干一行、爱一行、精一行，在工作中练就了"一钩准"、"一钩净"、"无声响操作"等绝活，带出了"王啸飞燕"、"显新穿针"、"刘洋神绳"等一大批具有社会影响的工作品牌，成为专家型工人。近年来，许振超又带领工友们组织实施轮胎吊"油改电"技术改造，填补了这一技术的国际空白，年节约资金3000万元以上，噪声和尾气污染降低近零。"现在，新加坡港、鹿特丹港等世界大港都用上了我们这项革新成果。"许振超自豪地告诉记者。30多年来，许振超钻研的脚步从没有停止过。"国家建设需要科学家，也需要工人。既然当工人，就得干绝活，当能工巧匠，只要肯干、实干、巧干，一定能为国家作出有益贡献！"许振超是这么想的，也是这么做的。他曾先后荣获青岛市劳动模范、青岛市优秀共产党员、山东省有突出贡献工人技师、山东省自学成才先进个人、山东省"富民兴鲁"劳动奖章、中国海员建设工会金锚奖、全国五一劳动奖章、全国交通系统劳动模范、全国劳动模范、全国优秀共产党员等荣誉称号，被誉为新时期产业工人的杰出代表。

思 考 题

1. 如何正确理解人的社会价值和个人价值？
2. 立足实际，谈谈如何弘扬社会主义核心价值观？

礼仪篇

第一章 中华礼仪、源远流长

第一节 礼仪

礼仪，也称"礼节"、"礼数"，是古往今来社会公认（或约定俗称）的对他人表示敬重、尊重的仪式、形式或规范。礼仪的内容，因历史时代、社会地位、交往环境不同而有所区别，其共同的宗旨是使每个人都感到舒适、得体，其本质是通过各种规范的言行表现人际间的真诚、尊重、友好和体谅，它是建立和谐的社会人际关系极其重要的文化载体。

礼仪是人的内心修养的外在表现，是一个人立身处世的基础，是与人交往的艺术，是开启成功之门的"金钥匙"，是人类步入文明和谐社会的"通行证"。我国素有"礼仪之邦"的美誉，礼仪文化源远流长，有着完备的礼仪体系。学生时期是人生中很重要也很精彩的一段时光，是形成人生观、世界观的重要时期。礼仪与个人的成长密不可分，与之相遇相补，则终生受益，与之失之交臂，则终生遗憾。

一、了解礼仪

礼仪是人类发展到一定阶段而产生的，并且是随着社会的发展而发展的社会道德准则和全体社会成员共同认可并且自觉遵守的行为规范，以及体现这些准则和规范的各种礼法、礼数、礼节、礼貌和各种仪式的综合体系。

礼仪是一种道德行为规范，其直接目的是表示对他人的尊重；根本目的是为了维护社会的正常秩序。学生礼仪是指学生在人际交往、社会交往和国际交往活动中，勇于表现尊重、亲善和友好的首选行为规范和惯用形式。

礼仪在我们生活中扮演着举足轻重的角色，它或许在某个不为人知的角落里起着决定成败的关键作用。

【小资料】

孔融让梨

孔融（153～208年），鲁国人（今山东曲阜），是东汉末年著名的文学家，"建安七子"

之一，他的文学创作深受魏文帝曹丕的推崇。据史书记载，孔融幼时不但非常聪明，而且还是一个注重兄弟之礼、互助友爱的典型。

孔融四岁的时候，常常和哥哥一块吃梨。每次，孔融总是拿一个最小的梨。有一次，爸爸看见了，问道："你为什么总是拿小的而不拿大的呢？"孔融说："我是弟弟，年龄最小，应该吃小的，大的还是让给哥哥吃吧！"

孔融小小年纪就懂得兄弟姐妹相互礼让、相互帮助、团结友爱的道理，使全家人都感到惊喜。从此，孔融让梨的故事也就流传千载，成为团结友爱的典范。

二、礼仪的起源与发展

早在孔子以前，已有夏礼、殷礼、周礼三代之礼，到周公时代，周礼已比较完善。孔子是我国历史上第一位礼仪学专家，他把"礼"作为治国安邦的基础。他主张"为国以礼"、"克己复礼"，并积极倡导人们"约之以礼"，做"文质彬彬"的君子。孟子也重视"礼"，并把仁、义、礼、智作为基本道德规范，他还认为"辞让之心"和"恭敬之心"是礼的发端和核心。荀子则比孟子更重视"礼"，他著有《礼论》，论证了礼的起源和社会作用。他说："礼者，人道之极也。"把礼看作做人的根本目的和最高理想，把识礼、循礼与否作为衡量人的贤愚和高低贵贱的尺度。管仲则把礼看作人生的指导思想和维持国运的支柱。他说："礼义廉耻，国之四维，四维不张，国乃灭亡。"从这些思想家的言论中，不难看出，礼仪是适应调节人际关系的需要而产生和发展的。

我国古籍中，《周礼》、《仪礼》、《礼记》等都是重要的古典礼仪专著。我国古代礼的概念，包含着丰富的内容，大体可归纳为三个层面：一是指治理奴隶制、封建制国家的典章制度；二是古代社会生活所形成的作为行为规范和交往仪式的礼制及待人接物之道；三是对社会成员具有约束力的道德规范（包括自身修养）。纵观我国礼仪内容和形式的演变与发展，可以看出"礼"和"德"不但是统治者权力的中心支柱，而且其在几千年的历史发展中形成了许多有广泛社会性与强大号召力的优良道德规范和人际交往的礼节仪式及生活准则，并且已成为中华民族共同的财富，对中华民族精神素质的形成起到了极其重要的作用。

【小资料】

曾子避席

"曾子避席"出自《孝经》，是一个非常著名的故事。曾子是孔子的弟子，有一次他在孔子身边侍坐，孔子就问他："以前的圣贤之王有至高无上的德行，精要奥妙的理论，用来教导天下之人，人们就能和睦相处，君王和臣下之间也没有不满，你知道它们是什么吗？"曾子听了，明白老师孔子是要指点他最深刻的道理，于是立刻从坐着的席子上站起来，走到席子外面，恭恭敬敬地回答道："我不够聪明，哪里能知道，还请老师把这些道理教给我。"

在这里，"避席"是一种非常礼貌的行为，当曾子听到老师要向他传授时，他站起身来，走到席子外向老师请教，是为了表示他对老师的尊重。曾子懂礼貌的故事被后人传诵，很多人都向他学习。

第二节 人生礼仪

一个人从诞生到死亡，作为社会一员存在于社会之中，生命的过程必然与社会的礼仪和风俗习惯相联系，特别是在生命过程中的重要阶段。人生礼仪就是在社会个体生命的重要关头对其进行规范的阶段性仪式。目前，公认的人生礼仪比较重要的四个环节及其礼仪包括诞生礼仪、成年礼仪、婚姻礼仪和丧葬礼仪。在民众的生活中，这些礼仪已经相对固定，成为社会习俗和生活习惯的一部分。

一、诞生礼仪

诞生礼仪是人一生的开端礼。一个婴儿刚一出生，还仅仅是一种生物意义上的存在，只有通过为他举行的诞生仪礼，他才获得在社会中的地位，被社会承认为一个真正意义上的"人"。

从妇女未孕时的求子到婴儿周岁，一切礼仪都围绕着长命的主题。高禖之祭即是乞子礼仪。此时，设坛于南郊，后妃九嫔都参加。汉魏时皆有高禖之祭，唐宋时制定了高禖之祀的礼仪，金代高禖祭青帝，在皇城东永安门北建木制方台，台下设高禖神位。清代无高禖之祭，却有与之意义相同的"换索"仪式。诞生礼自古就有重男轻女的倾向。诞生礼还包括"三朝"、"满月"、"百日"、"周岁"等。"三朝"是婴儿降生三日时接受各方面的贺礼；"满月"在婴儿满一个月时剃胎发；"百日"时行认舅礼，命名礼；"周岁"时行抓周礼，以预测小儿一生命运、事业吉凶。

从实际情况来看，诞生礼仪还可以包括婴儿出生之前及后来成长过程中的一些仪式活动。因为一个新生命的出生与生长绝非一件容易的事情，孩子父母乃至亲属等要付出许多努力。诞生礼仪整个过程都反映出人们对生育现象的认识和信仰。透过这种对生理意义上新生命的礼赞和精心呵护的态度，可以看出人们对履行家庭生育和教养职能的特别重视。

【小资料】

预卜虔诚的仪式"抓周儿"

一周岁生日，可以看作是小孩诞生礼的最后一个高潮。除与满月、百日一样要办酒席庆贺之外，这一天特别举行检验小孩天赋和卜测未来前途的"抓周儿"仪式。孩子穿上新衣后，将糕点果品、文房四宝、书籍玩具、称尺剪刀等物品放置席上，让小孩坐在当中，任他伸手去抓。人们相信，小孩抓到的第一件东西就代表了他日后的志趣，在士农工商各业中可能从事哪一种行业。比如抓到笔墨，说明小孩将来爱读书，会金榜题名；抓到算盘，说明小孩将来有能力经商，必发家致富等。"抓周儿"测验属于占卜一类，本不可靠，但作为一种仪式或娱乐方式反映出家长和长辈望子成龙的心情。

周岁后，小孩每年过一次生日，有的地方叫"爬门坎"，父母煮鸡蛋和长面条给孩子吃，其用意是让他（她）岁岁平安，逐渐长大成人。

二、成年礼仪

成年礼仪是为承认年轻人具有进入社会的能力和资格而举行的仪礼。

在汉代历史上有男子二十岁行冠礼、女子十五岁行笄礼的规定。据《仪礼·士冠礼》记载，士阶层的冠礼过程是由主持仪式者给冠者戴三次帽子，分别象征冠者从此有了治人的权利、服兵役的义务和参加祭祀活动的资格。而女子的笄礼规模要小一些，主要是由女性家长为行笄者改变发式，将头发绾成一个髻，插上簪子，表示从此结束少女时代，可以嫁人。这种传统意义的成年礼现大多已与婚礼或幼子养育习俗相结合，其"成年"的象征意义也与其人生的前后阶段相衔接而予以体现。不过，相对独立的成人礼在有些地方也还有所保留。

成人礼最初是男孩女孩进入成人世界必经的严格考核，以确认具有进入社会的能力和资格。但除了宗教仪式，世俗社会的成人礼越到后来，越加重了它的形式主义性质。这时的成人礼，只不过是提醒少年：从今天开始，像模像样地活着，以往被称作模仿大人的那些行为从此贴上了"免检"标签。

三、婚姻礼仪

婚姻是维系人类自身繁衍和社会延续的最基本的制度和活动。婚姻作为民俗现象，它的内容主要包括婚姻形态和婚姻仪礼两个方面。

一夫一妻的婚姻制度形成得很早，从大汶口文化男女合葬墓址上可以看出，早在公元前3000年左右，随着私有制的产生，这种婚制与父系家族制度便已出现。但一夫一妻制从一开始就具有了它特殊的性质，使它成了只是对妇女而不是对男子的一夫一妻。

从婚姻礼仪来说，不同国家和地区，婚姻仪礼有所不同，主要体现在结婚仪礼的程式上。各地结婚仪礼的程式五花八门，自成体系。以中、日、韩为例，结婚仪礼的程式就包括"三书六礼"的繁杂程序。

【小资料】

张家界土家姑娘哭嫁习俗

"哭嫁"，亦称"哭出嫁"、"哭嫁囡"、"哭轿"等是汉、土家、藏、彝、壮、撒拉等民族的传统婚姻习俗，即新娘出嫁时履行的哭唱仪式活动。

土家姑娘在接到男方通报结婚的日子前十天半月，就不再出门做活。先是在吊脚楼闺房架一方桌，置茶十碗，邀亲邻九女依次围坐，唱哭嫁歌。

这是一门传统技艺。土家姑娘从十二三岁开始学习哭嫁。过去，不哭的姑娘不准出嫁。现在，哭嫁仅在偏僻的山寨还有此习俗。土家族女儿出嫁时一定要会哭，谓之哭嫁，哭得动听、哭得感人的姑娘，人称聪明伶俐的好媳妇。

土家族的哭嫁一般从新娘出嫁的前3天或前7天开始，也有的前半个月、一个月甚至三个月就已揭开了哭唱的序幕。不过，开始时都是断断续续进行的，可以自由地哭。亲族乡邻前来送礼看望，谁来就哭谁，作道谢之礼节。喜期的前一天晚上到第二天上轿时，哭嫁达到高潮。这段时间的哭唱必须按着传统礼仪进行，不能乱哭。谁不会哭，就会被别人嘲笑甚至歧视。总体来看，哭唱的内容主要有"哭爹娘"、"哭哥嫂"、"哭姐妹"、"哭叔伯"、"哭陪客"、"哭媒人"、"哭梳头"、"哭祖宗"、"哭上轿"等。"歌词"既有一代代流传下来的、传统的，也有新娘和"陪哭"的姐妹们即兴创作的。内容主要是感谢父母长辈的养育之恩和哥嫂弟妹们的关怀之情；泣诉少女时代欢乐生活即将逝去的悲伤和新生活来临前的迷茫与不安。也有的是倾诉对婚姻的不满，对媒人乱断终身的痛恨等等。

四、丧葬礼仪

"死"与"葬"是紧紧联系在一起的。有"死"便有"葬"；有"葬"，也自然就有"丧葬仪礼"。

在几千年的历史中，绝大部分人都不认为死是生命的终结，而把它看成是人生旅程的一种转换，即从"阳世"转换到了"阴世"。因此，人从死去的这一刻起，也就意味着踏上了新旅途，开始了一种新的生活。从死亡到丧葬的仪礼，即以此种观念为出发点，葬礼被看作是将死者的灵魂送往死者世界必经的过程。

古代丧葬的礼仪特别烦琐，有着繁复的仪式。初终，即指弥留之际；设床，指招魂以后,即设床停尸;沐浴、更衣,指对死者遗体的清洗装扮,以便其上路时顺当无碍;报丧,指死讯要及时报告给亲朋、邻居和有关部门。一般由死者晚辈充任外出报丧之职,同时就要准备吊客登门吊唁;大殓,指尸体入棺,这是丧葬活动中重要一项;选择墓地及落葬日,死者落葬之前各项仪式的最后一步,古时称为"卜宅兆、卜葬日"。择定时间、地点后,即做好一切准备,将棺木下葬,所谓"入土为安"。

我国古代无论官民均十分重视丧葬仪礼。之所以如此,除了普遍存在的灵魂不灭观念外,儒家孝道和先人荫庇后代之类思想也起了推波助澜的作用。丧礼是否办得隆重和符合旧规,既是衡量子孙尽孝与否的标志,又对能否获得祖先荫庇使家道昌隆有极其重要的意义。

第三节　节庆假日礼仪

一、传统节日

(1) 正月拜年　春节,是农历的岁首,春节的另一名称叫过年,是中国最盛大、最热闹、最重要的一个古老传统节日。自西汉以来,春节的习俗一直延续到今天。春节一般指除夕和正月初一。但在民间,传统意义上的春节是指从腊月初八的腊祭或腊月二十三或二十四的祭灶,一直到正月十五,其中以除夕和正月初一为高潮。春节时,家家贴春联、贴年画、装饰居室。春节前一夜叫"除夕",是家庭团聚的重要时刻,全家人欢聚在一起,吃一顿丰盛的"年夜饭";离家在外的游子都要不远万里赶回家来,全家人要围坐在一起包饺子过年,因为和面的"和"字就是"合"的意思;饺子的"饺"和"交"谐音,"合"和"交"又有相聚之意,所以用饺子象征团聚合欢;又取更岁交子之意,非常吉利;此外,饺子因为形似元宝,过年时吃饺子,也带有"招财进宝"的吉祥含义。一家大小聚在一起包饺子,话新春,其乐融融。

春节里的一项重要活动是到亲朋好友家和邻里祝贺新春,旧称拜年。新年的初一,人们都早早起来,穿上最漂亮的衣服,打扮得整整齐齐,出门去走亲访友,相互拜年,恭祝来年大吉大利。拜年的方式多种多样,有的是同族长带领若干人挨家挨户地拜年;有的是同事相邀几个人去拜年;也有大家聚在一起相互祝贺,称为"团拜"。春节拜年时,晚辈要先给长辈拜年,祝长辈长寿安康,长辈可将事先准备好的压岁钱分给晚辈,据说压岁钱可以压住邪祟,因为"岁"与"祟"谐音,晚辈得到压岁钱就可以平平安安度过一岁。

春节期间,传统的文娱活动以狮子舞、龙灯舞、踩高跷等最为普遍。2006 年 5 月 20 日,"春节"民俗经国务院批准列入第一批国家级非物质文化遗产名录。

(2) 元宵灯火　农历正月十五为元宵节,又称上元节、元夜、灯节。这是春节后的第一个月圆之夜,也是一年一度比较热闹的一天,因为过了这一天,年就过完了,人们又回归了正常的生活节奏。元宵节盛大的活动有灯会和烟火活动。过元宵节,有吃元宵和观灯的习俗。汤圆,又名"汤团"、"元宵"。以糯米粉为皮,内裹果料糖馅,圆形,是"团圆"的象征。元宵节观灯始于公元一世纪,沿至当代仍在各地盛行。每到元宵节之夜,许多城市举办灯会,展出各种彩灯,造型新奇,千姿百态;在农村则举行文娱活动,如放焰火、踩高跷、耍龙灯、扭秧歌、荡秋千等。元宵节的庆祝活动至今在北方农村保持着,南方也有所恢复,多数仅限于电视上观看歌舞节目。

(3) 清明扫墓　清明节是我国的传统节日,是祭祖和扫墓的日子。扫墓俗称上坟,祭祀死者的一种活动。中国汉族传统的清明节大约始于周代,距今已有两千五百多年的历史。受汉族文化的影响,中国的满族、赫哲族、壮族、鄂伦春族、侗族、土家族、苗族、瑶族、黎族、水族、京族、羌族等24个少数民族也都有过清明节的习俗。

虽然各地习俗不尽相同，但扫墓祭祖、踏青郊游是基本主题。按照旧的习俗，扫墓时，人们要携带酒食果品、纸钱等物品到墓地，将食物供祭在亲人墓前，再将纸钱焚化，为坟墓培上新土，折几枝嫩绿的新枝插在坟上，然后叩头行礼祭拜，最后吃掉酒食回家。唐代诗人杜牧的诗《清明》："清明时节雨纷纷，路上行人欲断魂。借问酒家何处有？牧童遥指杏花村。"写出了清明节的特殊气氛。清明节的习俗是丰富有趣的，除了讲究禁火、扫墓，还有踏青、荡秋千、蹴鞠、打马球、插柳等一系列风俗体育活动。相传这是因为清明节要寒食禁火，为了防止寒食冷餐伤身，所以大家来参加一些体育活动，以锻炼身体。

（4）端午龙舟　端午节，又称为五五节，因为端午节是在农历的五月五日。在民俗文化领域，端午节的龙舟竞渡和吃粽子都与屈原联系起来。端午节最重要的活动是龙舟竞赛，比赛的队伍在热烈的鼓声中划着他们多彩的龙舟前进。这项活动的灵感是来自于当时汨罗江畔的居民，在江中划船救屈原，而这个传统也一直保持了数个世纪。端午节时的特色食物是粽子，粽子是以米包着肉、花生、蛋黄及其他材料，再以竹叶包裹。而粽子的传统则来源于汨罗江边的渔夫，将米丢入江中平息江中的蛟龙，希望他们不要将屈原吃掉。农历的五月，也是一年中容易引发疾病的危险时节，因此许多家庭会将一种特别的植物——艾草挂在门口，作为保护之用，而人们也会挂戴香包，它是以含有多种香味的药用植物所做成，也可以保护人们远离疾病。

时至今日，端午节仍是中国人民的一个十分盛行的隆重节日。虽不像20世纪60年代以前那样万人空巷，去看龙舟表演，但包粽子却是大江南北都延续的习俗，承载了一份对爱国人士的怀念和寄托，承载了中国的传统文化。

（5）中秋赏月　每年农历八月十五日，是我国传统的中秋佳节。这时是一年秋季的中期，所以被称为中秋。中秋节的由来：在中国的农历里，一年分为四季，每季又分为孟、仲、季三个部分，因而中秋也称仲秋。八月十五的月亮比其他几个月的满月更圆，更明亮，所以又叫做月夕、秋节、仲秋节、八月节、八月会、追月节、玩月节、拜月节、女儿节或团圆节，是流行于全国众多民族中的传统文化节日。此夜，人们仰望天空如玉、如盘的朗朗明月，自然会期盼家人团聚。远在他乡的游子，也借此寄托自己对故乡和亲人的思念之情。所以，中秋又称"团圆节"。据说此夜月球距地球最近，月亮最大最亮，所以从古至今都有饮宴赏月的习俗。中秋节的传说是非常丰富的，嫦娥奔月，吴刚伐桂，玉兔捣药之类的神话故事流传甚广。

（6）重阳登高　每年的农历九月九日，为传统的重阳节。重阳节早在战国时期就已经形成，到了唐代，重阳被正式定为民间的节日，此后历朝历代沿袭至今。重阳节是杂糅多种民俗为一体而形成的汉族传统节日。庆祝重阳节的活动一般包括出游赏景、登高远眺、观赏菊花、遍插茱萸、吃重阳糕、饮菊花酒等活动。金秋九月，天高气爽，这个季节登高远望可达到心旷神怡、健身祛病的目的。和登高相联系的有吃重阳糕的风俗，高和糕谐音，作为节日食品，最早是庆祝秋粮丰收、喜尝新粮的用意，之后民间才有了登高吃糕，取步步登高的吉祥之意；重阳节有佩茱萸的风俗，茱萸是重阳节的重要标志。茱萸香味浓，有驱虫去湿、逐风邪的作用，并能消积食，治寒热，因此得雅号"辟邪翁"；重阳饮菊花酒，菊花又名"延寿客"。九与"久"、"酒"谐音，因此派生出九九要喝菊花酒这一说法。由于菊花斗寒的独特品性，所以使得菊花成为生命力的象征。在古人那里有着不寻常的文化意义，认为它是"延寿客"、"不老草"，可使人老而弥坚。唐代王维《九月九日忆山东兄弟》诗中"独在异乡为异客，每逢佳节倍思亲。遥知兄弟登高处，遍插茱萸少一人。"既表达了重阳佳节对亲人的思念，又展现了唐代过重阳节的生活场景。

在民俗观念中，九九重阳，因为与"久久"同音，包含有生命长久、健康长寿的寓意。20世纪80年代开始，我国一些地方把夏历九月初九定为老人节，倡导全社会树立尊老、敬老、爱老、助老的风气。

二、现代节日

(1) 元旦　元旦有"一元复始"之意，我国古代称元旦为"元日"，并且历代的元旦日期都不相同。相传，古代定农历正月为元，初一为旦；秦朝以十月初一为元旦，汉武帝时以农历正月初一为元旦，一直相沿至清末。

辛亥革命后，中国改用世界通用公历。从此，公历正月初一称春节，公历一月一日称为"新年"。中华人民共和国成立以后，将公历一月一日正式定为元旦。如今，每逢元旦，全国放假一天。

(2) 妇女节　公历的3月8日是世界各国劳动妇女的节日。1909年3月8日，美国芝加哥女工为争取自由平等，举行大罢工和示威游行，得到美国广大劳动妇女的积极响应。1910年8月，第二届国际社会主义妇女代表大会在丹麦哥本哈根举行。大会通过了德国革命家克拉拉·蔡特金的建议，定3月8日为国际劳动妇女节。1949年以后，我国规定每年3月8日为妇女节。

(3) 劳动节　公历的5月1日是全世界劳动人民的节日。1886年5月1日，美国芝加哥工人举行大罢工，要求改善劳动条件，实行八小时工作制。1889年7月14日，第二国际成立大会在法国巴黎举行。大会通过了法国代表拉文的提议，把5月1日定为"国际示威游行日"，亦称"劳动节"。

(4) 青年节　1919年5月4日，以北京大学为首的北京13所高校的学生举行示威游行，抗议帝国主义列强侵犯我国领土，学生的爱国行动遭到了北洋军阀政府派出的军警镇压。为了纪念学生的爱国运动，1939年陕甘宁边区西北青年联合会规定5月4日为中国青年节。1949年12月，我国正式规定5月4日为中国青年节。每年5月4日这一天，全国各地青年都要以举办报告会、演讲会、文艺晚会等形式，纪念"五四"运动，欢度"五四"青年节。

(5) 儿童节　6月1日是国际儿童节，是全世界儿童的节日。每年6月1日，我国各地儿童身穿节日盛装，举行联欢会、游园会等各种活动，和世界各国儿童共同欢庆自己的节日。

(6) 国庆节　1949年9月，中国人民政治协商会议第一次全体会议确定"中华人民共和国"为新中国的国家名称。1949年10月1日，在北京天安门举行盛大的开国大典，毛泽东主席亲手按动电钮，升起了中国的第一面五星红旗，并庄严宣告中华人民共和国的成立。1949年12月3日，中央人民政府举行会议，通过10月1日为中华人民共和国国庆节的决议。

三、外国节日

(1) 2月14日（情人节）　在西方一些国家中，有一个极富有浪漫色彩、最受情侣们欢迎的节日，这就是每年2月14日举行的情人节。对那些心有所属、平日又羞于启齿的痴情男女来说，情人节是倾心吐露心底秘密的佳期。在情人节的前一天夜里，姑娘们便采来月桂树的叶子，贴在枕头上，希望在梦中见到意中的情人。

(2) 4月1日（愚人节）　每年的4月1日，是西方某些国家人民最开心的日子。在这一天，人们可以充分发挥自己的想象力，尽可能编造出一些耸人听闻的谎言，去调侃、哄骗、取笑、愚弄别人。只要在午夜12点以前，无论你做得多么过分，多么肆无忌惮，也不负法律和道义上的任何责任。而且，如果你能制造出荒诞至极的"新闻"，又能让人信以为真，还能荣获骗术"贵冠"呢！这一天就是举世闻名的愚人节。

（3）感恩节　每年11月第四个星期四，美国人民便迎来了自己最重要的传统民俗节日——感恩节。这个节日始于1621年秋天，远涉重洋来到美洲的英国移民，为了感谢上帝赐予的丰收，举行了3天的狂欢活动。从此，这一习俗就延续下来并逐渐风行各地。1863年，美国总统林肯正式宣布感恩节为国家法定假日。届时，家家团聚，举国同庆，其盛大、热烈的情形，不亚于中国人过春节。

（4）圣诞节　每年12月25日，是基督教创始人耶稣的诞辰，也是基督徒最盛大的节日——圣诞节，按基督教教义，耶稣是上帝之子，为拯救世人，降临人世，所以圣诞节又称"耶稣圣诞瞻礼"、"主降生节"。公元354年，罗马帝国西部拉丁教会年历中首次写明12月25日为耶稣基督诞生日。圣诞节本来是基督教徒的节日，由于人们格外重视，它便成为一个全民性的节日，是西方国家一年中最盛大的节日，可以和新年相提并论，类似我国春节。

思　考　题

1. 结合成人礼部分的学习，谈一谈你对成人礼的认识和感想。
2. 我国是个多民族的国家，56个民族中有各自的特色节日和礼仪，请说说你了解的我国少数民族的节日和礼仪。

第二章　和谐校园、礼遇友善

第一节　课堂礼仪

教室是同学们学习的地方，同学们每天大部分时间都是在教室里度过的，它应是一个严肃的场所。作为一名学生，遵守课堂纪律是最基本的礼仪。为此，同学们应严格遵守教室的礼仪规范要求。

一、上课起立，行鞠躬礼

鞠躬礼源于中国，是人们表达对他人恭敬的一种礼节，我们行鞠躬礼就是要表达学生对老师的恭敬。当老师宣布上课时，全体同学应在班长的口令下，行鞠躬礼的同时，齐声向老师问好，待老师还礼后，全体同学再坐下。

二、认真听课，做好笔记

上课时，要充分利用课上45分钟，聚精会神地听老师讲课，思维紧跟老师的思路走，随时记录，标注出重点和难点，以便课后重点复习；要尽量控制自己不做与上课无关的事，避免上课时间趴在课桌上睡觉，也不要在课堂上看小说、传纸条和低声聊天，男生和女生坐的距离与姿势应适宜；要把手机关闭或调到震动状态，上课时不能接打电话。当老师提问时，应该先举手，待老师示意后才可站起来回答。

三、举手提问，站立回答问题

在课堂上，无论是回答老师的提问，还是向老师请教问题，要做到举手提问，站立回答问题。身体要立正，声音要清晰洪亮，并且应当使用普通话。其他同学发言时，要尊重对方，不能随便插话，更不能取笑同学。如果同学回答不出老师的提问时，可以说："对不起，老师，我回答不上来。"在别人回答老师的提问时，不要随便插话；如果别人回答错了，切不可讥讽嘲笑，可以举手示意，在得到老师允许后，站起来回答问题。

四、不迟到、早退，不随意出入教室

要按时上课，杜绝迟到。学生应准时到教室上课，如果因特殊情况不得已迟到的，应先喊"报告"，得到老师允许后，方可进入教室；要按时下课，不要早退。当老师宣布下课时，全班应迅速起立，向老师问好，待老师答礼后，目送老师走出教室后再坐下或走出教室，进行课外活动。

此外，上课要保持整洁的仪容和穿着。进入教室要面容清洁，头发整齐，男同学不要胡子拉碴，女同学不要化妆，衣服要整洁。要时刻注意保持教室的卫生和秩序，尊重他人的劳动成果。维持教室的良好学习环境，课间也不要追逐打闹，以免影响其他同学的学习和休息。

【小资料】

蒋明违规

上课铃已响了一会了，同学们都端端正正坐在教室里听老师讲课，蒋明却慢悠悠走

到教室门口,"呼"的一声使力推开门走进教室,把同学们都吓了一跳,大家都望着蒋明,蒋明只好硬着头皮说:"对不起,我来晚了!"老师指了指位置,说:"蒋明,快回到座位上吧,大家继续上课。"蒋明回到位置上后却没有静下心来,东瞧瞧、西望望,根本没把老师的讲课放在心上,同桌碰了碰他提醒他,他依然满不在乎,还拿出橡皮擦擦漂亮的直尺,发出很大的声音,惊动了老师,老师严肃地对他说:"蒋明,请起立,能不能告诉同学们,老师刚才讲到哪里了?"蒋明脑子一片空白,搔着脑袋涨红了脸,支支吾吾,同学们见此都哄笑起来,老师说:"蒋明,坐下吧,要认真听课!"。蒋明蛮不好意思的,只好听起课来。老师又提问了:"哪位同学能告诉我这道题的答案是什么?"蒋明觉得自己知道,也没举手就坐在座位上大声嚷起来:"我知道,我知道,我知道答案。"老师皱了皱眉头说:"蒋明,你下课后到我办公室来一趟。"下课后,蒋明只好耷拉着脑袋到老师办公室,老师抚摸着他的脑袋亲切地说:"蒋明,你上课主动积极回答问题,老师很高兴,但是你回答问题的方式你觉得合适吗?有些还在思考问题的同学可能会因为你大声的说话而打断思路,不仅如此,你上课迟到是已经违犯了学校的规章制度,进入教室后你还擦东西、还大声嚷嚷,更影响了正常的课堂秩序,课堂是美好严肃的公共场所。在这里,我们更要注意自己的一言一行,你明白了吗?"蒋明说:"我明白了,我以后一定注意,我要从自己做起,维护良好的课堂秩序。"

第二节 典礼礼仪

职业院校一向重视各类活动的组织和开展,目的在于促进学生全面发展,更好地适应社会。作为新时期的职业院校学生,要严格要求自己,尤其在各类活动等严肃场合。

一、校内活动礼仪

参加校园各类大型集会活动有益于我们融入集体,培养我们热爱班级、热爱学校的感情,在活动中遵守礼仪秩序更有助于良好班风和良好校风的形成。

(1)升国旗　国旗是一个国家的象征,升降国旗是对青少年进行爱国主义教育的一种方式,目的是培养学生的爱国意识和民族气节。无论中小学还是大学,都要定期举行升国旗仪式(图2-1)。

举行升旗仪式时,全体师生队列整齐,面向国旗,肃立致敬。当升国旗、奏国歌时,要立正,脱帽,面对国旗行注目礼,直至升旗完毕。升旗是一种严肃、庄重的活动,仪表要规范,仪态要庄重,一定要保持安静,切忌喧哗、打闹、东张西望。升旗仪式过程中如发生意外情况,仍要保持安静。当来晚时,恰逢升国旗奏国歌要立即停止走路,严肃立正,等待升旗仪式结束,主持人宣布解散时方可走动。

(2)其他典礼　学校典礼的种类很多,有开学典礼、毕业典礼、落成典礼、校庆典礼、颁奖典礼,运动会开闭幕式等,不管参加哪种典礼,都要讲究相应的典礼礼仪。

提前到达集合地点,准时有序地进入会场,迅速、安静、整齐地在指定位置坐好,坐姿端正。手机一律关

图2-1　升国旗仪式

闭或者调到静音状态。大会开始时，保持会场安静，不要随便走动，不允许接打手机，不要做与会议无关的事情。要保持会场的清洁与干净，不能在会场吃零食，不乱扔果皮纸屑；听领导、嘉宾或其他发言人讲话时，要聚精会神，保持安静，不得交头接耳、窃窃私语，不得打瞌睡，更不可起哄、喝倒彩、吹口哨或提前退出会场。发言完毕，要鼓掌致谢，精彩之处还要适度鼓掌；学生上台发言要向主席台领导和台下人员鞠躬行礼，发言结束后应道谢。上台领奖时，应面带微笑向授奖者鞠躬行礼，然后双手接捧证书或奖状、奖品，并向授奖者致谢。

二、校外活动礼仪

（1）外出集会　职业院校作为一个大的单位，常常被安排抽调部分师生参加一些市里举办的综合大型活动，如参加庆祝大会、重要集会等。这是一次展示师生风貌、宣传学校形象的好机会。参加会议的学生要遵守参会注意事项：要做好参会准备工作，统一着装，携带学校标志，修饰仪容；在会场内外要有良好表现，要整队入场；做文明听众，庆祝大会开始，如带手机要调至震动状态或关机；对讲话者的精彩讲话要报以热烈掌声，忌热情过度，随意鼓掌形成零乱掌声影响大会氛围；要坚持始终，切忌中途离开会场办私事；最后要安全返回，不准擅自借机滞留校外不归，如遇到特殊情况，不能按时返回学校，需要向带队老师或干部说明情况并进行请假。

（2）外出参赛　按照通知或邀请组织队伍外出参加比赛是职业院校经常遇到的事情。外出参赛是向兄弟学校学习借鉴其长处、丰富自己经验、实现开放办学的极好机会，也是宣传学校、展示学校形象的最佳时刻。要求参赛师生既要赛出水平取得佳绩，又要赛出风格，谦逊礼让。要精神饱满、本领过硬，各类参赛人员在赛前按照参赛项目及技术要求，有了基础还要有必胜的信念、昂扬的斗志、饱满的精神；尊重裁判，尊重对手。友谊第一，比赛第二，赛场上尊重裁判、尊重对手，相信裁判能够公正依规、公平裁决，即使出现裁判明显执偏的情况，也要稳住情绪，沉着自如地继续比赛。待中途休息或比赛结束时，可心平气和地找裁判或赛事组织者交涉，也可以通过学校领队与赛事管理者交涉、沟通加以解决。切不可赛场上擅自停赛或大声叫嚷影响整个赛事进行，更不可中途退出赛场罢赛示威，造成更大的负面影响。

外出比赛时要注意以下事项：忌搞小动作，严禁舞弊等各种行为，靠这种手段取得了比赛成绩，即使侥幸没被发现，也是极不光彩的；忌动粗，包括语言动粗和肢体动粗。我们必须非常清楚自己的言行举止代表着学校形象，取得成绩为校争光，失礼动粗为校毁誉；忌不准时、比赛不认真，不准时参赛必定影响成绩，比赛不认真也不可取。常有一些选手一看比赛题难度大或对手实力强就立即松懈斗志，消极怯场，或敷衍、或放弃。这些都是不正确的心态，这就等于永远失去了获胜的机会，因此参赛一定要准时认真。

第三节　校园生活礼仪

一、宿舍礼仪

学生宿舍是学生在校期间的共同生活的家，是展示校园文明成果的重要窗口，大家朝夕相处，所以要学会正确处理同学之间的人际关系，互相体谅，友好相处。

要尊重宿舍管理人员，服从管理，积极配合他们进行安全、纪律检查。

（1）在学生宿舍里，要自觉遵守作息时间，按时起床，按时熄灯就寝，起床、就寝动作要轻，说话声音要小，尽量避免打扰别人。

（2）自觉保持宿舍内的清洁卫生，既要搞好个人卫生，又要热心主动搞好室内的清洁卫生。养成良好的卫生习惯，保持宿舍内外的干净、整洁，被褥、衣服等叠放整齐，不要让床单露出床沿，床上也不要放置其他物品。蚊帐悬挂整齐一致。其他所有生活和学习用品都要摆放整齐，合理收纳。换下的脏衣服、脏鞋袜等要及时清洗。不要乱扔果皮纸屑，不要随地吐痰、不要乱贴乱画，不要乱倒废水。

（3）如果要到其他寝室去串门，进门后应主动跟同学打招呼，不要随便在他人床上坐卧，要注意时间的把握，不要在熄灯后进去别人寝室，以免影响同学的正常作息。谈吐要文明，逗留时间要短。如果在寝室接待亲友或外人来访时，事先应向同寝室的同学打招呼，进入后，主动为同学做介绍。

（4）对来拜访的同学要热情礼貌友善。对同学家长的造访要礼貌周到地接待。

（5）爱护宿舍的公共财物，尊重个人隐私。主动打开水，搞好宿舍同学之间的团结，互相互谅，严于律己，宽以待人。寝室是集体宿舍，是大家共同学习、生活、娱乐的场所，同学之间要互相尊重、互相关心，但一定记住不要侵犯同学的隐私权，不要干预同学的私事。不能私自翻看别人的日记，即使同学的日记本随意摆放也不能私自翻阅；不能私拆、私藏别人的信件；不能随意散布同学个人信息，更不能制造谣言，诋毁同学。

（6）严格遵守学校寝室管理规定，严禁私安、私接电源和使用超功率灯泡、电炉、电饭煲、电热毯、电熨斗、微波炉等电器。严禁在寝室炒菜做饭，用水用电要节约。

【小资料】

学会尊重

小燕和小琪是好朋友。小燕性格活泼开朗，小琪却有些多愁善感。不过两人的友情却非常深厚，一起打饭，一起上课，一起做作业，非常要好。有一天，小燕看到了小琪床上放了一封来信，信件还没有拆开，大概是小琪还没有回寝室，别人代拿的，也许是觉得自己和小琪关系特别好，小燕就把信件拆了，看完以后，小燕才觉得自己对小琪的了解太少了。原来，信是小琪妈妈写的，从来信中小燕才知道，小琪爸爸妈妈早就离婚了，他妈妈一个人在外面打工赚钱负担小琪的学习费用。同时，信里还谈了家里的一些私事，最后还说现在经济比较紧张，希望小琪能自己想点办法解决生活费。

看完来信，小燕立即召集寝室同学讲了小琪家的困难，并且动员同学们募捐了500块钱给小琪，想等到小琪回来帮助他解决目前的困难，可是，小琪回来看到这一切后，不仅没有感激小燕，而且大声斥责她不该看自己的私人信件。直爽的小燕也觉得委屈，觉得自己好心帮助她反倒落得这样的下场。最终，两人的关系越来越疏远，一对好朋友从此形同陌路。

二、校园交往礼仪

（1）同学之间相处礼仪 在学校里学习，同学间朝夕相处，是亲密的伙伴，这份情谊是学校生活中最宝贵的财富，它具有纯真、浪漫、充满活力的特点。为此，与同学交往应注意遵循有关的礼仪规范，从而建立一个和睦的同学关系网，使自己度过一段美好难忘的学习时光（图2-2）。在有求于同学时，须用"请"、"谢谢"、"麻烦你"等礼貌语言；借用学习用品时，应先征得同意后再拿，用后及时归还并致谢。对同学遭遇的不幸，偶尔的失败，学习上暂时的落后等，不应嘲笑、冷笑、歧视；对同学的相貌、体态、衣着不能评头论足，绝对不能嘲笑同学的生理缺陷。在事关自尊的问题上一定要细心加尊重。

图2-2 班级是个小集体

同学之间和睦相处体现在以下几方面：善于交友，不自卑自傲。同学之间交往要利于双方的进步才是有益的往来，善于交友，学会选择，真诚待人；团结同学，不排斥他人。一个人在一个班集体学习生活中总有一些关系不错的朋友，但忌长时间地只接触几位关系好的同学，而不和其他人相处。尤其是当小群体的利益与集体利益发生矛盾时，则应以班集体利益为先，舍弃个人小集体利益；同学交往，不互相攀比。同学交往，免不了攀比，关键看比什么，是志气、信心，还是比虚荣。如果是比思想和学习进步这当然好，但如果是比物质，就不可取了；谨言慎行，不说长道短。同学间相处不要在背地里说长道短，这是同学间最忌讳的事情。正确的做法是，自己不传、不说。别人说的，要认真分析真伪，不要轻信及盲从；温文尔雅，不出口伤人。"良言一句三冬暖，恶语伤人六月寒"。要自觉培养尊重别人的能力，讲话应温文尔雅，讲究语言美，忌自以为是、言出不逊、恶语伤人；就事论事，不揭人短处。争论时不要翻老账，不要对过去的事情总是耿耿于怀、揭人短处，更不能对他人进行人身攻击和侮辱性的语言攻击；合理退让，不争吵不休。在多数场合下，与人争吵并不能真正把对方说服，反而会使对方更加坚持自己的意见。在争吵时做出合理的退让，有利于化解一场争吵。

(2) 尊师礼仪　尊师是我国传统的美德。老师"传道、授业、解惑"被称为"人类灵魂的工程师"，可见教师在人们心中的地位。作为学生应自觉把尊敬老师落实在行动上。

学生在校园内进出或上下楼梯与老师相遇时，应主动向老师行礼问好，分别时说"再见"。进出校园及上下楼梯给老师让行。看到老师手中拿着许多东西，要主动上前帮忙。课堂上不与老师开玩笑或是说不雅的话，任何时候都不能直呼老师的姓名。虚心听取老师的教诲，接受师长的教育。对老师说实话、真话，不欺骗老师。珍惜老师的劳动成果，按时完成老师布置的各项任务。服从老师的管理，不顶撞老师。老师在办事或与别人在交谈时，不可随意打扰老师，躬身站立一侧，等老师办完事或谈完话后再找老师。老师进入学生宿舍，学生主动站起来问好让坐；老师离开时起身送出。学生对老师的相貌和衣着不应指指点点、评头论足，要尊重老师的习惯和人格。

办公室是老师们备课、教研和交流的工作之地。进出教师办公室应讲究的礼仪：①不要唐突造访。作为学生，随便出入教师办公室是很不礼貌的行为；进入老师办公室必须先敲门后喊报告，征得老师同意后，方可进去；如果见到老师正在休息，没有紧急的事，不要打扰老师。②不要随意翻动老师的东西。随意乱翻是对老师不尊重，而且是非常不礼貌、不道德的行为，也是影响教学的行为。老师的抽屉里有一些东西是保密的，如未启用的试卷，不公开的学生成绩表，日记本、信件、钱包等；把东西翻乱、弄丢或试卷泄密都会造成不良的后果。③不要停留太久。老师每天既要钻研教材、备课，又要批改作业、试卷，还要和其他教师交流教学经验，工作安排通常都是紧凑的、有计划的，每个同学都要尽量减少在教师办公室中逗留的时间，更不要因一丁点儿的小事、琐事而麻烦老师。④不要发出声响。进办公室要保持安静，不要在办公室里大声喧哗。与老师交谈时，眼睛注视着老师。认真倾听老师的讲话，不随便插嘴。在教师办公室里说话要小声，要注意出入不发出声响，尽量不影响其他老师的正常工作。离开办公室时，轻轻地把门关上。

(3) 食堂礼仪　食堂是学生生活的主要场所。在校期间，一日三餐基本上是在学校食堂解决的，这是一个充分体现个人素质的重要场所，一定要注意基本礼仪规范。

到食堂用餐，要有秩序地进入餐厅，文明就餐，不要冲、跑、挤，要排队购买饭菜，不可插队。吃饭要讲文明，要爱惜粮食，要根据自己的食量打饭菜，不要随便剩饭剩菜。如果有吃剩的饭菜，要倒进指定的泔水桶里，不要往洗碗池、洗手池里倒。

不要当着食堂工作人员的面抱怨饭菜不好，但可以礼貌地提出意见。坐在座位上吃饭时，要坐有坐相，两脚自然并拢，双腿自然平放。骨头、鱼刺等东西，不要随地乱吐，可以放到餐具里或吐到自己准备的其他盛具里。在食堂吃饭不要大声喧哗，更不能敲饭盆，嘴里含食物时，不要贸然讲话。如果和师长、同学及熟悉的人在一起吃饭，要注意礼让，先吃完离开时要说"大家慢慢吃"。用餐结束，要主动将餐具放到指定地点。

（4）图书馆、阅览室礼仪　图书馆、阅览室是学生课余时间常去的地方。在这里可以读到各种值得读的好书，既可以增加知识，又可以提高自学能力。在这种公共的学习场所，最基本的礼仪就是保持室内的肃静，不要妨碍他人看书。

到图书馆、阅览室学习举止要得体。要注意着装整洁、规范，不要穿短裤、背心、拖鞋进入图书馆和阅览室。要依次进入，不要争先恐后，不要抢占位子，更不要自己占了位子再给别人占一个位子。在图书馆、阅览室里，无论做什么事情，都应轻声。走动要轻；入座起立要轻；与管理员讲话要轻；与人交流、讨论时声音要轻；翻书找资料要轻。手机应该关闭或者调到静音模式，如确需接打电话，应轻轻走出图书馆或阅览室再接打，不能站在门口接打，以免影响他人。在室内不要窃窃私语，更不要大声喧哗、打闹。不要在图书馆、阅览室睡觉，更不能带零食去吃，要自觉讲究卫生。

要爱护图书。查阅图书时，凡开架书刊要一本本地取下来看，不要同时占用多份书刊。阅读完后要把书刊放回原处，不要随意放在桌子上。如果确实需要某些资料时，可以在征得管理员同意后，通过复印获取。借阅的图书要按时归还，不要在书上涂涂画画，更不允许撕页、刻挖书刊，如不小心遗失应向管理员老师说明，按照规定赔偿。

在电子阅览室阅览时，需持有效证件上机，对号入座。上机过程中要小心使用设备，不能私自带软盘、光盘播放，杜绝在网上截取或传播淫秽、反动、诋毁性质的报道、影视、图片，更不能发布有害信息，不得将阅览室内的设备和资料带出室外，确实需要下载有用信息须在管理员同意后进行。

思　考　题

1. 案例分析：小张和小丁是同班同学关系非常要好。他们经常在校园里的公开场合出双入对，形影不离，上课的时候也坐在一起，同学们经常开他们的玩笑，他们却不以为然，还觉得学校和同学们管得太宽。

小张和小丁过于亲密的举动对不对？请分析学生在公共场所应该遵守哪些礼仪规范？

2. 如何在校园里、生活中体现出我们良好的精神风貌和文明素养？

第三章 求职面试、展现自我

求职是人生目标的选择，在现代社会生活中越来越重要。现代市场经济需要的是综合型、应用型的人才。求职者只具备了学历和知识是不行的，还要有能力。"教养体现于细节，细节展现素质"，小事情、小细节往往会透露出一个人的内心世界，显现出一个人的本质。因此，招聘单位通过对应聘者言谈举止的观察，来了解他们的内在修养、内在气质，并以此来确定其是否是自己需要的人选。所以，作为一名即将步入职场的学子，就要在校园里时刻注意自己的言行举止，训练自己的礼仪风度，表现出自己的良好专业知识和修养，以迈出日后成功步入职场的第一步。

第一节 求职面试礼仪

一、求职仪表礼仪

两个素不相识的人，第一次见面时彼此留下的印象称为"首因效应"，亦称"第一印象"。人与人之间的相互交往、人际关系的建立，往往都是从第一印象开始的。

第一印象是一种直觉，要在求职时获得考官良好的第一印象，面试时的形象设计很重要。你的服饰、你的视线、你的态度及你讲话的嗓音、说话的频率和速度等，凡是能够用眼睛看到，用耳朵听到的信息往往要比你所说的内容更为深刻。"外貌是一种视觉简历"，"第一印象"在无形中左右着主考官的判断，因此，要争得良好的"第一印象"要注意以下几个方面。

图3-1 求职仪容简洁大方

（1）妆饰庄重适度 一般来说，参加面试之前，大学毕业生要适度妆饰自己（图3-1）。第一，要洗澡，保持体味清新。第二，要注意脸部的清洁卫生，男性要剃须，女性要化淡妆，切忌浓妆艳抹。第三，养成良好的口腔卫生习惯，要保持牙齿的清洁。第四，要清洁头发，发型适度，符合身份。男性发型要大方有朝气，不可求新、求怪，更不可染发。女性的发型不能过于时尚，也不要染过艳的颜色，面试时最佳发型应是梳理整齐的短发，给人以精神干练的感觉，一般不要留披肩长发，如果是长发，最好将长发盘起或扎起，给考官一个成熟、稳重、精明的印象。第五，要注意手部的清洁，指甲缝里不能有污垢，不要留长指甲或染指甲。如果女同学要涂指甲油，建议保持指甲的本色或清爽明亮的中性颜色，不要涂彩色指甲油。第六，佩戴首饰要适度，少戴为佳，切忌佩戴过于炫目、怪异的首饰。

（2）着装端庄得体 求职面试是一种有目的的交际活动，面试的着装影响到主考官对求职者的第一印象，一定要慎重行事。求职装没有刻板的模式，视场合和对象而定，但求职者的着装必须体现自己的知识结构、专业水平、文化品位、职场能力。一般来说，求职者的着装应与社会时尚相协调，做到既高雅端庄又大方得体，使不同层次的人都能够欣赏接纳。所以，求职装既要有大众化的特征，又要避免流俗。式样尽可能简单大方，色彩上也应慎重，太多色彩和太花哨的纹样不要选择，避免装束前卫大胆。

学生的求职装扮实际上表达了自己的内在素养。有时我们的外表也许会比我们的语言更具说服力，当你穿上最得体的服装，笔直挺拔，说话富有激情时，与一个相同学历的人相比，你出色的职业化外表，将给你带来更多的机会，我们要把握求职形象的基本特征，按照求职形象对自己进行精心设计。

二、求职称呼礼仪

在人际交往中，选择正确、适当的称呼，反映着自身的教养、对对方尊敬的程度，甚至还体现着双方关系发展所达到的程度和社会风尚。尊重一个人，首先要从尊重一个人的姓名开始，从有礼貌的、友好的称呼开始，这对展示大学生的风度、反映自身的教养和对对方的尊重、形成良好的人际关系和社会风尚是十分重要的。称呼语比较典型的有尊称和泛称两种。

（1）尊称是指对人尊敬的称呼。现代汉语常用的有："您"等。

（2）泛称是指对人的一般称呼。以正式场合与非正式场合来划分。

同学之间可以互相称呼其姓名，也可称"学姐"、"学长"、"学弟"或"学妹"；见到老师要主动问候"老师好"，不能直呼老师姓名，也不可叫老师外号。

（3）称呼的禁忌。避免错误的称呼。常见的错误称呼主要是误读或是误会。误读就是念错姓名。为了避免这种情况的发生，对于不认识的字，事先要有所准备；如果是临时遇到，应虚心请教。误会，主要是对被称呼者的年纪、辈分、婚否及其与其他人的关系作出了错误判断。比如，将未婚妇女称为"太太"，就属于误会。相对年轻的女性，都可以称为"女士"。

避免使用不当的称呼；避免使用不通行的称呼；避免使用庸俗的称呼。有些称呼在正式场合不适合使用。不要称呼外号，或使用带有歧视、侮辱性的称呼。对于关系一般的，不要自作主张给对方起绰号，更不能用道听途说来的外号去称呼对方，也不能随便拿别人的姓名乱开玩笑。

【小资料】

别扭的称呼

在局办公室干了十多年的李主任遇到了一件他认为是平生最难解决的问题：前任局长调走后，上级没有把郑副局长顺理成章地"扶正"，而是"空降"了一位新局长。本来工作调动是再也正常不过的事，要命的是新调来的正局长姓"付。"

正局长姓"付"，副局长姓"郑"，怎么称呼听起来都让人感到非常别扭。遇到上级领导来局里检查工作，或者有兄弟单位的领导来局里办事抑或是参观学习，身为办公室主任的他给客人介绍单位领导时，指着正付局长说："这是我们局的付局长。"指着郑副局长说："这是我们局的郑局长。"客人肯定百分之百地会误把正付局长当成副局长，而把郑副局长当成正局长。这让郑副局长该有多尴尬，又让付局长情何以堪？得罪了两位局长大人，自己以后还怎么在人家手下混呀！直呼局长大名吧，明显是对局长大不尊敬，并且也极不合时宜；光叫局长不叫姓，只有一个局长在场还勉强能说得过去，要是两个局长同时在一起，这场面要多难堪有多难堪。

这天晚上，李主任躺在床上，辗转反侧，绞尽脑汁，怎么也睡不着。还好，当时针指向凌晨3点59分59秒时，李主任终于想出了一个自认为是非常绝妙的好主意。

第二天上午9点整，新局长上任后召开了第一次全局所有人员大会。等大家都到齐后，会议正式开始。作为主持人，李主任在介绍新局长给大家时风趣而幽默地说道："我们新来的局长姓付，是一个非常非常有福之人。为什么这样说呢，因为我们局长不仅人长得高大魁伟，相貌富态，一看就是个有福之人，还有，最重要的一点就是我们新来的局长姓'付'，幸福的'福'字同音，只不过声调不同罢了，所以说我们新来的局长是一个名副其实的福局长啊！下面，我们请福局长讲话！"李主任故意把"福"字读得特别重。说罢，李主任首先带头鼓起了掌。

"哗哗哗……"在全局人员热烈的掌声中，李主任用眼睛余光偷偷地瞥了付正局长一眼，发现他的脸上露出了满意的神色。李主任又悄悄看了一眼郑副局长，恰好郑副局长正在此时也回头看着李主任。四目相对，李主任从郑副局长的眼神里分明看出了郑副局长对自己刚才的称呼非常满意。果然，郑副局长朝他笑了笑，悄悄地给他伸了一下大拇指。李主任心里清楚，他这个"福局长"不但解了自己的围，也在事实上帮了郑副局长的忙。新局长讲完话后，郑副局长在讲话中也称新局长为"福局长。"

不用说，此后付局长一直被大家称为"福局长。"

福局长果然有福，他下基层任职只不过是为了镀金，到局任职没多久就高升调离走了。这一次，命运不佳的郑副局长还是没能被扶正，而更让李主任感到要命的是，这次上级派来的新局长复姓——"第五"。

听到这个消息，李主任差点儿晕倒在办公椅上！

三、举止应答礼仪

求职礼仪是大学毕业生开始新工作前，最重要也是最需要学习的课题，把握好这一特殊时段的举止，用得体的行为举止去打动人、说服人，就显得特别重要了。

（1）举止得体　参加面试时，除了熟记自己准备的资料外，如何把握短短一个小时左右的时机，最大限度地利用自己的长处，掌握良好的交谈技巧，举止得体，树立良好的形象，也是实施成功面试的重要因素。

面试时不能迟到，一般比原定时间早10～15分钟到达面试地点较好。这样，你有充裕的时间到洗手间整理一下服装和面容。尽量不要太早到达，如果早到了，千万别在接待区走来走去，因为这样会打扰在公司上班的职员，给人留下无所事事、没有规矩的坏印象。但是，如果招聘人员迟到了，你不能流露出不满的情绪，要宽容、大度，特别是招聘者有意为之时，更应该警惕。

在进出面试办公室时，一定要保持抬头挺胸的姿态和饱满的精神，与人交谈时不要频繁地耸肩，手舞足蹈，左顾右盼，坐姿歪斜，晃动双腿等，这都是不好的肢体语言，总之，手势不宜过多，要恰当运用。

（2）应答自如　用人单位招聘毕业生，看重的就是他们是一张白纸，可塑性强，面谈的目的就是在众多的应聘学生中选拔出一些综合素质强的加以培养塑造。无论应聘什么职位，都要如实回答，有一说一，不要不懂装懂，不会就不会，不要装聪明，同时话多了不行，要适可而止。面谈时，一般情况下，应该有问必答。当主考官提出的问题令你感到受冒犯或者与工作无关时，可以有礼貌地回问为什么问这样的问题，或者委婉地回答："对不起，我不知道这个问题与我应聘的职位有什么关系，我能不能暂时先不回答这个问题呢？"

要始终面带微笑，用眼神交流，目光始终聚焦在考官身上。微笑是面试中最不可或缺的表情，微笑会增进与面试官的沟通，提高你的外部形象。恰当的眼神能体现出智慧、自信以及对公司的向往和热情。面试者要目光平和而有神，专注而不呆板。如果有几个面试官在场，说话的时候要适当用目光扫视一下其他人，以示尊重。回答问题前，可以把视线投在对方背面墙上，用两三秒钟做思考，不宜过长，开口回答问题时，应该把视线收回来。

四、面试后必备礼仪

中国乃礼仪之邦，讲文明、懂礼貌是一种良好的品格，也是毕业生应该具备的起码素质。

（1）表示真诚感谢　面试虽然结束了，但用人单位的考察并没有画上句号。面试结束时的礼节是用人单位考察录用的重要砝码。首先，不要在主考官结束谈话前表现出浮躁不安、急欲离去的样子；其次，不要在主考官起身或用"同你谈话我感到很愉快"、"感谢你前来面谈"这样的辞令来结束谈话时等不及起身告辞；再次，告辞时应同主考官握手，面带笑容地感谢他们花时间同你面谈；走出时，如果在你面试前有秘书或接待员接待过你的话，也应一并向他们致谢告辞；最后，为了加深考官对你的印象，增大求职成功的可能性，面试后的两三天内，最好给主考官打个电话或写封信表示感谢。记住一定要记下面试时与你交谈的主考官的名字和职位。

（2）耐心等待结果　面试结束之后的两个星期左右或到了主考官许诺的通知时间，如果没有得到任何回音，不妨主动给负责招聘的人打个电话，询问一下面试结果，也许会有助于加强你在考官心目中的印象。不可操之过急、过早地打听面试结果，要给招聘者对比选择的时间。

打电话询问面试结果，同样要注意电话礼仪，要在合适的时间有礼貌、有技巧地询问。

① 合适的时间。打电话询问面试结果不要在休息时间进行，而应在正常工作日的时间段内进行，但要注意避开工作繁忙时间。

② 询问的技巧。同样的一句话，问候方式的不同，会给人留下不同的印象。所以，在通话的过程中，自始至终都要尊重自己的通话对象，做到热情、懂礼。接通电话后，首先说一声："您好！"接下来要自报家门，让对方知道自己是谁。自报家门的内容应该包括自己的姓名、何时去面试何职位等，以便对方能及时知道你是谁。

在电话中要表明自己对公司的向往和愿意为公司的发展作贡献。如果要找的人不在，需要接听电话的人代找，要使用"请"、"麻烦"、"劳驾"、"谢谢"之类的礼貌用语。留言或转告，都不是询问面试结果的首选方式，可以打听要找的人什么时间在，然后到时候再打。

打电话询问的时间长度要有所控制，基本的要求是宁短勿长。其实，就询问本身来说，两三分钟的时间足能解决。所以，除直接询问结果之外，"表白"的内容长度也要有所控制，不要没完没了地说，要及时结束通话。

打电话时要认真倾听对方讲话，重要内容要边听边记。同时，还要礼貌地呼应对方，适度附和、重复对方话中的要点，不能只是说"是"或"好"，要让对方感到你在认真听他讲话。结束通话的时候，可以让对方先挂电话，以示对对方的尊重。如通话因故暂时中断，要立刻主动给对方拨过去，并要道歉，不能不了了之，或等对方打过来。

（3）求职平常心态　求职的成功与否，是由多方因素造成的。因而，一定要有两手准备。作为一个求职者，在经过数日的奔波、多次的面试之后，终于得到了被录用的消息，定会欣喜若狂，这是正常反应。但在欣喜之余，一定要保持平静的心态，积极做好迎接新工作、适应新环境的准备。如果未被录用，不要迁怒他人，或对招聘单位发泄怨气，更不要对自己失去信心。

若求职成功，要尽快完成角色转换。来到一个新的单位，工作在一个新的岗位，要尽快调整好自己的心态，去适应新的环境、新的工作、新的同事，完成角色转换。要做到这些，首先你要去全面了解你的新单位和新岗位；其次要根据工作要求，及时学习新知识，构建新的知识结构，提高自己的职业技能，快速适应新工作，不辜负用人单位对你的期望。

新的工作环境，新的工作岗位，对人生是一种机遇，更是一种挑战，应该珍惜这一机遇，迎接这一挑战。用人单位安排的岗位你也许很满意，也许因不能施展你的专业特长令你不太满意。而且，岗位的不同，薪资待遇等方面也会有所不同。但是，不管怎样，都要勇于面对，应该学会从零开始。始终拥有一份好的心情，保持一颗上进心，在工作中脚踏实地，精益求精，敬业奉献，勤奋好学。如果遇到不顺心的事，要善于调整心态，相信未来是美好的，只要努力，一切都会过去的，不要对生活失去信心，命运掌握在自己手中。

第二节　实习实践礼仪

实习生在言谈、穿戴、举止、外观等方面的表现，被实习单位所重视。因此，实习生要努力符合实习单位的标准和要求，以取得实习单位同事的信赖。

一、严于律己，遵纲守纪

作为一名实习生，在校园，需要遵守学校的校规校纪，在实习过程中，也必须以自己的实际行动遵守实习单位的相关规章制度。要做到必须遵守法律法规和实习纪律。实习中要认真听讲，善于思考，谨慎操作，在实习车间注意安全，穿戴规定的劳防用品，着装必须符合生产实习着装规范，如系全纽扣，扎好袖口，长头发女生必须将头发挽到工作帽中等。此外，还要遵守相关实习单位规章制度。实习实训分为校外、校内实习实训两大类，如果在校外实习基地实习，虽然各个专业学生实习单位不尽相同，但都需要遵守各实习单位制定的规章制度。例如，如果实习单位是科技类公司，那么，除了要遵守学校的实习规章制度外，还应当遵守实习公司的保密制度、作息制度等。

二、文明礼貌，助人为乐

实习生要尊重实习单位的领导和员工，见面时要热情主动地问候，在办公室要注意手脚勤快，打水扫地走在前面，为指导教师让座等，如果别人有困难，要尽可能地提供帮助。

在社会生活中，人与人之间应当相互关心、互助友爱。在实习中要做到目中有人，讲文明懂礼貌，主要有以下几点需要注意。

(1) 尊重他人，体现细节。尊重最先体现在迎送、问候、言谈、举止之间，要做好它并非容易的事，需要在实际工作中长期积累，用心揣测。比如，看到有来访者，就应主动地站起来，握手问好并让座、端茶，让来访者感到受到了尊重。

(2) 与人交往，不分厚薄。在日常工作和人际交往过程中，实习生不可因贵贱亲疏而分厚薄，不以貌取人。

(3) 礼貌用语，常挂嘴边。实习生在日常工作和人际交往过程中，要处理好人际关系，要多使用文明礼貌用语。在欢迎客人时，多用"您好"、"请"、"欢迎光临"等文明礼貌用语；在工作过程中多用"我明白您的意思了"、"请恕冒昧"、"劳驾您"等礼貌文明用语。送客人时，多用"欢迎下次光临"等文明用语。多使用敬语、敬辞，可体现实习生的个人礼仪。

(4) 失言失行，及时致歉。在工作和交往过程中，难免会出现失言失行。要能坦诚地承认自己的失误，由衷地致歉，必须从内心深处学会说"对不起"、"原谅我"等致歉用语。

(5) 平等相待，持之以恒。实习生与实习单位员工在工作和生活上是平等的关系，应平等相待，互相协商、礼貌相处、互相关心、互相谦让。在实习过程中，力所能及地帮助他人能使得自己的工作事半功倍。

三、虚心学习，取长补短

实习生即使在校期间品学兼优，但一旦从学校走入社会，面临的将会是全新的挑战。在实习单位，作为一名新人，应当虚心请教实习单位的领导、指导老师，切莫骄傲自大。要能做到以下几点。

(1) 态度诚恳，不卖弄自己。对于业务上不明白、不清楚的地方应当主动、自觉地向实习指导老师求教。不能因为盲目的自尊心而不懂装懂，要有严谨的工作态度。切忌在工作中对实习单位员工使用狂妄的话语。

(2) 虚心请教，不自以为是。如实习单位是学校，实习生一定要服从带队教师的领导，主动配合指导教师开展工作。要尊重指导教师的劳动，虚心向"师傅"学习，学习他们的敬业精神和教学经验，以丰富提高自己，不要自以为是，我行我素。写好实习报告后，应按时送给实习指导教师审阅，恳请他们给予指导，认真倾听并接受修改意见。要努力完成实习指导教师交给的任务。当自己取得某些成绩，受到赞扬时，应感谢学校为自己提供的实习机会，并感谢指导教师指导有方。

(3) 尊重隐私，谨言慎行。礼仪的核心是尊重。要搞好团结，不拉帮结派；他人隐私，不妄加评论；饱受委屈，不满腹牢骚；注意礼貌，不乱用称呼。实习期间所有的实习单位员工应该都是实习生的老师，所以称呼对方为"老师"是比较合适的。不论实习单位员工资历深浅、学历高低，都要以礼相待、以诚相见。

【小资料】

辞　　职

A 对 B 说："我要离开这个公司。我恨这个公司！" B 建议道："我举双手赞成你报复！！破公司一定要给它点颜色看看。不过你现在离开，还不是最好的时机。"

A 问：为什么？B 说："如果你现在走，公司的损失并不大。你应该趁着在公司的机会，拼命去为自己拉一些客户，成为公司独当一面的人物，然后带着这些客户突然离开公司，公司才会受到重大损失，非常被动。" A 觉得 B 说得非常在理。于是努力工作，事遂所愿，半年多的努力工作后，他有了许多的忠实客户。再见面时 B 问 A：现在是时机了，要跳赶快行动哦！A 淡然笑道：老总跟我长谈过，准备升我做总经理助理，我暂时没有离开的打算了。

其实这也正是 B 的初衷。一个人的工作，永远只是为自己的简历。只有付出大于得到，让老板真正看到你的能力大于位置，才会给你更多的机会替他创造更多利润。

第三节　工厂实习礼仪

生产实习是了解社会，接触生产实际的有效途径，是在实践中培养劳动观念，巩固已学理论知识，培养实际工作能力和专业技能的重要手段。在工厂实习过程中，除了对学生理论知识、实习技能的要求之外，基本的实习礼仪知识也不可忽视。

一、搞好师徒关系

在专业技能行业中，师徒关系虽不严格、明确，但参加实习的大学生通常都有自己的实习老师。在实习过程中，要注意处理师徒关系，先要做到尊重师傅；要虚心向师傅学习技艺，刻苦钻研，好学上进；尊重师傅的技术和工作经验。

二、严守工厂制度

到工厂实习，实习生必须接受安全教育，必须严格遵守工厂的相关操作、保密等制度。按规定时间上、下班，不迟到、不早退、不旷工。工作时间未经主管许可，不得擅离职守。

每一步操作流程都要严守工厂纪律，严格遵守安全操作规程，爱护设备；进入工作场地前必须按安全规程规定穿戴好服装、鞋帽及其他防护用品，不进入设备警戒线内，确保人身安全。

三、注重学有所获

爱岗敬业，吃苦耐劳。在任何一家单位实习，爱岗敬业都是对员工素质的基本要求，要干一行、爱一行、专一行、精一行。只有脚踏实地、吃苦耐劳、辛勤耕耘的员工，才能成为企业骨干，才能得到企业重用。诚实守信，锤炼品质。用人单位在聘用员工时，最先强调的是做人的品质。因此，实习生要守时、守信，自觉遵守企业或公司的规章制度。工作认真，绝不敷衍。一个管理严谨的企业，其员工对工作是严肃认真的，这是管理效应，是企业生产经营对员工职业素养的必然要求。这是因为，企业的每项工作都要靠员工去执行，在执行的过程中，不能敷衍了事、粗枝大叶。特别是在工业性企业，生产制造每个机器零件都不能出现丝毫的纰漏，否则，你生产的工件就是一件废品。而由于你的"粗枝大叶"所造成的废品工件，就是浪费人力、物力和财力，是令人痛心的。

第四节　餐饮服务专业实习礼仪

餐饮专业的学生大多从事的是酒店管理、餐饮、导游服务等行业，近几年来，餐饮专业的学生由于学科特点决定了实践环节占据教学计划中较重的位置，所以，强调餐饮专业学生的实习实训礼仪更为重要。

一、用语礼仪

餐饮专业礼貌用语的基本特点是：简练、明确、完整、得体。实习生应有较好的语言修养，经常使用文明礼貌语，如"请"、"谢谢"、"劳驾"、"很抱歉"、"请原谅"、"没关系""欢迎您下次再来"、"再见"等。语言文明礼貌，讲究艺术性，能够取得顾客的信任，使顾客感到亲切、愉快；而说话随便、生硬，则可能会使顾客反感、误会、生气甚至吵闹、投诉。

首先，发音要标准，无论是普通话、外语还是方言，咬字都要清晰，尽可能讲得标准；嗓音要动听，以增加语言的感染力与吸引力；音量要适度，以客人听清楚为准，切忌大声地说话，"震惊四座"；语调要婉转、抑扬顿挫有情感，令客人愉快；语速要适中，应避免连珠炮式说话，轻柔甜润地说话，才会使客人满意。

其次，表达恰当。说话力求语言完整、准确、贴切，注意选择词句，使宾客满意。最后，尽可能地在表达过程中使用敬语。常常以"请"字开头，以"谢谢"收尾，而"对不起"则常挂嘴边。

实习生掌握规范的餐饮专业礼貌用语，首先要提高自身的素质，其次要多注意观察分析顾客心理及特点，积累经验，多做练习，才能做到正确无误，对答如流，表达清楚，简练得体。

二、举止礼仪

餐饮专业的实习生，每天直接面对客人，在待人接物中更要做到举止有礼，除了基本的举止礼仪外，还应达到行业特有的几点要求。

（1）站立服务。这是商业服务人员的基本功之一。要求站得端正、自然、亲切、稳重。一般来讲，三人一线站，两人两边站，一人站中间。

（2）引领宾客。为宾客引路时，应走在客人的左前方，保持两三步距离；送别宾客时，则应走在宾客的左后方，距离约半步；若与宾客边走边谈，应让宾客走在自己的右边；路遇宾客，应让其先行；若遇开门、关门、按铃等，则应先行到宾客之前为其服务。

（3）微笑服务。微笑服务是优质服务不可缺少的重要内容。坚持微笑服务可以大大改善服务态度，提高服务质量，是获得最佳经济效益和社会效益的重要保证，是企业的成功之道。

实习生接待客人要表情自然，面对客人说话时，要距客人1米左右，面带微笑，目视客人眼鼻三角区，以示尊重、亲切、有礼貌。

（4）举止文雅。在服务过程中能用语言讲清的，尽量不用动作，不要指手画脚。进退有序，事毕后退一步，自然走开。要间距适当，不要凑到客人耳边小声说话。

（5）注意口腔卫生，以免口出异味引起客人的不满。可随身携带清洁口腔的物品，以备不时之需。

思 考 题

1. 作为职业院校毕业的学生，你如何理解求职礼仪的重要性？
2. 情景模拟：假如你要去面试一家企业的技术操作人员，请在学习完本章内容之后，说说你将如何准备你的面试，并现场演示。

企业篇

第一章　走近企业文化

第一节　企业文化的内涵与结构

一、企业文化的内涵

企业文化是在一定的社会历史条件下，企业生产经营和管理活动中所创造的具有本企业特色的精神财富和物质形态。它包括文化观念、价值观念、企业精神、道德规范、行为准则、历史传统、企业制度、企业环境、企业产品等。其中价值观念是企业文化的核心。企业文化是企业在发展过程中逐步形成的，渗透于企业的各个领域和全部时空。企业文化是企业的灵魂，是企业的精神支柱。企业文化是企业文明信号，是企业生产力状况和价值观的精神体现。任何企业都拥有自己的文化，它在潜移默化中影响着员工的言行、处事原则和风格等。

海尔集团总裁张瑞敏说："企业发展的灵魂是企业文化，企业文化的核心是价值观，有什么样的价值观，就有什么样的规章制度和行为规范，这又保证了物质文化的不断增长。"

企业文化是在社会政治、经济、文化的综合作用下产生和发展的，是与企业经营活动相适应的，它有自身的规律。就其本质而言，企业文化是一种经济文化，反映着人们经济活动的观念和方式；就其具体内容来讲，它取决于企业发展的历史，所处的社会、地理环境，经营管理特点以及企业全员尤其是高层管理人员的素质及价值取向等因素。

企业文化作为一种管理理论和方式，是以人为中心的，这也是企业文化与传统的以物为中心的管理思想的根本区别。从企业文化的角度来看，企业内外一切活动都应是以人为中心的。从企业内部来看，企业不应是单纯地制造产品、追求利润的机器，员工不应是这部机器上的部件；企业应该是使员工能够发挥聪明才智，实现事业追求，和睦相处、舒畅生活的大家庭。从企业外部看，企业与社会不应该单纯是商品交换关系，企业生产经营的最终目的是为了满足广大人民的需要，是为了促进人类社会的发展。

【小资料】

"海尔人单合一跨文化融合"案例被评为全国企业文化优秀案例

在中国企业联合会、中国企业家协会主办的2013年度全国企业文化年会上,"海尔人单合一跨文化融合"案例被评为"全国企业文化优秀案例"。

人,就是员工;单,不是狭义的订单,而是用户;合一就是把每个员工和他的用户连接起来;所谓双赢,就是你给用户创造最大价值的时候获取你的价值。人单合一双赢文化是海尔在探索互联网时代商业模式的过程中形成的创新文化,它体现了企业对人的尊重,让每个人获得公平的机会去为用户创造价值,从而实现自身的价值。2012年,通过融入人单合一双赢企业文化,海尔使并购过来的日本三洋白电业务重焕生机,仅用八个月时间迅速止亏,再次创造了"企业文化激活休克鱼"的最佳实践。目前,海尔品牌以及通过并购整合的亚科雅(AQUA),双品牌合计份额跻身日本前五行列。这一文化融合案例已被欧洲顶级商学院西班牙IESE写入案例库。此次获得"全国企业文化优秀案例"荣誉,再次印证了人单合一双赢文化的时代性和国际性。

二、企业文化的结构

企业文化的结构,是指企业文化系统内各要素之间的时空顺序、主次地位与结合方式。它表明了各个要素如何联系起来,形成企业文化的整体模式。

企业文化的结构,可以分为物质、行为、制度、精神四层次结构,见图1-1。最外层是企业文化的表层,即物质文化;第二层是幔层,也叫浅层,即企业行为文化;第三层是中层,即制度文化;第四层是核心层,即精神文化。

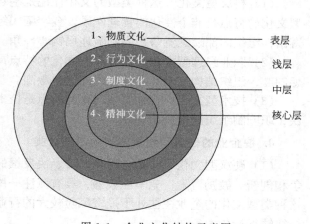

图1-1 企业文化结构示意图

第二节 企业文化的类型和功能

一、企业文化的分类

企业文化是一个庞杂的系统,无所不在,是企业的无形统治者。依据不同的文化特质的组合,可以对千差万别的企业文化进行大致的分类。

1. 按发育状态分类

(1)成长型文化 这是一种年轻而充满活力的企业文化。一般地,在企业初创时期,事业蓬勃发展,企业经营状况呈现出蒸蒸日上的趋势,企业中各种文化相互冲突,表现出新文化不断上升的态势,新文化对员工表现出很强的吸引力和感召力。但是,成长型文化所面对的外部环境不稳定,企业内部人员、结构、制度以及经营模式尚未完全定型,因此这种文化类型也是不稳定的,如果不善于引导和培育就会出现偏差。

(2)成熟型文化 这是一种相对稳定且个性突出的企业文化。一般来讲,企业发展进入成熟期,经营规模和市场稳定,人员流动率降低,管理运行状况良好,企业内部人际关系及企业与社会公众的关系也调试到了常态，此时企业的规章制度顺理成章、政令畅通，与之相适应的企业文化进入了稳定发展的黄金时期。但是，成熟型企业文化易形成某种惯性和惰性，使得创新与变革的难度加大。

（3）衰退型文化　这是一种不合时宜、阻碍企业进步的企业文化。当企业发展到一定阶段，由于市场的渐变或突变，传统的经营管理方式面临越来越大的挑战，原有企业文化逐渐成为衰退型文化。衰退型企业文化已经不适应企业进一步发展的需要，急需全面变革与更新。

2. 按企业的状态和作风的不同分类

（1）活力型企业文化　这种类型文化的特点是重组织，追求创新，目标明确，上下左右内外沟通良好，员工责任心强。

（2）停滞型企业文化　这种类型的文化特点是急功近利，无远大目标，带有利己主义倾向，自我保全、面向内部，行动迟缓、缺乏责任心。

（3）官僚型企业文化　这种类型文化的特点是例行公事，存在大量官样文章。

3. 按企业对各种因素重视的程度的不同分类

（1）科层型文化　这种类型的文化往往是垄断市场中从事经营的公司所拥有的。这种类型文化的特点是非个性化的管理作风，金字塔式组织结构，注重对标准、规范和刻板程序的遵循，组织内部缺乏竞争，人们暗地里钩心斗角。

（2）职业经理型文化　这种类型文化的特点是以工作为导向，有明确的标准、严格的奖惩制度，组织结构富于灵活性，内部竞争激烈。

（3）技术型文化　这种类型文化的特点是技术专家掌权，家长式作风，着重依赖技术秘诀，职能制组织结构。

4. 按企业的任务和经营方式的不同分类

（1）硬汉型文化　这是一种高风险、快反馈的文化。这种类型文化的特点是鼓励内部竞争和创新，鼓励冒险，竞争性较强，具有孤注一掷的特性，总是试图赢得巨大的成功。具有这种类型文化的企业往往处于投资风险较大的行业。这是倾向于年轻人的文化，有活力，但往往缺乏持久力。

（2）努力工作尽情享受型文化　这是一种低风险、快反馈的文化。这种文化把工作与娱乐并重，信奉拼命干、痛快玩的信念。这种文化赖以生存的土壤往往是生机勃勃、运转灵活的销售组织和服务行业。这种文化使工作和娱乐实现了完美的结合。

（3）赌注型文化　这是一种高风险、慢反馈的文化。在这种文化类型的企业里，人们重视理想、重视未来，具有极强的风险意识，会促使高质量产品的开发和高科技的发明。具有这种文化的企业往往是一些拥有实力的大公司。

（4）过程型文化　这是一种低风险、慢反馈的文化。这种文化的核心价值是用完善的技术、科学的方法解决所意识到的风险，做到过程和细节的正确无误。这种文化的企业中的员工循规蹈矩，严格按程序办事，缺乏创新性。这类文化一般是在金融保险业和公共事业中的企业产生的。

另外，还有其他的一些分类方法，如按照文化建设战略目标和需求的不同可分为企业家群体性、全员资质型、服务文化型、质量文化型、科技开发型、营销文化型、生产文化型等。

二、企业文化的功能

1. 导向功能

企业文化能对企业整体和企业每个成员的价值取向及行为取向起引导作用，具体表现在两个方面：一是对企业成员个体的思想行为起导向作用；二是对企业整体的价值取向和行为取向起导向作用。

2. 约束功能

企业文化对企业员工的思想、心理和行为具有约束和规范作用。企业文化的约束不是制度式的"硬"约束，而是一种"软"约束，这种约束产生于企业的文化氛围、群体行为准则和道德规范。

3. 凝聚功能

企业文化的凝聚功能是指当一种价值观被企业员工共同认可后，它就会成为一种黏合剂，从各个方面把其成员聚合起来，从而产生一种巨大的向心力和凝聚力，产生奋发进取的集体意识，让企业的价值观和行为准则成为大家的自觉意识和自觉行动，可以改善人际关系，增进员工之间的友谊和情感。

4. 激励功能

企业文化具有使企业成员从内心产生一种高昂情绪和奋发进取精神的效应。企业文化把尊重人作为中心内容，以对人的管理为中心。企业文化给员工多重需要的满足，并能对各种不合理的需要用它的"软"约束来调节。所以，积极向上的思想观念及行为准则会形成强烈的使命感、持久的驱动力，成为员工自我激励的一种动力。

5. 辐射功能

企业文化一旦形成较为固定的模式，它不仅会在企业内部发挥作用、对企业员工产生影响，而且也会通过各种渠道对社会产生影响。企业文化的传播对树立企业在公众中的形象有帮助。优秀的企业文化对社会的发展有很大的影响。

6. 品牌功能

企业文化和企业经济实力是构成企业品牌形象的两大基本要素，它们是相辅相成的。企业品牌展示一个企业的形象，企业形象是企业经济实力和企业文化内涵的综合体现。一个企业的经济实力如何，主要看企业的规模、效益、资本积累、竞争力和市场占有率等。企业如果形成了一种与市场经济相适应的企业精神、发展战略、经营思想和管理理念，即企业品牌，就能产生强大的团队向心力和凝聚力，能激发员工的积极性和创造精神，从而推动企业经济实力的持续发展。

【小资料】

"南航心约"

对员工关心——倡导以人为本的新文化，提升员工对南航的认同感、归宿感和自豪感，摒弃一切不重视员工的观念和行为。

对客户热心——把"客户"的定义扩大到乘客、货主以及公司内部的同事，把"客户至上"奉为核心价值观之首。

对同事诚心——"源于内心、出自善意"的诚心，是形成内部工作团队的前提，也是建立"诚信"的外部形象的基础，更是南航人实践公司使命的基本要求。

对公司忠心——对公司忠诚，认同公司的价值观和原则，遵守公司的行为准则，做好本职工作。

对业务专心——力求把所做的任何事情做到最好，力争成为本职工作的行家里手，成为每一行的专家能手。

公司提出要发挥企业文化"聚人心"的作用，从文化上切入，用企业文化吸引人、改变人、造就人、留住人。通过"南航心约"的传播和推广，使员工逐步把公司使命作为共同目标，同个人的职业发展结合起来；把核心价值观作为员工为人处世的根本准则，从员工的理想、行为中体现出来；把公司原则与行为期望作为企业经营、管理、运作的根本，使"南航心约"成为公司立身行事的准则，成为员工休戚与共的纽带，成为南航发展的灵魂。

第三节　中国特色企业文化

中国传统文化是以儒家文化为核心，博采道、佛、法、兵、墨等各家之言，形成的以儒家思想为核心，包容各家所言的多元文化。传统文化中的以人为本、天人和谐、集体主义、修己安人、勤劳自强等优秀思想对中国企业文化建设产生了深刻的影响。自 20 世纪 80 年代，经过引进吸收，现已形成了具有中国特色的企业文化。

一、中国企业文化的特点

1. 爱国主义和民族精神

首先，中国传统文化中的爱家、爱国思想是中国企业文化这一特点产生的根源；其次，现代中国要追赶世界经济发达国家，许多成功的企业都将振兴民族经济、富国强民作为自己的历史责任。这不仅给企业树立了远大的理想，也给企业注入了强劲的动力。

2. 团结协作与奉献精神

中国传统文化有"舍生取义"的思想，就是可以牺牲个人的一切去完成集体（国或家）的大事业。在现代中国企业中，长虹树立了"厂荣我荣，厂耻我耻"的集体观念；在青岛有一个大众体会，"谁家有海尔人，全家都为海尔忙"。这种以奉献精神为核心的群体风格，深深刻在中国企业员工心中，时刻激励着他们。

3. 忧患意识

海尔的生存理念是：永远战战兢兢！永远如履薄冰！海尔的质量意识、市场意识、用户意识、品牌意识和服务意识都来自其深层的忧患意识；从《华为的冬天》到《华为的红旗还能打多久？》，无不流露出华为的忧患意识。中国企业文化这种突出的忧患意识，是历史与现实冲突的结果。几百年的落后挨打，使中华民族崛起的心比其他民族都坚决，面对落后的经济，中国企业更加清醒地认识自己与别人的差距，因而具有非常突出的忧患意识。

4. 以人文本

人是企业最宝贵的财富，企业的竞争归根结底是知识的竞争和人的竞争。中国企业吸取了传统文化的精髓，形成了人本管理的优秀企业文化，建立了自我发展、自我激励、自我约束的奖惩机制和人员培训机制。任人唯贤是中国传统文化的一个亮点。长虹拥有"干部能上能下，职工能进能出，收入能高能低，机构能设能撤"的"四能"机制，并投资建设了设施先进的职工培训中心；海尔则有"人人是人才"、"赛马不相马"的人才理念，采取竞争上岗的办法选择人才。中国企业已经充分认识到了人才的价值，企业努力为员工创造一个良好的工作和生活环境，给员工以崇高的奋斗目标和具有挑战性的工作。中国的人本管理思想从整体上更加注重个人和集体的关系，个人总是在集体中得到发展，而不讲究个人英雄主义。

5. 企业家的旗帜作用

中国人传统的服从意识，决定了中国企业文化中企业家的重大作用。中国企业员工对企业家的要求是立体的，企业领导人不仅能管理一个企业，而且还是企业的形象代表，是员工事业和生活的榜样，是企业的一面旗帜。他们不仅是企业文化的缔造者，也是企业文化最坚决的执行者和维护者。这本身就是一种独特的企业文化现象，是中国企业文化中最不同于其他国家企业文化的一点。

6."人治"与"法治"相结合

虽然改革开放以来我国许多企业都在进行企业文化建设工作，而且也取得了十分明显的成效，但从总体上来说，我国的企业文化建设仍然处于起步阶段。我国法治社会建设任重而道远，"人治"的现象仍然相当严重，诸如长官竞选、口头承诺、随意性的决策和裙带关系等行为随处可见，严重制约了企业的规范化和制度化建设。

【小资料】

《东亚铭》——宋棐卿的管理理念

一、主义。人无高尚之主义，既无生活之意义。事无高尚之主义，既无存在之价值。团体无高尚之主义，既无发展之能力。国家无高尚之主义，既无强盛之道理。

二、公司之主义。我们要实行以生产辅助社会之进步。我们要使游资游才得到互助合作。我们要实行劳资互惠。我们要为一般平民谋求福利。

三、做事。人若不做事，生之何益！人若只作自私之事，生之何益！人若不为大众做事，生之何益！人若只为名利做事，生之何益！若无事作，要我做甚么？若无艰难之事作，要我做甚么？若不服务社会，要我做甚么？若不效忠国家，要我做甚么？

四、为人。能做事者必不怨天尤人。怨天尤人者必不能作事。真人才必不谄上骄下。谄上骄下者必非真人才。

五、人格。不忠于己者焉忠于人。不忠于夫妇者焉忠于友。不忠于亲族者焉忠于社会。不忠于家者焉忠于国。公而忘私者我们要师法。先公后私者我们要征集。先私后公者我们要规劝。有私无公者我们要力戒。

六、尽责。事成而又不获罪于人者为理想之人才。事成不得已而获罪与人者为有用之人才。事不成而仅图不获罪于人者为无用之人。事不成而又获罪于人者为危险之人。不待命令而自动工作者为中坚分子。等待命令而即工作者为忠实分子。接到命令而懒于工作者为无用分子。有令不做反讥者为是非分子。

七、功绩。有功而不以为功者谓之真功。有功而以为有功者谓之夸功。无功而以为有功者谓之争功。无功而谤他人之有功者谓之嫉功。

八、过失。从心无过圣贤也。闻过则改君子也。闻过不改庸人也。闻过则怨小人也。

二、华为企业文化

1. 远大的追求，求实的作风

华为公司的远大追求主要表现在三方面：实现顾客的梦想，成为世界级领先企业；在开放合作的基础上独立自主和创造性地发展世界领先的核心技术和产品；以产业报国、振兴民族通信工业为己任。华为公司的企业家和员工是有血有肉的凡人，他们既爱祖国、爱人民，又爱事业、爱生活、爱自己和家人。这样，就把远大的追求与员工的切身利益有机地结合，把"造势与做实"紧密地结合。

2. 尊重个性，集体奋斗

华为公司不搞偶像崇拜，不推崇个人主义，强调集体奋斗，也给个人以充分发挥才能的平台。高技术企业的生命力在于创新，而突破性的创新和创造力实质上是一种个性行为。这就是要求尊重人才、尊重知识、尊重个性。但高技术企业又要求高度的团结合作，技术的复杂性、产品的复杂性，必须依靠团队协作才能攻克。

3. 结成利益共同体

企业应该奉行利益共同体原则，使顾客、员工与合作者都满意，这里合作者的含义是广泛的，是与企业利害相关的供应商、外协厂家、研究机构、金融机构、人才培养机构、各类媒介和媒体、政府机构、社区机构，甚至目前的一些竞争对手都是公司的合作者。华为公司正是依靠利益共同体和利益驱动机制，不断地激活了整个组织。

4. 公平竞争，合理分配

华为公司力图使价值分配制度合理：一是按外部人才市场的竞争规律决定公司的价值分配政策；二是引入内部公平竞争机制，确保机会均等，而在分配上充分拉开差距；三是树立共同的价值观，使员工认同公司的价值评价标准；四是以公司的成就和员工的贡献作为衡量价值分配合理性的最终标准。华为公司的文化是一种实事求是的文化，是一种建立在尊重价值规律和自然规律基础上的文化，是一种精神文明与物质文明互相结合、互相促进的文化。

5. 塑造"狼性"与"做实"企业文化

华为团队精神的核心就是互助。华为非常崇尚"狼"，认为狼是企业学习的榜样，要向狼学习"狼性"，即充满活力的团队精神和追求卓越的进攻精神。华为团队精神就是——狼性。狼性是华为营销团队的团队精神，这种精神是很抽象的，而且也是很容易扭曲的，这就需要有一种保障机制，使得狼性既可以正本清源地保留，这种保障机制就是华为的企业文化。

华为的企业文化可以用这样的几个词语来概括：团结、奉献、学习、创新、获益与公平。华为的企业文化还有一个特点就是：做实。企业文化在华为不单单是口号，而且是实际的行动。"狼性"与做实的企业文化是华为之所以为华为的根本。

6. 华为基本法

华为基本法最大的作用，就是将高层的思维真正转化为大家能够看得见、摸得着的东西，使彼此之间能够达成共识，这是一个权力智慧化的过程。这个过程真正使公司充满了生机。

从华为文化的特点来看，其来源有三：一是国内外著名企业的先进管理经验，二是中国传统文化的精华，三是华为企业家创造性思维所产生的管理思想。其中，华为企业家群体的管理思想是华为文化的主流，这种管理思想不断创新，使得华为文化生生不息。

【小资料】

华为企业文化理念

华为愿景：丰富人们的沟通和生活。

华为使命：聚焦客户关注的挑战和压力，提供有竞争力的通信解决方案和服务，持续为客户创造最大价值。

华为战略：以客户为中心。

为客户服务是华为存在的唯一理由；客户需求是华为发展的原动力；

质量好、服务好、运作成本低，优先满足客户需求，提升客户竞争力和赢利能力；

持续管理变革，实现高效的流程化运作，确保端到端的优质交付；

与友商共同发展，既是竞争对手，也是合作伙伴，共同创造良好的生存空间，共享价值链的利益。

华为核心价值观：

成就客户：为客户服务是华为存在的唯一理由，客户需求是华为发展的原动力。

艰苦奋斗：华为没有任何稀缺的资源可依赖，唯有艰苦奋斗才能赢得客户的尊重和信赖。坚持奋斗者为本，使奋斗者获得合理的回报。

自我批判：只有坚持自我批判，才能倾听、扬弃和持续超越，才能更容易尊重他人和与他人合作，实现客户、公司、团队和个人的共同发展。

开放进取：积极进取，勇于开拓，坚持开放与创新。

至诚守信：诚信是华为最重要的无形资产，华为坚持以诚信赢得客户。

团队合作：胜则举杯相庆，败则拼死相救。

企业标志：新的华为企业标志在保持原有标志蓬勃向上、积极进取的基础上，更加聚焦、创新、稳健、和谐，充分体现了华为将继续保持积极进取的精神，通过持续的创新，支持客户实现网络转型并不断推出有竞争力的业务；华为将更加国际化、职业化、更加聚焦客户，和我们的客户及合作伙伴一道，创造和谐商业环境以实现自身的稳固成长。

思 考 题

1. 如何理解企业文化的内涵？
2. 企业文化有哪些功能？
3. 企业文化的分类有哪些？
4. 中国企业文化有哪些特点？
5. 企业文化案例收集：每名同学收集一家企业的企业文化方面的实例，实例中要包含企业精神文化、制度文化、行为文化、物质文化等要素，在课堂上进行展示和简述。

第二章 解析企业文化

第一节 企业物质文化

一、企业容貌与企业环境

1. 企业容貌

（1）企业名称 在企业识别要素中，首先要考虑企业名称。一般地，企业名称应当由行政区划名称、字号、行业或者经营特点、组织形式四项基本要素构成。名称对企业在公众中塑造形象有重要影响，企业名称能产生一种魅力，人们对一家企业的记忆和印象往往直接来自于名称。一般地讲，企业定名要考虑简洁、响亮、创新、巧妙。

（2）企业标志 在企业识别要素中，企业标志是核心要素。企业标志是指那些造型单纯、意义明确的统一、标准的视觉符号。它可分为图形标志、文字标识和复合标志，是企业形象、特征、信誉和文化的浓缩。它具有象征功能、识别功能等，在社会大众心目中，它就是一家企业或某个品牌的代表。如泰开集团有限公司标志，见图2-1。

图 2-1 泰开集团标志

（3）企业布局 企业布局是指企业的内外空间设计，包括厂房造型、厂房建筑布局、办公区域布局、道路交通布局、绿化布局等。商店橱窗是商业企业形象的重要组成部分，它不仅是一种广告手段，也是该企业精神面貌的折射。

【小资料】

图 2-2 为海尔集团办公大楼，它从外观看是一幢四方形的建筑物，但从大楼里面看则是圆形的，着力体现了海尔形象识别标志的内涵。海尔形象识别标志成为方圆标志，意即"思方行圆"，它是由纵横36个圆组成的，第一行第一列是个方块其余全是圆点。"方块"放在阵中的排头表示以它为基础向纵横发展，它在这里代表了海尔的思想、理念、文化，它是一个中心，它指导着周边圆点的组合，体现了"思方行圆"的思想，即是在工作中要将原则与灵活性有机地结合起来，以达到预定的目标和效果，同时也有发展无止境的寓意。它的外围四周有四根红色的柱子，这和标识中的红色标准色及圆点是相一致的。

2. 企业环境

（1）工作环境 企业环境包括工作环境和生活环境。企业工作环境的优劣，直接影响企业员工的工作效率和情绪。创造一个安全良好的企业工作环境，是企业提高工作效率、激励员工的重要手段。优化工作环境的涉及范围很广，主要包括温度、照明、色彩、湿度、绿化

图 2-2　海尔集团的办公大楼

等方面因素。

（2）生活环境　生活环境上考虑居住条件、环境卫生、娱乐场所、阅览室、健身房、诊所等。

二、企业产品文化

企业产品文化是指以企业生产的产品为载体，反映企业物质及精神追求的各种文化要素的总和，是产品价值、使用价值和文化附加值的统一。

1. 产品的整体形象

当消费者接触产品时，首先打动消费者的就是产品的整体形象。产品的整体形象是产品在设计、研发、制造、流通、使用等过程中形成的统一形象，是产品内在品质形象与外在视觉形象统一性的结果。产品整体形象包括以下三个部分。

（1）产品的品质形象　就产品的品质形象而言，它是通过产品的内在质量而反映到外在的企业形象上，它涉及产品的设计管理和设计水平，同时在产品的功能、性能、材料选用、加工工艺、制作方法、设备条件以及人员素质等方面都有严格的管理。如德国的"奔驰"汽车、西门子的家电等，给人更多的是对德国产品的制造技术、产品性能以及严格的质量管理体系的联想，形成"汽车—奔驰—技术—品质—德国"的联想。

（2）产品的视觉形象　产品的视觉形象是以视觉化的设计要素为中心，塑造独特的形象个性，以供消费者及社会大众认同。产品的视觉形象是以企业的标志、图形、标准字体、标准色彩、组合规范、使用规范为基础要素，应用到产品视觉设计要素的各个环节上，包括产品的外观造型、包装、服务、促销媒介、产品的展示等。

（3）产品形象手册　产品形象手册是产品形象设计的最后阶段，综合产品形象的全部开发项目，并将其整理成册，加以视觉化、系统化、规范化，以供查阅和使用。产品是企业品牌的最终代言者，是向消费者展示和塑造企业品牌形象最有效的信息传递途径之一。这种以产品的视觉形象来塑造企业的品牌形象，是通过产品形态与构成要素建立的，可以更直接地促进消费者通过产品视觉感受在心目中塑造品牌形象。

2. 产品质量文化

产品质量文化就是企业在长期生产经营过程中，由企业管理层特别是主要领导倡导、员工普遍认同并逐步形成和相对固化的群体质量意识、质量观、质量方针、质量目标、质量标准、检测手段、检验方法、质量奖惩制度等的总和。

【小资料】

奔驰的质量文化

  以产品质量驰名于天下的"奔驰"汽车,充分体现了其所代表的产品的卓越品质。奔驰车的质量号称20万公里不用动螺丝刀。跑30万公里以后,换个发动机,可再跑30万公里。以卓越的质量为后盾,奔驰公司敢于播发这样的广告:如果有人发现奔驰车发生故障被修理厂拖走,我们将赠您1万美元。

  奔驰之所以获得如此高的品质,首先在于全公司范围内树立起品质至上的企业理念,使全体员工人人重视质量。他们的劳动组织是,把生产流水线作业改成小组作业,12人一组,确定内部分工、协作、人力安排和质量检验,改变了重复单一的劳动容易出现差错的现象,提高了效率和产品质量。奔驰公司特别注意技术培训,在国内由502个培训中心,负责对各类员工的培训。新招收的工人除了基本理论和外语的培训外,还有车、钳、焊、测等技术培训。结业考试合格才能成为正式工人,不合格可以补考一次,再不合格就不被录用。

  奔驰公司要求全体员工精工细作,一丝不苟,严把质量关。奔驰车座位的纺织面料所用的羊毛是从新西兰进口的,粗细在23～25微米之间,细的用于高档车,柔软舒适;粗的用于中档车,结实耐用。纺织时还要加进一定比例的中国真丝和印度羊绒。皮面座位要选上好的公牛皮,从养牛开始就注意防止外伤和寄生虫。加工鞣制一长6平方米的牛皮,能用的不到一半。奔驰公司有一个126亩的试车场,每年拿出100辆新车进行破坏性实验,以时速35英里的车速撞击坚固的混凝土厚墙,以检验车前座的安全性。奔驰公司在全世界各大洲设有专门的质量检测中心,有大批质检人员和高性能的检测设备,每年抽测上万辆奔驰车。这些措施使奔驰车名冠全球,使奔驰的品质文化深入人心。

3. 品牌文化

  品牌文化是社会物质财富和精神财富在品牌中的凝结,是文化特质在品牌中的积淀,是消费者心理和价值取向的高度融合,是品牌经营中的一切文化现象。

  品牌文化由品牌物质文化和品牌精神文化两部分构成,两者分别代表了品牌的有形资产和无形资产。品牌物质文化是品牌精神精神文化的基础和前提,它决定着品牌精神文化的性质和方向;品牌精神文化是从品牌物质文化中派生出来的,它依附于品牌物质文化。有品牌就有品牌文化,有品牌文化便有品牌物质文化与品牌精神文化的统一,每个品牌都是这样。

  优秀的品牌文化可以使品牌产生超凡的魅力,使品牌保持强大的生命力。"假如可口可乐的工厂被一把火烧掉,全世界第二天各大媒体的头版头条一定是银行争相给可口可乐贷款。"这是可口可乐人津津乐道的一句话。这就是连续11年排名"世界最佳品牌榜"榜首的可口可乐的底气。

三、企业服装服饰文化

1. 企业服装服饰的内涵

  企业服装服饰包含企业制服和企业工作配饰两个部分。所谓制服,指的就是上班族在其工作岗位上按照规定所必须穿着的,由其所在单位统一制作的,面料、色彩、款式整齐划一的服装。俗称工作服。配饰包括领带、胸卡、工作帽等。

2. 企业服装服饰的价值

（1）提高企业的凝聚力　企业服装服饰可以增强员工对企业的归属感以及员工之间的认同感，从而提升团队的凝聚力以及员工之间的协作力。

（2）树立企业形象　员工穿上制服既是个人形象的包装，也是企业形象的体现。

（3）创造独特的企业文化　员工穿上制服，不仅表现出员工的精神风貌，更能体现出企业的文化内涵。比如：深颜色的制服体现的是企业的稳健作风；款式时尚的制服表现的是企业的创新和开拓精神。

（4）规范员工行为　员工穿上制服可以迅速进入工作状态，制服是员工自律、忠于职守的体现，这无疑能起到规范员工行为、增强员工纪律观念的作用。

第二节　企业行为文化

一、企业家行为对企业行为文化的影响

企业家是企业的灵魂人物。企业文化由企业家引导，带有企业家的个性、志趣情操、精神状态、思维方式和目标追求等烙印。企业家的思想行为决定企业文化的健康水平，也决定了企业在未来竞争中的胜负，影响着员工对企业的信心程度。有什么样的企业家，就有什么样的企业和什么样的企业文化。企业家是企业文化的设计者、塑造者、践行者，企业家的行为特征显著影响着企业行为。

1. 企业家是企业文化的开创者

企业家行为主导着企业行为文化。企业行为文化带有鲜明的企业家的个性烙印、人格特征、行为特征。企业家行为引导着企业行为文化发展的方向。

2. 企业家是企业文化的精心培育者

企业家熟知本企业的情况，知道企业最需要什么、最缺少的是什么、最关键的问题是什么，因而能够对症下药，从现实问题入手，因地制宜地推进企业行为文化建设。

3. 企业家是企业文化建设和养成方案的总设计师

企业家在提出思考路径，制定行动纲领，提炼企业理念价值，升华企业精神，养成企业行为文化的过程中，起着总设计师的作用。企业行为文化建设规划需要企业家担纲主持。张瑞敏曾经说："企业家，第一是设计师，在企业发展中如何使组织结构适应企业发展；第二是牧师，不断布道，使员工自身价值的体现和企业目标的实现结合起来。"

4. 企业家是企业文化修炼的"教练"

企业行为修炼，需要企业全部员工积极参与，企业家必须身体力行，并充当"教练"的角色，用务实真切的言行感化员工，使员工抛弃旧的工作行为，养成新的工作行为方式，使企业行为文化修炼保持健康向上的态势，收到切实的效果。1985年青岛（海尔）电冰箱总厂厂长张瑞敏带头砸毁76台不合格冰箱，砸醒了员工的质量意识。

5. 企业家是企业行为文化的传播者

企业行为文化的落实和传播，需要企业家的长期努力，企业行为文化修炼需要企业家率先垂范。企业家倡导培育本企业特色企业行为文化，必须在实践中用自己的言行去影响企业的风尚，影响企业员工的思想和行为，推动具有本企业特色的企业行为文化的传播和社会影响。

【小资料】

沃尔玛的门户开放政策

沃尔玛公司（Wal-Mart Stores, Inc.）是一家美国的世界性连锁企业。沃尔玛最具特色的沟通方式——门户开放政策，即员工任何时间、地点只要有想法或者意见，都可以口头或者以书面的形式与管理人员乃至于总裁进行沟通，并且不必担心受到报复。员工为顾客服务，领导则是为员工服务，是员工的"公仆"。因此，沃尔玛公司的诸位"公仆"，并不是坐在办公桌后发号施令，而是走出来和员工直接交流、沟通，并及时处理有关问题，实行"走动式管理"。总经理办公室虽然有门，但门总是打开着，员工随时随地可以出入，查询资料，与经理沟通，提出自己的看法。每一位员工都有一个英文名字，在公司都互相称呼其名，而不叫其职。为的就是时时提醒，沃尔玛企业文化中的"公仆领导"，总经理是为员工服务的。可以说沃尔玛尊重公司的每一个人，给员工最好的，是通过平等相待做出来的，而不是依靠媒体吹嘘出来的。即使是公司董事长山姆本人，在总部办公楼前的停车场上，也没有一个固定的车位，这就是地位平等；《财富》杂志评价它"通过培训方面花大钱和提升内部员工而赢得雇员的忠诚和热情，管理人员中有60%的人是从小时工做起的"。以沃尔玛的经理例会为例，它通常邀请为企业经营动脑筋并提出好建议的人参加，哪怕他是一个小时工，也可以充分表达，参与讨论，这说明了机会平等；同时沃尔玛鼓励员工积极进取，虽然不完全看重文凭和学历，但无论是谁，只要你有愿望提高自己，就会获得学习或深造的机会，这提供了教育平等。

二、企业模范人物

1. 企业模范人物的分类

根据影响范围不同，企业模范示范效应分为两种类型。

（1）原发型示范效应 原发型示范效应即示范原型在没有通过宣传的情况下发生的一定影响。常说的"其身正，不令则行"即是这种类型。企业模范人物大多数最开始是属于原发型的，在没有宣传的情况下影响周边的人。随着影响的扩大，企业可能发现了这样的模范人物，将其行为及其所创造的成果与企业的价值观联系起来，然后作为企业员工学习的典范，进行表彰、宣传、和榜样化。

（2）树立型示范效应 树立型示范效应即示范原型的言行得到他人和社会的承认和肯定，并通过通知、舆论、媒介等形式被确立为企业员工的效仿榜样，以此来影响他人和企业行为。

从事物发展的性质看，这两种类型是一致的，都发挥了示范作用，但两者影响范围有区别，影响程度也有差异。一般来说，原发型示范效应的影响范围和程度相对较小，树立型示范效应的影响范围和程度相对较大。"原发型"是"树立型"的源泉，"树立型"是"原发型"的发展和升华。

2. 企业模范人物对企业行为文化的作用

企业模范人物的示范作用有利于员工形成和坚持正确的价值观念。通常来说，观念对行为的影响，是通过思维方式影响行为方式来实现的。从这个方面看，模范人物的言行能吸引企业员工的注意，从而在自身孕育转化为个人行为，进而推及全部员工，影响了企业行为文化。

"榜样的力量是无穷的"。企业通过模范人物的先进典范事例对企业员工的行为乃至企业行为文化进行引导时，要多用启发、少用教导，多用示范、少用督导，多用引导、少用强制，这样才合乎企业文化"潜移默化"发挥功效的要求。企业之所以把企业的"英雄人物"作为企业文化的一大要素，就在于这些"英雄人物"能把企业价值观人格化和形象化，使员工在看得见、摸得着、学得了的环境中逐步仿效。如此，就能使企业的宗旨和目标外化为企业员工的行为，达到行为引导塑造的目的。

三、企业员工群体行为

1. 员工群体行为的内涵

群体是指两人或两人以上的集合体。员工群体行为指的是各类员工在工作岗位上的表现和工作作风、非正式企业活动和业余活动等，既包括正式行为也包括非正式行为。群体员工在思想、情感、行为等方面相互影响，比如存在的群体压力下的从众效应，群体成员行为在群体规范影响和制约下的趋同倾向等。

2. 员工群体行为与企业行为文化的关系

企业的主体是员工，企业行为文化建设的主体也是员工。只有当企业的价值观、行为准则能够被员工群体普遍认同和接受，并使员工群体在实践中自觉践行，才能形成企业行为文化。企业员工在生产经营一线与客户、供应商打交道而充当企业形象代言人，在社会公众的视野里员工群体行为往往被认为是企业行为。因此，员工群体行为对企业的整体精神风貌和文明程度有着直接的决定作用。同时，企业的价值观、行为准则能否成功实现也最终取决于这些价值观、行为准则能否贯彻落实到员工群体的日常工作行为中。

3. 员工群体行为的塑造

企业员工群体行为的塑造是企业文化建设的重要组成部分。阿里巴巴的企业文化建设直接嵌入到企业管理中，通过绩效考核对价值观的执行进行保障，确保价值观直接转化为员工的行为规范，化虚为实，把抽象的价值观转化为员工易于理解和接受的行为规范，从而利于将价值观贯彻落地。沃尔玛的同事每天在商店开门营业前，都要全体高呼沃尔玛的"chare"，并配有动作，以振奋精神，鼓舞士气，不管是公司经理、部门主管，还是商店普通员工，表演时都十分投入，充分显示了企业积极向上的精神风貌。企业员工群体行为的塑造要着力于以下几点。

（1）价值观引导　通过价值观引导，使员工主动按照价值观的倡导去规范自己的行为。

（2）工作目标与个人目标兼顾　把员工的工作目标与员工的个人奋斗目标联系起来，使员工认识到工作不仅仅是给老板打工，也能实现个人的提升发展，企业目标与个人目标的实现是相辅相成的。企业逐步制定完善员工行为准则，让员工知道什么该做什么不该做，从而在日常工作中自觉规范自己的行为。

（3）建立有效的沟通机制　任何一个群体都会产生一定的冲突，只有及时有效地沟通解决冲突才能降低冲突的不良影响。

【小资料】

阿里巴巴的 DNA 密码

企业文化是很虚的。如果没有行动，没有可感知的东西，每个人都不知道怎么做，最终只会是墙上文化。

阿里巴巴"虚事实做"最狠的一个做法，就是在2003年把价值观和绩效考核结合起来。阿里巴巴集团的价值观"六脉神剑"，包括现在各个子公司的"子橙文化"，都有非常明确的行为描述。比如什么是团队合作？团队合作有一条就是决策前充分发表意见，决策后言行上坚决执行。如果没有具体的行为描述，就会像很多公司，开会时没意见，会后牢骚满腹，无法保证整个团队的执行力。每一条价值观，包括后来对领导力的解释——"九阳真经"，都有非常实在的行为描述。

公司内部还有很多组织和活动都很实在，每个员工都可以参与其中，比如"周年庆"、"阿里日"。通过这些活动员工们可以看到，我们讲的价值观到底是什么？在每次活动后，我们会和员工、客户交流，把具体的行动和价值观做链接。

第一招：胡萝卜加大棒的"价值观"考核。

阿里巴巴价值观与绩效考核直接挂钩，使得价值观直接转化为员工的行为规范和执行力。阿里的价值观考核不是凭印象，管理者对员工进行打分的时候，都要说出理由，即所谓的案例。这某种程度来讲也是对管理者提出更高的要求，不仅要拿到结果，还要拿到过程。

企业文化如果只是通过一些活动和培训，无法让一个年轻团队真正了解。一个企业的发展，就像一个小孩的成长，一定要有明确的标准。员工要知道该怎么做，不该怎么做。价值观不是惩罚人的工具，而是做事情的准则。考核的目的是要大家去看价值观的解释。被考核的不是文化，而是你在公司中行为处事的准则。比如敬业的最好表现是什么？大家看到绩效考核之后就知道怎么做。

在价值观考核的推动中，做了大量培训，教员工如何做到与价值观推导的行为相结合。

第二招：大小政委体系下的 HR 牧师团。

2005 年马云看了一部电视剧《历史的天空》。剧中的政委是一个很有意思的角色，只管思想政治工作。于是在阿里巴巴内部建立了政委体系。

政委像牧师一样，要发现人的心灵作用。业务主管像爸爸，政委像妈妈。政委要对业务和战略有一个透彻的理解，才能更好地帮助"爸爸"工作。

有意思的是，有时候"爸爸"更像"妈妈"。大区总经理对于员工的关注并不亚于 HR，而政委的思考方式会偏向于业务考评。这种换位思考可以让大家思路更宽。每个人都不能只局限于自己的角色。

第三招：打造学习型团队。

"百年湖畔"是针对"空降"高管进行的培训。在为期一个月的培训期里，马云和各个子公司的总裁亲自讲解企业文化、阿里历史、"九阳真经"等内容，但很少会讲到业务。

"降落计划"也是针对新高管的关怀计划。新高管加入阿里巴巴 3 个月后，集团负责人会和他（她）做一次"回炉"沟通，并在公司内部找到一个与他（她）经历、级别相似的伙伴，帮助他（她）解决困惑。

针对高管，阿里巴巴还有一个组织部。组织部定期进行讲座。组织部也会组织考察，这是很好的团队建设活动。

向外籍员工传递文化，首先要克服心理障碍，阿里坚决反对假定他们不一样的想法。如果这个文化对阿里巴巴的未来或新商业文明非常重要，就要坚定不移地去执行。当然在具体做的时候，要照顾到外籍人士的地域文化。西方人比较注重隐私，阿里人可能比较八卦，但这些都不是问题。最重要的是价值观保持一样。

第四招：言传身教。

阿里人是"真正"的，不会用是非成败来决定一个人，交流和信任的前提永远存在。

阿里巴巴从一开始就用一种矫枉过正的方法推文化，也有很多人在身体力行。这些人不是完人，但在阿里巴巴这个环境里，很多东西都是真实的。真实是信任最重要的前提。优点、缺点、强项、弱项，所有东西都透明。在阿里巴巴什么都可以，唯一难受的就是"装"。在阿里巴巴工作过的人可能很难在别的公司干下去。不是说阿里巴巴这个环境适合所有的人，而是阿里巴巴吸引的是有理想主义光芒的一群人，一群比较真诚的人。

马云的创业团队非常相信文化、价值观。他们用他们的光和热，让很多员工为之感染。一大批对文化很相信的人又把文化传播给了新的员工。

第三节　企业制度文化

一、企业领导体制

1. 企业领导体制的内容

企业领导体制的核心内容是用制度化的形式规定组织系统内的领导权限、领导机构、领导关系及领导活动方式，任何组织系统内的领导活动都不是个人随意进行、杂乱无章的活动，而是一种遵循明确的管理层次、等级序列、指挥链条、沟通渠道等而进行的规范化、制度化或非人格化的活动。

（1）领导的组织结构　领导的组织结构是指领导机构内部各部门之间的相互关系和联系方式。它包括两种基本关系：一是纵向的关系，即隶属的领导关系；二是横向的关系，即平行的各部门之间的协作关系。它一般包括直线式组织结构、职能式组织结构、混合式组织结构和矩阵式组织结构。

（2）领导层次和领导跨度　所谓领导层次，是指组织系统内部按照隶属关系划分的等级数量，即该组织系统设多少层级进行领导和管理。领导跨度又称领导幅度，是指一个领导者直接有效地指挥下级的范围和幅度。

（3）领导权限和责任划分　领导权限和责任划分的中心内容是建立严格的从上而下的领导行政法规和岗位责任权限，对不同的领导机构、部门之间以及领导者之间的职责权限做出明确的规定。

（4）领导体制的构成要素　领导体制的构成要素包括决策中心、咨询系统、执行系统、监督系统和信息反馈系统五个部分。

2. 企业领导体制的作用

（1）领导体制是领导者与被领导者之间建立关系、发生作用的桥梁与纽带。任何领导活动都是领导者根据实际需要，对被领导者的思想、行动进行引导、规范和约束，而被领导者又影响领导者，形成双向互动，并共同作用于客观实际的过程。

（2）领导体制是领导活动借以贯彻进行的实体。借助于领导体制得以显现出来的群体功能远远大于个体功能之和。领导体制是领导者和被领导者实现组织目标的保证。

（3）领导体制是领导者同社会发生联系与作用的合法化证明。领导者在领导体制中的定位，是其进行有效领导的重要基础。

（4）领导体制是决定领导效能高低的重要变量。因此，我们在对领导效绩进行考评时，必须把领导体制这一客观因素考虑进来。

【小资料】

华旗资讯的综合象棋文化

华旗总裁冯军将国际象棋和中国象棋的规则纳入企业文化。冯军认为，中国象棋与国际象棋存在着一些根本性的差异，这些正是他不断汲取养分的所在。

首先,中国象棋的"卒",攻到底永远是卒;国际象棋的"卒",攻到底可以变成团队中缺少的任何一个角色。其次,中国象棋的"马",不但被对方别马腿,也可被自己别马腿;国际象棋的"马",永远不存在别马腿。此外,中国象棋的"象",只负责内部事务,绝不允许越过"楚河汉界"半步;国际象棋的"象",内务和外务皆要负责,并且与车形成矩阵式的合作。最后,中国象棋的"王",永远被禁锢在小小的田字格中;国际象棋的"王",可以根据情况变化,与车换位,灵活行走。但是,冯军同样指出,在中国象棋中有个最有价值的棋子——"炮",它的功能完全是跳跃性思维,多动脑筋,借势而上,出奇制胜,也是中国人聪明智慧的体现,真正做到了事半功倍。

根据国际象棋的游戏规则,结合中国象棋的优势,华旗总结出了一套指导企业运作的综合象棋文化体系,成为华旗企业文化的基础。

华旗的企业文化包括"六赢"文化和"象棋"文化。前者是坚持以"六赢"理念为准则,确保"大众、代理、员工、公司、供方、社会"六方共同获得合理利益的满足和发展的机会,使公司能够坚实、稳定地发展。至于华旗的象棋文化,具体说来包括五种精神内涵:兵——执著追求,实现理想;王——深入实际,优化管理;象——内政外交,信息互联;马——鼓励创新,提倡共赢;后——重视女性,统合综效。

华旗充分运用国际象棋的机制,推动人才激励制度的完善,创造了一个非常适合个人发展的企业平台,形成了一个人人都有发展机会的规则,无论是谁,只要能坚持到底,就有机会晋升和发展,实现自我理想。

在培养团队协作精神方面,象棋文化更是发挥了它的特长。在华旗人的心目中,"执着、六赢、数一数二"是华旗人共同的性格。华旗倡导彻底打破别马腿现象,在企业内部鼓励员工之间精诚合作,共同进步,在企业外部提倡与竞争伙伴之间共赢,反对互相"拉后腿"、"挖墙脚"。

在管理层,华旗将国际象棋中"象"与"车"形成矩阵式合作后能形成巨大威力的战法运用得淋漓尽致,提高对内对外两方面的开放性,同时在部门与部门之间形成矩阵式双责任双业绩结构,更有利于管理的横向延伸和企业资源的整合。这种做法,成为在一些企业尝试矩阵式架构后不得不放弃、而华旗的矩阵式架构得以高效良性运转的重要原因。

此外,针对国际象棋中的"王"能上能下,四通八达,华旗鼓励上下级之间的有效沟通,强调无论是总经理、总监还是部门经理、主管都要深入基层,了解第一手的信息和需求,打破管理的边界。

从某种程度上说,华旗最初创建综合象棋文化正是其远见卓识的表现。综合象棋文化是一种综合性的文化,它从中国象棋的智慧谋略出发,却遵从了国际象棋的规则,这样一种文化无疑将帮助华旗了解国际市场竞争法则,掌握海外消费者的心态,在未来拓展国外市场的过程中更快地与国际接轨。

华旗副总侯讯也是象棋文化的得道者,他说:"如果我们真想做国际化的企业,真要想长久发展,真要想长期保持60%的增长率,真要想把自强不息、厚德载物坚持下去,我们在企业的组织结构上、在管理上,就必须要借助国际象棋中的很多规则文化,把那些都搬进来,变成公司内部的规则。"看来,华旗这套企业文化必将伴随华旗成为一个"在任何时候都让国人骄傲的文化",从民族走向世界,综合象棋文化注定会成为一个经典。

二、企业组织结构

1. 企业组织结构的概念

企业组织结构是指组织的全体成员为了实现组织目标,在工作中进行分工协作,在职务范围、责任、权利方面所形成的结构体系。组织结构是表明组织各部分排列顺序、空间位置、聚散状态、联系方式以及各要素之间相互关系的一种模式,是整个管理系统的"框架"。组织结构是组织在职、责、权方面的动态结构体系,其本质是为实现组织战略目标而采取的一种分工协作体系,组织结构必须随着组织的重大战略调整而调整。

2. 企业组织结构的内容

(1) 单位、部门和岗位的设置　企业组织单位、部门和岗位的设置,不是把一个企业组织分成几个部分,而是企业作为一个服务于特定目标的组织,必须由几个相应的部分构成,就像人要走路就需要脚一样。它不是由整体到部分进行分割,而是整体为了达到特定目标,必须有不同的部分。这种关系不能倒置。

(2) 各个单位、部门和岗位的职责、权利的界定　这是对各个部分的目标功能作用的界定。如果一定的构成部分,没有不可或缺的目标功能作用,就像人的尾巴一样会萎缩、消失。这种界定就是一种分工,但却是一种有机体内部的分工。

(3) 单位、部门和岗位角色相互之间关系的界定　这就是界定各个部分在发挥作用时,彼此如何协调、配合、补充、替代的关系。嘴巴可以吃饭,也可以用于呼吸。

(4) 企业组织结构设计规范的要求　如果没有一个组织结构设计规范分析工具,就会陷入众说纷纭、莫衷一是的境地。企业组织结构设计规范化,就是要达到企业内部系统功能完备、子系统功能担负分配合理、系统功能部门及岗位职责匹配、管理跨度合理等4项标准。

3. 企业组织结构的演变与发展

从企业组织结构发展的历史来看,先后出现了直线制、职能制、直线职能制、矩阵制、事业部制等组织结构形式。目前,企业组织结构呈现出新的趋势。其特点是中心两极化、外形偏平化、运作柔性化、结构动态化。团队组织、动态联盟、虚拟企业等新型的组织结构形式相继涌现。

目前,企业组织结构呈现多样性,其发展方向和趋势是扁平化。组织结构的扁平化,就是通过减少管理层次、裁减冗余人员来建立一种紧凑的扁平组织结构,使组织变得灵活、敏捷,提高组织效率和效能。扁平化组织结构的优势主要体现在以下几个方面。第一,信息流通畅,使决策周期缩短。组织结构的扁平化可以减少信息的失真,增加上下级的直接联系,信息沟通与决策的方式和效率均可得到改变。第二,创造性、灵活性加强,致使士气和生产效率提高,员工工作积极性增强。第三,可以降低成本。管理层次和职工人数的减少,工作效率提高,必然带来产品成本的降低,从而使公司的整体运营成本降低,市场竞争优势增强。第四,有助于增强组织的反应能力和协调能力,企业的所有部门及人员更直接地面对市场,减少了决策与行动之间的时滞,增强了对市场和竞争动态变化的反应能力,从而使组织能力变得更柔性、更灵敏。第五,围绕工作流程而非部门职能来建立机构,传统的部门界限被打破。

组织结构框架从"垂直式"实现向"扁平式"转化,是众多知名大企业走出大而不强困境的有效途径之一。美国通用电气公司推行"零管理层"变革,国内知名企业长虹、海尔也不约而同地进行了企业组织结构的调整,从原来的"垂直的金字塔结构"实现了向扁平式结构的转化。

【小资料】

通用电气公司实行扁平化管理的经验

美国通用电气公司通过"无边界行动"及"零层次管理",即组织结构的扁平化,使公司从原来的24个管理层次,压缩到现在的6个监管层次,管理人员从2100人减少到1000

人，雇员人数由41万减少到29.3万，瓦解了自20世纪60年代根植于公司的官僚系统。这样，不但节省了大笔开支，还有效地改善了企业的管理功能，企业效益也大大提高，销售额和利润也大幅增长。

三、企业管理制度

1. 企业管理制度的重要性

企业管理制度是企业员工在企业生产经营活动中须共同遵守的规定和准则的总称。现代企业管理制度是对企业管理活动的制度安排，包括企业的经营目的和观念、企业的目标与战略、企业的管理组织以及各业务职能领域活动的规定。企业管理制度的表现形式或组成包括企业组织机构设计、职能部门划分及职能分工、岗位职责工作说明、专业管理制度、工作或流程、管理表单等管理制度类文件。

2. 企业管理制度的作用

企业管理制度具有规范性，而且只有具有一定的规范性才能发挥企业管理制度的作用。企业管理制度是实现企业目标的有力措施和手段。它作为员工行为规范的模式，能使员工个人的活动得以合理进行，同时又成为维护员工共同利益的一种强制手段。因此，企业各项管理制度，是企业进行正常经营管理所必需的，它是一种强有力的保证。

3. 企业管理制度的制定原则

企业管理制度包括企业的人事制度、生产管理制度、民主管理制度等一切规章制度。企业管理制度的制定要依照企业自身的实际情况进行，制度的目的是让企业更加高效、稳定的运行，但由于每家企业在行业、组织结构、人员结构等各方面都存在着差异，所以世界上没有任何一个管理制度适用于所有的企业。优秀企业文化的管理制度必然是科学、完整、实用的管理方式的体现。在各项企业管理制度的制定和形成时，要遵循以下几个原则。

（1）适用性原则　制定的制度要从企业的实际出发，根据本企业的规模、业务特点、行业类型、技术特性及管理沟通的需要等方面考虑，制度要体现企业特点，保证制度规范具有可行性、适用性，切忌不切实际。

（2）科学性原则　制定制度应遵从管理客观规律，制度化的管理必须服从管理学的一般原理和方法，违反了原则只会导致失败。

（3）必要性原则　制定制度要从需要出发，必要的制度一个不能少，不必要的制度一个也不可要，否则会扰乱组织的正常活动。

（4）合法性原则　制定的制度内容应与国家、政府相关的法律、法令、法规保持一定程度的一致性，绝不可以相违背。

（5）合理性原则　制定制度要合理，一方面要体现制度严谨、公正、高度的制约性、严肃性，同时要考虑人性特点，避免不近人情、不合理等情况出现。

（6）完整性原则　企业制度规范要完整，因为企业的管理制度是一个体系，制度内容要求全面、系统、配套。

（7）先进性原则　制度规范的制定要从调查研究入手，要不断总结企业经验，吸收借鉴其他企业的先进经验，进行制度创新。成功的、先进的制度要弘扬；反之，过时的、不合理的制度就要坚决废止。

【小资料】

日本企业 7S 管理

日本企业"7S"活动是简单、实用的现场管理方法。"7S"活动起源于日本，并在日本企业中广泛推行，"7S"是整理（Sort）、整顿（Straighten）、清扫（Sweep）、清洁（Sanitary）、素养（Sentiment）、节约（Save）、安全（Safety）的简称。

其简要含义和实施重点，见图2-3。

图2-3 "7S"管理内容图

一整理：就是彻底的将要与不要的东西区分清楚，并将不要的东西加以处理，它是改善生产现场的第一步。需对"留之无用，弃之可惜"的观念予以突破，必须挑战"好不容易才做出来的"、"丢了好浪费"、"可能以后还有机会用到"等传统观念。经常对"所有的东西都是要用的"观念加以检讨。

整理的目的是：改善和增加作业面积；现场无杂物，行道通畅，提高工作效率；消除管理上的混放、混料等差错事故；有利于减少库存、节约资金。

二整顿：把经过整理出来的需要的人、事、物加以定量、定位，简而言之，整顿就是人和物放置方法的标准化。整顿的关键是要做到定位、定品、定量。

抓住了上述几个要点，就可以制作看板，做到目视管理，从而提炼出适合本企业的东西放置方法，进而使该方法标准化。

三清扫：就是彻底的将自己的工作环境四周打扫干净，设备出现异常时马上维修，使之恢复正常。

清扫活动的重点是必须按照决定清扫对象、清扫人员、清扫方法、准备清扫器具，实施清扫的步骤实施，方能真正起到效果。

清扫活动应遵循下列原则。

（1）自己使用的物品如设备、工具等，要自己清扫而不要依赖他人，不增加专门的清扫工。

（2）对设备的清扫，着眼于对设备的维护保养，清扫设备要同设备的点检和保养结合起来。

（3）清扫的目的是为了改善，当清扫过程中发现有油水泄露等异常状况发生时，必须查明原因，并采取措施加以改进，而不能听之任之。

四清洁：是指对整理、整顿、清扫之后的工作成果要认真维护，使现场保持完美和最佳状态。清洁，是对前三项活动的坚持和深入。清洁活动实施时，需要秉持以下三个观念。

(1) 只有在"清洁的工作场所才能产生高效率，高品质的产品"。
(2) 清洁是一种用心的行为，千万不要只在表面下工夫。
(3) 清洁是一种随时随地的工作，而不是上下班前后的工作。

清洁的要点原则是：坚持"3不要"的原则——即不要放置不用的东西，不要弄乱，不要弄脏。不仅物品需要清洁，现场工人同样需要清洁，工人不仅要做到形体上的清洁，而且要做到精神的清洁。

五素养：要努力提高人员的素养，养成严格遵守规章制度的习惯和作风，素养是"7S"活动的核心，没有人员素质的提高，各项活动就不能顺利开展，就是开展了也坚持不了。

六安全：就是要维护人身与财产不受侵害，以创造一个零故障，无意外事故发生的工作场所。实施的要点是：不要因小失大，应建立、健全各项安全管理制度；对操作人员的操作技能进行训练；勿以善小而不为，勿以恶小而为之，全员参与，排除隐患，重视预防。

七节约：就是对时间、空间、能源等方面合理利用，以发挥他们的最大效能，从而创造一个高效率的、物尽其用的工作场所。

实施时应该秉持三个观念：能用的东西尽可能利用；以自己就是主人的心态对待企业的资源；切勿随意丢弃，丢弃前要思考其剩余的使用价值。

节约是对整理工作的补充和指导，在企业中秉持勤俭节约的原则。

第四节 企业精神文化

一、企业价值观

1. 企业价值观的含义

企业价值观是指企业及其员工的价值取向，是企业在生产经营活动中，经过价值选择活动而形成的为企业广大员工一致赞同的关于企业意义的终极判断。企业价值观反映着企业对其生产经营和目标追求中价值关系的基本观点。企业价值观是长期积淀的产物，是把所有员工联系在一起的精神纽带，是企业生存发展的内在动力，是企业行为规范制度的基础。

企业价值观含义包含三个方面：一是企业用以判断企业运行中大是大非的根本原则，是企业提倡什么、反对什么、批判什么的真实写照；二是企业在生产经营过程中为所有员工所接受和信奉的共同观念；三是解决企业在发展过程中如何处理内外部矛盾的一系列准则，如企业对市场、客户、员工等的看法和态度，它是企业表明如何生存的主张。

2. 企业价值观的类型

(1) 从重要性和层次结构看，企业价值观可以分为主导价值观和非主导价值观。主导价值观是指在企业中占据主流地位的价值观，非主导价值观是指在企业中占据非主流地位的价值观。主导价值观又可分为核心价值观和非核心价值观。企业价值观体系就是这样一个以核心价值观为中心而组成的一个有层次的结构体系，其中核心价值观处于支配地位。

(2) 从表现上看，企业价值观可以分为理性的、深层的价值观和感性的、表层的价值观。理性的、深层的价值观是指那些抽象的价值信条，感性的、表层的价值观是指那些在日常行为中判断是非、好坏的标准。感性的、表层的价值观体现着理性的、深层的价值观，是整个价值观的外层和外围。

(3) 从内容看，企业价值观可以分为动力性观念和压力性观念。动力性观念以经济效益为中心，包括市场观念、质量观念、成本观念等，其作用特点在于可以从内部驱动企业员工的工作积极性；压力型观念以竞争观念为中心，包括科技观念、信誉观念等。二者是相互渗透和依赖的。

（4）从发展历史看，企业价值观可以分为最大利润价值观、经营管理价值观和企业社会互利价值观。最大利润价值观是指企业全部管理决策和行为都围绕如何获得最大利润这一目标来评价企业经营的好坏。经营管理价值观是指企业在规模扩大、组织复杂、投资巨额而投资者分散的条件下，管理者受投资者委托，从事经营管理而形成的价值观。企业社会互利价值观要求在确定企业利润水平的时候，把员工、企业、社会的利益统筹起来考虑。

3. 企业价值观的作用

（1）企业价值观为企业的生存与发展确立了精神支柱。企业价值观是企业领导者与员工据以判断事物的标准，一经确立并成为全体成员的共识，就会产生长期的稳定性，甚至成为几代人共同信奉的信念，对企业具有持久的精神支撑力。当个体的价值观与企业价值观一致时，员工就会把为企业工作看作是为自己的理想奋斗。企业的发展过程中，总要遭遇顺境和逆境，一个企业如果能使其价值观为全体员工接受，并以之为自豪，那么企业就具有了克服各种困难的强大的精神支柱。

（2）企业价值观决定了企业的基本特性。在不同的社会条件或时期，会存在一种被人们认为是最根本、最重要的价值，并以此作为价值判断的基础，其他价值可以通过一定的标准和方法"折算"成这种价值。这种价值被称为"本位价值"。企业作为独立的经济实体和文化共同体，在其内部必然会形成具有本企业特点的本位价值观。这种本位价值观决定着企业的个性，规定着企业的发展方向。例如，一个把利润作为本位价值观的企业，当利润和创新、信誉发生矛盾和冲突时，它会很自然地选择前者，使创新和信誉服从利润的需要。

（3）企业价值观对企业及员工行为起到导向和规范作用。企业价值观是企业中占主导地位的管理意识，能够规范企业领导者及员工的行为，使企业员工很容易在具体问题上达成共识，从而大大节省了企业运营成本，提高了企业的经营效率。企业价值观对企业和员工行为的导向和规范作用，不是通过制度、规章等硬性管理手段实现的，而是通过群体氛围和共同意识引导来实现的。

（4）企业价值观能产生凝聚力，激励员工释放潜能。员工共同的价值观，可以唤起员工的自豪感和归属感，激发他们的工作热情和创造性，并产生巨大的向心作用，增强员工的团结协作意识和集体主义观念，使他们把自己的思想、情感行为与企业需要联系起来共赴企业顺逆、成败。企业的活力是企业整体力（合力）作用的结果。企业合力越强，所引发的活力越强。

（5）企业价值观是企业内部协调和沟通的保证。在企业价值观的保证下进行内部协调和沟通，可以产生沟通的行为目标、行为准则，从而建立良好的人际关系，消除不必要的矛盾，创建关系融洽、气氛和谐的环境。

4. 塑造企业价值观的途径

（1）企业领导人以言传身教来树立企业共同信奉的价值观。员工的企业价值观并非天生，需要企业的灌输与宣传，经过不断地潜移默化后，员工才能逐渐接受并内化企业价值观。在这个过程中，需要企业领导人的倡导与宣传，以深化员工对价值观的认识。

（2）健全配套机制，企业价值观渗透到企业日常经营管理过程中的每一个环节。

（3）塑造企业精神。包括一个企业所应有的企业传统、时代意识、基本信念、价值理念等。

【小资料】

强生公司信条

　　成功企业价值观的最好实例之一是1943年由美国强生公司首先提出的公司信条。罗伯特伍德·强生将军将强生公司从家庭式公司发展成为一个跨国公司。他敏锐地认识到一个公司的职责不应只限于产品制造和销售等，他主张采纳这个信条，并要求管理部门将它作为日常经营理念的一部分加以运用。强生公司信条如下：

　　我们相信我们首先必须对医生、护士和病人负责。

　　对父亲、母亲以及所有使用我们的产品和接受我们服务的人负责。

　　为了满足他们的需求，我们所做的一切都必须是一流的。

　　我们必须不断地致力于降低成本，以保持合理的价格。

　　客户的订货必须迅速而准确地供应。

　　我们的供应商和经销商应该有机会获得合理的利润。

　　我们要对世界各地和我们一起共事的男女同仁负责。

　　每一位同仁都应视为独立的个体，必须维护他们的尊严，赞赏他们的优点。

　　员工在工作中必须享有安全感，薪酬必须公平合理，环境必须清洁、整齐和安全。

　　我们必须设法帮助员工履行他们对家庭的责任。

　　必须让员工在提出建议和申诉时畅所欲言。

　　对于合格的人必须给予平等的聘用、发展和升迁的机会。

　　我们必须具备称职的管理人员，他们的行为必须公正并符合道德。

　　我们要对我们所生活和工作的社会，对整个世界负责。

　　我们必须做好公民，支持对社会有益的活动和慈善事业，缴纳我们应付的税款。

　　我们必须鼓励全民进步，促进健康和教育事业。

　　我们必须很好地维护我们所使用的财产，保护环境和自然资源。

　　我们最终必须对全体股东负责，企业经营必须获得可靠的利润。

　　我们必须尝试新构想，必须坚持研究、开发新项目，承担错误的代价并加以改正。

　　我们必须购置新设备，提供新设施，推出新产品。

　　我们必须设立储备金，以备不时之需。

　　如果我们依照这些原则进行经营，股东们将会获得合理的回报。

二、企业伦理道德

1. 企业伦理道德的内涵

　　企业伦理道德文化也称企业规范文化，它以企业为行为主体，以企业经营管理的伦理理念为核心，是企业在处理内外利益相关者关系中的伦理原则、道德规范及其实践的总和。企业伦理道德文化建设旨在规范企业在市场中的行为，形成有序的市场环境，增强企业的社会责任感。

2. 企业伦理道德的范围

　　(1) 企业与员工间的劳资伦理道德　这包括劳资双方如何互信、劳资双方如何拥有和谐关系、伦理道德领导与管理、员工素质提升等。

　　(2) 企业与客户间的客户伦理道德　客户伦理道德的核心精神：满足客户的需求才是企业生存的基础，也是企业存在的重要价值。为客户利益着想包括站在客户方立场上研发产品、诚信待客、重视客户意见、提供优质售后服务等。如了解产品的技术规格，避免进行夸大表述等。

（3）企业与同业间的竞争伦理道德　包括不削价竞争（恶性竞争）、散播不实谣言（黑函、恶意中伤）、恶性挖角、窃取商业机密等。

（4）企业与股东间的股东伦理道德　企业最根本的责任是追求利润，因此企业必须积极经营、谋求更多的利润，借以创造股东更多的权益。严格、清晰地划分企业的经营权和所有权，让专业经理人充分发挥、确保企业营运自由。

（5）企业与社会间的社会伦理道德　企业与社会息息相关，企业无法脱离社会而独立运作。企业与社会间的伦理道德包括：取之于社会，用之于社会；重视社会公益，提升企业形象；谋求企业发展与环境保护之间的平衡。

（6）企业与政府间的政商伦理道德　政府的政策需要企业界的配合与支持，金融是国家经济发展的重要产业之一，因而金融政策是政府施政的重点，企业必须遵守政府相关的法规，还要积极响应与配合政府的金融财税政策。

三、企业家精神

1. 企业家与企业家精神

企业家是担负着对土地、资本、劳动力等生产要素进行有效组织和管理，富有冒险和创新精神的高级管理人才。企业家与一般厂长、经理等经营者不同，主要表现在企业家敢于冒险、善于创新。企业家是经济学上的概念，企业家代表一种素质，而不是一种职务。

一般认为，企业家精神是建立在企业家阶层对市场经济本质的把握和对企业特征、价值的理解和认识基础上的，反映着企业家在整个经营活动中价值观念、工作准则和他对事业的追求。企业家精神最本质的内容就是冒险精神和创新精神，是一种特殊的无形资产要素，是企业家特殊技能（包括精神和技巧）的集合。

伟大的企业家——索尼公司创始人盛田昭夫和井深大，他们创造的最伟大的"产品"不是收录机，也不是栅条彩色显像管，而是索尼公司和它所代表的一切；沃尔特·迪斯尼最伟大的创造不是《木偶奇遇记》，也不是《白雪公主》，甚至不是迪斯尼乐园，而是沃尔特·迪斯尼公司及其使观众快乐的超凡能力；山姆·沃尔顿最伟大的创造不是"持之以恒的天天平价"而是沃尔玛公司——一个能够以最出色的方式把零售要领变成行动的组织。

2. 企业家与企业文化

（1）企业家是企业文化的创立者　企业文化的形成与企业家的素养和观念密不可分。有什么样的企业家，就有什么样的企业文化。企业文化也必然是社会文化的有机组成部分，也必然打上一个企业、一个民族、一个国家的烙印。在企业文化建设过程中，在探讨中国式的企业文化建设过程中，应力图把中国的优秀传统文化与现代企业文化有机的融合起来。

（2）企业家是企业文化建设的主导者　在企业文化的建设过程中，企业员工作为一个整体处于主体地位，企业家在企业文化建设中处于主导地位，这是由企业家在企业中的地位和作用所决定的。企业家在工作中要担当各种角色。在信息方面，企业家是信息的接受者，每天都要摄取和处理大量内外部信息；又是信息的传播者，与下属分析研究信息；还是信息的发布者，即本企业最重要信息的当然发言人。在人际关系方面，企业家首先是本企业首脑的角色，代表企业参加庆典、接待客人、签署文件；其次是充当领导者，负责对下级的雇佣、评价、报酬、激励、批评、干预等，使企业工作更加协调；再次是充当联络者，通过各种渠道沟通与外界的联系。在企业决策方面，企业家的责任更重、角色更多：作为企业家充当重大方案的发起者和设计者；作为保障者要协调冲突，排除组织之间的矛盾，避免资源损失；作为资源分配者，要合理调配资金、人力、物力、时间、信息，制定企业经营发展战略等。企业家是核心人物，是企业经营管理的中枢。就是企业家的这种领袖地位决定了其个人意志、精神、道德、风格等文化因素更易于得到员工的广泛认同，并形成自觉追随和传播，以至于企业的最高目标和宗旨、企业价值观、企业的作风和传统习惯、行为规范和规章制度都深深地打上了企业家的个人烙印。他在企业中这种权威性的领导地位和权力实施过程，成为传导他的经营思想、人格、风格等最有效的载体和通道，实现着他在企业文化形成和发展中的决定性作用。

企业文化主要取决于经营者的认识和态度。经营者对企业文化重视，对建设企业文化态度积极，企业文化建设才能有效开展；否则下级部门再起劲也没用。这种说法，说明了企业家对企业文化的作用。但这是就积极主动"建设"而言的。就"自在"的文化来说，实际上不注重企业文化、不积极建设企业文化，本身也是一种文化，并且这种文化也在企业起作用，区别只是这种作用往往是"负作用"。就"自在"的文化而论，企业家对企业文化的作用也是决定性的。

(3) 企业家是企业文化的控制引领者　　随着企业的发展，企业的触角将无所不及，将面临多种文化源流的融入和渗透。能否对其形成高度整合、融于企业文化，对企业家将是一个严峻的考验。这时企业家对企业的"行政领导"反倒退居到次要地位，而能否成功地实现对企业的"文化控制"则成为至关重要的问题。"行政领导"主要靠的是一种权力因素的制约，而"文化控制"更多的则是凭借一种非权力因素的影响。行政领导下的双方是一种纯粹的利益关系，结成的是一种"利益共同体"，而文化控制下的双方是在文化认同基础上形成的一种"文化共同体"，并进而能够形成一种"命运共同体"。当前，世界经济一体化趋势呈现出加速演进的势头。可以想象，驱动未来企业的最根本力量就是文化力量，评判未来企业家成功与否最重要的标准就是企业家对企业文化控制力的高下。

企业文化，渗透于企业的一切理念之中，而又流溢于企业的一切活动之上。检验一种企业文化优劣的标准，除了看其是否推动企业的现实发展之外，还要看其发展的可持续性。企业文化不仅起到对员工的文化控制作用，而且管理观念的科学化、现代化更是对全体员工的一种文化控制。

【小资料】

柳传志被罚站

联想集团有个规矩，凡开会迟到者都要罚站。在媒体的一次采访中，柳传志表示：我也被罚过三次，尽管这三次都是在我无法请假的情况下发生的。

他描述说：公司规定，如果不请假而迟到就一定要罚站。罚站的时候是挺严肃的，而且是很尴尬的一件事情，因为这并不是随便站着就可以敷衍了事的。在20个人开会的时候，迟到的人进来以后会议要停一下，静静地看他站一分钟，有点像默哀，真是挺难受的一件事情。第一个罚站的人是我的一个老领导。他罚站的时候，站了一身汗，我坐了一身汗。后来我跟他说："今天晚上我到你们家去，给你站一分钟。"不好做，但是也就这么硬做下来了。

不以规矩，无以成方圆。但凡是个单位，就都会有自己的规矩，有法可依，有法必依。制度不是定来给人看的，而是来遵守的。无论是谁，只要是这个单位的人，就应该受这个制度的约束，这样才能发挥制度的作用。柳传志为了维护制度，与普通员工一样挨罚，企业家带头践行企业文化，才造就了中国IT第一品牌。

四、企业员工风貌

1. 企业员工风貌的含义

企业员工风貌是全体员工在企业发展过程中长期积累并形成的工作风格和精神面貌。工作风格表现了企业员工行为方式的个性，如员工的做事风格、协作风格，管理者的求是风格、民主风格等；精神面貌是指企业员工工作状况的表象特征，如拼搏进取、严谨认真的工作态度、文明有序的生产现场、隆重热烈的典礼仪式、健康多彩的业余生活、浓烈的学习气氛、团结和睦的氛围等。

员工风貌是企业的一种氛围、风气，甚至是一种习惯。企业员工风貌是企业文化最直接和最明显的载体，员工的风貌直接体现企业的运行状态。良好的员工风貌能够协调企业的组织和管理行为，有助于建立科学、规范的企业运行次序，提升企业员工的工作境界，达到提高工作效率与经济效益的目的。

2. 展现员工风貌的方式

（1）运用企业报刊　企业内部报刊，对内是企业的一面旗帜，引领方向；对外是企业的一扇窗口，展现形象。企业报刊中的每个理念和案例，都将在潜移默化中影响着员工的思想和行为；让外界感知企业的性格、精神、旗帜、追求、理想、风格等。通过内部报刊让员工掌握企业信息、学习先进事迹、增长业务才干。员工可以在这里倾听、学习、讨论、共享。内部报刊对员工风貌的形成起着巨大的导向和传播作用。

（2）举办演讲、辩论、讲座　通过演讲、辩论、讲座时展现员工风貌，这是适应现代企业员工展现风貌的好形式。

（3）组织文体活动　现在，许多企业十分重视通过开展丰富多彩的文体娱乐活动，让企业员工展示风采、沟通心灵、调节情绪、化解矛盾、陶冶情操、增强体质。

思 考 题

1. 简述企业产品文化包含的内容。
2. 简述企业员工群体行为和企业文化的关系。
3. 简述企业管理制度的重要性和规范性。
4. 企业价值观的含义和功能分别是什么？
5. 企业伦理道德的内涵和主要内容分别是什么？

第三章　融入企业文化

第一节　企业是个人职业发展的舞台

一、个人发展与企业发展的有机统一

1. 个人职业发展需要企业搭建舞台

我们技工院校学生毕业后,大多到企业一线从事职业活动,企业为大家提供了谋生的手段,为同学们搭建了实现职业生涯发展和人生价值的舞台。有了这个舞台,才使得我们生存和实现职业发展成为可能,这个舞台越宽广,环境越宽松,个人的价值体现就越充分;如果没有这个舞台,自我价值的实现便成为空谈。每个人都有每个人的工作岗位,每个岗位都有每个岗位的现实价值,一个员工就是一个机器零件,每个人都影响着企业整体的有效运转。俗话说:巧妇难为无米之炊。作为员工,无论是处于企业何种层次、何种位置,都必须明白个人和企业的这种关系,个人是企业的一员,个人的能力的运用和发展、个人价值的实现都需要通过企业提供的职业舞台才能得以施展。

2. 企业发展需要员工的劳动和创造

企业员工是企业产品的直接生产者、企业服务的直接提供者、企业效益的直接创造者。企业的发展源于每个员工的劳动和创造,员工实现自我价值的过程,就是企业发展壮大的过程,只有员工的成长和进步才能带动企业全面创新,才能推动企业不断发展。企业通过为向市场提供商品或服务实现收入,获得生存和发展,这种商品和服务通过员工的劳动来实现。每一个员工都应该把自我价值的实现建立在企业发展的基础上,以主人翁的姿态投身到企业建设、企业发展的各项工作中去,并在工作中倾注所能,尽职尽责,努力完成好每一项工作任务,这样企业才能得到不断发展。

同时,企业要加强与员工的沟通,管理者要掌握沟通的艺术,要成为沟通的楷模,要及时地将代表企业意志的信息和企业的共同愿景传递给员工,让员工对企业的发展有个清晰、正确的认识。管理者之间、上下级之间、同事之间、部门之间都要进行有效的沟通,要以内刊、座谈、研讨等多种形式,使员工的意见、建议、批评有正常的、多样化的渠道得以传递和表达。真正形成一种人人关心企业、人人爱护企业的、企业欣欣向荣的文化氛围。

3. 员工与企业相辅相成和谐成长

被誉为"全球第一 CEO(首席执行官)"的前通用电气公司总裁杰克·韦尔奇在 GE2000 年度报告中,把 GE 的员工分为三类:第一类是既能为公司创造价值又符合公司文化精神、价值标准的人,对于这样的员工,要提拔重用;第二类是目前不能为公司创造价值,但其思维方式、价值观符合公司的文化精神、价值标准的人,对于这样的员工,要对其进行培训,为其创造发展机会;第三类是能够为企业创造价值的人,但其思维方式、价值观却不符合公司的文化精神和价值标准,对于这样的人应开除掉。由此可见,企业对员工价值观的要求是何等严格,企业发展与员工价值实现的关系是何等密切。企业价值观是推动个人和企业的共同发展的原动力。

企业与个人的关系也正如江河湖海与水滴的关系：二者相辅相成、相互推动且共同发展的有机整体，正如"大河涨水小河满"、"不积溪流无以成江河"一样，是一个问题的两个方面。每位员工都应树立正确的价值观，将个人价值的实现与企业的生存、发展统一起来，将个人的价值取向与企业的价值取向统一起来，以不达目的誓不罢休的创业激情，创造性地做好自己的本职工作。同时，企业的制度建设，尤其是激励机制的建设和文化建设也应更加人性化、更加科学化，多给员工温暖和关怀，为员工个人价值的实现提供更加广阔的空间。这样，你给我温暖与力量，我报以激情与创造；公司持续发展、个人茁壮成长、生动活泼的生产经营局面就能逐步形成，企业与个人都能开鲜花、结硕果。

现代企业文化的一个重要理念就是企业不仅要最大限度地调动员工的积极性、提高人力资源利用效益，而且努力为每一位员工提供一个成长以及挖掘个人最大潜力的环境和机会。这种理念下，企业越来越重视员工职业生涯规划，借以指导员工形成与企业发展战略相一致的较为现实的职业发展目标，并为这一目标的实现提供帮助和机会。企业为员工提供职业生涯规划指导，员工必将更好地服务于企业为实现企业的经营目标而努力工作。员工的技能有了提升和进步，企业也能在员工的努力下高速发展，最终实现企业与员工的双赢。其实，企业与员工通过职业发展所希望达到的结果具有一致性，即为了提高业绩，获得更大的激励（企业是利润，个人是物质、等级和权利）。员工的目标与企业的目标在本质上和理论上是一致性的，这为企业和员工的合作奠定了基石，即企业希望员工职业发展，以帮助企业效益和效率的提升；员工希望企业对个人职业发展要求的认可，以满足个人需要。所以，员工职业发展的命运与企业是捆绑在一起，做得好可以实现双赢。这样，员工与企业不仅是一个利益共同体，更是一个命运共同体。这很像生物学中的共生现象，如果我们把员工对薪酬要求（生存需要）、晋升要求（权利需要）、环境要求（归属需要）等员工离职的理由进行梳理，我们发现造成员工离开企业的第一主因就是职业发展问题。

一个人只有以高尚的忠诚品格、高度的敬业精神和高昂的创业激情，积极投身到工作中去，将个人价值与企业利益有机结合，其聪明才智才能得到充分发挥，个人价值才得以完美展现。任何一个员工，如果没有与企业共同发展的信念和价值观念，如果总是把个人利益放在第一位，个人主义膨胀，那么，他（她）就不会成为优秀员工，就不会随企业的发展而健康成长，更不可能成为企业的栋梁。

【小资料】

梅钢公司让企业成为员工发展的大舞台工作纪实

2012年梅钢公司在面临760万吨规模配套生产线全面建成和市场需求趋缓的双重压力下，变压力为动力，公司努力将企业建设成为员工职业发展的大舞台，推出了员工发展工作计划方案，不断激发员工自我提升、自我发展的积极性，广泛开展岗位练兵和技能培训活动。据统计，员工技能等级提升8%以上。

1. 系统策划，把项目细化

公司员工发展工作，从员工构成、员工能力、员工激励、员工健康、员工精神、员工服务等6个方面，进一步细化为推进员工结构改善、员工能力建设等80余项具体措施。这个项目中的每一个子项目都形成行动计划，条块结合相继落实。公司明确了人才职业发展目标，坚持系统培养，如对操作维护人员，建立以岗位精准操作能力为重点的素质标准，通过"基本素质、技能延伸、岗位知识、岗位操作"四个模块全面开展员工技能健身计划，制订了针对员工个人的成长计划。针对性、专业化的培训，有力支撑了公司的新一轮发展：二期新生产线四大目标按计划顺利推进；炼钢、炼铁等工序能耗持续降低，成本明显下降；新产品质量不断提升。

2. 员工参与，让需求对接

公司广泛开展了形势任务教育，并以"岗位价值在哪里"为主题开展全员大讨论。通过讨论，更多的员工明白了职业发展的紧迫性，明确了职业发展的方向。他们不但利用业余时间学习，还积极参与到各种技能提升活动当中。如冷轧厂"一岗多能"员工增加到了161人。公司授权专利继续保持逐年递增的好势头，全年申请专利203件，员工共提出建议74734条，产生效益12022万元。

3. 服务员工，办实事工程

公司收集整理了84项员工热点问题，制订下发了《员工"三最"问题和实事工程管理办法》。在月度收集实施信息、季度专题分析、半年组织座谈以推进整个员工发展工作的过程中，将服务员工工作落实到办实事上、落脚于员工工作环境的切实改善，热轧1780区域生活设施全面改善，建设了休息室、车棚、小仓库；码头新系统区域后勤设施得以改善，原料码头和成品码头新系统区域厕所、饮水、洗澡、休息点等设施改善基本解决；为60名青年员工举行了集体婚礼等。

二、适应和融入企业文化

在我们刚刚走上职业岗位时，一切都是陌生的。当然，若我们选择一家企业文化与自身相适合的企业就最好了，但是适合与否不是与生俱来的，有个相互发现、适应和融入的过程，并且需要实践的检验。有许多人，刚到一家企业时不适应，可工作一段后就变得很适应，如鱼得水。其实，人的一生是一个不断适应的过程，新员工的适应只是人生某一阶段的一个新起点，我们要学会主动适应新规则，自觉融入新环境，用新思想提升自己各方面的能力。

1. 端正态度

优秀的企业文化是企业实现可持续发展的基础与动力，所以企业总是极力地推行自己的文化并努力影响员工的思想观念和行为习惯。企业文化有一定的强制性，尤其是制度文化，如果在情感上不能接受，势必影响自己对企业的认同。"没有规矩，不成方圆。"作为新员工，应严格约束自己的行为，准时上、下班、遵守操作规程、安全文明生产、保守商业秘密等。还要不断了解单位的传统、现状、发展规划，增强融入单位的自觉性。企业管理者的风格传承体现着企业文化，作为新员工应当学会主动适应这种风格，如果试图改变，不但徒劳，而且无益。自觉增强对企业的认同感，树立"命运共同"的观念，命运共同，思想和行动一致，个人和企业发展的目标才能共同实现。

深入理解付出与收获的关系，须明白先付出后收获、付出多才能收获大的道理，要清楚为企业创造的价值决定你的价值，自我价值与社会价值相统一，并通过社会价值表现出来。能为企业创造更多价值的人，得到的报酬更多，职业发展的空间也更广阔。

对公司而言，一名员工的薪金，重点不在于你本身的学历、背景，甚至不在于职衔，而关键在于你对公司的价值所在。所以，作为一名员工想要提高自己加薪的可能性，就一定要想办法多给公司创造价值。为此，就应该加强自己的核心能力，并确保自己在工作岗位上，能够发挥自己的独特能力，而不能成为一名可以轻易被取代的员工。只要你发挥创造价值的能力给公司创造更多的价值，老板就会相应地付给你更多的报酬，并且也会得到公司的升职重用！

如今，"啃老族"现象有所蔓延。我们身边的许多年轻人，赋闲在家，不仅衣食住行全靠父母供养，而且花销往往不菲。"啃老族"并非找不到工作，而是因过于挑剔、怕苦怕累、无发展目标等原因主动放弃就业的机会。我们应该认识到，这是极不好的社会现象。我们技工院校学生应该自强不息，唱响"劳动光荣、创造伟大"的时代主旋律。

2. 认真接受入职培训

新员工培训又称岗前培训，是一个企业把新录用的员工从局外人转变为企业人的过程。企业对新员工进行培训是新员工了解企业的好机会，它不但可以帮助员工了解企业的行为规范、福利待遇、可用资源等，更重要的是将企业文化灌输到员工的大脑里。

越来越多的企业认识到新员工培训的重要性，在新人入职时已不仅仅只做简单的引见，往往还要安排内容丰富的培训等待新人入职。通常，海尔集团在新员工入职后做的第一件事就是举办新老"毕业生"见面会，通过师兄师姐的亲身感受理解海尔，新人还可以利用面对面与集团最高领导沟通的机会，了解到公司的升迁机制、职业发展等问题，这无疑是新员工了解海尔企业文化的一个绝好时机。联想对新员工实行的"入模子"培训，所有加入联想的员工，在试用期时都要接受为期一周的封闭培训（"入模子"培训），了解公司的文化、理念、产品、历史、发展方向等，从"模子班"里出来的员工，都感到整个人好像发生了变化，联想的一切已经深深植入脑海。新员工加入阿里巴巴集团的时候，须于杭州总部参加全面的入职培训和团队建设课程，该课程着重于公司的使命、愿景和价值观，还会在定期的培训、团队建设训练和公司活动中再度强调这些内容。

3. 认识企业文化

员工进入一个新企业后，一种可能是融入企业的文化，然后把企业文化融入到自己的工作行为中去，使自己的工作如鱼得水；另外一种可能就是不能融入这家企业的文化，或者说被排斥，这就导致新员工在企业文化上的障碍，要么在工作岗位上无所事事，要么被迫离开。对新员工而言，如何在企业中表现自己，能否在这个企业长期发展，很大程度上取决于最初进入企业的经历和感受。新员工应当主动去了解和适应新企业及其企业文化，包括企业的发展史、经营理念、决策机制和关键的人际关系等。

4. 多学多问谦虚做事

进入到一个新的文化环境中肯定有许多陌生的地方，这就要求新员工多学、多问、多了解。对于"可视规矩"，则找来公司的制度、流程和职位说明书加以学习；对于"不可视规矩"，就要虚心地向老员工请教。因为他们在公司的工作时间长，对公司的方方面面可谓了解入微，多和他们交流可以让你少走很多弯路。工作中遇到难题或是处理问题拿不准时，千万不要不闻不问、不懂装懂，而应主动大方地请教身边的同事，培养自己对公司的归属感。

每家公司都有自己独特的企业文化，作为新人都要有一个逐步适应的过程。在没有了解公司的企业文化之前，不要急于求成，以至于给别人留下不好的印象。谦虚行事才是最明智的做法。

5. 主动融入团队

现代企业不可能单打独斗，IBM 大中国区总裁讲，现在是"打群架"的时代。企业文化最终体现在员工的行为上，融入到一家企业的企业文化中，也就是融入这个大的团队里。而团队必然有文化和它自身的一套规矩，个人英雄主义是行不通的。想要被一个团队所接纳，就得想办法接受和认同他们的价值观念，在这个团队找准自己的角色和职责。

积极参加公司举办的各种活动，这是新员工融入团队的一个有效方法。哪怕是共进一次午餐，也可以加深你和同事之间的关系。因为在工作中你和同事深入接触的机会有限，大家都忙于自己的事务，不可能过多地交流。而在一些非正式场合则可以对公司的团队更深地了解。需要注意的是，融入团队并不是拉帮派、搞小圈子。办公室是一个讲究团队士气和团结精神的地方，和同事相处，要一视同仁，切不可拉帮结派，游离于公司的主流文化之外。

【小资料】

"冒犯上帝的城市"

《圣经·旧约·创世纪》记录了这么一个故事。大洪水劫后，天下人都讲一样的语言，都有一样的口音。诺亚的子孙越来越多，遍布地面，于是向东迁移。在古巴比伦附近，他们见到一片平原，定居下来。他们想要建造一座城和一座塔（塔顶通天）。由于大家语言相通、同心协力，建成的巴比伦城美丽而繁华，正在建造中的高塔直插云霄，似乎要与天公一比高低。上帝知道后想阻止诺亚的子孙建设通天塔，上帝没有发出雷霆之怒、没有下令山崩地裂，只不过是让脚手架上忙忙碌碌的工匠们突然"各说各话"，让人人心中都充满了能独自完成全过程的"野心"，以至于他们不再默契配合。于是，未完工的巴比伦塔就成了人类感受自身局限的最初记忆。

第二节　成为蓝领专家的必由之路

一、学习是提升自己的根本途径

1. 树立新的学习理念，提高学习能力

在这样一个知识经济和信息社会时代，我们应当树立新的学习理念，学会学习，提升自己的学习能力。未来的文盲不是目不识丁的人，而是不会学习的人。

其一，要培养自己的学习兴趣，让学习成为一件愉快的事。孔子说："知之者不如好知者，好知者不如乐知者。"爱因斯坦也说："兴趣和爱好是最好的老师。"有了兴趣，你做什么事情都是开心愉快的。对学习有了浓厚的兴趣，才能真正调动起自身的内在动力，真正地钻研进去。我们可以将学习从有趣，到乐趣，再到志趣，一步一步培养提升，从而进入愉快学习、享受学习的美妙境界。

其二，有目的、有选择地学习。学习的方法林林总总，可学的东西无穷无尽，正是"吾生有涯，知无涯。"以有涯之生去求无涯之知，必须学会选择。谁能学会选择，谁就能更快、更高、更强，谁就能在竞争中占领制高点。我们要有目的、有选择地学习。面对浩瀚的知识技能信息，应优先选择学习那些有利于自己职业发展和个人奋斗目标实现的东西。

其三，学会自主学习。自主学习，就是充分发挥自己的主观能动性，主动地、有主见地学习，做自己学习的主人。自主学习重要的是学会自学，只有学会自学，才能真正实现自主学习，使自己成为学习的主人。自主学习是整个学习的核心，只有学会自主学习，才能学会学习，才能真正提高学习能力，实现终身学习，才能变被动学习为自愿学习，变"要我学"为"我要学"。

自学能力是每一个现代人的标志，我们有不少学生，在校期间，门门功课优秀，可毕业后却原地踏步，不能自觉地更新知识技能，从而阻碍自身的进一步发展，这是不注重自学能力培养的必然结果。现代社会的发展实在太快，要学的内容实在太多，社会和我们自己都没法做到时时返回到学校中去学习，只有把自己锻造成为一个能够自我适应、自我指导的人，才能有效地解决"工学矛盾"。如果说，在校学习像是婴儿在父母的帮助下学习行走，那么自学能力则是独立行走的表现和保证。

其四，学会创造性学习。著名的罗马俱乐部在《回答未来的挑战》的研究报告中指出，学习有两种类型：一种是继承性学习，它的功能在于获得和继承过去已有的知识、经验；另

一种是创造性学习，它的功能在于通过学习，提高一个人发现、吸收新信息和提出新问题的能力，以迎接和处理未来社会日新月异的变化。继承性学习以累积知识为主要特征，而创造性学习就是把学习知识与创造知识结合起来，不只是学到知识，还能推动创造。继承性学习是必要的，但今天的学习与过去的学习相比更要强调创造性学习。学习不能是被动的信息存储，不能是"书虫"式的死读书、读死书，而应是知识的主动运用和创造。创造性学习最大的特点就是面向未来，一方面能够根据自我的创造需要主动地进行学习，一方面又能够同时进行知识的重组和创造。

其五，树立终身学习理念。面对知识和信息的裂变和快速更新，仅靠在学校学到的知识技能"应付"一辈子，已完全不可能了。人们在整个一生中，要持续不断地学习，从摇篮到坟墓，学习应贯穿于人的一辈子。现代社会，已宣告了"学历社会"和一次性学习时代的终结。这意味着我们离开了学校，绝不能离开学习。要将学习融入人生的每时每地，融入生活，融入工作，做到生活学习化、工作学习化，让学习成为"全时空学习"。让隐藏在每个人灵魂深处的全部才能充分发挥出来。

2. 学习提升的途径

（1）干中学　"干中学"，就是身体力行，在实践中学习。在学习的整个流程里，"干"处于至高无上的地位。实践出真知，实践长才干。事实证明：获得能力，提高素质，不能被告诉，不能被灌输，只能靠实践。"干中学"，这是提高能力和素质的基本模式。学习与工作是有机统一、相互交融、相辅相成的，"工作学习化"、"学习工作化"正成为一种时代发展的必然趋势。工作学习化，就是将工作的过程看成是学习的过程，就是在工作中要善于观察，勤于思考，掌握规律，提炼经验；学习工作化，即要将学习与工作一样对待、一样要求，即学习是为了事业和工作，所学要针对工作实际，能运用于工作实践。工作中，"多挑重担"是学习增长能力的有效途径。每个人还要从自己的经验教训中学习。"干中学"既包括从自己成功的经验中学，也包括从自己失败教训的反思中学。恩格斯说："无论从哪方面学习都不如从自己所犯错误的后果中学习来得快。"

（2）在培训中学习　现代人的学习将融于工作和生活之中，其主要的方式是接受培训，在培训中学习。现在越来越多的企业认识到，企业之间的竞争归根到底是人才的竞争，不去培训员工，最终是要失败的。所以，它们大都把员工的培训当作是其立于不败之地的公开秘密。培训是当今企业吸引众多优秀人才加盟的利器之一。对于那些积极拓展、不断创造的企业而言，其核心能力和竞争优势来源于员工不断地学习新知识，持续地适应市场变化，并迅速作出反应。一份有关中国经理人的精品杂志是这样勾勒培训的："培训是回报率最高的投资，是运筹帷幄、凝聚共识和提升沟通效能的最佳途径。世界正在进行一场全面的学习革命。企业的培训中心正是引发学习、挑战未来的企业校园，与您一起打造一支精锐的团队。"在瞬息万变的21世纪，培训是赋予每个人职业生涯发展的最主要的武器，我们要好好利用企业提供的培训学习机会，以提升自身的素质和能力。

（3）从阅读中学习　仅仅依靠企业提供的培训来学习是远远不够的，我们还应该对自己职业生涯发展给以更多的关注，每个星期你应该至少花几个小时的时间用来了解所在行业的发展方向，搜集有关最新科技信息和行业动态等，并从中学习到如何更有效地调整、管理自己。大多数领域都有自己的行业出版物，比如在IT领域就有数不清的杂志、报纸为你提供有关行业趋势和分析、公司动态、市场调查等大量信息。选择一至两种最主要的行业报刊，再选择几种与我们的职业岗位相关的刊物，从中了解感兴趣的和有助于职业生涯发展的内容。

（4）向他人学习　孔子说："三人行，必有我师。"孟子说："独学而无朋，则孤陋而寡闻。"我们应该虚心向领导、同事、同行、亲朋好友学习，向优秀者、成功者、顾客、服务对象学习，向竞争对手以及其他人学习。

（5）利用各种渠道学习　人人身边都有一所无形的"学校"，构建这所无形学校的媒体主要有互联网、电视、广播、书籍、报纸、杂志、录像等。它们把各种丰富的信息资源带到我们每个人身边，成为对我们帮助最大的"老师"和学习渠道。互联网是人类知识智慧的汪洋大海，它为每一个人提供了自由的时间和空间，你可以在任何时间和地点上网接受和传输信息、数据、收发电子邮件，进入网上大学挑选自己感兴趣的课程，向专家进行咨询、交流和对话，还可以在知名网站上登记以定期获得这些网站所提供的新闻信息。所以，我们要充分利用互联网学习，这也是知识经济时代所提倡的学习方法。

二、创新是成为蓝领专家的必由之路

简单地说创新就是创造新事物。新事物包括新产品、新技术、新理论、新制度、新办法、新的管理模式等。创造新事物首先是"想"，想前人没有想，想别人不敢想的事物，即创造性思维；再就是干，干前人没有干，干别人不敢干的事物。创新者既要敢想又要敢干。每个企业都希望员工是踏踏实实工作的人，还更希望是勤于用脑、思路开阔、创新思维能力强、创造性开展工作的人。创新素质和创造性工作能力越来越被社会和企业所青睐，创新是企业发展的不竭动力。我们知道，海尔企业文化的核心就是"创新"。同学们可通过以下途径开发创新思维，提高创造性工作的能力。

1. 激发创新思维的潜能

世界上最大的开发区在哪里？就在我们的帽子下面！每个人都蕴藏着巨大的潜能。有些同学对于"创新"感到很神秘、高不可攀，缺乏自信和勇气，脑海中浮现"我也能创造、创新吗？"其实，创造力是人人都有的，创新并不神秘，它并不是少数天才所独有的。我们应树立"人人都有创造力"信念，增强自信心，经常鼓励自己、给自己喝彩，认定"我能"、"我行"。

2. 勤于思考，善于思考

拉丁美洲有句谚语："不会思考的人是白痴，不肯思考的人是懒汉，不敢思考的人是奴隶。"在现实的工作和生活中，有一些人要么整天忙忙碌碌地去干这干那，要么无所事事，就是不给自己留下一点思考的时间，也从来不注意培养自己良好的思维习惯和思维方法。到头来，时间、精力耗费了，也没有取得多少值得自豪的成就。其实，勤于思考是创造性工作和成就一切事业的摇篮，我们一定要留些时间思考。

要善于思考。不要盲目崇拜权威，不要人云亦云。要突破思维定势，敢于独立思考、标新立异，善于从多角度、多侧面进行思考，激发创新思维能力，这是开展任何创新和创造性工作的必备素质。勤于动脑，积极思考，尊重自己的好奇心，不满足于表象，习惯于寻根究底，这就是获得创造、创新的秘诀之一。

3. 勇于创新

寻求创新时，不要贪大求全。海尔集团总裁张瑞敏说："创新不等于高新，创新存在于企业的每一个细节之中。"事实上，海尔集团内仅以员工命名的小发明和小创造每年就有几十项之多，如"云燕镜子"、"晓玲扳手"、"启明焊枪"等，并且这些创新已在公司的生产、技术等方面发挥出了显著的作用。

4. 敢于尝试

美国软件频谱公司前董事长米笛·西姆斯说："创新精神基本上就是再三尝试。"尝试就是探索，就是开拓，没有探索和开拓，就没有创新，没有创新就不会有成就。鲁迅先生曾经说过：其实地上本没有路，走的人多了，也便成了路。创新仅仅"想"、"思考"还是不够的，还需要去"做"，去"尝试"。主意再新，思路再好，点子再有创意，不去尝试，结果也只能是跟在别人的后面走，"夜有千条路，转天卖豆腐"。尝试难在第一步，只要你能突破刚开始的犹豫，就能顺利改变自己。

5. 不怕挫折和失败

挫折和失败在创造性工作中是家常便饭。正如美国创造力开发公司总裁罗杰·冯·奥奇所说："冒险是创造过程的一个组成部分，正如你横穿街道和谈恋爱都有风险一样，你有可能获胜——总算提心吊胆地熬出了头，也有可能失败。"比尔·盖茨从一个穷书生不过20年就一跃而成为世界首富，全在他的冒险创新精神。"失败乃成功之母"，许多成功就是在经历了无数次失败之后取得的。1879年10月21日，爱迪生点燃了第一盏真正有广泛实用价值的电灯。这是爱迪生和助手们大约试用了6000多种纤维材料，试验了7000多次，才取得的辉煌成就。又经过进一步试验，找到了新的发光体——日本竹丝，灯泡可持续发亮1200多小时，达到了耐用的目的。面对一次次的失败，爱迪生没有退却，他明白：每一次失败，意味着又向成功走近了一步。

【小资料】

哥伦布发现新大陆

15世纪意大利航海家哥伦布在开辟新航道的过程中发现了美洲新大陆。当时不少权威航海家认为根本不存在新的航道，更不存在新的大陆，但是哥伦布总感到某种潜在的成功在召唤他。于是他独辟蹊径，与传统航道背道而驰，向西横渡大西洋，终获成功。

这一划时代的伟大发现，却引起不少非议。有人轻蔑地对哥伦布说："先生，你发现了一个新大陆，没什么了不起，这是任何人都能做得到的最简单的事。"哥伦布听后淡然一笑，他没有直接回答，顺手拿起一个鸡蛋说："先生，你能把这个鸡蛋竖立在这个光滑的桌面上吗？"那人接过鸡蛋竖来竖去，怎么也竖不起来，其他人也试过后宣布失败。哥伦布接过来，把鸡蛋尖在桌面上轻轻一磕，鸡蛋就树立起来。有人不服气地说："这很简单，没什么了不起，鸡蛋碰坏一点本来就可以竖起来。"哥伦布笑着说："是的，许多事情本来就在那里，也很简单，可是有的人熟视无睹，没有发现；有的人善于思考，勇于探索，将它发现了，差别就这么一点。"

这个故事告诉我们，如此伟大的发现竟与平庸只有一线之隔，这一线就是创新，就是善于思考、勇于探索。

思 考 题

1. 谈谈适应和融入企业文化对自身发展的必要性和重要性。
2. 谈谈就业后如何适应和融入企业文化？
3. 当前国家倡导大众创业、万众创新，你是怎样认识的？

心理篇

第一章　做一个心理健康的人

心理健康教育是从认识心理健康开始的，我们每个人只有了解了什么是心理健康，衡量心理健康的标准有哪些，影响心理健康的因素是什么，以及学习心理健康知识对我们的健康成长有什么重要意义等等知识和方法，才能从中接受心理健康教育，得到启发，也才能自觉地做一个身心健康的人。

第一节　心理健康

一、心理健康的含义

一个真正健康的人，不仅要拥有强健的身体，还要有良好的心理。健康包括生理健康和心理健康两个方面，只有生理和心理都没有问题，这个人才是完全健康的人。而心理健康是衡量一个人是否健康的重要标志之一。

所谓心理健康，根据世界卫生组织的定义，是指一个人有着完好的心理状态和社会适应能力。具体表现为：身体、智力、情绪十分协调；适应环境、人际关系中彼此能谦让；有幸福感；在工作和职业中能充分发挥自己的能力，过有效率的生活。

【小资料】

人的身心健康的8条标准

世界卫生组织曾对健康作过如下定义："健康不仅仅是没有疾病，而且是身体上、心理上和社会上的完好状态。"即人的健康包括身体健康、精神健康和社会适应能力等三个方面。现在，该组织又具体提出了人的身心健康的8条标准。其中包括如下内容。

1. 快食

所谓快食，就是吃得痛快。三餐的饮食吃起来感觉津津有味，能快速吃完一餐而不挑食，食欲与进餐时间基本相同。快食并不是狼吞虎咽，不辨滋味，而是吃饭时不挑食，不偏食、吃得顺利、没有过饱或不饱的不满足感。万一有持续性无食欲状态出现，应请教医生，看看是否肠胃或肝脏有毛病。

2. 快眠

快眠就是睡得舒畅，一觉睡到天亮。醒后头脑清醒，精神饱满。睡得快重要的是质量，如睡的时间过多，且睡后仍感乏力不爽，则是心理、生理的病态表现。快眠说明神经系统的兴奋、抑制功能协调，且内脏无病理信息干扰。

3. 快便

快便是指便意来时，能快速排泄大小便，且感觉轻松自如，在精神上有一种良好的感觉，便后没有疲劳感，说明胃肠功能好。

4. 快语

说话流利，语言表达准确、有中心，头脑清楚，思维敏捷，中气足，心肺功能正常。没有有话说而又不想说的疲倦之感，没有头脑迟钝、词不达意现象。

5. 快行

行动自如、协调，迈步轻松、有力，转体敏捷，反应迅速，动作流畅。证明躯体和四肢状况良好，精力充沛旺盛。因诸多病变导致身体衰弱，均先从下肢开始。人患有内脏疾病时，下肢常有沉重感；心情焦虑，精神抑郁，则往往感到四肢乏力，步履沉重。

6. 良好的个性

性格温柔和顺，言行举止得众人认可，能够很好地适应不同环境，没有经常性的压抑感和冲动感。目标坚定，意志持衡，感情丰富，热爱生活和人生，乐观豁达，胸襟坦荡。

7. 良好的处世技巧

看问题，办事情，都能以现实和自我为基础，与人交往能被大多数人所接受。不管人际风云如何变幻，都能始终保持稳定、永久的适应性，能保持对社会外环境和身体内环境的平衡。

8. 良好的人际关系

与他人交往的愿望强烈，能有选择地与朋友交往，珍视友情，尊重他人人格，待人接物能宽大为怀。既善待自己，自爱、自信，又能助人为乐，与人为善。

二、心理健康的标准

判断一个人是否是心理健康，我们可以主要从以下几方面了解、认识。

1. 情绪健康

其标准是情绪稳定和心情愉快，是心理健康的主要标志，喜怒无常则是心理不健康的表现。心理健康的人，愉快情绪多于负性情绪，乐观开朗，富有朝气，对生活充满希望；情绪稳定，善于控制和调节自己的情绪；情绪反应与环境相适应。

2. 智力正常

正常的智力是一个人学习、工作和生活所必需的基本心理条件，也是适应周围环境所必需的心理保障。智力包括观察力、记忆力、注意力、思维力与想象力以及各种操作能力等。心理健康的人，智力发展水平虽然各有不同，但都能正确、客观地认识自然和社会，能正确地对待自己和他人。

3. 意志健全

意志是人在完成一种有目的的活动时，所进行的选择、决定与执行的心理过程。意志健全者在行动的自觉性、果断性、顽强性和自制力等方面都表现出较高的水平。意志健全的人在各种活动中都有自觉的目的性，能适时地作出决定并运用切实有准备的方式解决所遇到的问题，在困难和挫折面前，能采取合理的反应方式，能在行动中控制情绪，而不是行动盲目、畏惧困难。

4. 人际关系和谐

良好的人际关系是维系心理健康不可缺少的条件。其表现为：乐于与人交往，既有广泛的人际关系，又有知心朋友；在交往中保持独立而完整的人格，有自知之明，不卑不亢；能客观评价别人和自己，善取人之长补己之短，宽以待人，乐于助人，积极的交往态度多于消极态度，交往动机端正。

5. 自我评价正确

正确的自我评价是心理健康的重要条件。其表现是：自我观察、自我认定、自我判断和自我评价，做到自知，恰如其分地认识自己，摆正自己的位置，既不以自己在某些方面高于别人而自傲，也不以某些方面低于别人而自惭形秽，能够自我悦纳，包括接纳自己的某些缺陷，并能不断地进行自我激励。

6. 人格完整

人格指的是个体比较稳定的心理特征的总和，人格完整就是指有健全统一的人格，具有正确的自我意识，不产生自我同一性混乱，以积极进取的人生观作为人格的核心，并以此为中心把自己的需要、目标和行动统一起来。

7. 反应适度

一个人对身体内外的刺激反应是否适度也是一个人心理是否健康的重要标志。人的反应无论在速度和强度上，都存在着个别的差异，比如有的人反应敏捷，有的人反应迟钝；有的人倾向于感性，有的人倾向于理性等，但这种差异有一定的限度。

以上是心理健康表现的主要方面，它们之间是相互影响、相互促进的。一个人心理是否健康，不一定表现在上述所有方面，往往是表现为一两个方面有没有严重失调的现象。

三、心理健康的作用

1. 心理健康是身体健康的保证

人的心理活动和生理活动是密切相关、相互依存的，生理健康是心理健康的基础，而心理健康反过来又能促进生理健康。研究表明，人体内有一种最能促进身体健康的力量，就是良好的情绪。一个人如果善于调节情绪，经常保持心情愉快，可以达到未雨绸缪、无病防病，有病医治的效果。

【小资料】

小说《最后一片叶子》

美国著名作家欧·亨利有一篇著名的小说《最后一片叶子》（图1-1），说的是一位年轻的女画家得了当时的不治之症——肺炎。医生说她只有1%的治愈可能，而前提是病人不能总想着有多少人为她送葬。但这位年轻的女画家却把自己的生命和卧室对面墙上长青藤上即将落下的最后一片叶子联系在一起，说当那片叶子落下的时候就是她生命结束的时候。在一个凄风苦雨的深夜，一直关心这位女画家的老画家贝尔门先生悄悄地将这片已经凋落的叶子画在了墙上，使女画家误以为叶子没有凋落，内心豁然开朗，增添了和病魔斗争的无穷力量，最后终于挣脱了死神的魔掌，神奇地康复了。

图1-1 小说《最后一片叶子》

2. 心理健康影响人际关系的形成和发展

良好的人际关系是维系心理健康不可缺少的条件。在社会交往过程中，心理健康的人通常表现为：一是乐于与人交往；二是在交往中能保持独立而完整的自我，有自知之明，不卑不亢；三是能客观评价别人，宽以待人，友好相处；四是交往中能尊重他人的权益和意见，积极态度多于消极态度。

3. 心理健康影响人生的质量和效率

心理健康的人，对事物都会有敏锐的观察、判断能力，能客观地对纷繁的事物加以正确地选择，作出有针对性的决定并付诸行动；对经历过的事物，有良好的记忆，能不断扩大和积累经验；能掌握事物的本质，并在科学认识的基础上，形成对事物和工作的积极态度和丰富、深厚的情感，从而在学习、工作和生活中取得事半功倍的效果；即便一些身患疾病或身体有缺陷的人，只要心理是健康的，就能坦然接受命运的挑战，甚至能在这种挑战中取得常人难以企及的学习、工作和生活上的杰出成就。

第二节　心理健康培养

一、影响心理健康的因素

1. 内在因素

内在因素是一个人自身所具有的一种内在的、主观的因素。主要包括一个人的生物遗传因素和心理活动因素。

（1）**生物遗传因素**　生物遗传因素的影响主要有遗传因素、病菌或病毒感染、脑外伤或化学中毒，以及严重躯体疾病或生理机能障碍等。例如遗传因素，人的心理活动是不能遗传的。但是，一个人作为身心兼备的整体，与遗传的关系又十分密切，特别是一个人的躯体、气质、智力、神经过程的活动特点等，受遗传的影响更为明显。研究表明，在精神病患者家族中，患精神发育不全、性情乖僻、躁狂抑郁等神经精神病或心理行为异常的人占相当大的比例。

（2）**心理活动因素**　心理活动因素主要包括认知因素、情绪因素和人格因素等。例如情绪因素。人的情绪体验是一个人机体生存和社会适应的内在动力，是维持身心健康的重要因素。一般来讲，稳定而积极的情绪状态使人心境愉快、安定，精力充沛、适度，身体舒适、有力；相反，经常波动而消极的情绪状态则往往使人心境压抑、焦虑，精力涣散、失控，身体衰弱、无力。因此，培养良好的情绪，排除不良的情绪，有益于人们的身心健康。

【小资料】

情绪与身体健康

英国化学家法拉第，年轻时体质很差，加上工作紧张，用脑过度，身体很虚弱，多方求治也不见效。后来，一位名医给他进行了检查。医生没有给他开药方。只送他一句话："一个小丑进城，胜过一打名医。"法拉第细细品味这句话，悟出了其中的奥妙。从此，他经常抽空看马戏和喜剧，精彩的表演，总是令他开怀大笑。他还到野外和海边度假、调剂生活、经常保持愉快的情绪。久而久之，法拉第的身体逐渐恢复了。

2. 外在因素

外在因素是直接引起心理问题的外在的、客观的因素。主要来自家庭、学校、社会等。

(1) 家庭因素　对青春期学生的身心健康来说，家庭的影响很大。例如不良家庭环境因素，容易造成家庭成员的心理行为异常。这些因素主要有：家庭主要成员不全，如父母死亡、父母离异或分居、父母再婚等；家庭关系紧张，如父母关系、父母子女关系、兄弟姐妹关系不和谐，使家庭情感气氛冷漠，矛盾冲突频繁等；家庭教育方式不当，如专制粗暴、强迫压服、溺爱娇惯、放任自流等；以及家庭变迁、出现意外事件等。

【小资料】

最珍贵的遗产是什么

家庭教育究竟会对人的一生产生多大的影响？美国学者 A.E. 温西普做了一项研究，他追踪尤克斯和爱德华兹这两大家族百年来的繁衍发展史，并进行比较，以此来了解一个人的行为会怎样深远地影响其子孙，结果让人震惊……

文雅青年与狂野小子

马克·尤克斯生于 1900 年，乔纳森·爱德华兹生于 1903 年，两个人共同在美国康涅狄格州的温莎小镇度过童年。马克生性狂傲，行事不羁；乔纳森则完全相反，他生性平和，乖巧懂事，对万物心怀一种与生俱来的博爱。

马克摸准了乔纳森的性格特点，并大加利用。比如，每当马克需要用钱时，他就会捉来一只小鸟或小松鼠，然后当着乔纳森的面虐待它们，并扬言要将它们"处决"。这时，乔纳森就会眼泪汪汪地为这些小动物求情。马克当然不会妥协，于是乔纳森会拿出身上所有的钱交给马克，来换取这只可怜的小动物的生命。在很多年里，马克利用这个方法将乔纳森大部分的零用钱据为己有，并且屡试不爽。

上学后，乔纳森认真刻苦，成绩一直在全校名列前茅；马克虽然有聪慧的头脑，却不喜欢读书，经常逃学，最后干脆放弃了学业。

乔纳森好心劝说马克继续读书，马克却满不在乎地说："学习好有什么用？看着吧，将来我一定比你有钱，比你过得好。"自此之后，两个人开始走上迥异的人生道路。

乔纳森一直保持着优异的成绩，最终考取了耶鲁大学。1924 年毕业时，乔纳森应耶鲁之邀回校出任助教。1927 年，乔纳森迎娶了同样有着博爱胸怀的美丽少女撒拉。婚后，他们共生育了 11 名子女，家庭生活幸福而美满。

而马克在辍学后，就过着一种类似于拓荒者的生活。后来因为厌倦了小镇平淡的生活，他就跑到了纽约，一直辗转着到处打工。年过 30，马克才娶了年轻漂亮的艾达为妻。

35 岁那年，马克遇到了一个难得的发财机会。尽管涉嫌违法，但他毫不犹豫地抓住了它。赚了第一桶金的马克没有就此满足，他骨子里有一种不甘平庸的冒险精神。他用这笔钱孤注一掷地盘下了一家濒临破产的小五金厂，然后当起了老板。在经营上，马克同样不走寻常路，敢于尝试各种别人不敢尝试的旁门左道。幸运的是，短短几年时间，他的资产就翻了几倍。

1941 年，志得意满的马克偶遇了童年的玩伴乔纳森，得知学习优异的他目前只是耶鲁大学的一名助教后，马克轻蔑地说："怎么样？还记不记得当年我说过的话？学习好并不会为你带来金钱与财富。"

乔纳森却坦然地表示，自己现在过得很幸福，再多的金钱对他来说都没有意义。

马克气急败坏地说："你可以不为自己考虑，但你的后代们将来会埋怨你这个没用的祖先，你死后能给他们留下什么呢？"

乔纳森用平静而肯定的语气回答道："我能给他们留下的财富一定比你多得多。"马克狂妄地大笑起来，完全不清楚乔纳森所说的"财富"指的是什么。

宽容与大爱缔造百年传奇

乔纳森与撒拉共育有 8 个女儿和 3 个儿子。如此众多的子女，不要说教育，就是把他们养大也是一项非常辛苦的工作。但乔纳森从来没有觉得孩子们是个负担，总是不遗余力地将爱的理念传授给他们。

乔纳森与妻子都认为，要想学会爱，首先就要懂得感恩。所以从每个孩子出生起，乔纳森夫妇就不厌其烦地告诉他们，他们在这个世界上所拥有的一切，无论是阳光、空气、水，还是鲜花、绿树，都是大自然的恩赐，对此人类应该心怀感激，而不是坦然接受。

乔纳森会让孩子们亲手制作小鸟屋，然后挂在门前的树上，每天放一点水和鸟食。这样既能观察到小鸟休憩、觅食的场景，也会慢慢爱上小鸟、爱上大自然的一切。

乔纳森家的后院有一片空地，他们本来规划好要为孩子们建一个游乐场。可是，还没来得及开工，一只雌锦鸡就在空地中的杂草丛里做了窝，并孵出一窝漂亮的锦鸡宝宝。

尽管孩子们盼望这个游乐场已经好多年，但他们还是一致决定不打扰锦鸡一家的安宁。甚至大家生怕它们有朝一日会搬走，每次从那里经过时，都会尽量放慢脚步。

乔纳森就是这样通过日常点点滴滴的小事，让孩子们懂得爱和如何正确地爱。

等孩子们长大一些，乔纳森夫妇就鼓励他们去社区做义工，比如亲身体会自闭症儿童的生活，了解是什么原因导致他们和其他孩子不一样，以此培养孩子们的同情心、同理心。

养育11个孩子是一项非常艰苦的工作，但乔纳森夫妇都是亲力亲为，从未请过一个保姆。为了节省开支，他们在生活中精打细算，经常到便利店、旧货店、典当店以及美国常见的"跳蚤市场"购买需要的物品。父母的以身作则让孩子们从小就懂得了勤俭是一种美德。

为了培养孩子们的责任感，乔纳森夫妇会根据孩子的年龄让他们分担一定的家务劳动，并且给予一定的报酬。由于从小受到感恩教育，孩子们从来不乱花钱，总是将赚到的零用钱为父母和兄弟姐妹买礼物，或是捐给慈善机构来帮助那些有困难的人。

乔纳森家的11个孩子在爱的氛围里快乐地成长着，虽然后来他们之中并没有出现一个大富翁，但他们都选择了自己所热爱的事业，拥有和谐美满的家庭。

1957年，乔纳森应普林斯顿大学之聘，出任校长。他1958年1月到任，不幸因注射疫苗而染病，于3月22日与世长辞。乔纳森去世前，所有子女都守候在他身边，为他祈祷，送上祝福。乔纳森带着满足的笑容静静地离开了这个世界。

至于乔纳森的子女们，因为从小深受父母爱与宽容的教育，在对自己子女的教育上也始终能保持一颗仁爱之心，所以这种爱的光辉也被一代代传承了下来。

在温西普的统计中，乔纳森所在的爱德华兹家族的1394人中出了100位大学教授，14位大学校长，70位律师，30位法官，60位医生，60位作家，300位牧师、神学家，3位议员，1位副总统。

自私与冷酷造就流氓家族

马克与艾达共生育了5个孩子。马克平时很少关心孩子的成长，但为数不多的几次管教让孩子们记忆深刻。

当马克心情好的时候，他也会将孩子们叫到身边给他们讲故事。他讲的全是自己从前的那些得意事，比如自己像他们这样大时，如何利用聪明的头脑从一个叫乔纳森的傻孩子手里骗取零用钱。孩子们都听得很入神，只有奥尔登不安地问了句："如果乔纳森不给你钱，你真的会杀了那只小鸟吗？"

奥尔登是马克最小的儿子，生来就内向胆小。听奥尔登这样问，马克决定好好给他上一课。于是，他招手将孩子们叫到院子里，从鸡群里抓起一只小鸡递给奥尔登说："儿子，扭断它的脖子！"

奥尔登吓得连连后退，大哭起来。马克皱着眉将目光转向另外几个孩子，说如果有谁敢杀掉这只小鸡，就奖励他1美元。几个孩子脸上都流露出恐惧的神情，但金钱的诱惑和讨好父亲的心理让二儿子杰米勇敢地站了出来，他哆嗦着手，迟疑了好久，才在父亲的不断鼓励下扭断了小鸡的脖子,并因此获得了1美元和父亲的赞扬。

除了自认为的"勇敢",马克还希望子女们能继承他的聪慧头脑。在发了横财之后,马克大度地给了每个正在上小学的孩子一笔"启动资金",告诉他们在整个上学期间将不再为他们提供零用钱。孩子大都表现得不知所措,只有杰米拿出一部分钱在一家糖果店里买了一大堆五颜六色的糖果,因为买得多,所以额外获赠了10枚糖果。杰米将这些糖果带到学校来诱惑那些嘴馋的孩子购买,最终他赚到了10枚糖果的利润。

马克告诉杰米,还有很多技巧可以学习。他拿出两支看起来差不多的钢笔,让杰米分辨哪个更贵。杰米看了半天,摇了摇头。马克告诉他,这两支笔尽管外貌相似,但所用材料和品牌都不同,所以价格差异很大。杰米的顾客都是些没见识的孩子,所以杰米完全可以购买低廉的产品,然后以优质产品的价格将它们卖出去。杰米听了受益匪浅,果然赚到了更多的钱。

其他几个孩子虽然没有杰米这种经商天分,但也亦步亦趋地仿效着杰米的做法,成功地让手里的钱生出新的钱来。

不过,马克的好日子并没有持续太久。1951年,马克非法经商东窗事发,被罚了一大笔钱,从此元气大伤,没几年就宣布破产了。破产后的马克整天酗酒,喝醉了就打老婆。终于,艾达不堪忍受他的打骂,悄然离开了。而他的孩子们继承了马克的冷酷和精明,尽管个个事业做得风生水起,但兄弟间的关系却显得比陌生人还要冷漠,当然更没有一个人想着要回报他们的老爸。马克一天天衰老,穷困潦倒的他靠着政府微薄的救济金勉强过活。最后,他在孤独与贫病中凄惨地死去,死的时候没有一个亲人在身边。

而深植于孩子们骨子里的自私与冷酷很顽固地被传承了下去,从第三代开始,尤克斯家族走上下坡路,流氓、恶棍层出不穷。据温西普的统计,马克的903名后代中,有310名流氓(130名坐牢13年以上),7名杀人犯,100名酒鬼,60名小偷,190名妓女,20名商人(其中有10名是在监狱学会经商的),被人称为"流氓家族"。直到现在,这样的恶性循环似乎还在继续着。马克可能永远也想不到,他的个人行为会为整个家族带来如此深远而又毁灭性的影响。

(2) 学校因素　学校是学生学习、生活的主要场所。对许多学生来说,大部分时间是在学校中度过的,因此,学校生活对学生的身心健康影响极大。学校因素主要有学校的教育条件、学习条件、生活条件,以及师生关系、同学关系等。这些条件和关系,如果处理不当,就会影响同学们的身心健康发展。常见的学习负担过重、教育方法不当、师生情感对立、同学关系不和等,都会使学生的心理压抑、精神紧张,如果再得不到及时的调适,就容易造成心理失调,导致心理障碍。

(3) 社会因素　社会因素主要包括政治、经济、文化教育、社会关系等。这些因素对一个人的生存和发展起着决定作用。其中社会生活中的种种不健康的思想、情感和行为,严重毒害着广大同学的心灵。特别在当前,人与人之间的交往日益广泛,各种社会传媒的作用越来越大,社会不良公共事件增多,社会生活矛盾、冲突、竞争加剧等,都会加重同学们的心理负担和内心矛盾冲突,从而影响身心健康。

二、心理失调的表现

1. 心理健康状态

心理健康状态,我们可以从三个方面加以了解。

(1) 自己不觉得痛苦。是指在一个时间段中,快乐的感觉大于痛苦的感觉。

(2) 自己不感觉到异常。是指自己的心理活动和行为与周围环境相协调,没有出现与周围环境格格不入的现象。

(3) 自己的社会功能良好。是指能胜任自己的工作、学习,能在现实社会环境下充分发挥自身能力，利用现有条件实现自我价值。

2. 心理失调

心理失调是人的心理活动过激或不足以及心理活动异常的表现。心理失调包括心理偏差和心理障碍。

心理偏差属于正常人或多或少都可能有的轻度的心理失调。心理障碍则属于精神病人才具有的严重的心理失调。例如，某人有严重的精神疾病，其心理障碍也是显而易见的。心理偏差和心理障碍两者在性质上有区别，又在程度上也有区别。在一定的条件下，两者又可以相互转化，心理偏差可以展成为心理障碍，心理障碍经过治疗，也可转为心理偏差。

三、心理健康的培养

学习一些心理健康知识对同学们积极、健康地学习、生活、成长是十分有意义的。

1. 培养健康的生活习惯

生活习惯是指生物为了生存和发展而进行各种活动中积久养成的一种生活方式。健康的生活方式和良好的卫生习惯包括：起居正常，早睡早起，保持充足的睡眠；一日三餐，均衡膳食，每天坚持吃早餐；控制体重，保持在正常水平；适量运动。"健康的精神寓于健康的身体"，健康的身体能给心理健康提供良好的基础。

2. 学习、活动要劳逸结合

学习和运动要合理安排，同学们要做到劳逸结合、有张有弛，避免大脑的过度疲劳。每天适量的体力运动，不仅增强了体质，还能促进良好的睡眠，使劳累一天的大脑有一个及时而有效的恢复过程。

3. 增强自我心理调节

增强认知调节，学会用积极乐观的认知方式对待人和事，学会用全面的、发展的观点看问题。增强情绪调节，情绪对人的心理健康有重要影响，不良情绪具有两面性，我们要正视不良情绪的影响，心理上要接受它的存在，要学会和掌握情绪调节的方法。增强行为调节，我们要学会自觉地对自己的学习、生活等行为进行调节，使之能够适应学习和生活的需要，使我们逐渐产生自信心和愉悦感。

4. 培养健全的人格

人总是按照自己的既有人格来观察外界事物，思考问题，产生相应的态度和情绪体验；同时对外界环境刺激采取一定的对应策略，并作出一定的行为反应。健全的人格有助于人们正确地评价客观事物，采取恰当的态度，体验正常的情绪情感，作出合理的行为反应，从而有效地适应社会生活环境。

5. 发展良好的人际关系

与其他人的和谐交往可以得到更多的社会支持，满足我们的归属感和安全感。在每个人的内心深处，都渴望得到他人的认同和尊重，渴望拥有一个良好的人际关系。良好的人际关系可以增强我们的信心和力量，从而最大限度地减少心理危机发生的可能。

思 考 题

1. 怎样简单判断一个人是否是心理健康？
2. 如何培养成为一个心理健康的人？

第二章　认识自己的情绪

情绪是人对客观现实的态度的体验，正是有了喜、怒、哀、乐等不同的情绪和情感的体验，我们的生活才变得丰富多彩。处于青春期的中职生，情绪波动大，往往情绪发展由一个极端跳跃到另一个极端，情感世界表现为强烈、丰富而又变化不稳定。情绪状态有积极和消极之分，保持良好的情绪状态，是我们拥有身心健康、促进自己学习生活发展的需要。那么让我们从学习做自己情绪的主人开始吧。

第一节　情绪概述

一、情绪

情绪是指客观事物和对象是否满足人的需要而产生的态度体验。生活中的事物，有的我们喜欢，有的我们不喜欢，这样就产生了喜、怒、哀、乐、惊、恐、惧等不同的表现形态，这就是人们常说的情绪。

人的情绪的产生与各种刺激直接相关，生活中的人、事、物都会影响人的情绪，外部的刺激带来人们的情绪反应很多，比如杜甫的"感时花溅泪，恨别鸟惊心"描写的就是一种情绪体验。当然，同样的外界刺激对不同的人来说，产生的情绪体验可能并不相同。比如某地发生了强烈的地震和海啸，死了很多人。有的人恐惧，有的人悲悯，有的人则会幸灾乐祸。

并不是所有的情绪反应都起因于外部的刺激。有一些生理性的内在刺激也会引起人们的情绪反应，例如器官功能的失调、腺体的分泌失常等。还有一些内在的刺激是心理性的，比如记忆、联想、想象等心理活动，也会使人产生不同的情绪。

【小资料】

人生中最有力的十种情绪

（1）爱与温情　福克斯说得好，只要你有足够的爱心，你就可以成为全世界最有影响力的人。

（2）感恩　一切情绪之中最有威力的便是爱心，但它以不同的面貌呈现出来。感恩也是一种爱。如果我们常存感恩，人生就会过得再快乐不过了，因此请好好经营你那值得经营的人生，让人生充满了芬芳。

（3）好奇心　希望自己的人生能不断成长，就要拥有孩童般的好奇心。

（4）振奋与热情　做任何事情带有振奋与热情，它就会变得多彩多姿，因为它能把困难化为机会。热情有最伟大的力量，鼓励我们以更快的节奏迈向人生目标。"一个人要想成为伟人，唯一的途径便是做任何事情都抱着热情"。

（5）毅力　毅力能够决定我们在面对困难、失败、诱惑时的态度，看看我们是倒了下去还是屹立不动。

（6）弹性　做人做事都要具有可张可弛，给自己留有余地。

（7）信心　许多成大事、立大志的人，他们成功的根本原因就在于所拥有的信心。

（8）快乐　内心的和脸上的。

（9）活力　维持身体足够的精力。注意休息，保障睡眠时间，大部分人睡眠时间为6～8个小时。

（10）服务　生活的秘诀总是给予一个能够不断地独善其身并兼济天下的人，必然是因他明白人生的意义，那种精神不是金钱、名誉、地位等所能比的。拥有服务精神的人生观是无价的。如果人人都能效法，这个世界更会美好。

二、情绪的基本形式

根据主体和客体之间需求关系的不同，古代把情绪分为"喜、怒、哀、乐、爱、恶、惧"七种基本形式，谓之"七情"。现在心理学界一般把它划分为"快乐、悲哀、愤怒、恐惧"等四种基本形式。

1. 快乐

快乐指盼望的目标达到和需要得到满足之后，继之而来的紧张性解除时的情绪体验。快乐的程度取决于愿望的满足程度和目的与愿望突然达到的程度、意外程度。快乐程度细分为满意、愉快、欢乐、狂喜等。

2. 悲哀

悲哀指所热爱对象的遗失破裂以及盼望东西的幻灭相联系的情绪体验。悲哀程度依存于失去对象的重要性和价值大小；也依赖于主体的意识倾向和个性特征。悲哀可细分为遗憾、失望、难过、悲伤、极度悲痛。伴随悲哀人有时哭泣，从而带来紧张性释放。

3. 愤怒

愤怒指由于事物或对象再三妨碍和干扰，使个人的愿望不能达到或产生于愿望相违背的情景时，逐渐积累紧张性而发生的情绪体验。愤怒的程度取决于干扰的大小及违背愿望的程度；同时也受人的个性的影响。根据其程度不同，愤怒可细分为不满意、生气、愠、怒、忿、激愤、狂怒等。

4. 恐惧

恐惧往往是由于缺乏准备、不能处理、驾驭或摆脱某种可怕或危险情景时所表现的情绪体验。突然的变化，奇怪陌生而又可怕事物的突然出现，身体失去平衡等，都可能引起恐惧。当险情极度威胁生命时，有的还会产生绝望的体验。

在这四种最基本的情绪之上，还可能派生出许多种类，组成复合的形式，形成高级的情感。如：同感知觉有关的有厌恶与愉快；与自我评价有关的有骄傲、自卑、自信、羞耻、罪过、悔恨等；与评估他人有关的有热爱和怨恨、羡慕与嫉妒等体验。

【小资料】

心理实验　恐惧心态对行为的影响

美国心理学家弗洛姆做过一个关于恐惧的实验。他把他的几个学生带到一间黑暗的房子里，在他的引导下，学生们很快就穿过了这间伸手不见五指的神秘房间。接着，弗洛姆打开房间里的一盏灯，在这昏黄如烛的灯光下，学生们才看清楚房间的布置，不禁吓出了一身冷汗。原来，这房子的地面就是一个很深很大的水池，池子里蠕动着各种毒蛇，有好几只毒蛇正高高地昂着头，朝他们"咝咝"地吐着信子。就在水池的上方，搭着一座很窄的木桥，他们刚才就是从这座木桥上走过来的。

弗洛姆看着他的学生，问："现在，你们还愿意再次走过这座桥吗？"大家你看看我，我看看你，都不出声。

过了片刻，终于有三个学生犹犹豫豫地站了出来。一个学生异常小心地挪动着双脚，速度比第一次慢了好多；另一个学生战战兢兢地踩在小木桥上，身子不由自主地颤抖着，才走到一半,就挺不住了;第三个学生干脆弯下身来,慢慢地趴在小桥上爬了过去。

这时,弗洛姆又打开了房内另外几盏灯。学生们揉揉眼睛再仔细看,才发现在小木桥的下方装着一道安全网,只是因为网线的颜色极暗淡,他们刚才都没有看出来。弗洛姆大声地问:"你们当中还有谁愿意现在就通过这座小桥?"学生没有做声。

"你们为什么不愿意呢?"弗洛姆问道。

"这张安全网的质量可靠吗?"学生心有余悸地反问。

弗洛姆说,"这座桥本来不难走,可是桥下的毒蛇对你们造成了心理威慑,于是,你们就失去了平静的心态,乱了方寸,慌了手脚,表现出各种程度的胆怯——这就是恐惧心态对行为的影响啊。"

第二节　情绪的状态

从情绪活动发生的强弱程度和持续时间来看,可划分为心境、激情、应激、热情等基本形态。

一、心境

心境是一种使人的所有情绪体验都感染上某种色彩的、较持久而又微弱的情绪状态。如一个人兴致勃勃时,干什么事都乐滋滋的;而灰心丧气时,总是见花落泪、对月伤怀,干什么事都打不起精神,这些都属于这类情绪状态。

心境有以下特点:首先,它是一种缓和而又微弱的情绪体验;这种体验持续的时间较长,少则几天数日,长则数年之久;而且是一种非定向的弥散性情绪体验,它并不指向特定对象。例如"人逢喜事精神爽"、"感时花溅泪,恨别鸟惊心"、"草木皆兵"等都是形容心境状态的。

心境对人的生活、工作与学习有很大的影响。良好的心境,有助于积极性的发挥,克服困难,从而提高工作和学习的效率,并促进坚强意志品质的培养。不良的心境则会妨碍工作与学习,影响身心健康。因此,培养良好心境是人的个性修养的重要组成部分。

【小资料】

苏东坡的乐观心态

苏轼复官后,曾跟黄庭坚乱侃:"我在牢里时,每天吃的是三白饭,照样很香甜,世间美味不过如此!"黄庭坚奇问什么叫"三白饭",苏轼答道:"一撮盐,一碟生萝卜,一碗米饭,这就是'三白'。"此事说过苏轼也就忘了。一日接到黄庭坚请帖,邀苏轼去他家吃皛(jiǎo)饭。苏轼欣然应约,并对夫人道:"黄庭坚乃当世学士,读书甚多,他这皛饭定是稀珍之物"。但等苏轼到了地方发现桌上只有盐、萝卜、米饭,这才恍然大悟,知道这次被黄庭坚戏弄了。又过了几天,黄庭坚也接到苏轼请帖,邀他去吃毳(cuì)饭。黄庭坚知道苏轼要报复,但又好奇,又想知道毳饭到底是什么,最终还是去了。苏轼陪着黄庭坚从早上海聊到晚上,把黄庭坚饿得前胸贴后背。实在忍不住催问毳饭呢?苏轼慢吞吞地答:"盐也毛(mǎo,'没有'的意思),萝卜也毛,饭也毛,岂不是'毳'饭?其实你一直在享用着啊。"黄庭坚惊愕之后,两人同时大笑。

二、激情

激情是一种强烈而短促的情绪状态。例如,暴跳如雷、呆若木鸡、面如土色、欣喜若狂、绝望厌世等都属于这类体验。

积极的激情能激发人奋发向上，克服困难，取得卓越的成就。比如，运动员如果缺乏激情，就难以有超水平的发挥；作家如果没有激情，就难以写出激动人心的作品。

激情也有消极作用，它会使人的认识范围缩小，分析能力受到抑制，自我控制能力减弱等。比如激愤能使人丧失理智，做出令自己痛悔的极端事情。

三、应激

应激是指出乎意料的紧张情景所引起的情绪状态。人在遇到危险而又紧张的情景，身体和精神上负担太重，必须迅速采取重大决策时，都可以导致应激状态。

应激是人遇到一些生活事件时引起的剧烈心理波动和一系列生理反应，在应激状态下，人会把各种潜能调动起来，以应付当前的紧张局面。

【小资料】

应激反应

有一对夫妇外出探险，妻子突然被一块山上滚下的巨石压住双腿，丈夫冲上去，大吼一声，居然推动了石块，从而使妻子脱险。事后赶来的救援人员，四个壮汉都没能撼动这块石头。这个事件中的丈夫当时之所以能推动石块，就是一种特定情境中的应激反应。

应激状态的积极作用，在于它能使人调动特殊的防卫排险机能，激化增强反应能力，以及时摆脱险情，转危为安。故在适当的应激状态下，能够有效地提高学习和工作效率。但应激状态也有其消极作用，它能使人的意识范围缩小，认识功能下降，自我稳定丧失，从而使行为动作紊乱。比如学生大考前的怯场，演员上台时的慌乱等，都属于这种情况。特别强烈而持久的应激状态，不仅会干扰人的正常学习和工作，还会影响人的身心健康。

四、热情

这是一种掌握着人的整个身心，决定一个人的思想行为基本方向的、强烈、稳固而又深刻的情绪状态。它虽不如激情强烈，但较激情深厚而持久，虽不像心境那样广泛地影响情绪体验，但较心境强烈、深刻而稳定。

热情不是简单的情绪体验，它是一种情感状态，它还是意志行动的一个组成部分。热情蕴蓄着坚强的意志力量，给人以鼓舞，激励人的行动，去实现和达到伟大的目标。巴甫洛夫在《给青年的一封信》中勉励青年要有热情。"要记住，科学需要你整个生命。纵使你再有两个生命贡献出来，还会不够。科学要求人的努力与至高的热情。要热情于你的工作，要热情于你的钻研。"没有对科学的热爱和献身精神，不可能苦战攻关，不可能在崎岖的险道上攀登高峰。

第三节　克服不良情绪

一、不良情绪的种类

所谓不良情绪是指两种情形：一是过于强烈的情绪反应；二是持久性的消极情绪。二者对于人的身心健康和社会适应都是有害的。

1. 情绪反应过于强烈

人的情绪主要受大脑皮层下的中枢神经支配，当这一部分活动过强时，大脑的高级心智活动，如认识、推理、判断等能力就会受到抑制，人的认识范围就会缩小，就不能正确评价自己行为的意义及后果，自我控制能力也就随之降低。这会引起正常行为的瓦解，使工作和学习效率降低，甚至严重影响正常的工作、学习和生活。

2. 弥散性的消极情绪

心境具有弥散性，人在焦虑、忧愁、悲伤、惊恐、愤怒、痛苦时，会发生一系列生理变化。这是正常现象，当情绪反应结束时，生理方面又将恢复平静。通常此类变化为时短暂，没有什么不良的影响，但若情绪作用的时间延续下去，生理方面的变化也将延长。久而久之，就会通过神经机制和化学机制引起心血管系统、消化系统、泌尿生殖系统、呼吸系统、内分泌系统等各种躯体疾病。有学者曾对500多人进行调查分析，结果表明，人们在经历一系列紧张事件后，各种疾病都有所增加。据美国耶鲁大学医学院报告，在所有门诊病人中，属于情绪紧张而患病的占到了76%。

【小资料】

阿维森纳的情绪实验

古代阿拉伯学者阿维森纳，曾把一胎所生的两只羊羔置于不同的外界环境中生活：一只小羊羔随羊群在水草地快乐地生活；而在另一只羊羔旁拴了一只狼，它总是看到自己面前那只野兽的威胁，在极度惊恐的状态下，根本吃不下东西，不久就因恐慌而死去。医学心理学家还用狗作嫉妒情绪实验：把一只饥饿的狗关在一个铁笼子里，让笼子外面另一只狗当着它的面吃肉骨头，笼内的狗在急躁、气愤和嫉妒的负性情绪状态下，产生了神经症性的病态反应。实验告诉我们：恐惧、焦虑、抑郁、嫉妒、敌意、冲动等负性情绪，是一种破坏性的情感，长期被这些心理问题困扰就会导致身心疾病的发生。一个人在生活中对自己的认识与评价和本人的实际情况越符合，他的社会适应能力就越强，越能把压力变成动力。

二、常见的不良情绪表现

1. 反应迟缓

环境在不断发展变化，人们必须随之作出相应的情绪反应。而情绪异常的人对任何刺激，不但反应迟缓，而且都会作出同样的反应，或低沉抑郁，或笑脸常在，情绪反应几乎不变。

2. 情绪冷漠

人人都有喜怒哀乐，这是正常的情绪反应。大千世界出七情六欲，如果一个青年学生对周围的一切事物都丧失兴趣，即采取冷漠的态度，这就是不正常的情绪。

情绪冷漠的前期表现多为对生活缺乏兴趣，但其发展就是厌世心理的形成。主要表现为精神低迷，在学习、生活和集体活动中无精打采，对学习失去信心，对现实感到绝望。如果再遇到挫折或其他出乎预料的不顺心的事，就极易厌倦生活。

3. 喜怒无常

正常人的情绪会因情境的变化而发生变化。喜怒无常则是在同样的环境条件下，时而喜、时而怒，不能控制自己的情绪。

4. 持久焦虑

焦虑常伴有忧愁、烦恼、内疚、紧张、抑郁、不安等情绪反应。如果持续时间太长，长期处于紧张惶恐的状态，就会影响人的身心健康。其中，最容易出现的不良心理就是孤独。

5. 嫉妒

嫉妒是一种常见的消极情绪，通常是由自己不能正确看待他人的成功而引起的。嫉妒的主要特征是把他人的才能、地位、境遇或相貌等方面的优越之处（这种优越往往是自己想要取得的）看作是自己上升的威胁，因而感到忧虑、愤恨，于是不惜借助于贬低、中伤，甚至诽谤的手段来维护自己的自尊心和虚荣心。

嫉妒是一种极为有害的情绪。法国文学家巴尔扎克曾经说过："嫉妒者的痛苦比任何人的痛苦都大，他自己的不幸和别人的幸福都使他痛苦万分。"

【小资料】

七种易伤害健康的情绪

一个小小的心理状况，往往会引发众多生理反应。可你知道吗？它们甚至还会对身体器官发起"攻击"。常见疾病中，由不良情绪引发的，颈椎疼痛占75%，头痛占80%，疲劳占90%，胃胀占99%。

1. 生气

从健康角度来讲，闲气、怨气、闷气、赌气和怒气这5种气，不仅让人心情变差，还会在身体里留下"不良记录"。专家指出，生气时面色苍白、嘴唇发紫、手脚冰凉，天长日久，会导致免疫功能低下、脏器病变。

制怒剂：要发火前可以闭上眼睛，想象着面前挂着一幅"怒"字。"怒"就是奴隶自己的心，这时要给自己心理暗示，千万不能做情绪的奴隶。生气最好不要超过3分钟，气头上不盲目作决定。适当增加脂肪和蛋白质能平息情绪，每天一勺花生酱是不错的选择。

2. 悲伤

悲伤时，人体交感神经系统分泌出大量的压力激素，会使动脉收缩，容易导致心脏病发作。中医也认为，当一个人悲伤时，往往容易造成肺气的损伤。

抑悲灵：悲伤时可以试着强装笑脸，这种"心理假动作"有利于释放不良的情绪。或者用"愉快回忆法"，想想之前的一些快乐，转移注意力，而且悲伤时一定要和人交流。全麦食物和富含色氨酸的食物能帮你远离悲伤，比如鱼、肉类、黑豆、南瓜子等。

3. 恐惧

人在面临威胁，或者可能受伤时会本能地产生出一种情绪，这就是恐惧。它可能派生出很多种其他的情绪，比如紧张、焦虑、不安等。

消恐药：恐惧是很正常的心理反应，不必有压力和负担。对于已经发生的恐惧事实，要设法冷静下来。想到事情最坏的结果并坦然面对。也可以先将自己恐惧的各种可能因素列举出来，学会直面它。另外，吃一块巧克力，有助于缓解紧张和恐惧的情绪。

4. 忧郁

长期处于忧郁状态，会导致过多的肾上腺素和皮质类胆固醇的产生，加快人体衰老进程。不少老年人由于退休后儿女不在身边，在孤独和忧郁的阴影包围下，很容易"老得快"。

宽心丸：面对忧郁可以反向思维，看到问题中好的一面，并积极寻求快乐的心态。广交朋友可以让自己的注意力转移，和三五好友下几盘棋、唱唱京剧甚至跳几支舞都有利于消除心中的郁闷。另外，镁元素具有稳定情绪的作用，多吃香蕉、苹果、葡萄、燕麦等，都可改善心情。

5. 敌意

现代人工作生活压力大，每天接触到形形色色的人，其中难免有"不对付"的，很容易产生负面情绪。敌对情绪会转化为焦虑，长期积累可能破坏免疫系统，更严重的会导致心脏受损。消极情绪与肺功能衰退有关,反过来会加速肺功能衰退。此外,敌对情绪还会引起心脏病、哮喘等。

友善片:80%的敌对情绪是能被克服的,试着将对方的优点放大,正视社会和职场规则,多想一点工作,少算计人际关系。当出现敌对情绪的苗头时,可以给自己沏一杯绿茶,其中的茶氨酸有助平稳情绪,理清思路。

6. 多疑

多疑的人往往感到孤独、寂寞、心慌和焦虑。他们天天紧张不安,最终可能导致心理崩溃,也会因为寝食不安引起食欲不振和营养不良。

抗疑素:如果感到有多疑的情绪滋生,可以每天记录自己一个优点,这样有助于增强自信心,改善与人面对面沟通的能力,减少误解。还可以吃一些海鲜产品,能改善心境,消除不安的状态。

7. 季节性失控

研究显示,在炎热的夏季,约有10%的人容易情绪失控,频发争执和摩擦;在冬季,抑郁患者会比平时多。这些情绪问题被统称为"季节性情绪失调",对环境和气候格外敏感的人会产生焦虑或低落的情绪,严重的还会引起机体正常功能的衰退。

情绪阀:夏天时积极调整饮食起居,用游泳等运动方式转移负面情绪。冬天时多吃些蔬菜和水果,多参与户外活动,晒晒太阳,提高室内自然光线等,都有利于排解消极情绪。

三、学会自我调节情绪

每个人都是有感情的,但更是有理智的。一个心理健康的人能够用理智驾驭情绪,不成为情绪的奴隶。

1. 学会换位思考

在挫折面前,我们应当以理性的认识来控制自己的情绪。当忍不住要动怒时,要冷静审察情势,检讨反省,经过"三思",便能消除或减轻心理紧张,使情绪渐趋平复。具有辨证观点的人往往是比较理智的,很多表面看上去令人悲伤的事件,如果从另外一个角度或从发展的眼光看,常可发现某些正面的积极的意义。塞翁失马,焉知非福。坏事、好事在一定条件下是可以转化的。与人发生争执时,倘能设身处地地站在对方的立场上想一想,也许就可以心平气和了。

2. 学会自我平衡

当我们追求某个目标而不能实现时,为了减少内心的失望,常为失败找一个冠冕堂皇的理由,用以安慰自己,就像狐狸吃不到葡萄就说葡萄酸一样。所以,这种自我安慰又被称为"酸葡萄心理"。与此相反的是"甜柠檬心理",即用各种理由强调自己所有的东西都是好的,以此冲淡内心的不安与痛苦。这种"自欺欺人"的方法,偶尔用一下作为缓解情绪的权宜之计,对于帮助人们在极大的挫折面前接受现实、接受自己、避免精神崩溃不无益处。但用得过多,成为个人的主要防卫手段,则是一种病态,会妨碍自己去追求真正需要的东西。

【小资料】

打油诗一首

一群少年去赶集,
人家骑马咱骑驴,
回头看见推车汉,
咱比上不足比下有余。

3. 学会转移注意力

在发生情绪反应时，头脑中有一个较强的兴奋灶，此时如果另外建立一个或几个新的兴奋灶，便可抵消或冲淡原来的优势中心。当火气涌上时，有意识地转移话题或做点别的事情来分散注意力，便可使情绪得到缓解。在余怒未消时，可以用看电影、听音乐、下棋、打球、散步等有意义的、轻松的活动，使紧张情绪松弛下来。

4. 学会宣泄情绪

宣泄是调节不良情绪的有效方法。当我们遇到不愉快或委屈的事情时，不要压抑在心里，要向知心朋友或亲人诉说出来，哪怕自己找一个没有人的地方大哭一场也行。这种发泄可以释放积于内心的郁闷。当然发泄的对象、地点、场合和方法要适当，要避免伤害别人。

【小资料】

日本企业里的宣泄室

在日本，企业一般设有专门的心理纠疗室，内设企业领导人的塑胶像，职工对企业领导的意见、怨气，或者工作的压力，可以通过拳打脚踢塑胶人来发泄。打累了，有专门的心理咨询师对他们进行心理安慰。最后，再到悬挂"哈哈镜"的房间，欣赏自己的奇形怪状，带着轻松愉悦的心情离开。

5. 学会接受自己情绪

当你产生负面情绪的时候，不妨找一个清净的环境，倾听自己的情绪，深入地体会自己正经历的情绪感受。人的情绪不是单一的，常常是几种情绪混杂在一起。这时，你要仔细分辨一下：究竟哪种情绪是你目前最主要的，并留意自己此时的身体反应。然后，你需要与情绪"对话"。当我们能够了解和接纳自己的情绪时，情绪的困扰差不多已经解决了大半。然而，情绪其实只是一个指标，它告诉我们现在正处于怎样的现实。所以，要想真正彻底地面对自己的情绪，有时我们还需要改变一些不太正确的想法，调整一些日常的生活习惯，或重建与环境的关系。

思 考 题

情绪稳定性测试

以下是一个情绪稳定性测试。

1. 你看到自己最后一次拍的照片，有何想法？（　　）
   A. 觉得不称心　　　　　B. 很好　　　　　　C. 可以
2. 你是否觉得若干年后会有什么使自己极为不安的事情？（　　）
   A. 经常想到　　　　　　B. 从来没有想过　　C. 偶尔想过
3. 你是否被朋友、同事、同学起过绰号、挖苦过？（　　）
   A. 常有　　　　　　　　B. 从来没有　　　　C. 偶尔有过
4. 你上床之后是否经常会再起来一次，看看门窗是否关好之类的事情？（　　）
   A. 经常如此　　　　　　B. 从来没有　　　　C. 偶尔有过
5. 你对于你关系密切的人是否满意？（　　）
   A. 不满意　　　　　　　B. 非常满意　　　　C. 基本满意
6. 你是否常常梦到害怕的事情而惊醒？（　　）
   A. 经常　　　　　　　　B. 没有　　　　　　C. 偶尔
7. 你在半夜是否会感觉有什么可怕的事情？（　　）

A. 经常   B. 没有   C. 偶尔

8. 你是否有曾经多次做同一个梦的时候？（ ）
A. 有   B. 没有   C. 记不清

9. 你有没有吃过一种食物而呕吐的时候？（ ）
A. 有   B. 没有   C. 记不清

10. 你是否有时会觉得自己不是父母所亲生？（ ）
A. 时常   B. 没有   C. 偶尔

11. 你是否觉得曾经有一个人爱你或尊重你？（ ）
A. 是   B. 不是   C. 说不清

12. 你是否常常觉得你的家庭对你不好，但是你又确知他们的确对你好。（ ）
A. 是   B. 否   C. 偶尔

13. 你是否觉得没有人很了解你？（ ）
A. 是   B. 否   C. 说不清

14. 你在早晨起床最经常的感觉是什么？（ ）
A. 秋雨霏霏或枯叶满地   B. 秋高气爽或艳阳天   C. 不清楚

15. 你在高处时，是否会觉得站不稳？（ ）
A. 是   B. 不是   C. 有时是这样

16. 你是否觉得自己很强健？（ ）
A. 是   B. 不是   C. 不清楚

17. 你是否一回家就立刻把房门关上？（ ）
A. 是   B. 不是   C. 偶尔是

18. 你是否玩纸牌、抛硬币或抽签来测试自己的吉凶？（ ）
A. 是   B. 不是   C. 偶尔是

19. 当你要为一件事情作决定时，是否会觉得很难？（ ）
A. 是   B. 不是   C. 偶尔

20. 你是否常常碰到东西而跌倒？（ ）
A. 是   B. 不是   C. 偶尔

21. 你是否需要一个小时才能入睡，或醒来比你希望的要早一个小时？（ ）
A. 经常这样   B. 从不这样   C. 偶尔这样

22. 你会到小房间把门关上后，是否会觉得心里不安？（ ）
A. 是   B. 不是   C. 偶尔是

23. 你是否看到、听到或感觉到别人觉察不到的事情？（ ）
A. 经常这样   B. 从不这样   C. 偶尔这样

24. 你是否会觉得自己有超越常人的能力？（ ）
A. 是   B. 否   C. 不清楚

25. 你是否觉得因有人跟你一起走而觉得不安？（ ）
A. 是   B. 否   C. 不清楚

26. 你是否觉得有人在注意你的言行？（ ）
A. 是   B. 否   C. 不清楚

27. 当你一个人走夜路时，是否觉得前面潜藏着危险？（ ）
A. 是   B. 否   C. 不清楚

28. 你对别人自杀有什么看法？（ ）
A. 可以理解   B. 不可思议   C. 不清楚

29. 除去看见世界外,你心里有没有另外一种世界?(　　)
   A. 有　　　　　　　　B. 没有　　　　　　　　C. 记不清

测试结果:A=2分,B=0分,C=1分;每题得分,分数相加。

总分 0~20 分,表现你的情绪稳定,自信心强,具有较强的美感、道德感和理智感,你有一定的社会活动能力,能理解周围人们的心情,顾全大局,你一定是个性情爽朗,受人欢迎的人!

总分 21~40 分,说明你情绪基本稳定,但较为深沉,对事情考虑过于冷静,处事冷漠消极,不善于发挥自己的个性,你的自信心受到压抑,办事热情忽高忽低,瞻前顾后,踌躇不前!情绪需要调整了!

总分在 41 分以上,说明你的情绪极不稳定,日常烦恼太多,使自己的心情处于紧张和矛盾中,如果你的得分在 50 分以上,则是一种危险的信号,请与心理咨询师联系进一步诊断!

1. 通过情绪稳定性测试,分析自己情绪稳定性的状况。
2. 根据自测结果,如何调节自己的不良情绪?

第三章　培养健全的人格

　　人格就是人的样子，是人的心态、品格、个性、气质和行为方式的基本特征。展示自己的人格魅力就是表现真实的自我——自觉、自愿表现出来的自我形象，而不是迫不得已装出来的样子。

第一节　人格概述

一、人格的概念

　　人格，在心理学概念中，人格是一个有着颇多歧义、颇多说法的概念。综合各家的观点，我们可以将人格概念概括为：人格是构成一个人思想、情感及行为的特有综合模式，这个独特模式包括了一个人区别于他人的稳定而统一的心理品质。在心理学中，还经常运用"个性"一词表达人格的概念。社会心理学中讲的人格即是指人的个性。个性是在先天生理素质的基础上，在一定社会历史条件下，通过社会交往而逐渐形成和发展起来的个人稳定的心理特征总和。

　　我们在赞美他人很有"人格魅力"时，往往是对一个人综合素质的概括。人格魅力是指一个人在性格、气质、能力、道德品质等方面具有的很能吸引人的力量。具有人格魅力的人，一定是受到别人接纳和欢迎的，并且能够在某种程度上对他人产生影响的人。

二、人格与性格

　　人格的形成和发展是遗传因素和环境因素相互作用的结果。遗传因素为人格的形成和发展提供了可能性和发展方向；环境因素（主要是家庭、学校和社会环境）把这种可能性转化为了现实。

　　人格的核心是性格，性格是人格最鲜明的表现。性格就是人对现实的稳定态度以及与之相适应的习惯化了的行为方式。有的人善良、温和，有的人凶狠、粗暴；有的人诚实、耿直，有的人虚伪、狡猾；有的人热情、合群，有的人冷漠、孤僻；有的人安静、审慎，有的人急躁、轻率……人的这些不同特征，就是性格。

　　性格按划分标准不同其类型也不一样，虽然人的性格有各种类型，但单一型的性格是非常罕见的，对于绝大多数人来说，性格特征都是多种类型的复合，只是其中的某些特征比较明显。

　　人的性格主要是后天形成的，也是可以培养和改变的。一般说来，幼儿阶段是性格的雏形期，小学阶段是性格的构成期，中学阶段是性格的发展期，青年时期是性格的塑造期，到了成年期性格才渐趋稳定。由于健康的性格对健康人格养成具有决定性的意义，所以要培养良好的人格，就必须注意培养和塑造良好的性格，尤其要注意培养和保持健康的生活观念和积极乐观的生活态度。

三、人格的构成要素

1. 适应

　　心理学家罗杰斯对适应的定义是："适应是有机体想要满足自己的需要，而与环境发生调和作用的过程，它是一种动态的、交互的、有弹性的历程"。当个人的需要与环境发生作用时，若不能得到满足，通常会有两种情形，要么形成悲观消极心理，要么从失败中学习适应方法。当有机体与环境发生适应作用时，久而久之，就会形成一种习惯，这种习惯就是适应习惯，成功的适应才能增进心理健康，养成健康人格，失败的适应就会造成心理困扰。

【小资料】

舍得与接受

"舍得"这个词，查一下就会发现具体出处。最开始，有两个人，说要投胎到人间去，有两种人生，一种是"舍"的人生，一种是"得"的人生。然后阎王爷问两个人，你们两个分别选什么样的人生，其中一个说，我要过"得"的人生，另一个人说，行吧，那我就过"舍"的人生吧。于是乎两个人来到人间，过"得"的人生的那个人，最终成了一个乞丐，因为所有的东西，都是别人给他的，他得到别人的资助，得到别人的怜悯。而说要过"舍"的人生的那个人，成了一个特别富有的人，他把自己的财富，自己的知识，自己所拥有的一切，一点一点地去给了别人。但是我想，这么多年轻的朋友，"80后"、"90后"们，我们是不是一定要在脑子里，建立这个"舍"和"得"的概念？后来一想，不应该，与其在这里跟大家强调"舍"和"得"，还不如去考虑舍得背后的另外一个词——接受。上天抛给你的东西，用自己的双肩去承受，不管抛给多少先扛着，扛着的目的是为了让你的身体更加坚强、双臂更加有力。这样的话，有一天它馈赠给你更大礼物的时候，你能接得住。在一生当中，如果你希望有一天回过头的时候，你或往前，或往后，或停下来的每一个脚印，都成为诗句的话，你就踏踏实实地走好人生的每一步。

2. 平衡

所谓平衡，是指一个人能用一颗平常心对周围的人与事保持一种灵活和全面的看法。具体地说，它要求一个人要有预见人生挫折、威胁和冲突的能力，善于平衡自身与环境的关系，正确处理与他人、与社会的关系，保持与社会良好的接触，客观地分析、评价自己的得失，使自己的思想、目标、行动都能与社会环境相符合，从而调整和完善自己的人生目标和行为方式。

【小资料】

美国前总统罗斯福论得失

一次，美国前总统罗斯福的家中被盗，丢失了许多东西。一位朋友闻讯，忙写信安慰他，劝他不必太在意。罗斯福给朋友写了一封回信："亲爱的朋友，谢谢你来安慰我，我现在很平安，感谢生活。因为，第一，贼偷去的是我的东西，而没伤害我的生命；第二，贼只偷去我的部分东西，而不是全部；第三，最值得庆幸的是，做贼的是他，而不是我。"

3. 认可

所谓认可，是指具有健康人格的人对自己有着较为明确的了解，能客观地评价自己：既承认自己的优点，又看到自己的缺点和不足。人的这种自我认可的能力，是健康人格的基础，而这个基础的形成起始于人的幼年时期所受的教育。

【小资料】

俞敏洪的成功经验

我再来讲一下我自己的故事。在北大当学生的时候，我一直比较具备为同学服务的精神。我这个人成绩一直不怎么样，但我从小就热爱劳动，我希望通过勤奋的劳动来引起老师和同学的的注意，所以我从小学一年级就一直打扫教室卫生。到了北大以后我养成了一个良好的习惯，每天为宿舍打扫卫生，这一打扫就打扫了四年。所以我们宿舍从来没排过卫生值日表。另外，我每天都拎着宿舍的水壶去给同学打水，把它当作一种体育锻炼。大家看我打水习惯了，最后还产生这样一种情况，有的时候我忘了打水，同学就说，"俞敏洪怎么还不去打水"。（笑声）。但是我并不觉得打水是一件多么吃亏的事情。因为大家都是同学，互相帮助是理所当然的。同学们一定认为我这件事情白做了。又过了十年，到了一九九五年年底的时候新东方做到了一定规模，我希望找合作者，结果就跑到了美国和加拿大去寻找我的那些同学，他们在大学的时候都是我生命的榜样，包括刚才讲到的王强老师等。我为了诱惑他们回来还带了一大把美元，每天在美国非常大方地花钱，想让他们知道在中国也能赚钱。我想大概这样就能让他们回来。后来他们回来了，但是给了我一个十分意外的理由。他们说："俞敏洪，我们回去是冲着你过去为我们打了四年水。"（掌声）他们说："我们知道，你有这样的一种精神，所以你有饭吃肯定不会给我们粥喝，所以让我们一起回中国，共同干新东方吧。"才有了新东方的今天。（掌声）

4. 智慧

智慧：对事物迅速、灵活、正确地作出理解和处理的能力。有智慧的人能够正确认知现实，而且具备解决问题的技能。虽然有较高智慧的人，不一定具有健康的人格，但人格健康的人一定具有较高的智慧。

5. 团体意识

所谓团体意识（图 3-1），是指具有健康人格的人总是乐于与人交往，在与人相处时，对他人肯定的态度总是多于否定的态度，对其所属的团体有一种休戚相关的情感，与人和睦相处，把自己置身于同他人之间互助的、真实的、信任的关系之中。

四、人格障碍

所谓人格障碍（图 3-2），是指一种人格发展的内在不协调，在没有认知过程障碍或者没有智力障碍的情况下出现的情绪反应，动机和行为活动的异常。这种人格在发展和结构上明显偏离正常，致使个体不能适应正常的社会生活。有关资料显示，在 14～20 岁的青少年学生中，大约有 16％的人有各种各样的心理问题。人格障碍便是其中比较严重的状况。一般认为，人格障碍有以下几个特征。

图 3-1 团队意识

图 3-2 人格障碍

(1) 心绪紊乱不定，与人难以相处。

(2) 把自己遇到的一切困难都归咎于命运和别人的错误；把社会和外界对自己不利的条件都看作是不应该的，而对自己的缺点却无所觉察，也不改正。

(3) 对别人不负任何责任，对不道德的行为没有罪恶感，对伤害别人不后悔，对自己的一切行为都执意偏袒与辩护。

(4) 在任何环境中都表现出猜疑、仇视和偏激的看法。

(5) 行为后果伤害了别人，而自己却若无其事，泰然自若。

【小资料】

心理健康谈：危险心结有3个特点

——李玫瑾

根据笔者以往对犯罪心理现象的调查和研究发现，导致人犯罪的心理问题主要有两大心理背景：其一，缘于一种"人格"问题，即人从小形成的、一贯为之的心理风格，这种风格会让此人一生充满着行为危害性；其二则是一种"心结"问题，这种人在案发前往往具有正常的社会生活背景，有家、有职业、有不犯罪也能正常生活的能力和条件，这类人本不属于必然犯罪人，但是，由于某种刺激和特定经历而出现了某种心理发展的抑制、偏执、结滞状态，由此出现对自身心理或行为的失控或失调，出现异于他日常行为的表现。严重者可引起对他人或对社会的严重危害行为。

这种犯罪现象在现实中时常发生：一些原本优秀的人突然成为杀人行凶者；有的是老实甚至憨厚的人突然变态攻击。比如：在2007年美国大学赵承熙突然对着无冤无仇的大学老师和同学开枪，杀死30多人，还有我国大学生马加爵突然在宿舍里杀害四名同学的案件；2006年陕西汉阴县的邱兴华杀害10多人的案件等。这些人都是没有前科的，像邱兴华都已经40多岁，一直正常生活却一天突然严重犯罪，所以让人们感到很意外。2009年末，杀亲案件激增，2010年3~5月又接连发生了令人震惊的校园惨案，其中的案犯绝大多数都是无前科之人，有的年龄已进入中年。遇到这类案件，人们都在质疑："他们是不是精神上出现病态问题？"

上述的案例都是极端的犯罪表现。还有些人其行为或心理虽未达到极端水平，但也给别人或给社会带来困扰。如：生活中常见的偏执之人，这种人常常就一些生活中极普通的矛盾而过度反应，动辄就以"歇斯底里"的方式表达个人心情，这些行为可让他身边的人感到非常尴尬与烦扰。有的偏执之人不仅让身边的人烦扰，还会让社会感到困扰，如为一点小事反复上访，不达个人目的或要求决不罢休；甚至对法庭的裁决也不轻易认可，没完没了地上诉或上告，形成一种社会病态问题即缠访或缠讼现象（当然，本文并不否认事实上存在着对社会中严重不公平和不公正现象的抗争现象）。在心理咨询门诊中，心理医生也常会遇到此类心理纠结之人，其纠结的事由非常微小或简单，但当事人却为此痛苦不堪。

笔者将"心结表现"概括出三个典型特点。

第一是纠结于过去。在时间上来讲，他现在为之痛苦和纠结的事情一定是"过去时"。少则已过数日，多则已过数年、甚至几十年。

第二是纠结于痛苦。纠结的事一定是痛苦之事。他不能摆脱这个东西，不会去换种心态或换个心境，他不能去超越这种痛苦而让自己深陷痛苦之中。

第三是纠结无了时。只要此事不能达到他所要的结果就没有句号，一个痛苦的事、不愉快的事就没完没了，因为没了时，所以，这种心态还会影响周围的人，甚至更多的人与他一起体验痛苦。

所以，心结很容易令人发狂，令人丧失理性，以至令人做出严重的危害行为。

第二节　培养健全人格

一、健全人格的标准

健全人格是一个人心理健康的基础。虽然在人格形成和发展的过程中，每个人都受到遗传和环境因素的影响，但不能忽视个体对人格自我塑造的作用。

马斯洛、奥尔波特均提出了自己的观点，阐述了健全、成熟的人格应具备特征。那么，健全人格的标准是什么呢？

1. 自信心的增强

一个人格健全的人，对生活充满希望，对学习有强烈的求知欲望。受到表扬，信心倍增，受到批评，也不丧失信心。

2. 具有面对现实的态度

通过相对评价，可以确定个人在团体中的地位；通过绝对评价，可以确定个人达到目标的程度。一个人格健康的人，能够正确地面对这个现实，反之，就可能采取逃避现实的做法。

3. 协作意识的增强

评价必然要进行比较，通过比较，可以激发竞争意识。讲竞争是否还讲协作，这对人格力量是一种考验，没有协作意识的人，不能算作具有健康人格的人。

4. 具有激发智慧的力量

不断地学习，增长学识，并能广泛地培养情趣，这是一个人格健康的人的重要特点。通过评价，要有激发智慧的力量，具有求知创新的心态，积极性得到提高。

5. 意志力的增强

一个人格健康的人，必定意志坚强，勇于克服困难，努力去实现自己的理想目标。

6. 具有同情心

一个感情丰富的人，不仅体验着自己的成功与失败，而且能为别人的成功而高兴，也能对别人的失败表示同情。如果别人碰到了困难或失败，不但不伸出援助之手，反而还幸灾乐祸，那就不是一个人格健康的人了。

7. 适应性的增强

适应性是评价人格的一个重要指标。一个人，如果具有健全的人格，适应能力是很强的，不仅能适应客观环境特别是人际环境，而且能对环境条件作出判断，并发挥积极的作用。

8. 独立性的增强

一个人格成熟的人，其独立性是比较强的，办事凭理智，能控制自己的心理状态，不感情用事，能独立地解决所遇到的问题，并能适当地听取别人的合理建议。

9. 正确价值取向

一个具有健全人格的人，其价值取向是个人价值和社会价值两者的和谐统一，而不是对立。

10. 自我评价能力的增强

一个人格成熟的人，能够主动地进行自我反省，对自己的言行作出客观的评价，并能根据评价结果，对自己的心理状态和行为进行有效的控制和调节，从而促进个体社会化。

二、健全人格的培养

根据健全人格的标准，培养健全人格需要全社会、学校、家庭和每个人自身的共同努力，而健全人格的塑造，最关键的还是我们自己。培养健全人格主要从自信心与独立性、适应力与合作性、同情心与真诚、自我评价与创新精神等方面进行。

1. 自信心、独立性的培养

自信心是一种反映个体对自己是否有能力成功地完成某项活动的信任程度的心理特性，是一种积极、有效地表达自我价值、自我尊重、自我理解的意识特征和心理状态，也称为信心。培养自信心要从以下几方面入手。

学会进入别人的视线；学会正视别人；学会当众发言；运用肯定的语气；对自己的成功给予积极评价；选择生活中的某一方面，努力改变；设定可以完成的目标；找出一个合适的典范，而不是一个不现实的偶像加以学习；不要对过去的失败和错误的判断耿耿于怀。

独立性指的是遇事有主见，有成就动机，不依赖他人就能独立处理事情，积极主动地完成各项实际工作的心理品质，它伴随勇敢、自信、认真、专注、责任感和不怕困难的精神。培养独立性要从以下方面做起：相互关心、互相信任、肝胆相照；灵活多样、坚持原则、有始有终；相互尊重、以理服人、人格平等；树立自力、自强、自信、团结友爱、艰苦朴素的思想；关爱与责任紧密联系；认识与生活不可分割。

2. 合作、适应能力的培养

合作能力是指工作、事业中所需要的协调、协作能力。其突出的特点是指向工作和事业，这正是许多企业、组织非常重视员工的合作能力的原因之所在。作为团队中的一员，应该从以下几个方面培养自己的团队合作能力。

寻找团队积极的品质；对别人寄予希望；时常检查自己的缺点；让大家喜欢你；保持足够的谦虚。

适应能力又称社会适应能力，是指人为了在社会更好生存而进行的心理上、生理上以及行为上的各种适应性的改变，与社会达到和谐状态的一种执行适应能力。社会适应能力是反馈一个人综合素质的高低，是一个人融入社会、接纳社会能力的表现。

社会适应能力的内容一般包括：个人生活自理能力、基本劳动能力、社交能力、处事能力、人际关系能力。适应能力的培养一般从下列几个方面入手：培养正确认识环境的意识和能力；能以开放的心态与环境保持良好的接触和交流；能灵活对待环境中的变化；值得并遵守与环境交往的各种规则。

【小资料】

天堂与地狱（图3-3）

一名教徒很想知道天堂到底是什么样子。自然，他希望能过上天堂的生活。他去找上帝，上帝说，你先看看地狱是什么样子吧。

上帝把教徒带到一个大厅。在大厅的中央，支着一口大铁锅，里面盛满了鲜美的肉汤，整个大厅中散发着香气。大锅周围，挤满了人，可是他们却个个饿得面黄肌瘦。原来，他们每个人手里都拿着一个长把的勺子，由于勺子的把太长，他们无法用勺子将汤送到自己嘴里。久而久之，自然就饿得面黄肌瘦了。

图3-3 天堂与地狱

上帝说:"看到了吗?这就是地狱。"

"那么,天堂又是什么样子呢?"

"别慌,你到这边来看。"上帝带他来到另一个大厅,这里也有许多人,在大厅中央同样放着一大锅热汤。就像刚才所见到的一样,这里的每个人手中也同样有一把长勺。但这里的人却个个满面红光、神情满足。原来,这里的人吃饭时,总是彼此用自己手里那只很长的勺子舀了汤后去喂对方。

上帝说:"看到了吗?这就是天堂。"

3. 共情、真诚能力的培养

共情能力又称共情,是指能设身处地地体验他人的处境,对他人的情绪情感具有感受力和理解力。共情是一种积极的能力,有助于人们建立健康的人际关系。共情能力的培养方法包括:学会换位思考,理解他人;学会倾听;学会尊重;善意理解对方的观点及行为;不做价值判断,尊重对方的选择。

真诚是一种优异的人格品质,它包括:真实,自己对他人或事情的看法,不管是积极的还是消极的,都应该是真实的;诚恳,自己的态度能让人体会到你是真心为别人好,让人能接受;重视,不管自己的看法是肯定的还是否定的,都要让别人体会到你对他的重视,并且是发自内心的。真诚是发自内心的一种情感,因此具有极强的感召力。

【小资料】

什么是同理心

首先要跟大家分享两个故事。

曾看过这么一则新闻,美国有一个初中的男学生,他因为得了癌症做化学治疗,所以头上头发变得稀稀疏疏,妈妈就说那索性剃个光头吧!

他剃了光头以后,觉得很郁闷,谁能怪他呢?那个年龄正是"面子大于一切"的青春期,顶个光头岂不是很难看。

结果没想到,全班的男同学看出了他的心事,竟决定全班一起陪他剃光头。那天在报纸上刊出来的,是一张几十个光头的合照。

另外,我也想到自己有一次的旅行经验。在阿姆斯特丹的一家高级餐厅吃饭,我注意到隔壁一桌坐的是一大家子人,个个衣着光鲜,果然是个重要的家族聚会。这桌人优雅有礼地吃着饭,令人忍不住多望两眼。突然间传来一声惊叫,原来有一个小朋友把桌上的水杯给打翻了,这时愉快的气氛一下子冻结住,小男孩的脸上满是尴尬,显然很担心自己会被骂。没想到这时候,有一个坐得比较远的女士,一伸手,也把自己的水杯给打翻,任由水在桌子上蔓延开来。然后她说:"你看吧!不管你多大,都会把水杯给打翻的。"

大家一阵笑声,一场僵局于是化解,小男孩也终于恢复了自在的神态。

我在旁边看了很感动,因为这位女士跟那班光头同学们一样,都具有珍贵的情商特质。他们做了很好的示范,告诉我们怎样能发挥同理心,并以实际的行动来表达对别人的支持。说实话,现在的社会当中愈来愈需要的,就是这样的同理心高手。尤其在一连串砍砍杀杀、光怪陆离的社会事件发生后,要降低冲突,减少悲剧的发生,提升每个人的同理心就更显得重要。所以在这个单元里面,我们就来聊聊提升同理心的方法。

什么是"同理心"?

同理心即是共情,指的是一个人能够了解别人感受的能力,也可以说是感同身受的能力,以及体谅他人的能力。

如果我们每个人都能加强自己的同理心,多去了解别人,试着从他们的观点看事情的话，就比较不容易误解别人的行为，而可避免许多不必要的冲突。

4. 自我评价能力、创新精神的培养

自我评价是自我意识的一种形式。主体对自己思想、愿望、行为和个性特点的判断和评价。自我评价不仅具有独特的自我功能，促进自我发展、自我完善、自我实现，而且具有重要的社会功能，极大地影响人与人之间的交往方式。人贵有自知之明，自我评价的途径可以从一个人的知识结构、能力结构、个性心理特征、科学评价做起。

创新精神，需要创新者拥有共同的性格特征：探索性、独立性、灵活性、坚韧性。创新思维中的发散思维是创新思维的基本方法之一，又叫求异思维。是指从一个目标出发，沿着各种不同的途径去思考，探求多种不同的答案。

【小资料】

一支铅笔的用途

纽约里士满区有一所穷人学校，它是贝纳特牧师在20世纪20～30年代经济大萧条时期创办的。1983年，一位名叫普热罗夫的捷克籍法学博士，在做毕业论文时发现，50年来，该校出来的学生在纽约警察局的犯罪记录最低。

为延长在美国的居住期，他突发奇想，上书纽约市市长布隆伯格，要求得到一笔市长基金，以便就这一课题深入开展调查。当时布隆伯格正因纽约的犯罪率居高不下受到选民的责备，于是很快就同意了普热罗夫的请求，给他提供了1.5万美元的经费。

普热罗夫凭借这笔钱，展开了漫长的调查活动。从80岁的老人到7岁的学童，从贝纳特牧师的亲属到在校的老师，总之，凡是在该校学习和工作过的人，只要能打听到他们的住址或信箱，他都要给他们寄去一份调查表，问题是：圣·贝纳特学院教会了你什么？在将近6年的时间里，他共收到3756份答卷。在这些答卷中有74%的人回答，他们知道了一支铅笔有多少种用途。

普热罗夫本来的目的，并不是真的想搞清楚这些没有进过监狱的人到底在该校学了些什么，他的真实意图是以此拖延在美国的时间，以便找一份与法学有关的工作。然而，当他看到这份奇怪的答案时，再也顾不了那么多了，决定马上进行研究，哪怕报告出来后被立即赶回捷克。

普热罗夫首先走访了纽约市最大的一家皮货商店的老板。老板说："是的，贝纳特牧师教会了我们一支铅笔有多少种用途。我们入学的第一篇作文就是这个题目。当初，我认为铅笔只有一种用途，那就是写字。谁知铅笔不仅能用来写字，必要时还能用来做尺子画线，还能作为礼品送人表示友爱；能当商品出售获得利润；铅笔的芯磨成粉后可作润滑粉；演出时也可临时用于化妆；削下的木屑可以做成装饰画；一支铅笔按相等的比例锯成若干份，可以做成一副象棋，可以当作玩具的轮子；在野外有险情时，铅笔抽掉芯还能被当作吸管喝石缝中的水；在遇到坏人时，削尖的铅笔还能作为自卫的武器……总之，一支铅笔有无数种用途。贝纳特牧师让我们这些穷人的孩子明白，有着眼睛、鼻子、耳朵、大脑和手脚的人更是有无数种用途，并且任何一种用途都足以使我们生存下去。我原来是个电车司机，后来失业了。现在，你看，我是一位皮货商。"

普热罗夫后来又采访了一些圣·贝纳特学院毕业的学生，发现无论贵贱，他们都有一份职业，并且都生活得非常乐观。而且，他们都能说出一支铅笔至少20种用途。

普热罗夫再也按捺不住这一调查给他带来的兴奋。调查一结束，他就放弃了在美国寻找律师工作的想法，匆匆赶回国内。目前，他是捷克最大的一家网络公司的总裁。2000年圣诞之夜，他通过电子邮件给纽约市政厅发了一份调研报告——《醒着的世界及它的休眠状态》，算是对前任市长的报答。

思 考 题

案例分析：徐某，男，16岁，技师学院中级班学生，钳工专业。找老师倾诉：老师我总是控制不住自己，情绪极不稳定，脾气暴躁，不可理喻。一点小事就爱发火，甚至与人大打出手。事后自己又很后悔，觉得小事一桩，本不该这样发脾气，可自己却大发雷霆，不值得啊！当初太不应该了，严重伤害了他人，导致和同学关系越来越紧张。我总是下决心，以后一定要控制自己的情绪和行为，可遇到事，就又旧病复发，无法自控。我很苦恼，不明白到底是怎么回事？现在我和同学的关系越来越不好，有许多同学开始有意识地疏远我，我很担心这样下去，可能没有同学和我交往了。

1. 小徐的问题是人际交往的问题吗？为什么？
2. 如果你是小徐，你准备怎么做？

第四章　走出青春期的困惑

如何解释人生中最微妙、最麻烦的"性"现象，如何对成长中的青少年进行性教育，这一直是家长和教育工作者面临的难题。性教育是人生教育的重要内容之一。在谈到性教育时，首先要明白我们如何理解性的含义，作为人的性知识，应该有"人"的意义。作为人的性教育，应该有一个循序渐进的过程，应该是一个完整的性心理发展过程。

第一节　性与性别

一、性别的含义

性别是与性有关的名词，意思是男女之别。人的性别早在精子进入卵子形成受精卵的一瞬间既已决定，决定性别的物质是精子、卵子细胞内的性染色体（图4-1）。精细胞内的一对性染色体是XY，卵细胞内是XX，如果含Y染色体的精细胞进入卵细胞，胎儿的性别就是"男"；如果含X染色体的精细胞进入卵细胞，胎儿的性别就是"女"。

母体内不同性别的胎儿，其内、外生殖器在发育中也就出现明显区别。外生殖器表现出人的第一性征，用以判断初生婴儿的性别；内生殖器中的睾丸和卵巢，分别分泌雄性荷尔蒙和女性的雌性荷尔蒙，它们在青春发育期，使男、女两性的身体形态和心理上发生很大变化，两性的差别也就更加明显。这种在青春期才出现的性的特征叫"第二性征"。

图 4-1　性别

【小资料】

第二性征

第二性征是指与生殖系统无直接关系，而可以用来分辨一个物种的性别的特征。马特·里德利在其著作《基因组：人种自传23章》中认为这是在进化过程中，性染色体为了跟对手竞争所演变出来的。与第二性征相对的是第一性征，即是以性器官来分别性别。

刚刚出生的婴儿，从生殖器外形就能识别是男还是女，这就是两性之间不相同的特征，称第一性征。到10岁左右的时候，身体开始发生更明显的变化。首先是迅速长高，医学上将这种青春期开始阶段生长突然加速的现象称为"生长突增"。身高突增开始的年龄男孩比女孩晚约2年。随着青春期的发育，男孩和女孩在身体外形上的差别更加明显。女孩的身体外形开始变得具有女性体态特点，表现为皮肤细腻，骨盆变宽大，乳房隆起，声调高细等特点。男孩的身体变得高大、粗壮，肌肉发达，喉头突出，声音低沉以及长出胡须，汗毛加重等特点。第二性征是由于性激素的作用而发生改变的，男性睾丸分泌的是雄激素，女性卵巢分泌的是雌激素和孕激素。

二、性的含义

性，指男女在生物学上的差异，主要表现为第一性征和第二性征。性是世界上最常见又最神秘的一种现象——人人都有性，人人都知道性，但人人又都感到性的神秘与玄妙。性是人的生命中最关键的问题，是生命健康和幸福最基本的要素。性的发育与成熟，性的躁动与性的结合，是每个人人生的必经之路。

在许多人的潜意识里，经常将"性"与肮脏、羞耻和不道德联系在一起，使得"性"成为难以公开讨论的话题。这种对性的无知、片面理解，再加上社会不良"性"信息的消极影响，使人们对性的误解甚至错误的观念普遍存在。现在，性病、未婚先孕、卖淫嫖娼等已经成为很严重的社会问题，因此，我们必须对"性"有科学的理解，才能对"性"采取负责的态度，正确地处理各种"性"的问题，也才能让自己健康地成长、幸福地生活。

【小资料】

性教育——不等于生殖教育

——李玫瑾

如何解释人生中最微妙、最麻烦的"性"现象？如何对成长中的青少年进行性教育？这一直是家长和教育工作者面临的难题。我认为，性教育是人生教育的重要内容之一。应当从小开始，小到什么时候？也是6岁之前。但是，在谈到性教育时，先要明白我们如何理解性的含义？现在很多的性教育就是讲生殖、讲避孕等，我认为，这是对"性"的错误理解。作为人的性知识，应该有"人"的意义。人不是一个纯冲动的动物，人是社会性的动物，人是有理性的动物，人是文明的动物。所以，人的"性"绝不只是"性交"的性。作为人的性教育，应该有一个循序渐进的过程，应该是一个完整的性心理发展过程。人的性知识应该包括这样一些内容（依年龄顺序而言）：

对自己身体部位的认识与保护，对自己身体与他人关系的认识与把握；

青春期时性别魅力的出现与修养，异性取悦与表达方式，即恋爱知识；

性的社会意义与法律意义，性为什么会涉及法律和道德？即婚姻知识；

最后才是性健康与避孕等生理知识。

首先，六岁之前的性教育在于教育孩子：怎样保护好自己的身体？这时的性教育，就是给孩子灌输一种"性"的观念和自我保护的意识。儿童时期的性教育工作应当由母亲来做，在给孩子洗澡的时候母亲可以和孩子交流，告诉他（她）为什么只有妈妈或者爸爸能给他（她）洗澡呢？因为身体不是所有人都能随便看的。我们用毛巾洗他（她）身体一些敏感部位时就要告诉他或她："这些部位是不能让别人摸的！如果有人要摸的话，你回来一定要悄悄地告诉我。这是我们俩人的秘密好吗？"

当孩子6岁了，要去上学了。我们在嘱咐孩子的众多话中应该有这样的内容："孩子，上学要听老师的话，好好学习。但是如果有的老师让你脱裤子，这种话你不要听，而且回来后要悄悄地告诉我。记住吗？"事实上，很多对幼童的性伤害都发生在孩子完全不懂性的时候。所以，这种教育一定要在6岁之前，在上小学前告诉他或她。

其次，青春初期的性教育在于让少年懂得"何为性别魅力与修养"（指12岁前后）。当人进入青春期后他已经有了性意识。但是，这时的性教育应该引导少年先懂得人的性的表达与理解的方式，即性别魅力如何修养，如何展现？然后如何理解对方的性心理？如何欣赏性别魅力？即社会交往中的求偶与追求，这是恋爱的部分知识。这种教育应该在初中阶段进行。由老师讲授、视频演示、课堂讨论来进行。

我们经常会看到，一些初中的学生穿着很大胆和怪异，原因在于，他们这时期的心理发展"自我意识"非常强烈，他们希望引起别人的注意，让人觉得他（她）早熟，他（她）自立，他（她）大胆，他（她）很酷或者很靓。但是，这种打扮意味着他（她）缺乏对性别魅力的理解。事实上，外貌打扮特异的人会给人形成一种前卫感、意味着大胆而什么都不在乎、或者不甘寂寞要出风头等印象。这些印象虽然吸引异性，但绝不是那些打算长久陪伴你的异性，这种外貌吸引的也应该是大胆、不在乎、不用负责的异性……除相貌修养外，还有性别行为的修养：假如一个男孩在公众场合下对母亲大声训斥，假如一个男孩在公共汽车拥挤的情况下凭借自身优势率先闯上去抢个座位，假如一位女孩敢对别人大打出手，假如一个女孩敢在公共场合大声骂人……试想，这种异性谁敢请到自家当一生的伴侣？性别魅力可不是性别器官的魅力，而是在社会生活中自然的言谈举止，即外貌与行为的修养展现。所以，青春期初始的性教育一定要告诉孩子：你如何修养自己才能招得异性的喜爱，才能因为自己的可爱遇到一个愿意陪你一生的异性，由此建立一个幸福的港湾。男人的风度，女人的可爱，这其中大有学问，需要学习并修养的。

再次，16岁花季的性教育是人类的性历史，从中了解"性与法律、性与道德"的关系。当青春期进入后期时，通过历史课，我们可以告诉孩子们：人类在漫长的历史过程中是如何认识到"性"对人类的意义。性，不仅仅是两个人的事情。它会决定一个种族、一个民族的兴衰成败。

为什么人类从最初的母系社会变成父系社会？

为什么由群婚变成固定性伴侣？

为什么在人的"食、色"两个基本欲望中，对"性"不仅有道德约束，还有立法管着？

不同的民族，不同的国度，不同的宗教，为什么在性的行为上都有禁忌与规则？

如果我们不管这一切，如果作为"人"而不懂得这一切，那么，人的生活就没有进化到文明程度，而且其肆意的性放纵会导致人自身、甚至是一个民族的毁灭……

所以，性教育应该是人：从不懂事到懂事、从任性到理性、从心理不成熟到心理成熟的过渡教育，是人从刚出生的自然人，到青春期前的半自然人、到成年后的社会人的转变教育。是人由自然水平进入文明水平的必经一课。

第二节　青春期性心理发展特点

一、青春期

青春期是一个最富于戏剧性变化的时期，身体和精神的发育速度很快，犹如一个加速度，迅猛、急速。人从童年走向成年的过渡，主要标志是性发育和性成熟，其时要经历躯体和心理上的急剧变化，是人一生中最重要的时期之一。

青春期年龄范围大致在13～18岁。但是对于每个儿童来讲，青春期开始与成熟的时间有着很大的个体差异。一般来说，女孩在10～12岁，进入青春期，男孩要比女孩晚一两年，在13～14岁进入青春期。

青春期通常分为青春前期、性征发育期、青春后期三个阶段。青春前期，10～13岁，是人生长发育最快的阶段，性征发育期，13～17岁，以生殖器官和第二性征明显发育为特征，少女出现月经，男孩则发生遗精；青春后期，17～20岁，生理变化逐渐缓慢下来，性器官和第二性征已发育成熟，体格变化已不明显。

二、青春期性心理的发展阶段

青春期性心理发育大体可分为以下三个阶段。

1. 异性疏远期

从青春发育初期开始,由于性生理发育和第二性征出现了明显的变化,男女少年不同程度地意识到两性的差别,并对自身所发生的变化感到迷惑不解,羞涩不安。彼此都特别敏感,疏远对方,不愿在一起。在一个较短的时期内,青少年总想远离异性。

青春期开始,青少年意识到两性差别而彼此疏远,往往造成男女同学之间的不团结,影响他们正常的社交活动甚至不愉快。

2. 异性接近期

随着青春期的进一步发展,性发育的逐渐成熟,男女青年开始对与自己年龄相近的异性发生越来越浓厚的兴趣,表现出喜欢、羡慕和彼此吸引的心理,有彼此接近的需要。异性相吸是性心理发展的一个重要阶段。在男女青年异性吸引、彼此好感的基础上,可能进一步发展为爱情。但是,异性相吸并非是恋爱,好感更不等于就是初恋,虽然好感是产生初恋的前提。有时男女青年异性相吸、彼此好感会产生一种朦胧的美好感情,在这种异性相吸中能产生一种彼此之间自我教育、自我约束的效果。

【小资料】

异性之间的自我约束与自我教育

心理学家做过一个实验,实验的内容是邀请一些男女中学生参加宴会。第一种情况:让男学生在一张桌子上,让女生在另一张桌子上。等到宴会开始后发现不论是男生还是女生,吃起来都狼吞虎咽,争先恐后,直到桌子上的饭菜快吃光了,每个人都还觉得意犹未尽,再看满桌子真是杯盘狼藉,惨不忍睹。第二种情况:男女混席,围坐在同一张桌子上的有男生也有女生。宴会开始后,只见每个人都显得很文明、很优雅,男生女生互相你谦我让,到最后,桌子上的菜剩下不少,但每个人彬彬有礼,谈笑风生。这就是同性相斥、异性相吸的原因。异性之间吸引,会产生彼此自我约束、自我教育的良好效果。

3. 异性爱慕期

在青春发育期之后,青年的性生理和性心理已发育成熟,开始步入成年。随着各种社会交往活动的广泛开展,青年对异性的爱慕更加热情主动,并开始把自己的爱慕集中在某一个具体异性身上,这就进入了恋爱期。这个时期的性心理表现得更为复杂。

三、青春期性心理的表现

随着性生理的逐渐成熟,青少年性意识开始觉醒和萌芽,惊喜、紧张、惊慌失措,青春期性心理的表现是多种多样的。

1. 对性知识发生浓厚兴趣

由于性成熟,对性知识发生浓厚的兴趣,是青春期性心理发展的正常表现。这种兴趣从许多方面表现出来,既有渴望从书本、电视、网络等多种媒体上得到科学的性知识指导,又有需求从自身生理的变化上弄明白为什么有这样的原因。如果把探求性知识看成是羞耻、罪恶,甚至认为是不正常行为,就会影响性心理的健康发展。不少青少年在青春期没有从正规渠道得到科学的性知识,因而抱着好奇心理,偷偷地探求有关性知识,有可能会受到一些不科学的、不健康的甚至是有害身心发展的性知识影响。因此,有必要加强青春期的性教育。这对于青春期的青少年的身心正常发展，防止性生理疾病和性心理疾病有重要意义。

2. 对异性的倾慕与喜欢

歌德说："哪个男子不钟情，哪个少女不怀春"。青春期少年少女彼此向往与追求是性心理发展的正常表现。可以说，互相爱慕是恋爱与婚姻的心理基础。青春期两个异性之间的倾慕之心尤其表现得朦胧和不可名状。由于他们的性心理远没有性生理那么成熟，因此，出现两者相差很远的状况。这就造成他们不能很好处理这一阶段的心理变化。

3. 具有性冲动和性欲望

青春期出现性欲望与性冲动，是正常的生理、心理现象，青春期的性欲望依赖于生理和心理因素。性激素是性欲望、性冲动的生理动因，与性有关的感觉、情感、记忆与想象是引起性欲望的心理因素。因此，要承认青少年这时出现的性冲动是合理的，只不过要引导他们正确对待和处理这些问题。

四、青春期常见问题——早恋

早恋是指未成年男女过早建立恋爱关系的行为。判断是否早恋的依据大致有两点：一是生活自立的程度；二是恋爱的年龄和法定最低婚龄相差的程度。正确对待青春期教育中这种常见现象，对于做好教育工作，引导青少年健康成长，有着重要意义。

1. 早恋行为的特点

（1）情境性与短暂性　由于青春期青少年正处在上学读书时期，同学之间朝夕相处，频繁接触，所以，他们对异性特别敏感，感情强烈，一旦有情与谁，往往就目随其人、耳随其声、步随其影，迅速进入"热恋"。由于缺乏深厚的感情基础，他们"热"得快，"冷"得也快。

（2）传染性与模仿性　处于青春期的少男少女喜欢集体活动，相互之间必然存在着互相影响。在"恋爱"问题上更是如此，群体中如果出现一对恋爱者，就会马上影响整个群体，效仿者接踵而至。正是"跟着感觉走"。

（3）逆反性与反抗性　调查资料显示，青春期少男少女孩子气的一见钟情现象十分常见，他们交友的标准非常单纯与模糊，又极不稳定，存在很大的片面性和盲目性。但又因为自我意识的增强，他们很不愿意听从家长和老师劝说。成年人越是干涉，他们就越要与"心上人"来往。许多时候，家长和老师采用冷处理的态度对待他们的行为，反倒会"自生自灭"，越禁止、越干涉，"恋风"反而越刮越盛，这就是"孩子气的钟情于赌气"。

2. 如何对待早恋

青春期少男少女正处在人生的黄金时期，可塑性大，模仿性强，由于自我意识的增强和迅速发展，在心理上随着生理的变化产生了许多与以往不同的明显特点。因此，这一时期既是生理、心理成长的最重要时期，又是世界观、人生观、道德形成的关键期。在这一时期，如果没有一个良好的外部环境，没有正确的引导教育，将会影响到学生的身心健康发展。

性成熟带来的好奇心，是引发早恋心理产生的准备条件，应审慎地加强教育，打破蒙昧的神秘感。家庭、学校如果强行禁止甚至斥责，青少年对性的好奇心反而会被不正常地强化，这不利于青少年冷静、妥善地对待早恋问题；家庭、学校如果对青少年进行教育不恰当、态度不审慎，不仅会影响青少年身心健康发展，还会影响他们的学业，甚至会影响他们人生的轨迹。

第三节　加强青春期性教育

一、友谊与爱情

1. 友谊与爱情的关系

友谊是人与人之间一种美好的亲密的情谊。它既是一种人际关系的体现，也是一种社会性的情感。友谊具有三个特征：第一，双方相互尊重；第二，双方彼此倾诉内心世界，有深层次交流；第三，双方无利害关系，能无私给予而不期回报。而爱情是指一对男女，基于一定的客观物质条件和共同的人生理想，在各自内心中形成的对对方的最真挚的爱慕，并渴望对方成为自己终身伴侣的最强烈的、稳定的、专一的感情。

友谊与爱情既有区别又有联系。一方面友谊是基础，具有发展成爱情的可能；另一方面，友谊与爱情是两种不同内涵的情感，友谊是共同的，朋友越多越好，友谊没有性的因素，也不具有排他性；爱情则不然，爱情是专一的，有性的因素，具有强烈的排他性。把握友谊与爱情的界限，控制好感情发展的分寸，对青春期少男少女来讲有着重要意义。

2. 把握友谊和爱情的界限

(1) 要珍惜友谊　青春期的少男少女对异性之间的友谊需求是非常强烈的，男女同学之间相互尊重、和睦相处、正常交往是应当鼓励的。所以，同学们之间的交往应该是自然、率真、心胸坦荡、落落大方，在共同的学习、工作和生活中建立、发展纯真的友谊。

(2) 要有分寸感　随着异性同学之间交往的发展，友谊随之产生，随着友谊的加深，不经意间只要不留神，就可能发展为所谓的"爱情"。所以，必须把握异性间交往的分寸，保持在一定的限度内，才能在友谊的方向上健康发展。注重界限在行为上的表现，比如男女同学的接触不能过于随便、粗俗，或过于亲昵、轻佻；例如搂肩抱腰等举止已超越了友谊的界限，在男女同学的交往中是不应该出现的。

(3) 要采取冷处理方法　如果异性同学在交往中跨越了友谊，产生了爱情，这时最好的方法应该采取"冷冻法"。当异性同学向自己示爱时，既要坚决回绝，又要注意方法妥当，尽量避免两人单独相处的机会，多和其他同学交往。当双方都有真情时，要理智对待，要懂得双方的"感情基础是浅薄的、极不稳定的，而且是容易变化的"。同时要知道学校纪律以及父母长辈都反对早恋等这样一些社会约束的存在。

【小资料】

苏霍姆林斯基写给女儿的一封信

下面是前苏联著名教育家苏霍姆林斯基写给女儿的一封信。

亲爱的女儿：你提出的问题使我忐忑不安。

现在你已经14岁了，已经迈进开始成为一个女人的年龄时期。你问我说："父亲，什么叫爱情？"

我的心经常为这样的念头而跳动，就是今天我不再是和一个小孩子交谈了。进入这样一个年龄时期，你将是幸福的。然而只有成为一个明智的人，你才是真正幸福的。

是的，几百万年轻的14岁少女怀着一颗跳动的心思考着这样一个问题：什么叫爱情？每一个人对它的理解都各不相同。希望成为男子汉的年轻小伙子也在思考这一问题。亲爱的小女儿，现在我给你写的信不再是过去那样的信了。我内心的愿望是：告诉你要明智地生活,也就是要善于生活。我希望做父亲的每一句话都能像一颗小小的种子,促使你自己的观点和信念的幼芽萌发出来。

爱情这个问题也曾同样使我不平静。在童年和少年时代我最亲近的人是玛丽娅,她是一位了不起的人,渗透到我内心的一切美好、明智和真诚的品质都受恩于她。她在我面前打开了童话、本族语言和人性美的世界。有一天,在一个早秋的寂静的夜晚,我和她坐在一棵枝叶繁茂的苹果树下,望着空中正在飞往温暖的边远地区的仙鹤,我问她:"奶奶,什么叫爱情呀?"

她能用童话讲解最复杂的事情。此刻她的一双眼睛呈现出沉思而惊异的神情。她以一种特别的、与往日不同的目光看了我一眼,说:"什么叫爱情?……当上帝创造人类时,把土地分给一个男人和一个女人,告诉他们怎样搭窝棚,然后给男人一把铲子,给女人一捧种子。整整一年后,有一天一大早,这一对男女坐在小棚子旁边,地里的庄稼已经熟了,他们身旁放着一个摇篮,摇篮里睡着一个婴儿,这一对男女时而望望天,时而又彼此看看,就在这一瞬间,他俩的眼神相碰在一起,有一种不可思议的美和一种从未见过的力量。这种美丽远远超过蓝天和太阳,超过长满小麦的田野。总之,比上帝所创造的一切都美——这是什么——这是爱情!"

我的小女儿,这就是爱情!我们每一个人最终都会变成一把骨灰,但是,爱情将成为充满生机的、永不衰退的、使人类世代相传的纽带。世上各种有生命的东西生活、繁殖,成千上万地延续自己有生命的后代。但是,只有人懂得爱。而且说实在的,如果他不懂得爱,不能把爱提到人性美的高度,那就是说他只是一个能够成为人的人,但是还没有成为真正的人。

你的父亲:苏霍姆林斯基

一般说来,青春期的所谓"爱情",不过是一种浅层次的生理冲动,它虽出之自然,但却不可放纵。青春情结就像含苞欲放的花蕾,要由此开花、结果,还需成长、成熟,经历季节的阳光和风雨。所以,少男少女要耐心等待将来享受成熟爱情的硕果。

二、性罪错

性罪错是指处于性成熟期的青少年,由于性知识的贫乏或对性行为的社会意义不很了解,为满足自身生理的需要而实施的有关性方面的错误行为或者违法犯罪行为。性健康教育不足、传媒文化误导、家庭关爱缺失,是造成青少年性犯罪的重要原因之一。

安徽省界首市检察院起诉部门对1996~1999年间已满14岁未满18岁青少年性罪错案件进行调查,调查显示:性罪错案件占青少年涉嫌犯罪案件的58.5%,青少年性罪错案件比例增加,年龄趋于低龄化。

对青少年开展青春期性教育已迫在眉睫。学校、家庭、社会都应当抓紧抓好这项教育工作。前苏联教育家苏霍姆林斯基曾指出:"我们的任务就在于,要让性本能刚刚觉悟之际,就使他们的理智做好充分的准备。"因此,学校要根据青少年不同生理年龄适时地把性教育纳入青少年学生全面素质教育的应有范围,列入教学大纲,安排必要的课时,培养青少年学生逐步树立科学的性态度。

【小资料】

性罪错案例

一位母亲带着自己15岁的女儿来到该医院的计生科做"人流",这位母亲心痛不已。经了解这女孩是南京一中学初三的学生,在她上初二时通过朋友认识了在宁打工的苏北男孩。

花季的少女充满幻想，男孩多次向她大献殷勤、甜言蜜语，几个月之后两人坠入了情网，终于有一天两人偷吃了禁果，而此时家长还一无所知。后来，女孩感到自己肚子一天一天大了起来，这时才感到了害怕，于是向同学借钱打胎。同学在自己没钱的情况下只好向父母借，并在父母追问下说出了真实情况，她同学的父母听后意识到问题的严重性，于是通知了她的家长。

医生认为，除了应该对孩子进行必要的性教育外，应该严禁孩子接触色情读物及黄色影视制品。但由于近年黄色书刊、盗版影碟及色情网站的泛起，社会很难做到杜绝，因此，家长和学校的把关工作尤其重要。目前，西方国家未婚妈妈的年龄已经提早到十一二岁，我国未成年人开始发生性行为的也不是少数，已有十四五岁城镇少女做人流的例子，而且逐年增加，希望此事能够引起全社会的重视，让他（她）们得以健康成长。

三、黄色信息

社会上黄色信息的泛滥给青少年以极大的消极影响和毒害。这些黄色信息的主要媒体有书刊、画报、光碟、网络等。这些黄色信息过分渲染性爱中的肉体感觉，把性爱描写成一种纯粹的身体行为，把本应在私下隐秘场合下只有亲密爱人之间才能有的性爱变成了污秽的、公开的、供人观赏的场景，变成了用来赚取商业利润的工具。因此，是非人性、反人伦和严重危害社会的。

四、网络恋爱

网络恋爱由于是虚拟的，青少年不但容易在交往中突破道德的约束，直奔性的主题，沉溺其中，也容易引起对现实生活中人际交往的冷漠，更容易染上"网络成瘾综合征"。

五、性病、艾滋病

1. 预防性病

性病是性传播疾病（STD）的简称，是指通过性行为或类似性行为接触为主要传播方式的一类疾病。根据1991年8月12日卫生部（现"国家卫生和计划生育委员会"）第十五号令《性病防治管理办法》第一章第二条的规定，我国把淋病、梅毒、尖锐湿疣、性病性淋巴肉芽肿、非淋菌性尿道炎、软下疳、生殖器疱疹、艾滋病等8种疾病列为重点监测的性病。通常说的性病，就是指这8种性传播疾病。

（1）性病的危害　危害个人：轻则引起生殖器官损害造成莫大痛苦，可导致不育或丧失劳动力；重则侵犯内脏导致残废，甚至死亡。危害家庭：患者得病后通过性生活传染给配偶，或通过分泌物污染物品，如毛巾、脚盆等传染给家属，使性病在家庭中传播，造成不良后果。危害下一代：女性患者容易导致流产、早产、死产及胎儿先天性畸形。危害社会：性病的蔓延，损害社会风气，毒化社会环境，甚至影响整个民族的人口素质。

（2）性病预防　树立正确的性道德观念，自觉抵制不合法的婚外性行为和婚前性行为；坚决取缔暗妓，禁止卖淫、嫖娼活动等；早期发现，及时治疗。

2. 预防艾滋病

艾滋病是一种危害性极大的传染病，由感染艾滋病病毒（HIV病毒）引起。HIV是一种能攻击人体免疫系统的病毒。它把人体免疫系统中最重要的T淋巴细胞作为主要攻击目标，大量破坏该细胞，使人体丧失免疫功能。因此，人体易于感染各种疾病，并可发生恶性肿瘤，病死率较高。HIV在人体内的潜伏期平均为8~9年，患艾滋病以前，可以没有任何症状地生活和工作多年。

（1）艾滋病的传播途径　艾滋病主要有以下三条传播途径。

① 性传播。与艾滋病病人或病毒感染者有性接触，也就是说性关系混乱者最容易被感染。

② 血液传播。使用被艾滋病病毒感染过的注射器、血液及制品，特别是静脉注射毒品者最危险。

③ 母婴传播。被艾滋病病毒感染的母亲可将病毒传染给胎儿。

（2）预防艾滋病　目前尚无预防艾滋病的有效疫苗，因此最重要的是采取预防措施。其方法是：洁身自好，不发生任何非婚性关系。不吸毒。不使用别人用过的、未经消毒的注射器、拔牙工具、剃须刀、牙刷等。尽量避免输血。如果必须输血时，要使用经过检测确定是安全的血液；避免直接接触他人的血液或伤口；必须接触时要戴手套或者其他可用的隔离用品。关心、帮助、不歧视艾滋病病人及病毒感染者，这样有利于艾滋病的防治。

【小资料】

艾滋病的发现与发展

艾滋病自 1981 年在美国被发现以来，全球已经有约 6000 万人感染上艾滋病病毒，其中已经有 2000 多万人死亡。1985 年，我国发现首例艾滋病感染者，到 21 世纪初艾滋病感染者已经超过 50 万人，在艾滋病感染者中，经性行为感染的人数在逐年增加，其中 65％ 的感染者为 16～29 岁的年轻人。

艾滋病是一种死亡率极高的严重传染病，目前还没有彻底治愈的药物和方法，但可以预防。所以，每年的 12 月 1 日被定为"世界艾滋病宣传日"，以号召全世界人民行动起来，共同对抗艾滋病。

思 考 题

小故事：一个小男孩喜欢上一个小女孩，他总是想办法接近她。一次小女孩生病了，男孩见不到小女孩，便说自己无法读书，要回家，老师也没办法。他父母了解了情况后说："你喜欢上一个女孩子，这是一件好事呀！不过，等你们结婚的时候，需要住房、汽车、还有漂亮的结婚礼服，你们在一起外出旅游等，都需要一大笔钱，你现在还没有这一大笔钱。你现在若好好读书，将来成为一个有能力、有本事的人，这一切肯定能如愿以偿。可如今你连自己都照顾不了，又怎么能照顾好你未来的妻子呢？你爱她，就必须有能力给她带来幸福、快乐，你们的爱情才会美满。"

这个故事带给我们许多思考。

1. "爱"究竟是什么？你能说说吗？
2. 如何拥有爱情？

参考文献

[1] 萧涤非等.唐诗鉴赏辞典.上海:上海辞书出版社,1983.
[2] 周汝昌等.唐宋词鉴赏辞典(唐·五代·北宋卷).上海:上海辞书出版社,1988.
[3] 游国恩等.中国文学史(一~四).北京:人民文学出版社,1984.
[4] 中国社会科学院文学研究所—中国文学史编写组.中国文学史.北京:人民文学出版社,1983.
[5] 严家炎著.鲁迅小说的历史地位.北京:北京大学出版社,1983.
[6] 范伯群.冰心研究资料.北京:北京出版社,1984.
[7] 王锦泉.中国现代文学专题史.杭州:浙江文艺出版社,1986.
[8] 李平.中国现当代专题研究.北京:北京大学出版社,2005.
[9] 钱理群等著.中国现代文学三十年.北京:北京大学出版社,1998.
[10] 赵雯雯.浅谈《红高粱家族》中的"我奶奶"形象.现代语文:学术综合版,2013-07.
[11] 华志成.一曲理想爱情的赞歌——舒婷《致橡树》浅析.师范教育,1992,12.
[12] 薄松年.中国美术史教程.西安:陕西人民美术出版社,2000.
[13] 教育部体育卫生与艺术教育司组编.中国美术史及作品赏析.北京:高等教育出版社,2007.
[14] 北京师范大学国家基础教育课程标准实验教材总编委员会组编.美术鉴赏.济南:山东美术出版社,2008.
[15] 于润洋,吴斌.音乐鉴赏.北京:人民音乐出版社,2009.
[16] 于芳.音乐基础知识与赏析.北京:北京师范大学出版社,2012.
[17] 陈辉.音乐欣赏普修教程.上海:上海音乐学院出版社,2009.
[18] 喻意志,吴安宇.中国音乐史与名作欣赏普修教程.上海:上海音乐学院出版社,2013.
[19] 刘天飞,桑任松.音乐鉴赏.北京:清华大学出版社,2010.
[20] 李泽厚.中国古代思想史论.北京:人民出版社,1986.
[21] 沈善洪,王凤贤.中国伦理学说史.杭州:浙江人民出版社,1985.
[22] 李建珊.科技文化的起源与发展.天津:南开大学出版社,2004.
[23] 刘亚东.世界科技的历史.北京:中国国际广播出版社,2007.
[24] 高齐.文明之旅——走进中国科技的殿堂.济南:山东大学出版社,2008.
[25] 王鸿生.世界科学技术史.北京:中国人民大学出版社,1996.
[26] 赵祖华.现代科学技术概论.北京:北京理工大学出版社,1999.
[27] 王骥远.21世纪人类的衣食住行.珠海:珠海出版社,2002.
[28] 李约瑟.中国科学技术史.北京:科学出版社,2005.
[29] 王元明.马克思主义哲学原理.天津:南开大学出版社,1996.
[30] 上海市高校《马克思主义哲学原理》编写组.马克思主义哲学原理.上海:上海人民出版社,2002.
[31] 王霁,肖和平.哲学基础知识.北京:中国人民大学出版社,2001.
[32] 戴晓仪,邱月明,刘云平.马克思主义哲学原理.北京:北京工业大学出版社,2002.
[33] 陈先达,杨耕.马克思主义哲学原理.北京:中国人民大学出版社,2011.
[34] 《马克思主义哲学》编写组.马克思主义哲学.北京:高等教育出版社,人民出版社,2010.
[35] 唐晓勇.马克思主义哲学原理.成都:西南财经大学出版社,2015.
[36] 杨春贵,张绪文,侯才.马克思主义哲学教程,北京:中共中央党校出版社,2005.
[37] 白以娟,许玉庆.中外民族民俗.北京:旅游教育出版社,2013.
[38] 杨继忠,胡洁,袁洪铖.大学生礼仪.北京:北京理工大学出版社,2011.
[39] 王志强,红泉.我型我塑.苏州:苏州大学出版社,2013.
[40] 余志慧.中国节日.合肥:黄山书社2012.
[41] 刘兆元.海州民俗志.南京:江苏文艺出版社,1991.
[42] 胡朴安.中华全国风俗志.石家庄:河北人民出版社,1986.
[43] 钟敬文.民俗学概论.上海:上海文艺出版社,1998.
[44] 刘志文.广东民俗大观(上卷).广州:广东旅游出版社,1993.
[45] [美]杰克·韦尔奇,约翰·拜恩.杰克·韦尔奇自传.曹彦博译.北京:中信出版社,2007.
[46] 华瑶.企业文化与评价.长春:吉林出版社,2007.
[47] 杨宗华.责任胜于能力.北京:石油工业出版社,2009.
[48] 叶陈刚.企业伦理与文化.北京:清华大学出版社,2007.

[49] 丁雯. 企业文化基础. 大连：东北财经大学出版社，2011.
[50] 刘光明. 企业文化案例. 北京：经济管理出版社，2003.
[51] 郑晓明. 人力资源管理导论. 北京：机械工业出版社，2006.
[52] 王乾龙. 阿里巴巴的企业文化. 深圳：海天出版社，2010.
[53] 栾永斌. 企业文化案例精选精析. 北京：中国社会科学出版社，2008.
[54] 林坚. 企业文化修炼. 北京：蓝天出版社，2005.
[55] 边东子. 国宝·同仁堂. 北京：人民出版社，2010.
[56] 王成荣. 企业文化学教程. 北京：中国人民大学出版社，2014.
[57] 白光. 中外品牌案例. 北京：北京师范大学出版社，2008.
[58] 王吉鹏. 中国文化建设. 第2版. 北京：中国发展出版社，2008.
[59] 刘克梁. 企业文化实务经典案例评析. 北京：当代世界出版社，2009.
[60] 宋广文，杨昭宁，李寿欣. 心理学. 济南：山东大学出版社，1999.
[61] 宦平. 心理健康教育读本. 北京：中国劳动社会保障出版社，2007.
[62] 魏改然. 大学生心理健康教育. 北京：化学工业出版社，2011.
[63] 张宏. 通俗心理学. 青岛：青岛海洋大学出版社，1998.
[64] 叶倾城. 读者原创. 兰州：《读者》出版社，2014.
[65] 陈仲庚，张雨新. 人格心理学. 沈阳：辽宁人民出版社，1986.
[66] 郑宇，李琼. 性教育方案：男孩卷. 北京：中医古籍出版社，1999.
[67] 郑宇，李琼. 性教育方案：女孩卷. 北京：中医古籍出版社，1999.